UNIVERSITY OF NORTH CAROLINA AT CHAPEL HILL
DEPARTMENT OF ROMANCE LANGUAGES

NORTH CAROLINA STUDIES IN THE ROMANCE LANGUAGES AND LITERATURES

ESSAYS; TEXTS, TEXTUAL STUDIES AND TRANSLATIONS; SYMPOSIA

Founder: URBAN TIGNER HOLMES

Distributed by:

UNIVERSITY OF NORTH CAROLINA PRESS
CHAPEL HILL
North Carolina 27514
U.S.A.

NORTH CAROLINA STUDIES IN THE
ROMANCE LANGUAGES AND LITERATURES
Texts, Textual Studies and Translations
Number 15

UN TRÍPTICO DEL PERÚ VIRREINAL:
EL VIRREY AMAT,
EL MARQUÉS DE SOTO FLORIDO
Y LA PERRICHOLI

EL MARQUÉS DE SOTO FLORIDO
Óleo de *José Bermejo*

(Col. Aliaga Derteano. Lima)

UN TRÍPTICO DEL PERÚ VIRREINAL:
EL VIRREY AMAT, EL MARQUÉS DE SOTO FLORIDO Y LA PERRICHOLI

EL *DRAMA DE DOS PALANGANAS* Y SU CIRCUNSTANCIA

Estudio Preliminar, reedición y notas

POR

GUILLERMO LOHMANN VILLENA

CHAPEL HILL

NORTH CAROLINA STUDIES IN THE
ROMANCE LANGUAGES AND LITERATURES
U.N.C. DEPARTMENT OF ROMANCE LANGUAGES

1976

Library of Congress Cataloging in Publication Data

Ruiz Cano y Saenz Galiano, Francisco Antonio, marqués de Soto Florido, 1732-1792.
  Un tríptico del Perú virreinal.

  (North Carolina studies in the Romance languages and literatures: Texts, textual estudies and translations; no. 15) (Publications of the Department of Romance Languages, University of North Carolina)
  First published anonymously in 1776 under title: Drama de dos palanganas Veterano y Bisoño.
  Includes bibliographical references and index.
  1. Amat y Junient, Manuel de, Viceroy of Peru, 18th cent.—Drama. 2. Villegas, Micaela, 1739-1819—Drama. I. Lohmann Villena, Guillermo. II. Title. III. Title: Amat, Soto Florido y la Perricholi. IV. Series.
  PQ8496.R83D7 1975   862   75-5651
ISBN: 9780807891728

DEPÓSITO LEGAL: V. 854 - 1976
ARTES GRÁFICAS SOLER, S. A. - JÁVEA, 28 - VALENCIA (8) - 1976

ÍNDICE GENERAL

Págs.

Siglas 9

ESTUDIO PRELIMINAR

Delenda est Amat 13

I. El personaje
1. La filiación 22
2. El jurisconsulto y el académico 24
3. El hombre de letras 28
4. El político 36
5. El aristócrata 40
6. Participación en el VI Concilio limeño 41
7. El bibliófilo y el erudito 43
8. El hacendado 47
9. El retrato 49
10. La hora suprema 50

II. El *DRAMA* y su circunstancia

Vae victis 52
1. La miel y la hiel 54
2. El conflicto entre Amat y Bravo del Ribero 65
3. El *Drama* y los intereses creados 73
4. Estructura del *Drama* 77
5. Algunas particularidades del *Drama* 78
6. ¿Dónde se imprimió el *Drama*? 81
7. Advertencias acerca de la presente edición 85

Apéndices 87

TEXTO DEL *DRAMA DE DOS PALANGANAS* 99

Índice onomástico de los personajes mencionados en el *Drama* ... 283

REGISTRO DE ILUSTRACIONES

El Marqués de Soto Florido ... ...   Fuera de texto

LÁMINA I. Andrés Ordóñez: DESCRYPCYON DE LA CYUDAD DE LYMA Y PUERTO DEL CALLAO (1768) 52/53

LÁMINA II. Vista de la Plaza Mayor de Lima en la época de Amat 98/99

SIGLAS

A.A.L.	Archivo Arzobispal de Lima
A.A.S.	Archivo Arzobispal de Santiago de Chile
A.G.I.	Archivo General de Indias
A.H.N.	Archivo Histórico Nacional. Madrid
A.H.N.Ch.	Archivo Histórico Nacional. Santiago de Chile
A.M.L.	Archivo de la Municipalidad de Lima
A.N.P.	Archivo General de la Nación del Perú
A.N.P.M.H.	Archivo General de la Nación del Perú. Sección Ministerio de Hacienda
B.C.U.S.M.	Biblioteca Central de la Universidad Nacional Mayor de San Marcos. Lima
B.N.M.	Biblioteca Nacional de Madrid
B.N.P.	Biblioteca Nacional del Perú
B.P.M.	Biblioteca de Palacio. Madrid
B.P.U.S.	Biblioteca Provincial y Universitaria de Sevilla
B.R.A.H.	Biblioteca de la Real Academia de la Historia. Madrid
B.U.D.	Biblioteca de la Universidad de Duke. Durham, North Carolina
M.B.	Museo Británico

ESTUDIO PRELIMINAR

Delenda est Amat ...

Julio de 1776: el Jueves 4, independencia de las trece colonias británicas; el Miércoles 10, una Real Cédula deroga las restricciones establecidas desde el siglo XVI al intercambio comercial en el Mar del Sur y los armadores limeños ven desvanecerse la exclusiva que los beneficiaba tradicionalmente; el Miércoles 17, don Manuel de Amat trasmite los poderes de que se hallaba investido desde 1761 como supremo magistrado del Perú; el Viernes 26, se acuerda la creación del Virreinato del Río de la Plata y se firma la Real Cédula que elevaba del 4 al 6% la tasa de la alcabala aplicable indistintamente a todas las transacciones; el Martes 30 se amotina la plebe de Santiago de Chile contra la implantación del cobro de la alcabala y el almojarifazgo por el Fisco, y en Madrid entra en su fase final el proceso incoado contra Pablo de Olavide. El reloj de la vida de don Manuel de Amat y Junyent señala la hora aciaga de apurar todas las amarguras. Némesis vuelve por sus fueros y el enérgico gobernante, temido y amedrentador aun después de haber entregado el mando tras quince años de omnímodo ejercicio, ha de sufrir en carne propia la alegoría que siglo y medio atrás forjara un predecesor, el Conde de Chinchón: «En las Indias reciben a los virreyes con arcos y los despiden con flechas».[1] Eclipsada su aspérrima prepotencia y recluido en la Quinta del Rincón, durante tres meses y medio, que le parecerían interminables, hasta el 3 de Noviembre que se embarque en «El Peruano», habrá de soportar con mal reprimida exasperación los vilipendios más sarcásticos, las diatribas

---

[1] Carta al Marqués de Villena, datada en Lima el 3.VI.1637. B.P.U.S. Colección Marqués del Risco, 330/122, vol. IV, núm. 64, fols. 377 ss.

más desenfrenadas y las injurias más subidas de tono con que le zahieren con ensañamiento sus enemigos jurados, que eran legión.

Con todo, en medio de tan deshecha borrasca pudo al fin y a la postre salir de Lima mejor librado de lo que los hados le habían tenido deparado en Chile. Un cronista, tras de perfilar certeramente su etopeya, nos avisa de un siniestro vaticinio: «Era [Amat] severo, inflexible, y de dura condición; de aquella clase de hombres que concibiendo ser de justicia sus resoluciones ... las ponen en ejecución, negándose tenazmente a súplicas y cerrando los oídos a toda representación, sin consideración a los daños y perjuicios del súbdito, y sin premeditar las funestas consecuencias que regularmente suelen seguirse a las disposiciones absolutas y que se rozan con el despotismo. La brevedad de su gobierno le libertó de un horroroso desaire. Tienen los chilenos espíritu para grandes resoluciones, y meditaban no dejar acabar bien a quien comenzó tan mal». [2]

Al destronado no se le concede cuartel. Las cañas se vuelven lanzas y al Virrey caído se le negarán el agua del arte de gobernar y la sal de los principios éticos. Los mismos apóstrofes con que él había fustigado a ministros y funcionarios fiscales y su venalidad, [3] revierten ahora sobre su persona y su gestión como gobernante. Se le flagela sin piedad y su comportamiento es el blanco de la pública vindicta, sindicándosele como transgresor de casi todos los Mandamientos, pero en particular del 5.º, 6.º, 7.º, 9.º y 10.º. La imagen que de él se acuñará en aquellos momentos será la de «... un monstruo de avaricia, de orgullo, de lascivia ...». [4]

Hay algo de patético en la impotencia con que se revuelve ese hombre, en vísperas de entrar en sus setenta años, ante el implacable acoso. En un petitorio a su sucesor, el 2 de Noviembre de 1776, fuera de sí a causa de la «desenfrenada procacidad» de sus acusadores, decididos a indisponerle hasta con el Monarca,

---

[2] Carvallo y Goyeneche, Descripción histórico-jeográfica del Reino de Chile, en *Colección de Historiadores de Chile* (Santiago, 1875), IX, pág. 291.

[3] «Resumen por menor de las Grabes Dolencias en q. a enfermado esta basta Gobernación de el Perú», escrito reservado, autógrafo «de mi mala letra», de Amat, fechado en 12.III.1762. A.G.I. Lima, 639.

[4] Vidaurre, *Plan del Perú* (Philadelphia, 1823), pág. 16, nota.

los estigmatiza como «sugetos díscolos, apasionados y falsonarios, a quienes se ha hecho insufrible mi entereza». [5]

Desde entonces, la honra y fama de Amat andarán al estricote, ya en coplones de chabacana musa, ya en abultados expedientes burocráticos, ya en impresos de atrevimiento jamás imaginado. Entre estos últimos el que se ha granjeado más resonante notoriedad es el *Drama de Dos Palanganas*, con sus páginas crispadas por el fuego del odio y de la mordacidad y cuyo carácter anónimo ha constituido una gran interrogante en el panorama de la bibliografía coetánea.

Al cabo de casi dos centurias de su aparición, bien vale la pena proyectar la curiosidad crítica sobre el enrarecido ambiente de pasiones y de humanas flaquezas en que se engendró semejante libelo. En rigor, el *Drama* constituye una verdadera comparsa carnavalesca, en la que desfilan acribillados con mordaces epítetos o con hirientes remoquetes desde el Virrey, arrebatado por seniles debilidades, la camarilla de favoritos y paniaguados y el cortejo de oportunistas agavillados para medrar a la sombra del gobernante, hasta los tipos populares de la Lima de entonces y la cohorte de gente del bronce.

Al atisbar los secretos de aquellos años, aún no bien esclarecidos hasta ahora por la rigurosa investigación histórica, hemos podido conocer el envés del tapiz tejido por la rutina o la fantasía literaria. La identificación de los personajes embozados tras una fugaz alusión, la comprobación fehaciente de los hechos insinuados mediante frases enigmáticas y la ratificación documental de rumores y chismes, aparentemente infundados, nos permiten calibrar todo lo que las páginas del *Drama* contienen de aprovechable para la reconstrucción de los auténticos lineamientos del gobierno del enterizo catalán, deducida la cuota de malevolencia y de rencor que impregna este papel. [6]

---

[5] Billete de Amat a Guirior, que éste elevó al Rey con despacho número 67, de 3.XI.1776. A.G.I. Lima, 654.

[6] En el paroxismo de la perfidia, se sindica a Amat como reo de alta traición, denunciándolo de acariciar la fechoría de apoderarse del Virreinato (*Drama*, págs. 40, 45 y 46-47), calumnia de la que tampoco resultaron indemnes, según sus respectivos enemigos, otros dos gobernantes, a saber, Guirior y Abascal. Por cierto que aquellos rumores se lograron deslizar hasta la misma Corte (v. Sáenz-Rico, ob. cit. en la nota subsiguiente,

Contemplado a esta nueva luz el *Drama* y desentrañadas sus incógnitas hasta donde ha alcanzado nuestra diligencia, aparece transformado en un testimonio informativo excepcional dentro de su estilo, que permite considerar con arreglo a originales perspectivas el ambiente ideológico del Virreinato peruano en el octavo decenio del siglo XVIII. En el fondo del escenario sobre el cual discurren los protagonistas de este pasquín se adivina un cuadro premonitorio: crisis del sistema tradicional, crepúsculo del principio de autoridad y colapso del sentido reverencial de las jerarquías; en otros términos, la insinuación de corrientes que no tardarían en producir su fruto de tumultos y alteración del orden establecido. En aquellos «... días calamitosos, en que la fidelidad ha estado vacilante ...», se hará indispensable recordar la sumisión a que son acreedores el Soberano y los delegados de su autoridad y cuán perniciosas eran «... esas murmuraciones contra el Gobierno, esas continuas quejas y repugnancias ...».[7]

Ahora bien. No todo lo que rezuma de las páginas del *Drama* es negativo o demoledor. Por entre la prosaica cháchara puesta en boca de dos mulatos, el autor desliza un sentido afirmativo del criollismo, el axioma de que la arbitrariedad y el capricho no son buenos inspiradores de un político, y la tesis de la eficacia y solidez de un gobierno aureolado por el respaldo popular. El contraste entre el Virrey retirado y el que acababa de asumir el mando tiene por mira demostrar máximas tan razonables.

---

págs. 199 y 201). El mordaz autor del «Compendio histórico de las obras ... del señor Amat ...» (B.N.M. Manuscritos. 18.744/28) no le regatea el epíteto de «traydor» (§ 3).

No se contentaron con esto los que en la sombra maquinaban contra Amat, pues con incalificable descaro se incita al magnicidio (*Drama*, páginas 53 y 76), amenaza que se había también cernido sobre otros Virreyes (v. gr. el Conde de Superunda, a estar a lo que depone en su *Memoria* (Ed. Fuentes, IV, págs. 95 y 97), y como acaba de verse, sobre el mismo Amat en Chile.

[7] Cfr. la obrita del Cura de Tauca (Ancash), Santiago José López Ruiz, dedicada al Virrey Croix, impresa con el título de *Discurso doctrinal sobre la obediencia y lealtad debida al Soberano y a sus magistrados ... por un Cura de este Arzobispado de Lima* ... (Lima, 1785). Mereció los honores de ser reeditada en Madrid (1793) y en México (1814); en esta última oportunidad el título experimenta añadidos: *La insurrección sin excusa, o sea discurso doctrinal sobre la obediencia ... aumentada con notas alusivas al estado presente ...*

Para que nadie se llame a engaño, procede formular la salvedad de que el presente estudio no se ha elaborado con el afán de remover el légamo de los chismes de baja estofa ni tampoco aspira a extralimitarse de su marco, con la pretensión de trazar una imagen nueva de la administración de Amat, labor cumplida a satisfacción por la maciza monografía de Sáenz-Rico.[8] Las incógnitas por despejar que se apiñan a lo largo de las páginas del *Drama*, comenzando por la esencial de identificar a su autor, representan un conjunto de cuestiones que exige su cabal esclarecimiento no sobre la base de suposiciones de folletín, sino acudiendo a documentación de primera mano. Merced a ella se puede disponer del apresto adecuado de elementos de juicio para entender aquella coyuntura crítica, en la que se percibe un cambio radical y profundo de posiciones en la mente de gobernantes y gobernados. En los tres lustros del período de Amat sobrevienen reformas, reajustes y golpes de timón que hubieran dado nuevo aire al Perú, que parecía dispuesto a emprender una trayectoria ascendente truncada —¡doloroso es decirlo!— por sucesos tan adversos como la desmembración del Virreinato precisamente en 1776, la perturbadora Visita de Areche, y a poco, el cataclismo de la rebelión de Túpac Amaro, eventos que sumados uno tras otro, llevaron al colapso del que aún a la hora de las luchas de la Emancipación no se había logrado recuperar.

Preámbulo indispensable de una reimpresión anotada del *Drama* es por de contado la determinación de su redactor. Quién fuese éste permitirá adivinar las causales, el propósito y los alcances de impreso tan polémico. Verdad es que desde el mismo momento en que comenzó a circular se dedujo el hombre de letras que se encubría bajo el anonimato, pero el transcurso de los años hizo desaparecer esas huellas. Dicho se está desde la portada de la presente monografía el nombre del responsable del escrito más afrentoso que conocemos en el género de la sátira política de la época virreinal, pues jamás se habían blandido zurriagazos tan lancinantes contra la suprema autoridad.[9] En buena cuenta, el *Drama* cavó la tumba de la fama póstuma de Amat.

---

[8] *El Virrey Amat. Precisiones sobre la vida y la obra de Don Manuel de Amat y de Junyent* (Barcelona, 1967), dos volúmenes, con 732 páginas.

[9] Comp. Lohmann Villena, *La poesía satírico-política durante el Virreinato* (Lima, 1972).

En efecto. Téngase por incuestionable que aquel «duende de la república literaria» [10] virreinal de la segunda mitad del siglo XVIII fue el doctor don Francisco Antonio Ruiz-Cano y Sáenz-Galiano, cuarto Marqués de Soto Florido. Las páginas que siguen están, pues, escritas a partir de la premisa de que el *Drama* es obra suya.

Tal adjudicación aparece sustentada no solamente por el testimonio explícito de un coetáneo de excepción, [11] sino por un cúmulo de detalles concomitantes, cosechados después de trillar a fondo el texto y una nutrida documentación inédita de la época, que robustecen las conjeturas. Lo que sabemos —y no es poco— de la vida y de la mentalidad del Marqués de Soto Florido da pie para delinear su pensamiento con notas distintivas que casan cabalmente con el criterio que informa las páginas del *Drama*. Sin perjuicio de ir razonando con el apropiado respaldo documental a lo largo del presente estudio las «afinidades electivas» del Marqués de Soto Florido, adelantaremos aquí, a grandes rasgos, la actitud que asumió en orden a los problemas de relieve en aquella sazón, de forma de introducir de inmediato a una cabal comprensión de su talante y su genio.

Símbolo de su época, nuestro biografiado desde luego es alguien plenamente identificado con una sociedad tradicionalista, cuyos polos son la Iglesia y la Corona. En consecuencia, mira con instintiva desconfianza las tendencias radicales de la Ilustración,

---

[10] Definición, extraída del benedictino Feijoo, aplicada por el crucífero P. José Miguel Durán a sus adversarios en la pelazga sobre el probabilismo. Cfr. *Réplica Apologética* ... (Lima, 1773), última página.

[11] Cfr. la carta del doctor Rentería a Amat, datada en Lima el 28.XI.1776, transcrita en el APÉNDICE I. El original se conserva en el archivo del Marqués de Castellbell (Barcelona), y hemos dispuesto de una fotocopia gracias a la fineza del erudito biógrafo del Virrey, don Alfredo Sáenz-Rico y Urbina.

El doctor don José Ignacio de Rentería y Martínez era oriundo de Cartago (Nueva Granada). Asesor General del Virreinato, designado por Real Cédula de 12.V.1776, asumió sus funciones el mismo día que Guirior tomó posesión del mando (A.N.P.M.H. Libro 0909. Libro de salarios... 1770-1774, fol 390). Desempeñó el cargo hasta su fallecimiento, el 27.XI.1778. De su testamento se infiere que era hombre de conciencia escrupulosa y rectilínea (V. su disposición de última voluntad, extendida la víspera de su óbito) (A.N.P. José de Aizcorbe, 1778, fol. 427). Otros datos biográficos, en un memorial de sus méritos, anejo al despacho número 118, de Guirior, fechado en 20.II.1777. A. G. I. Lima, 655.

personificada en el Virrey Amat, dispuesto a implantar las nuevas fórmulas. El golilla no comparte la orientación política del gobernante de ademán castrense.

El autor del *Drama* no vela su simpatía hacia los jesuitas, sus máximas y sus doctrinas, proscritas a raíz de la expulsión (págs. 66 y 88 *); católico de una sola pieza, reacciona escandalizado ante lo que se le antojan irreverencias del Virrey (págs. 49, 53 y 89); la profunda versación canónica que despliega (págs. 17 y 20-23) evidencia a las claras al catedrático de estas disciplinas en el claustro sanmarquino; la lealtad inquebrantable a la institución monárquica (págs. 65, 85 y 89, y *Lima gozosa,* pág. 13v) es perfectamente compatible con la crítica a las autoridades despóticas (págs. 53-54), que tergiversan las rectas intenciones del Soberano —he aquí cómo el Marqués de Soto Florido es el adelantado de esa actitud altiva que en 1778 asumirá Bouso Varela en el recibimiento de Guirior y en 1781 Baquíjano y Carrillo en el de Jáuregui, sin haber escalado la fama de este último—; airea gallardamente su criollismo (págs. 28, 70, 75, 96 y 105) y no hace misterio de su prevención hacia los peninsulares (pág. 95); en punto a lenguaje proclama su fe purista y postula la exclusión de todo influjo foráneo en la dicción literaria; afirma en forma inequívoca su rechazo a las reformas universitarias introducidas por Amat y a la imposición de nuevos autores y doctrinas divergentes de las profesadas tradicionalmente en las aulas de San Marcos,[12] y no disimula su identificación con la aristocracia, en especial aquella vinculada a la tierra (y no al comercio o a la minería), dentro del conjunto de la sociedad estamental (págs. 29, 42, 43 y 47), que nunca disfrutó de la benevolencia de Amat.

En resolución, a través de los datos que se pueden acopiar de la atenta lectura del *Drama,* es posible intentar un diseño de la contextura ideológica de su autor: mentalidad tradicionalista sin fisuras, en instantes de transición y de crisis; espíritu arraigado

---

* Los guarismos encerrados entre paréntesis remiten a las páginas indicadas del texto del *Drama*, en el que figuran señaladas entre corchetes.

[12] Aunque relegado a nota, no puede dejar de señalarse el paralelismo del nuevo régimen de asignaturas y autores implantado en San Marcos por Amat con el que en Sevilla introdujera Olavide. La documentada obra de Aguilar Piñal, *La Universidad de Sevilla en el siglo XVIII* (Sevilla, 1969), Parte Segunda, brinda noticias sumamente ilustrativas al respecto.

profundamente en las esencias del antiguo régimen, que desafía al Virrey Amat en lo que éste, a fuer de exponente del Despotismo Ilustrado, significa de progresista y de apertura; en fin, nos hallamos frente a un ingenio cuyos principios de orden no excluyen lo que estaba en el ambiente de la época: el saber literario, sin el prejuicio de las falsas novedades. A demostrar que a la luz de estos supuestos el autor del *Drama* no pudo ser otro que el Marqués de Soto Florido están consagradas las páginas siguientes. [13]

---

[13] Es opinión muy divulgada que en el juicio de residencia seguido al Virrey puede encontrarse información concerniente al *Drama* y su autor, con expresa indicación de quién fuese éste. Los voluminosos autos, guardados en el Archivo Histórico Nacional, de Madrid, Sección Consejos, legajos 20.332 a 20.343, nada contienen sobre tal extremo, cosa que no es de extrañar en absoluto, por ser asunto del todo ajeno a una indagación de esta índole. Ni la pesquisa secreta, ni las reclamaciones entabladas por terceros agraviados tenían para qué traer a colación la existencia de un libelo clandestino.

I

EL PERSONAJE

¿Quién fue ese «ilustre sabio y amabilísimo limeño»? [1] ¿De veras que «si la Fortuna se proporcionase a su gran mérito, daría un grande honor a su Patria con las mayores ocupaciones, como hoy la ennoblece con su doctrina, vasta instrucción y amables prendas ...»? [2] ¿Realmente era «... un cavallero que se ha grangeado de justicia el concepto de todos, y se emplearía gustosa la pluma en sus elogios, si su moderación no impidiese los impulsos de la voluntad»? ¿No es hipérbole engendrada por la amistad proclamarlo como «... un sugeto de quien no puede hablarse sin admiración, porque sabe más de lo que corresponde a su tiempo, ó por decirlo mejor, porque sabe cuanto puede saberse. Esta extensión de conocimientos sobresale en su persona por concurrir hermanada con su buen juicio; de modo que a un mismo tiempo lo consultan y lo aman. A la verdad él era digno de ser presentado al Soberano como fruto el más precioso del Perú, y de ser elegido para los mejores empleos, por ser nacido para todo. De esta suerte lograría la exaltación que merece, y quedaría satisfecha Lima, su Patria, con esta gloria, como hoy lo está con la pocesión *(sic)* de semejante hijo»? [3]

---

[1] Memorias Académicas para la Historia de la Universidad de Lima. A.H.N. Códices y Cartularios, 161-b, fol. 146.
[2] Catálogo de los Colegiales del Real de San Martín. A.H.N. Códices y Cartularios, 164-b, fol. 153v.
[3] Glorias del Perú. Oración que dirige a la Real Academia de la Historia ... Don Mariano Joaquín de Carvajal y Vargas, Conde del Puerto ... 1773. A.H.N. Códices y Cartularios, 51-b, fols. 21v y 123v.

1. La filiación

El personaje objeto del presente itinerario biográfico nació en Lima el 6 de Abril de 1732. Fue bautizado el 23 del mismo mes por el Obispo de Concepción y Arzobispo electo de Lima, Francisco Antonio Escandón, por quien se le impusieron los dos primeros nombres de pila que usó, seguidos de los de José y Sixto.[4] Sus padres fueron el General don Pablo Ruiz Cano y doña María Narcisa Sáenz Galiano, quienes habían contraído matrimonio el 10 de Julio de 1729.[5]

El progenitor era oriundo de Ocaña (Ciudad Real), e hijo legítimo de don Pedro Ruiz Cano y de doña Casilda Pérez Torresano. En 1728, proveído Gobernador de Chucuito, pasó al Perú, en donde en 1749 desempeñó asimismo el cargo de Corregidor de Parinacochas. Una hermana suya, doña María Ruiz Cano, fue consorte del Oidor de la Audiencia de Panamá, doctor Manuel de Zárate. Suponemos que también hubiese sido su hermano el doctor don José Ruiz Cano, Medio Racionero del Coro Metropolitano limeño en 1707.[6]

Por su parte, doña María Narcisa Sáenz Galiano, tercera Marquesa de Soto Florido, era limeña, e hija legítima de don Juan Sáenz de Sicilia y de doña Isabel González Galiano, igualmente natural de Lima, hermana a su vez de don Tomás y de don José González Galiano, hijos los tres del Capitán don Francisco González Galiano, oriundo de Villanueva de Barcarrota (Cáceres), y de doña Leonarda Rangel y Briones, nacida en Lima. De los referidos, don Tomás vio la luz en Lima en 1659; a los quince años de edad, en 1674, entró de Colegial en el Colegio de San Martín, y posteriormente fue Gobernador de Cartagena, en la Metrópoli, y Pagador General de la gente de guerra del presidio

---

[4] Parroquia de San Sebastián. Lima. Libro 4.º de Bautismos (1699-1732), fol. 256v.

[5] Parroquia de San Sebastián. Lima. Libro 4.º de Matrimonios (1710-1788), fol. 37. La respectiva carta dotal pasó el 6.VII.1729. A.N.P. Diego Delgado de Salazar, 1714-1730, reg. Junio de 1729, fol. 106v. En 13.X.1733 se confirieron recíprocamente poder para testar. A.N.P. Francisco Estacio Meléndez, 1733, fol. 1237.

[6] *Archivo General de Simancas. Títulos de Indias* (Valladolid, 1954), págs. 550, 571, 584 y 623.

del Callao. Por Real Despacho de 13 de Junio de 1696 se le agració con el título de Marqués de Soto Florido, con dispensa del pago de lanzas (Cédula de 17.II.1700). Falleció en España hacia 1707. Hijo suyo fue el mercedario P. Maestro Fray Francisco Gutiérrez Galiano, Obispo auxiliar de Lima (1738) y titular de Huamanga (1745-1748). El General don José González Galiano nació en Lima en 1662; en 1679 entró en el Colegio de San Martín; en 1697 desempeñó el Corregimiento de Huamalíes; fue Caballero de Calatrava, [7] y a la muerte de su hermano mayor invistió como segundo titular el Marquesado de Soto Florido y la plaza de Pagador General del Callao. Falleció el 10 de Junio de 1735. [8] Doña Isabel González Galiano expiró en Lima el 20 de Octubre de 1727. [9]

Hermanos de doña María Narcisa Sáenz Galiano fueron el doctor don Francisco Sáenz Galiano; el Licenciado don José, que recibió la tonsura; don Juan José; doña Teresa y doña Rosa Sáenz Galiano. La repetida doña María Narcisa falleció el 23 de Marzo de 1769, [10] y de su unión con don Pablo Ruiz Cano engendró a doña Mariana, a don Francisco Antonio, protagonista del presente estudio, y a doña Rosa María. La mayor, doña Mariana Isabel Jacoba Teresa, bautizada el 15 de Agosto de 1730, [11] contrajo matrimonio el 10 de Febrero de 1763 con el segundo Marqués de Negreiros, don Domingo Ramón Negreiros y Gondra, [12] de quien tuvo a doña Josefa (1763-1787) y a doña María Mercedes (1768-

---

[7] Lohmann Villena, *Los Americanos en las Órdenes Nobiliarias* (Madrid, 1947), II, págs. 48-49.

[8] Poder para testar, en 18.VIII.1711, y testamento y codicilo, en 5.IV y 18.V.1735. A.N.P. José de Altuna, 1708-1712, registro de 1711, fol. 227v, y Francisco Estacio Meléndez, 1735, fols. 444 y 580.

[9] Extendió poder para testar el día anterior. A.N.P. Alejo Meléndez de Arce, 1727-1728, fol. 271.

[10] Parroquia del Sagrario. Lima. Libro 9.º de Defunciones (1767-1790), fol. 14.

[11] Parroquia de San Sebastián. Lima. Libro 4.º de Bautismos (1699-1732), fol. 244.

[12] Parroquia del Sagrario. Lima. Libro 9.º de Matrimonios (1736-1767), fol. 316. Se otorgaron poder recíproco para testar, el 1.XII.1769 (A.N.P. Francisco Luque, 1769, fol. 1251v), bajo de cuyas disposiciones fallecieron, ella el 26.X.1779, y él, el 12.III.1787 (Parroquia del Sagrario. Lima. Libro 9.º de Defunciones (1767-1790), segunda foliación, fols 121v y 170).

1826). [13] La tercera, doña Rosa María Dominga, falleció, sin descendencia, el 3 de Marzo de 1794. [14]

Parece que don Pablo Ruiz Cano hubo además en doña Francisca Ruiz de Velasco a doña Francisca Ruiz Cano, casada en primeras nupcias con don Valentín Núñez de Lezcano, y en segundo matrimonio, con don Cipriano Navarro. [15] Abona la suposición el que un hijo de éstos, el Licenciado don Manuel Núñez Ruiz Cano, Cura de Huacaybamba (Huánuco), otorgara poder para testar al Canónigo don Pablo de Laurnaga, muy allegado a los Marqueses de Soto Florido y que en 1792 desempeñara igual cargo de confianza cerca de la citada doña Rosa María Ruiz Cano y Sáenz Galiano.

2. El jurisconsulto y el académico

El día que nuestro personaje cumplía once años de edad fue matriculado en el Colegio de San Martín, regentado por los jesuitas, hacia los que siempre profesó una sincera simpatía. [16] Evacuada la pertinente información de legitimidad y limpieza de sangre, el 12 de Diciembre de 1758 vistió la beca de educando en el Colegio Mayor de San Felipe, para cursar Facultades superiores. [17] Durante el bienio 1761-1762 fue Rector de este instituto. [18]

Estuvo unido entrañablemente con el claustro sanmarquino. De la Universidad proclama que era su «embeleso» y su «Madre», y las exclamaciones sobre su postración son de veras sentidas

---

[13] Esta última extendió testamentos en 3.VII.1799 y en 23.VI.1825. A.N.P. Ignacio Ayllón Salazar, 1798-1799, fol. 812, y 1825, fol. 414.

[14] Había extendido poder para testar en 28.II.1794. A.N.P. Gervasio de Figueroa, 1794, fols. 143-244.

[15] Poder para testar de doña Francisca Ruiz Cano, en 14.III.1772 (A.N.P. Valentín Torres Preciado, 1771-1772, fol. 542). El testamento del Presbítero Núñez Ruiz Cano se otorgó en 20.III.1770, al que adicionó otro en 7.V.1776 (A.N.P. Luis Victoria Medrano, 1769-1775, fol. 49, y 1776-1780, fol. 45v.).

[16] Eguiguren, *Diccionario Histórico-Cronológico de la Universidad de San Marcos* (Lima, 1949), II, pág. 244.

[17] Memorias Académicas... [cit. en la nota 1], fol. 198.

[18] En 26.IX.1768 suscribe el recibo de las asignaciones fiscales correspondientes a dicho período (A.N.P. Martín Pérez Dávalos, 1768-1769, reg. 1768, fol. 198).

(*Drama*, págs. 81-84). A los 18 años inició su carrera magisterial, al ocupar desde el 22 de Julio de 1750 la Tercera Cátedra de Artes, dotada con una remuneración de 515 pesos anuales. La ejerció hasta el 28 de Mayo de 1754. El 27 de Noviembre de 1763 asume la Cátedra de Código, con honores de la de Artes, en el Colegio de San Martín, que retuvo hasta el 24 de Julio de 1781. En este intermedio sobrevino la reforma de Amat, que lo afectó profundamente, pues las nuevas Constituciones (redactadas sin la participación del claustro de profesores), promulgadas el 2 de Mayo de 1771, establecían que no podía elegirse Rector a quien estuviese al frente de una cátedra (¿abrigaba el Marqués de Soto Florido aspiraciones a esa preeminencia?), y nivelaban la retribución de las diferentes cátedras, aparte de cercenar en forma lesiva los derechos obvencionales que se repartían las autoridades académicas. El 31 de Diciembre de 1779 comenzó a profesar Vísperas de Cánones, asignatura que dejó el 30 de Abril de 1783, pues el 18 de Febrero anterior había obtenido la cátedra de Prima de Cánones, que junto con la de Prima de Leyes era la más prestigiosa y la mejor dotada y que, además, se asumía con el carácter de vitalicia, como que la desempeñaría hasta su muerte, habiéndole sucedido Baquíjano y Carrillo, cuyo grado de Licenciado y de Doctor había presidido el mismo Marqués de Soto Florido en 1765. [19]

La última de las mencionadas cátedras la obtuvo tras reñidas oposiciones, pues declarada la vacancia en claustro de 6 de Julio de 1782, se presentaron como aspirantes nuestro biografiado, los doctores don Francisco José de Arrese y Layseca, don Antonio Alberto de Capetillo, don José Alejandro Jayo, don Vicente Morales y Duárez (que treinta años más tarde presidiera las Cortes de Cádiz), don Manuel Antonio Noriega, don Luis de Santiago y el Bachiller Juan José Manrique. Los ejercicios se efectuaron poco después, y coronados con feliz éxito, fue uno de los mismos contrincantes, el doctor Arrese y Layseca, el que en un rasgo de

---

[19] Eguiguren, *Catálogo Histórico del Claustro* (Lima, 1912), págs. 25, 30, 37 y 51; y Maticorena, «Documentos para la historia de la Universidad de San Marcos», en *Boletín Bibliográfico de la Universidad Nacional Mayor de San Marcos* (Lima, 1949), XIX, núm. 1-2, pág. 141.

ejemplar espíritu de cuerpo pronunció el elogio del vencedor en el acto de la toma de posesión de la cátedra. [20]

Sabemos de cierto que en el curso académico de 1785 explicó el Marqués de Soto Florido en su cátedra el Título XIX del Libro IV *(De divortiis)* de las *Decretales;* en el de 1786, abordó el Título XXXIX del Libro V *(De sententia excommunicationis),* y finalmente, en el de 1787, disertó sobre el Título VII del mismo Libro *(De hæriticis).* [21]

Es muy verosímil que desde su puesto de Asesor General del Virrey Guirior interpusiera su influjo para la buena marcha de la institución en 1779 y 1780, propiciando mejoras en las instalaciones, aunque no dejó de sacar partido personal de esa situación preeminente, al conseguir un Decreto de 20 de Diciembre de 1779, por el que se ordenaba darle posesión de la Cátedra de Vísperas de Cánones, «por haber servido varias otras Cátedras ... conferidas por el Claustro en rigorosa oposición y en regencia», circunstancia esta última que sólo le había permitido percibir la mitad del estipendio asignado.

Procurador General de la Universidad desde 1781 hasta su muerte, en 1783 ocupaba el cargo de vicerrector. En tal investidura, por exclusión del Rector, doctor don José Ignacio de Alvarado y Perales, le tocó presidir la elección del nuevo titular, en Agosto de este último año. Esta vez se cumplió el nostálgico verso de don Felipe Pardo y Aliaga, [22] porque realmente los comicios fueron muy agitados y la elección pródiga en incidentes. Baquíjano y Carrillo denunció las irregularidades del proceso electoral, y le correspondería al Marqués de Soto Florido salir al paso de los cargos formulados, en un extenso dictamen, suscrito el 7 de Febrero de 1784. [23]

---

[20] A.H.N.Ch. Sección Archivos Varios, vol. 21, fol. 64v.

[21] Libro XIV de Claustros, en *Colección Documental de la Independencia del Perú* (Lima, 1971), XIX, Volumen 1.°, págs. 200, 214 y 216, y Volumen 2.° págs. 13 y 73.

[22] Alusión a la octava del poema satírico «Constitución política», en *Poesías de Don Felipe Pardo y Aliaga. Introducción, edición y notas* por Luis Monguió (University of California Press, 1973), pág. 259.

[23] Riva-Agüero y Osma, «Don José Baquíjano y Carrillo», en *Obras Completas de José de la Riva-Agüero* (Lima, 1971), VII, págs. 40-42; y *Colección Documental de la Independencia del Perú* (Lima, 1971), XIX, Volumen 1.°, págs. 222-244.

En razón de su prestancia y de su indiscutida jerarquía intelectual resultaba el único capaz de actuar de mantenedor en cuantos actos académicos requerían de un personaje de campanillas. Así, el 24 de Diciembre de 1787, tanto por los motivos expuestos, como por su antigua amistad con la familia de los Carbajal y Vargas, leyó una oración latina, «con la elocuencia que acostumbra», en que se ponía de relieve «las notables y raras circunstancias de los Señores laureandos, a quienes apadrinó y puso las ynsignias de Doctor y Maestro en las indicadas Facultades». Los graduandos en aquella ocasión eran dos esclarecidos compatriotas: el Conde de Castillejo, don Mariano Joaquín de Carbajal y Vargas, Académico honorario de la Española, de la de la Historia y de la de San Fernando, y su primogénito, el Conde del Puerto, don José Miguel de Carbajal y Vargas, a quienes se impusieron las borlas del doctorado en Leyes y Cánones y de la magistratura en Artes, respectivamente. [24] El 14 de Febrero del año siguiente y con idéntico ceremonial se conferirían los grados de Licenciado y Maestro en Artes al primogénito del Visitador Escobedo, en cuya oportunidad nuevamente el Marqués de Soto Florido pronunció el discurso de orden. [25]

No menor predicamento se granjeó en los círculos forenses. La nombradía que logró como letrado le colocó entre los jurisconsultos de mayor solvencia en Lima, según lo acreditan sus nombramientos de Consultor y Abogado de Presos del Tribunal del Santo Oficio y de Fiscal interino de la Sala del Crimen de la Audiencia. Pero en donde demostró su prestigio y el respeto de que gozaba, fue en su actuación como amigable componedor

---

[24] *Colección Documental*, cit., Vol. 2.º, págs. 123 y 127-133.

El elogio del Marqués de Soto Florido al Conde de Castillejo, hecha abstracción de los vínculos que le unían al padre de éste, el Duque de San Carlos (v. la nota 104 al texto del *Drama*), no era gratuito: desplegando diligencia y erudición muy encomiables había acopiado noticias recónditas sobre los peruanos conspicuos en cargos políticos y administrativos, prebendas y literatura (Cfr. la Dedicatoria a él, suscrita por el P. Felipe Castán, del *Elogio fúnebre del P. Francisco Xavier Vázquez de Sandoval* ... (Lima, 1786). Este repertorio, bajo el título de «Glorias del Perú», citado en la precedente nota [3], se conserva en dos ejemplares en el Archivo Histórico Nacional de Madrid. Por su parte, el joven José Miguel sustentó una lucida tesis sobre materias de Física y Geografía (Torres Saldamando, *Títulos de Castilla en Chile* (Santiago, 1896), págs. 26-28).

[25] *Colección Documental*, cit., Volumen 2.º, págs. 143-145.

de desacuerdos que se confiaban a su prudencia. Entre estas controversias sabemos que zanjó la causa seguida ante la Audiencia sobre la sucesión de don José de Sierra (Laudo de 12 de Noviembre de 1770); habida cuenta de su «notoria instrucción, arreglada conciencia y prudencia ventajosa» los interesados en la sucesión de doña Gabriela Bernaldo de Quirós le confiaron la división y partición de la misma (Convenio de 16 de Julio de 1773); interviene en la discordia entre don José Belando y el Ayudante Mayor don Vicente Noriega, vecinos de Arequipa (Laudo de 7 de Diciembre de 1773); dirime el litigio promovido en torno de la testamentaría del Fiscal de la Audiencia don Francisco Ortiz de Foronda (Laudo del 11 de Julio de 1776), y para cerrar esta enumeración, mencionemos que la Madre María Josefa Itulaín, que seguía juicio contra su sobrino por cantidad de pesos, conviene en deferir en él la transacción correspondiente (Acuerdo de 29 de Abril de 1775). [26]

3. El hombre de letras

Por cierto que no fue el *Drama* el único escrito que dio a las prensas nuestro personaje. Su bibliografía registra piezas de mayor envergadura y de tono más circunspecto, sobre las cuales es menester dar alguna razón, siquiera sucinta, para redondear la semblanza del Marqués de Soto Florido. Excusado es suponer que puedan descubrirse puntos de contacto entre obras de encargo o textos de corte académico y un libelo injurioso, hirviente de rencor y de pasión.

En 1755, ya doctorado por la Universidad de San Marcos, presenta sus credenciales en la república de las letras con la descripción de los *Júbilos de Lima, en la dedicación de su santa Iglesia Catedral, instaurada (en gran parte) de la ruina que padeció con el terremoto del año de 1746* ... Las ceremonias narradas por el joven Colegial de San Martín se habían realizado en Mayo de aquel año. Como no podía ser por menos, Manso de Velasco es «el Restaurador» o «el Héroe» por antonomasia; su espíritu

---

[26] A.N.P. Felipe José Jarava, 1770-1771, fol. 351v; Francisco Luque, 1773, fols. 843 y 1534v; 1776, fol. 901, y 1775, fols. 133 y 419.

emprendedor merece encomios sin tasa y sus dotes de celoso administrador del patrimonio real no tienen parangón. Pero junto con estas expresiones de compromiso, es interesante espigar en el texto referencias al credo estético del cronista: se identifica con el Renacimiento (pág. 13) y no oculta su antipatía por el estilo gótico («... groseras o confusas ideas de las medidas góticas ...»; «... Ya no se pueden ver sin enfado la multitud de los alhiños *(sic)*, la confusión, la afectación y la pequeñez de las molduras góticas ...», págs. 13v y 141).[27] El Barroco tampoco es de su agrado (pág. 32v). En cambio, se muestra sensible a los deleites de la música, de la que se revela estimable conocedor —«son para el oído los sonidos, lo que a la vista los colores»— y menciona con familiaridad a Lulli y Corelli, así como a sus coetáneos Galuppi y Mondonville, cuyas composiciones se ejecutaron en aquella oportunidad. La bibliografía acotada en los escolios (muchos de cuyos títulos los encontraremos en el inventario de su biblioteca) acredita familiaridad en el manejo de los textos de arte y arquitectura y permite inferir buen gusto y espíritu selecto. Por lo que interesa como dato revelador de una simpatía personal, que con el tiempo se transformó en una verdadera filiación política, es sintomático el ditirambo del omnipotente Oidor Bravo del Ribero, «ministro que yo no osara nombrar sin elogio, si hubiese elogio que igualase su merecimiento» (pág. 52v).

Estudioso cuya versación es reconocida en la historia del pensamiento dieciochesco en el Perú, juzga que estas páginas del novel escritor, contempladas desde la perspectiva de los conceptos estéticos en ellas estampados, permiten advertir un testimonio temprano, todavía vacilante, de una sensibilidad desconocida hasta entonces, dando asidero para inscribir a su autor entre los divulgadores del programa ideológico del movimiento modernista europeo.[28] Entendido el concepto de modernismo en aquella centuria como una reacción frente a los desbordes del Barroco o como pródromo del neoclasicismo, con sus cánones de equilibrio,

---

[27] Comp. «... las góticas y feroces ideas de aquel siglo ...» [el de la Conquista], en el *Elogio* de Jáuregui, de Baquíjano y Carrillo (Lima, 1781), pág. 51, nota 19.
[28] Macera Dall'Orso, *Lenguaje y modernismo peruano del siglo XVIII* (Lima, 1963), págs. 6-11 y 14.

de severa sencillez y de austero estilo (según lo definiera García de la Huerta en la tragedia *Raquel*), en suma prosaísmo en lugar de culteranismo (dentro de la línea representada en España por Forner, Moratín, Iriarte, ...), no hay desde luego inconveniente en incluir a nuestro biografiado entre sus precursores en las Letras virreinales, aunque a la luz de su evolución posterior no haya de deducirse como consecuencia obligatoria que el Marqués de Soto Florido militara entre los adalides de las ideas avanzadas. Bastará para ello tener en cuenta que la abrumadora influencia francesa, perceptible en la prosa de *Júbilos de Lima* (el empleo galicado del pronombre personal de primera persona es flagrante testimonio de ello), merecerá la reprobación más enérgica en sus años de madurez.

La aparición de este relato descriptivo revolvió la bilis del Arzobispo Barroeta, que a la hora del reparto de zalemas se sintió preterido. Verdad es que en la portada se silencia el nombre del Prelado y se atribuye por entero la reconstrucción de la Catedral «a esfuerzos del activo zelo» del Virrey, así como que en el texto no se registra la menor referencia a la contribución del mitrado a esa obra, salvo un par de corteses alusiones (págs. 127v y 138v). Herido en su quisquillosa susceptibilidad, el dignatario elevó su queja al Monarca, calificando despectivamente al autor del libro de «imberbe colegial». [29]

Un lustro más tarde vuelve a sonar su nombre en los anales de las prensas limeñas, en dos escritos de circunstancia. Fue el primero, que se publicó sin indicación de autor, el libro titulado *Lima gozosa. Descripción de las festibas demonstraciones con que*

---

[29] V. las comunicaciones del Arzobispo, de 18.II.1756, y de su hermano don José, de 24 del mismo, con las diligencias evacuadas sobre el particular (A.G.I. Lima, 525).

Es en verdad digno de nota, como lo advierte el Prelado, que *Júbilos de Lima* viera la luz sin haber obtenido las aprobaciones y licencias de estilo. El mismo Arzobispo añade que el Virrey se resistía a autorizar esta publicación, pero como la obra estaba «dirigida y dictada» por los Oidores Bravo del Ribero y Bravo de Castilla, seguidos «de los de la Pandilla», prevaleció la influencia de los magistrados.

Toda esta polvareda tiene su punto de arranque en la inquina que profesaba el mitrado hacia los mencionados Oidores, que alcanzó ribetes de manía persecutoria; a ello hay que sumar que su hermano José, cuya mención se omite sistemáticamente a lo largo del texto, había desempeñado las funciones de Superintendente de las obras de restauración de la Catedral.

esta ciudad ... celebró la ... proclamación de Carlos III ... También ahora (como en 1755) los pomposos actos se desarrollaron merced a «... influxo de el activo zelo ...» del Virrey Manso de Velasco. Aunque anónima, basta para convencer que esta crónica jubilar es fruto del talento de nuestro biografiado, la licencia que se toma de reproducir literalmente varios pasajes de su obra primicial, que estimaba merecedores de estamparse otra vez (comp. *Júbilos de Lima*, págs. 117, 117v, 119v, 126v, 127 y 129, y *Lima gozosa*, págs. 131v, 169v, 181v, 170 y 181, respectivamente).[30]

La segunda pieza bibliográfica correspondiente a 1760 es la aprobación a la *Oración fúnebre* que pronunciara el jesuita P. Juan Bautista Sánchez el 29 de Julio de ese año en la Catedral de Lima, en las exequias de Fernando VI. Fechada el 21 de Octubre, de ella se desprende en primer término la adhesión del Marqués de Soto Florido a los miembros de la Compañía de Jesús a corto plazo de su extrañamiento, cuando ya las posiciones ideológicas no admitían ambigüedades, y en segundo lugar, la simpatía del aprobante por el nuevo lenguaje empleado desde el púlpito, exonerado ya del follaje gerundiano.

El 6 de Marzo de 1776 dispensa otro encomio indulgente: el de la *Oración fúnebre* que en las honras del Pontífice Clemente XIV corrió al cargo del franciscano Fray Luis Rodríguez Tena el 26 de Agosto del año precedente. Encarece el sermón como «... un texido harmonioso de elogios y de documentos, de sombras y de luces, de consuelos y de desengaños ...». Lejos ya de sus entusiasmos juveniles, aplaude que el orador sagrado no hubiese adoptado como modelo los ejemplos franceses, cuya influencia «obscurece el idioma patrio», y que el estilo estuviese libre de la prosa «erizada de pensamientos ingeniosos».

Por esta misma época quebranta su conducta circunspecta y mesurada para despeñarse por el escabroso precipicio del género satírico. Ya en 1775 hizo sus primeras armas al ensañarse con el Asesor Salas en dos piezas, cuyo tenor nos es desconocido, pero

---

[30] El doctor don Ignacio de Castro, al hacer el recuento de las relaciones descriptivas de festividades, dignas de particular recuerdo, pondera la *Lima gozosa* como merecedora de «aprecio por su estilo, amenidad y erudición tan digerida, que la tenía hecha propia substancia». Cfr. *Relación de la fundación de la Real Audiencia del Cuzco ...* (Madrid, 1795), pág. X.

de las que no cabe dudar que eran tan desvergonzadas como el *Drama*, tituladas respectivamente *Conversata Dramática de los dos Palanganas* y *Narración exegética de los casos rateros*. Un año más tarde, entre Agosto y Setiembre, lanzará los dardos de la crítica más despiadada sobre la vida y los actos gubernativos del Virrey Amat, aunque (como cuidó de avisar a este último el doctor don José Ignacio de Rentería) no le faltaron colaboradores o cómplices «en la maldad».

El 26 de Abril de 1777 suscribe su beneplácito a una tercera *Oración fúnebre*: ahora le corresponde el turno a la que pronunciara el 19 de Diciembre anterior el doctor don José Manuel Bermúdez en las exequias del Obispo Gorrichategui, Prelado a cuya vera se había alineado el Marqués de Soto Florido en la polémica suscitada entre los participantes del Concilio limeño de 1772 en torno de la reprobación del probabilismo. Tal como lo hiciera en su escrito publicado en 1755, incide también en esta ocasión en reflexiones sobre la realidad y la ficción, toda vez que el orador sagrado «... une de tal modo el arte a la naturaleza y la imaginación a la verdad, que afianzan sus lucimientos en fondos reales y no en apariencias engañosas ...»; reafirma su credo estético al ponderar el sermón como una pieza «... tan ajena de aquellos desconciertos ingeniosos que en los años pasados consiguieron la más injusta aprobación y aplauso, como del reprehensible empeño de imitar servilmente los bellos modelos que nos ofrece una Nación estraña, bien que llena de gloria por el talento con que exercita su Eloqüencia sagrada ...» (i. e. Francia), y respalda su aserto con una cita de Hume sobre los estragos de las influencias foráneas.

Al concluir el Virrey Guirior su período gubernativo, descargó sobre su Asesor la enojosa y delicada tarea de redactar la preceptiva *Relación*, que aparece fechada el 23 de Agosto de 1780, un mes después del inesperado término del régimen bajo el cual nuestro personaje disfrutó de la mayor privanza en las altas esferas políticas. Aunque en una monografía anterior nos hemos ocupado en este documento oficial,[31] no se estimará impertinente volver a considerarla aquí desde el punto de vista de reflejo del pensamiento del Marqués de Soto Florido.

---

[31] *Las Relaciones de los Virreyes del Perú* (Sevilla, 1959), págs. 153-159.

Una lectura sobre aviso del texto que nos ocupa deja entrever un ostensible afán por hacer hincapié en la afabilidad y condescendencia de Guirior (como implícito contraste con la idiosincrasia de su predecesor) (§§ 2 y 3). Las censuras vertidas contra los 'repartimientos' con que extorsionaban los Corregidores a la población indígena y las perniciosas consecuencias que eran de temer de tales abusos representan un claro indicador de la imparcialidad y recto criterio con que se compusieron este escrito (§§ 76 y ss), y en razón de las molestias que para el Marqués de Soto Florido se habían derivado de la reforma sanmarquina emprendida por Amat, no es de extrañar que se formulen severas críticas a las doctrinas y decisiones de autores extranjeros que debían seguirse en la enseñanza de la Jurisprudencia, con arreglo a los planes introducidos en 1771, postergándose «las leyes patrias y costumbres» (§ 37), y que se arremeta a fondo contra el nuevo régimen de estudios, «que apenas tuvo efecto en algunos de los artículos que contenía ...» (§ 38).

Habida cuenta de las funciones que desempeñaba nuestro biografiado como Asesor General de la Renta de Correos, desde 1778, hace protestar a Guirior: «Entre los muchos objetos de mi cargo puede decirse que ninguno ha merecido preferencia en cuanto al mayor empeño y vigilancia en su fomento, que la Real Renta de Correos ... Tuve Real Orden, desde mi ingreso en esta ciudad, para que señalase Asesor letrado que particularmente me asistiese en ello, y habiéndolo nombrado, y confirmado S. M., *con su ayuda* he conseguido en esta parte los adelantamientos que son notorios ...» (§ 132. Subrayado nuestro). Este mismo celo en velar su nombre, pero sin dejar por ello de realzar los méritos contraídos, reaparece en otro pasaje, en que se mencionan los de dos sujetos que intervienen en una competencia, aludiéndose indirectamente a sí mismo, al decir que se solicitó dictamen al sucesor en el cargo de uno de ellos, que lo fue el propio Marqués de Soto Florido, heredero de la investidura de Asesor General que detentó Rentería hasta su muerte el 27 de Noviembre de 1778 (§ 157).

Finalmente, debemos hacernos cargo de un escrito, inédito, que se atribuye al Marqués de Soto Florido, consistente en una réplica al tratado impreso en Lima en 1772 por el ex-jesuita

P. Pedro Vallejo. [82] El rótulo de dicha obra reza: «Antorcha luminosa y exclarecimiento demostratibo contra las preocupaciones, escrúpulos y alagosos engaños que puede haber engendrado en los incautos un opúsculo titulado Ydea sucinta del probabilismo &., su autor un Don Juan Lope del Rodo: el que se vaciará en varias notas crítico apologéticas, para desengaño de los que fanáticamente an creído que aquella obra es conforme al Tomo Regio y a la voluntad del Rei, siendo todo lo contrario». [83]

Si bien es verdad que nuestro personaje la emprende en el *Drama* contra el referido trabajo (publicado bajo el anagrama imperfecto de Juan Lope del Rodo), calificándolo despectivamente de «papelones» y lo tilda de ser «todo traducción de Con cina» (pág. 68) y que por su parte el autor de la «Antorcha luminosa ...» es realmente sangriento en sus pullas contra el P. Vallejo, desde luego este paralelismo no brinda asidero suficiente para atribuir al Marqués de Soto Florido la paternidad de esta última. Por lo demás, estimamos que Macera lleva muy lejos la interpretación de la actitud juvenil de Ruiz Cano, en 1755, hasta incluirlo en aquella minoría de intelectuales que se contaron entre los «discípulos fervorosos» del pensamiento moderno, a saber: Bravo de Lagunas, el Obispo Gorrichategui, el P. González Laguna (que por cierto estuvo situado en una trinchera opuesta de la que ocupara nuestro biografiado), el Conde de Santa Ana de las Torres (que con sus escritos y sus hechos bien claro acreditó que distaba mucho de ser partícipe de esta orientación ideológica), entre otros. Los principios sustentados en la «Antorcha luminosa ...» —redactada «en tono de requisitoria judicial en favor de la cultura moderna» (Macera)— no se avienen en absoluto con la ortodoxia que profesaba en esta materia el Marqués de Soto Florido. Dar por bueno que postulaba el reemplazo del criterio de autoridad por el del examen crítico racionalista implica afiliarlo a unas tendencias que sin duda de ninguna especie repugnaban a sus opiniones más arraigadas, de las que tenemos al alcance de

---

[82] Macera Dall'Orso, «El probabilismo en el Perú durante el siglo xviii», en *Nueva Corónica* (Lima, 1963), I, núm. 1, págs. 160-190; v. especialmente págs. 160, 165, 175-178 y 188.

[83] B.C.U.S.M. Número de registro 66178. Un volumen facticio, con el tejuelo: «Documentos Varios. N.º 30». Pieza de 37 folios, plagados de enmiendas, tachaduras y correcciones al margen.

la mano en el texto del *Drama* repetidos testimonios. Jamás hubiera el Marqués de Soto Florido estampado: «... el gran Ruseau en sus máximas ...» («Antorcha luminosa...», fol. 7).

Un análisis más atento de estas «notas crítico apologéticas», colocadas bajo el lema «Suave es mi yugo, y ligera mi carga» (Mt., XI, 30) induce a desechar en forma terminante su adscripción a nuestro personaje. Por lo pronto, una confesión inserta en el texto disuade de inmediato tal candidatura: «... y yo me quedaría siendo Juez aun en materias de Real Hazienda que corren a mi cargo ...» (fol. 6), lo que permite inferir que fue un covachuelista quien redactó este papel, a que ha de sumarse la alusión a «... cualquiera de los Oficiales que están en los Desamparados ... con ser todos de la Asamblea, sino que crea que el señor Garoz [34] es algún pelado eclesiástico ...» (fol. 7), ratificatoria de la precedente apostilla.

El plan de esta disquisición se contrae a esclarecer —«hablando con todo el rigor escolástico»— lo que es probable, lo que es probabilidad y lo que es mera opinión, para centrarse sobre dos interrogantes: si es lícito seguir la opinión improbable respecto de la probable, y si sea lícito seguir la opinión probada sólo con probanza semiplena. La argumentación conduce al corolario de que no existía constancia de que oficialmente estuviese condenado el probabilismo, pero sí seguir las opiniones laxas, pecaminosas o que contuviesen principios en pugna con la ortodoxia tradicional de la Iglesia. Por tanto, se acomete a fardo cerrado contra Concina, Patuzzi y «demás extravagantes» que habían inspirado al autor de la *Idea sucinta del probabilismo.*

El estilo obscuro, mazorral y enrevesado no recuerda al del Marqués de Soto Florido ni se aviene con las disciplinas académicas en las que era versado, si bien por razón de su afinidad con el círculo que simpatizaba con ideas análogas a las que dieron pie a esta impugnación, no cabe excluir del todo una eventual intervención suya en este asunto.

---

[34] Sobre este individuo, v. la obra de Sáenz-Rico, pág. 650.

4. El político

En magnitud que es difícilmente mensurable valiéndose de los elementos de juicio que han llegado hasta nosotros, al personaje central de las presentes páginas le correspondió desempeñar una participación muy activa en la política peruana de la segunda mitad del siglo XVIII. En el fondo, el *Drama* es el enjuiciamiento de la gestión de un gobernante a través del prisma de una facción o parcialidad antagonista. Inscrito desde su mocedad en la clientela del todopoderoso magistrado Bravo del Ribero, aprendió de su maestro la técnica del disimulo y de la maquinación para escalar posiciones dominantes en el manejo de la cosa pública, sin exponerse a una figuración visible. Con ejemplar lealtad, no se aparta de su mentor al ser éste proscrito de la Audiencia por las maniobras de Amat, que ha cedido a los maléficos consejos de su Asesor Salas. Cuando llegue la hora de la reivindicación, tras largos años de ostracismo, se vale del *Drama* para echar las campanas a vuelo. Por otra parte, y abundando en esta actitud, las expresiones que en el mismo se vierten en memoria del Conde de Superunda configuran un gesto de adhesión cívica al grupo cuya privanza sufrió un dilatado eclipse durante el gobierno de su sucesor.

La carrera política de nuestro biografiado alcanza su etapa cenital en la época de Guirior. La vehemente apología de las cualidades del flamante Virrey, que se reitera una y otra vez en las páginas del *Drama*, deja adivinar un mal encubierto designio de captar su ánimo desde el primer momento. La pasión de mando, la voluntad de poder, pueden ahora ejercitarse solapadamente a través de un hombre dócil y apacible. El momento triunfal del apogeo no se deja esperar: por decreto de 1.º de Diciembre de 1778 el Virrey, que acababa de perder a su Asesor General, escoge para cubrir la vacante, con carácter de interino, al Marqués de Soto Florido. El estipendio anual anejo al cargo asciende a mil pesos. [35]

---

[35] Despacho núm. 382, de 5.XII.1778, por el que el Virrey Guirior da cuenta de haber designado al Marqués de Soto Florido como sucesor del doctor Rentería. A.G.I. Lima, 658.—Libro de sueldos ... (1770-1774). A.N.P.M.H. Libro 0909, fol. 390.

Desempeñó las funciones poco más de año y medio, hasta el 22 de Julio de 1780, en que Jáuregui asumió el Virreinato. Superfluo parece hacer hincapié en la decisiva participación que le cupo desarrollar entre bastidores y manejando a su antojo a Guirior en orden a frustrar las medidas que se esforzaba por implantar el Visitador Areche y que el Marqués de Soto Florido y el núcleo con el cual se sentía identificado, juzgaban perjudiciales para sus intereses.

Cuando concluyó su mandato, el Virrey Guirior dejó afianzada su residencia y otorgó plenas facultades a don Felipe Colmenares y Fernández de Córdoba, Marqués de Celada de la Fuente, y a su sobrino don Sebastián de Aliaga y Colmenares, Conde de San Juan de Lurigancho, para asumir su defensa y levantar cualesquier cargos que se le acumulasen. A su paso por Valparaíso, el 24 de Octubre de 1780, confiere poder al mismo Marqués de Soto Florido, haciendo extensiva a él la procuración delegada en los dos apoderados antes mencionados, de suerte que con cualquiera de ellos se entendiesen las diligencias relativas al proceso de depuración. [36]

Como no podía ser de otra manera, toda la artillería de los simpatizantes con Guirior se enfiló sobre el causante de su destitución, el Visitador Areche. Al frente de este partido, integrado por los más conspicuos miembros de la nobleza peruana y los principales hacendados de la costa, los mismos que a porfía se habían brindado como fiadores del gobernante caído en desgracia, para responder de las resultas de su juicio de residencia, [37] se colocó nuestro biografiado, dispuesto a luchar a fondo para enervar los proyectos que ahora, eliminado el obstáculo que había significado Guirior, creía Areche fácil de llevar a buen término. [38]

En comunicación de Areche a Porlier se leen unas afirmaciones que corroboran la privanza del Marqués de Soto Florido, y que no resistimos transcribirlas. El Visitador, perdida ya su

---

[36] Escritura de 16.VIII.1780 (A.N.P. José de Aizcorbe, 1780, fol. 476v). El Marqués de Soto Florido delegó sus funciones en el Procurador Francisco Martínez de Aguirre, con arreglo a una escritura del 15.III.1783 (A.N.P. Teodoro Ayllón Salazar, 1780-1783, fol. 1123).

[37] Despacho de Guirior, de 24.VIII.1780. A.G.I. Lima, 780.

[38] Palacio Atard, *Areche y Guirior. Observaciones sobre el fracaso de una Visita al Perú* (Sevilla, 1946), pág. 47, y Sáenz-Rico, ob. cit., pág. 210.

arrogancia, le hace ver a Porlier, conocedor del ambiente de la capital del Perú, cuán «... difícil es averiguar en Lima la verdad de los asuntos desta clase quando median unos respectos y poder como el que logran allí los Sierra Bellas, los Soto Floridos, los Marqueses de Zelada [de la Fuente] y otros sus adictos, que fueron los principales apoderados que dejó Guirior para su residencia ... V. E., vuelvo a repetir, conoce a Lima y sus principales havitantes ... aunque ... el Virrey que servía en su tiempo [Amat] los tuvo con la voca cerrada; pero como el de Guirior, por su incauto espíritu popular y accesible a toda conversación, fué más libre en este punto, hablaban en él de su gobierno [el de Amat] a desquite de lo que habían callado ...». [39]

En el expediente incoado por el Visitador contra el Virrey depuesto condujo el Marqués de Soto Florido la defensa de su patrocinado con estrategia tan hábil, que consiguió desvanecer todas las acusaciones y alcanzó en Octubre de 1783 que el Juez Márquez de la Plata pronunciase veredicto absolutorio y que, a mayor abundamiento, se dejara expresa constancia de que Guirior había «desempeñado cumplidamente los superiores cargos y empleos que se le confirieron, con exacto y vigilante esmero en el mejor servicio del Rey». [40]

Por añadidura, en la oportunidad del recibimiento oficial del Virrey Jáuregui en la Universidad, los elementos fieles a su predecesor, por pluma y boca del encargado de pronunciar el panegírico de aquel, tarea que el Claustro había delegado en el Catedrático de Vísperas de Leyes, Baquíjano y Carrillo, rompiendo con la costumbre de enaltecer hasta el infinito al flamante mandatario, recuerdan con afecto al anterior, «... cuyo nombre ha esculpido la América en los anales de la virtud ...» (*Elogio*, página 75). Y no fue esto todo: se tuvo entonces menos cuenta con expresar la bienvenida al nuevo gobernante que de hacerle comprender la actitud que adoptarían los sectores dirigentes de la opinión pública peruana ante la eventualidad de que Jáuregui

---

[39] Carta de Areche a Porlier, de 7.IV.1789. A.G.I. Lima, 780.
[40] A.G.I. Lima, 781. Cuaderno principal de la residencia de Guirior, fols. 779-996v.— A.H.N. Consejos, 20.344. Cuaderno 1.º, fols. 354-379 (Pliego de descargos, suscrito por el Marqués de Soto Florido y Martínez de Aguirre, y sentencia del Juez, fols. 382-396).

dispensara su respaldo a la política tributaria implantada por Areche y se identificara con su gestión. El discurso de Baquíjano y Carrillo contiene una transparente alusión a las exacciones con que el Visitador había gravado a los agricultores y comerciantes (*Elogio*, págs. 70-71, nota 40), vale decir las fuerzas económicas de cuyas protestas se había hecho portavoz el Marqués de Soto Florido en el *Drama* (págs. 89-96). [41]

Otros jalones de la carrera pública de nuestro personaje fueron asimismo distintos cargos de responsabilidad que desempeñó con reconocida inteligencia: Fiscal Protector de Naturales de la Audiencia (plaza en que sucedió en 1778, a la sombra de Guirior, al detestado doctor Cristóbal Montaño), Asesor de la Renta de Correos (según ya quedó expuesto), Juez de Testamentos, Legados y Obras Pías de la Arquidiócesis, Consultor y Abogado de Presos del Tribunal del Santo Oficio de la Inquisición, y Fiscal interino de la Sala del Crimen de la Audiencia.

En la instable rueda de los vaivenes de la política, le tocó la suerte de disfrutar de la benevolencia de dos Virreyes, a saber, el Conde de Superunda y el repetido Guirior. A juzgar por los puestos que siguió ocupando durante el período de Jáuregui, cabe suponer que también gozó de la confianza de este último. Con el sucesor, todo deja presumir que la situación de preeminencia sufrió un serio revés desde 1784 hasta 1790. En efecto. El Virrey Croix, en una memoria confidencial que puso en manos de Gil de Taboada al cederle el mando en 1790, lealmente le previene para no ser «sorprendido por la astucia y la malicia de los individuos que aún no ha experimentado». En este sentido aconseja ponerse en guardia contra una camarilla entre cuyos integrantes señala a nuestro biografiado, al Oidor Messía y Munibe, Conde de Sierrabella, y a su tío, el ya mentado Marqués de Celada de la Fuente, al doctor Antonio Boza y Garcés, y a otros más, tales como el Canónigo Santiago Larrión, de cuya intimidad con la familia Ruiz Cano disponemos de abundantes testimonios. Los

---

[41] Areche se percató con toda lucidez de la intención oculta en la pieza oratoria de Baquíjano y Carrillo, y dedica los parágrafos 88 a 90 de su Instrucción Reservada a Márquez de la Plata, fechada en 1.º.II.1783, a glosar con acrimonia los conceptos de quien, por ser contertulio de Guirior, moteja de «badulaque» y de «persona enteramente perdida de costumbres» (A.G.I. Lima, 957).

nombrados formaban «un partido prepotente» que con sus artimañas habían frustrado beneficiosas iniciativas de anteriores gobernantes. Croix, al igual que Amat y que Areche, los había puesto de lado desde el primer día de su administración. La venganza de los postergados consistió en denunciarlo de inactivo. [42]

5. El aristócrata

De la personalidad del Marqués de Soto Florido no puede desligarse el conjunto de sus vinculaciones con la nobleza limeña, en particular con elementos que dentro de ella ejercían un papel directivo o que en la contienda con Amat adoptaron una actitud beligerante. Testimonio fidedigno de tales conexiones puede probarse documentalmente. Es el primero un poder que confiere el 29 de Mayo de 1769 al Conde de Montes Claros de Zapán (yerno del repetido Oidor Bravo del Ribero), al Conde del Valle de Oselle (enemicísimo de Amat), al Mariscal de Campo don Eugenio de Alvarado y Perales, y a don Francisco Ortiz de Foronda, todos residentes en Madrid, para que expusieran la calidad y circunstancias del otorgante y de sus antepasados, con la mira de que el Soberano le dispensara alguna merced condigna. El otro es también un poder, extendido el 18 de Julio de 1786, a doña María Ventura de Guirior, viuda del Virrey, a don Tadeo Bravo del Ribero y Zabala (hijo del ministro de la Audiencia tantas veces mencionado a lo largo de estas páginas), y al mentado Conde de Montes Claros de Zapán, asimismo radicados en la Corte, instruyéndoles para hacerse cargo de un legado que en favor del otorgante había instituido doña Francisca Antonia de Escandón. [43] Ratifica su prestante situación dentro de la aristocracia peruana el haber revistado en 1771, junto con su cuñado el Marqués de Negreiros, entre la milicia constituida exclusivamente por

---

[42] Cfr. los párrafos 1, 2, 3, 6, 8 y 9 de la Memoria confidencial de Croix a Gil de Taboada. A.G.I. Lima, 638.
[43] A.N.P. Santiago C. de la Cueva, 1763-1771, fol. 261, y Teodoro Ayllón Salazar, 1784-1789, fol. 386v.

títulos de Castilla que formaba la Compañía Coronela del Regimiento de la Nobleza, a cuyo frente figuraba el mismísimo Amat. [44]

6. Participación en el VI Concilio limeño

Como claramente se echa de ver por el *Drama* (págs. 67-69), en cuyo texto se deslizan informaciones sobre interioridades de la magna asamblea eclesiástica reunida en Lima desde Enero de 1772 hasta Setiembre del año siguiente, el Marqués de Soto Florido figuró entre los participantes laicos del sexto Concilio limeño. Intervino en las deliberaciones en ejercicio de una doble investidura. Por una parte, el Cabildo eclesiástico de Huamanga le había designado como Procurador de la corporación, en 8 de Julio de 1771. [45] Por otro lado, se desempeñó como personero de la Orden betlemita, que al no encontrar en Lima sujeto más competente en las materias que se iban a ventilar, decidió confiarle su representación, habida cuenta de su «probada conducta, conocida virtud, escogida literatura y demás buenas partes». [46]

Su presencia, junto con la de otro laico, como miembros de pleno derecho en el seno del Concilio, promovió algunos reparos, que rápidamente se soslayaron, al adoptarse el acuerdo de que ambos se abstendrían de intervenir en cualquier deliberación que rozara con la conducta de los tonsurados. [47] Se tiene noticia de uno de los dictámenes que evacuó, en Agosto de 1772, para ilustración de los asistentes: versaba sobre el punto procesal materia del Título Primero del Libro Segundo de las disposiciones conciliares *(De Judiciis).* [48]

A estar a lo que deja traslucir el *Drama* (págs. 67 y 68) en orden a las ideas que abrigaba su autor, se le puede contar en el sector moderado y antirregalista de los participantes en

---

[44] Sáenz-Rico, ob. cit., pág. 228.
[45] Vargas Ugarte, *Concilios Limenses* (Lima, 1954), III, pág. 155.
[46] Poder de la Orden, extendido en 24.I.1772. A.N.P. Felipe José Jarava, 1772-1773, fol. 575v.
[47] El otro seglar era el Marqués de Casa Concha, don José de Santiago Concha, Procurador de los juandedianos. B.U.D. Peruvian Collection, número 1777. Dictámenes de los Presbíteros Botoni y Potau, 1772.
[48] B.U.D. Peruvian Collection, núm. 1777.

el Concilio. Por tanto, ocupa un lugar de honor entre aquellos que a la hora de asumir una actitud frente al punto VIII del Tomo Regio (Cédula de 21 de Agosto de 1769), relativo a la proscripción de las ideas probabilistas, no quisieron convertirse en dóciles instrumentos de las consignas impartidas por el Poder civil, que llevarían a punta de lanza en el seno de la asamblea los delegados de Amat: el Asesor Salas y el doctor Montaño. Otros miembros distinguidos de este grupo tolerante fueron asimismo el Obispo electo del Cuzco, Gorrichategui, que mantuvo con nuestro biografiado una «íntima y cordial» amistad,[49] y el de Santiago de Chile, Alday y Aspee, que desde su sede episcopal prosiguió un activo intercambio epistolar.[50]

Sabido es que la polémica en torno del probabilismo revistió desusada aspereza en el seno de la reunión y la controversia hubo de librarse bajo una intensa presión moral del Virrey (de la que el *Drama* revela expresivos detalles, pág. 69), sin que en fin de cuentas se lograra un pronunciamiento categórico en orden a las doctrinas jesuíticas.[51]

La excitación de los debates trascendió hasta el exterior y los opositores recurrieron a las prensas. El crucífero P. José Miguel Durán, uno de los más encarnizados impugnadores de las doctrinas probabilistas, se revolvió fieramente contra esos «eruditos a la violeta» que habían facilitado al franciscano P. Marimón los argumentos que éste esgrimiera en su apología de las mismas y que posteriormente hicieron suyos la legión de defensores y propagandistas. No puede ser más rudo el P. Durán con ellos, al aludir peyorativamente a que «... es infinito sincathegorematice el número de los Necios, quando hay Vulgo (y acaso el peor)

---

[49] Aprobación a la *Oración Fúnebre*, de Bermúdez (Lima, 1777).

[50] A.A.S. Tomo VIII, fol. 26. Carta del Marqués de Soto Florido, datada en Lima, en 24.XII.1775.

En esta misiva el autor comenta el revés sufrido por el ejército español, en Julio del mismo año, en la campaña en territorio marroquí; se lamenta de las discordias ocurridas en el seno del Concilio de los Charcas, y expresa opinión pesimista sobre la aprobación de los acuerdos del Sexto Concilio limeño, dadas las tensas relaciones de la Corona con la Santa Sede.

Debemos copia de esta pieza a la bondadosa amistad del P. Gabriel Guarda G., O.S.B.

[51] Vargas Ugarte, ob. cit., págs. 160-161, 169-176 y 183-187, y el artículo de Macera Dall-Orso, citado en la nota 32.

entre no pocos venerables *Bonetes*, entre muchas reverendas *Capillas*, y entre muchísimas brillantes *Pelucas*. Feijóo lo dice: vayan a reñir con él».[52] Es de suponer que aunque la frase provenga del insigne benedictino español, la alusión a las 'Pelucas' fuera asestada contra quienes, como el Marqués de Soto Florido, se contaban entre los simpatizantes del P. Marimón. No es pues de extrañar que la respuesta en el *Drama* fuese no menos cáustica, y que tras de reclamar airadamente por el estilo «mordicaz contra el Público» que exhalaba el escrito del P. Durán, lo estigmatizara denominándolo despectivamente «Padresito Procurador» (página 68).

7. El bibliófilo y el erudito

Por la magnitud de sus fondos, pues superaba largamente los tres millares de volúmenes, por el respaldo erudito que implica para un escritor y un profesor universitario, y por el significado ideológico que se desprende de algunos títulos, resulta altamente sugestivo un registro de la escogida biblioteca que formó el Marqués de Soto Florido, desde luego muy superior en calidad a otras limeñas coetáneas.[53]

Coronada la tarea, no fácil, de identificar autores defectuosamente transcritos y de restablecer títulos caprichosamente deformados (unos *Poemas del Filósofo Sansuci* pertenecen a Federico de Prusia), entresacaremos del rebusco las obras más significativas y reveladoras de la mentalidad de quien las tenía en su poder. Entre todas ellas, aparece una que llama poderosamente la atención, inventariada —¡malhaya!— sin nombre de autor, y de la cual sólo se consigna el título o denominación vulgar: *La*

---

[52] Durán, *Réplica Apologética* ... (Lima, 1773), Prólogo del Editor, *in fine*, y pág. 128.

El tenor exacto de la frase de Feijoo (tal como aparece en el discurso «Contra la pretendida multitud de hechiceros», en las *Cartas Eruditas*), reza como sigue: «Y entienda V. Md. que aquí debajo del nombre de *vulgo* comprehendo no pocas brillantes pelucas, no pocos venerables bonetes, no pocas reverendas capillas».

[53] Comp. Macera Dall'Orso, «Bibliotecas peruanas del siglo XVIII», en *Boletín Bibliográfico de la Biblioteca de la Universidad de San Marcos* (Lima, 1962), XXXIII, págs. 124-137.

Currumaca o *La Gurrumaca*, compuesta por cuatro volúmenes en folio. Tan extraño título trae al punto a la memoria la confesión del autor del *Drama* de que él también había compuesto unas «Coplas del Carrumaco», que con fingida modestia califica de «baxas y humildes» (pág. 55). ¿Quién escribió aquella obra? ¿Sobre qué versaba? [54]

Es de notar, por de pronto, la abundancia de impresos en francés. Descuellan entre ellos la Enciclopedia (sin que esto entrañe necesariamente identificación con sus opiniones, a la verdad no todas tan extremistas como rutinariamente se supone); los 290 tomos de las *Mémoires* de Trévoux; las obras de Condillac *(La Lógica ...* y el *Cours d'études ...); las Lettres d'une pérouvienne,* de Madame de Grafigny; el *Dictionnaire historique et critique ...* de Bayle (en que se anuncia la Enciclopedia), y en fin las *Cartas* de Madame de Sévigné, los Cuentos de Marmontel, las *Lettres historiques et galantes ...* de Noyer, y libros de Molière, Richelieu, Bossuet, Boileau, Corneille, etc.

Es de interés asimismo subrayar, por lo que puede revestir como indicio de afición al género literario, la existencia en los anaqueles de la biblioteca que reseñamos, de títulos y autores cuya sintonía con el espíritu criticista de su propietario no puede pasarse por alto, tales como las Memorias del Cardenal de Retz, el *Satyricon,* de John Barclay, y las obras de Trajano Boccalini, Pope y Persio (elogiado por cierto en *Júbilos de Lima,* pág. 43v).

En una clasificación por materias, en Derecho y Religión encontramos las Obras de Santo Tomás (en diez tomos), la *Política Indiana,* de Solórzano Pereira; los textos de Graciano; el *De Jus-*

---

[54] Tras de agotar la consulta de bibliografías y repertorios, así como la de catálogos de diversas bibliotecas de América y Europa, nos dirigimos a varias instituciones (Library of Congress e Hispanic Society of America) y a afables amigos, en demanda de alguna luz sobre este extremo, sin que infortunadamente pudiera obtenerse información acerca de tan interesante cuestión.

Reitero aquí mi gratitud al Bibliotecario de la Real Academia de la Historia, don Dalmiro de la Válgoma, a don José Simón Díaz y don Francisco Aguilar Piñal, del Departamento de Bibliografía del Consejo Superior de Investigaciones Científicas (Madrid), a don Javier Malagón Barceló (Washington, D.C.), a don Luis Monguió (Universidad de California) y a don Agustín Millares Carlo (Universidad del Zulia), que con toda amabilidad absolvieron las pesquisas correspondientes.

titia et Jure, de Soto; el *Thesaurus Indicus,* de Avendaño; la *Recopilación de Leyes de las Indias;* el *Gobierno eclesiástico pacífico,* de Villarroel; las *Sentencias,* de Lombardo; *La falsa filosofía,* de Fray Fernando de Ceballos; la *Historia del probabilismo,* de Concina; los *Elementos de Derecho Público,* de Olmeda y León; un *Diccionario de libros jansenistas,* en cuatro volúmenes, y títulos diversos de Vattel, Bielfeld, Fontenelle, Heinecke y Duhamel.

Al ramo de doctrinas políticas pertenecen los *Ensayos* de Hume; las *Obras* de Locke; el *Discurso sobre la educación popular,* de Campomanes; las *Cartas Provinciales,* de Pascal; las *Obras* de Palafox; las *Empresas Políticas,* de Saavedra Fajardo; la *Crisis política,* de Juan de Cabrera; las *Obras políticas y morales* del Abate Saint-Pierre, etc.

En el campo de la Literatura española aparecen inventariados nueve tomos de las *Obras* de Lope de Vega; el *Quijote, La Galatea* y *Los trabajos de Persiles y Sigismunda,* de Cervantes; el *Teatro crítico de la eloqüencia castellana,* de Capmany; el *Ensayo,* de Llampillas; la *Agudeza y arte de ingenio,* de Gracián; las *Cartas* y los demás escritos del P. Feijoo; las *Fábulas,* de Iriarte; las *Obras,* de Quevedo; el *Polifemo* y la *Ilustración de la fábula de Píramo y Tisbe,* de Góngora; la *Poética,* de Luzán; los *Autos,* de Calderón de la Barca; las *Obras* del Conde de Villamediana y las de Boscán, y las *Memorias Literarias de la Academia de Sevilla.*

A la Literatura universal pertenecen los *Adagios o apotegmas* y los *Coloquios,* de Erasmo; los *Ensayos,* de Montaigne; el *Paraíso perdido,* de Milton; las *Rimas,* de Camoens, y por de contado los autores clásicos de la Latinidad (Marcial, Tácito, Horacio, Ovidio, Juvenal, ...).

La Historia de las Indias aparece representada por Garcilaso, Herrera *(Décadas),* Torquemada *(Monarquía indiana),* Solís *(Historia de la Conquista de México),* Gumilla *(El Orinoco ilustrado),* González de Barcia *(Ensayo cronológico ...),* García *(Origen de los indios),* Anson *(Viage del Mar del Sur),* y otros títulos, de dos de los cuales no hemos podido identificar sus autores: *Religión de la América Meridional,* y *Rumbo seguro para atraer las Indias a España.* La Historia de España cuenta con los nombres de Salazar de Mendoza, de Cabrera de Córdoba, de Masdeu, de Mariana, de Pero Mexía, del Marqués de Mondéjar, etc.

Entre las obras de arte se cuentan *El Museo pictórico*, de Palomino; la *Descripción del Escorial*, de Andrés Jiménez; *De Arquitectura*, de Juan de Arfe; la *Historia de las Artes*, de Rollin, y un *Diccionario de las Artes*, en dos volúmenes.

En materia de diccionarios, aparecen los más acreditados: el de Trévoux, el Facciolato, el Calepino, el Dufresne, el Danet, y la *Bibliotheca* de Nicolás Antonio.

Entre la miscelánea es preciso reseñar la existencia en los anaqueles de tan importante biblioteca del *Verdadero método de estudiar*, del Barbadiño (el Abate Verney), texto revolucionario en su época en materia pedagógica.

Finalmente, formando un conjunto independiente, se catalogaron los impresos limeños de reciente aparición: su propia *Lima gozosa* (1760); *El día de Lima* (1748), de Llano Zapata; la *Concordia de la discordia* (1749), de Cueva Ponce de León; la *Relación de las exequias de Juan V* (1752), de Bravo del Ribero; la *Colección Legal* (1761), de Bravo de Lagunas y Castilla; *El nuevo héroe de la fama* (1762), del Marqués de Casa Concha; la *Fúnebre Pompa* ... (1763), de Ortega y Pimentel; el *Tratado de artillería* (1764), de Bracho Bustamante; la *Idea sucinta del probabilismo* (1772), de Juan Lope del Rodo; la *Colección de las Aplicaciones* ... (1772); el *Reglamento de la Aduana* (1773); la *Relación de las exequias de Clemente XIV* (1776), de Delso; las *Lágrimas de Lima* (1776), de Potau, y la *Oración fúnebre* ... (1783), de Calatayud. También se registran ejemplares de las *Ordenanzas del Perú* de Ballesteros, de la *Lima Limata*, de Haroldo, de las *Sinodales del Arzobispado de Lima*, y del *Gazophilatium Regium Peruvicum*, de Escalona y Agüero. No podemos omitir la referencia a una Relación manuscrita del gobierno del Conde de Lemos, cuya existencia, de ser efectiva, sería del más subido valor. [55]

---

[55] Aun en los últimos años de su vida seguía incrementando los fondos de su biblioteca: en 1788 adquirió íntegra la del Oidor Echeverz y Zubiza (A.N.P. Justo Mendoza y Toledo, 1788-1789, fol. 269).

Esta ingente masa bibliográfica, evaluada en la considerable suma de 16.000 pesos, fue legada por el Marqués a su sobrino, el abogado doctor Juan José de Urriola. El inventario que hemos utilizado se practicó en Agosto de 1796 (A.N.P. Juan Pío de Espinosa, 1794-1799, fols. 526-556).

Testimonio de inquietud inextinguible: consta que el Marqués de Soto Florido fue suscritor del *Mercurio Peruano* desde el número inicial.

8. EL HACENDADO

Fue nuestro personaje propietario de predios rústicos en las inmediaciones de Lima: el fundo «La Molina», en el valle de Carabayllo, y la chacra de Galiano, en el de Surco, a corta distancia del pueblo del mismo nombre. La primera de estas fincas, con una dotación de 17 esclavos, la arrendó el 30 de Abril de 1768, por el término de nueve años; el 23 de Mayo de 1782 vuelve a celebrar otro contrato, por la misma merced conductiva de 3.000 pesos, si bien ahora sólo por el plazo de cuatro años. En ambas oportunidades el locador se reservaba la facultad de poder alojarse en la hacienda «en tiempo de lomas». [56] La otra propiedad, a juzgar por los términos en que se pactaba su arrendamiento, debía de ofrecer un aspecto deplorable. El 25 de Enero de 1768 la arrienda en 200 pesos anuales; el 8 de Mayo de 1770 celebra nuevo contrato, ahora tan sólo por 150 pesos anuales, en razón de hallarse «arruinada y sin acequias ... y ... en el último término», y finalmente, en el mismo estado de menoscabo vuelve a cederla el 27 de Febrero de 1777. [57]

Los recargos de la alcabala (del 2 al 4%) y del almojarifazgo (al 5%) implantados en 1773 por el Virrey Amat dentro del conjunto de medidas dispuestas por la Corona para incrementar los ingresos fiscales, y la declaración de hallarse sujetos a su exacción semillas y granos (liberados hasta entonces en virtud de expresas normas legales), incidieron de un modo sustancial sobre la producción agrícola de las haciendas aledañas a Lima, y en consecuencia afectaron también al Marqués de Soto Florido, que no oculta su irritación por ello en el *Drama*. Sin perjuicio de exhalar su disgusto en las páginas de este escrito,

---

[56] A.N.P. Juan José Moreno, 1768-1769, fol. 95v; Martín Pérez Dávalos, 1768-1769, reg. 1768, fol. 57v, y Teodoro Ayllón Salazar, 1780-1783, fol. 967.

[57] A.N.P. Santiago C. de la Cueva, 1763-1771, fol. 200; Valentín de Torres Preciado, 1769-1770, fol. 480, y 1777, fol. 793.

tanto por atender a sus propios intereses, como por aprovecharse de su influencia cerca del Virrey Guirior, aparte de su probada versación como jurisperito, se hizo cargo de la defensa, junto con don Pedro José de Zárate y Navia, Marqués de Montemira, de las comunidades integradas por cerca de dos centenares de terratenientes y labradores de los cinco valles en torno de Lima, a saber: Late y Surco, La Magdalena, Pachacamac, Lurigancho y Huachipa, y Carabayllo, que interesaban la derogatoria de los nuevos aranceles y se volviera a los encabezamientos vigentes desde tiempo inmemorial. [58]

Merced a la condescendiente actitud de los Oidores, algunos de los cuales limeños de oriundez como Bravo del Ribero, Urquizu e Ibáñez, Querejazu, De la Puente, o poseían fundos o se hallaban ligados por parentesco cercano con propietarios de ellos, los hacendados aparte de mover los resortes al alcance de muchos de los contertulios del mencionado Virrey, tuvieron forma de introducir en la Audiencia sucesivos recursos legales, que a la postre frustraron las medidas tributarias que pretendiera implantar Amat. [59]

A juzgar por la aspereza con que el autor del *Drama* se despacha cada vez que ha de aludir al doctor Cristóbal Montaño,

---

[58] Poderes otorgados en 31.X.1775 y 15.XII.1777. A.N.P. Santiago C. de la Cueva, 1772-1782, fols. 814 y 948.

Este incremento de la carga contributiva que afectó a los agricultores del valle de Lima y aledaños, se ventiló en un dilatado litigio. A.H.N. Consejos, 20.300, núm. 3. El gremio de labradores de la ciudad de Lima con el Fiscal, sobre alcabalas.

Febres Villarroel, en su estudio sobre «La crisis agrícola en el Perú en el último tercio del siglo xviii», en *Revista Histórica* (Lima, 1964), XXVII, págs. 119, 121-123 y 125, alude rápidamente a este problema.

Sobre el tema general de la política tributaria de la Corona y la oposición que despertó, cfr. Villalobos, «El descontento contra la política económica de los Borbones en Chile», en *Estudios Americanos* (Sevilla, 1958), XV, número 78-79, págs. 135-143, y Carmagnani, «La oposición a los tributos en la segunda mitad del siglo xviii», en *Revista Chilena de Historia y Geografía* (Santiago, 1961), número 129, págs. 158-195.

Para más información complementaria, v. la nota 292 al *Drama*.

[59] Informe del Visitador Areche sobre los magistrados que integraban la Audiencia de Lima, de 20.II.1778 (A.G.I. Lima, 1.082). En la Instrucción Reservada del mismo Areche a Márquez de la Plata, de 1.º.II.1783, leemos (§ 39) que entre los del círculo de íntimos de Guirior descollaba «especialmente» el Marqués de Soto Florido (A.G.I. Lima, 957).

también puede presumirse que debió de reportarle perjuicios de importancia la reorganización en el régimen de distribución de las aguas y de los riegos de las haciendas circundantes a Lima, puesto en práctica en 1773 por este último, en funciones de Procurador General del municipio limeño. [60]

9. El retrato

En la galería de pinturas del señor don Luis de Aliaga y Derteano, existente en la residencia solariega que ocupa su linaje en Lima desde la fundación de la ciudad, se conserva un retrato del Marqués de Soto Florido, magnífico exponente del pincel del artista trujillano José Bermejo.
Nadie puede ocultar su alma a la penetración de un pintor perspicaz. Contemplar la efigie de un personaje del pasado, con ánimo de interrogarla, de interpretarla, es de todas formas un intento que no carece de riesgo. Acaso se llegue a ver en el lienzo, a través de lo que conocemos del retratado, algo que en fin de cuentas sólo es producto de nuestra imaginación. En el cuadro cuya reproducción ilustra estas páginas, el peluquín enmarca un rostro enjuto, en el que se destacan las espesas cejas, una nariz recta y unos labios carnosos, cerrados firmemente, con gesto un tanto desafiante. La mirada profunda deja adivinar un carácter analítico e inquisitivo. La figura del personaje está plantada de cuerpo entero, con gran naturalidad, sin énfasis, sobre un fondo muy académico, en el que se alcanzan a distinguir en los plúteos del estante las obras del aquinata, acaso como una ratificación ostensible de su fidelidad a la tradición escolástica, proclamada en el *Drama* (pág. 88). Completan la decoración un bufete con los aparejos para escribir, tratados de Derecho y recopilaciones, y en el ángulo superior un blasón, timbrado con la corona de marqués y la encomienda de la Orden de Calatrava que ostentaron sus tíos abuelos. El escudo deja distinguir en el cuartel preferente un castillo de plata y dos lebreles del mismo metal, atados a la puerta (armas de Sáenz) y bordura

---

[60] Acta del Cabildo de Lima, de 31.VIII.1773. A.M.L. Libro 36 de Cabildos (1756-1781), fol. 203v.

jaquelada de oro y gules (por Ruiz), flanqueado de estandartes con tres lunetas.

10. LA HORA SUPREMA

A punto de enterar sesenta años de edad, quebrantó su salud una seria dolencia, de índole mortal. La gravedad de la misma no le permitió extender con el necesario detenimiento la disposición de última voluntad, por lo que el 22 de Marzo de 1792 confirió poder para hacerlo a su hermana doña Rosa María, soltera como él, y a sus sobrinos doña María Mercedes Negreiros y el doctor don Juan José de Urriola. Atestigua el acto, entre otros, el Prebendado doctor don Andrés Bravo del Ribero y Zabala, como postrer testimonio de adhesión al linaje del omnipotente magistrado, árbitro de la vida política peruana durante más de medio siglo.

En la casa en que moraba, situada en la esquina frente a la puerta falsa del Convento de la Trinidad, [61] y de resultas de un ataque que le sobrevino, exhaló el último suspiro el 27 del mismo mes de Marzo. La inhumación de sus restos se verificó en la cercana iglesia de la Merced.

El inventario del patrimonio del Marqués de Soto Florido denota al hombre de letras y escritor. Aparte de su copiosa biblioteca, valorada en 16.000 pesos, y legada en junto al doctor Urriola, se consignan numerosos cuadros (uno de ellos representaba a Santo Tomás, constante inspirador del propietario), y como expresión de las aficiones musicales que abrigaba el Marqués, se registra un organito. En total, el menaje doméstico se apreció en 9.950 pesos, a que se ha de añadir la expresada cantidad correspondiente a la biblioteca, así como el valor de las propiedades rústicas. El 22 de Setiembre doña Rosa María dictó el testamento, en virtud del poder ya mencionado. [62] Con este docu-

---

[61] Escritura de 2.IX.1791. A.N.P. Pedro José de Angulo, 1791-1793, fol. 342.

[62] A.N.P. Teodoro Ayllón Salazar, 1790-1795, fols. 229 (el poder para testar), 269v (el inventario) y 297 (el testamento según poder).

mento, la vida terrenal de don Francisco Antonio Ruiz Cano y Sáenz Galiano, cuarto Marqués de Soto Florido, limeño de pro, catedrático, político, escritor y personaje central del presente trabajo, había concluido definitivamente.

II

EL *DRAMA* Y SU CIRCUNSTANCIA

Væ victis...

Sin temor de expresar una afirmación infundada, puede aseverarse que el *Drama* no es un jovial desahogo de ánimos burlones, aleve ataque al gobernante caído o retozona divulgación de hablillas y patrañas. Las páginas de este libelo reverberan por la pasión y el odio y a lo largo de ellas no se libra rey ni roque de recibir su varapalo como exteriorización de hondos agravios de índole personal. Su autor rompe una lanza en defensa de la libertad de opinión, con todos los riesgos que ello implica, y escudándose en el aparente anonimato (que no lo llegó a ser para sus contemporáneos), se aprovecha del paréntesis de incertidumbre entre las postrimerías de un régimen y la consolidación del entrante, así como de la innata bondad del nuevo Virrey, para formar una galería pesimista y amarga, en la que pueden contemplarse, desfiguradas con rasgos caricaturescos, las debilidades de Amat, las picardías de su Asesor Salas, las trapacerías del letrado Montaño y de sus colegas Álvarez de Ron y Martínez Tamayo, los oportunismos de subalternos como el Mayordomo Palmer y los pretorianos Roca y *Guarapo*, aparte de los archisabidos devaneos del protagonista con la *Perricholi*, Mercedes Sánchez, y otras pelanduscas, que salpimentan el relato.

Como cuestión previa ha de tenerse en cuenta, además, que el *Drama* es la única pieza conocida hasta ahora de una verdadera constelación, cuya totalidad ignoramos. La campaña contra Amat y las arpías que medraban a su sombra estuvo integrada por sucesivas escaramuzas. Ya al alejarse del Perú el Asesor

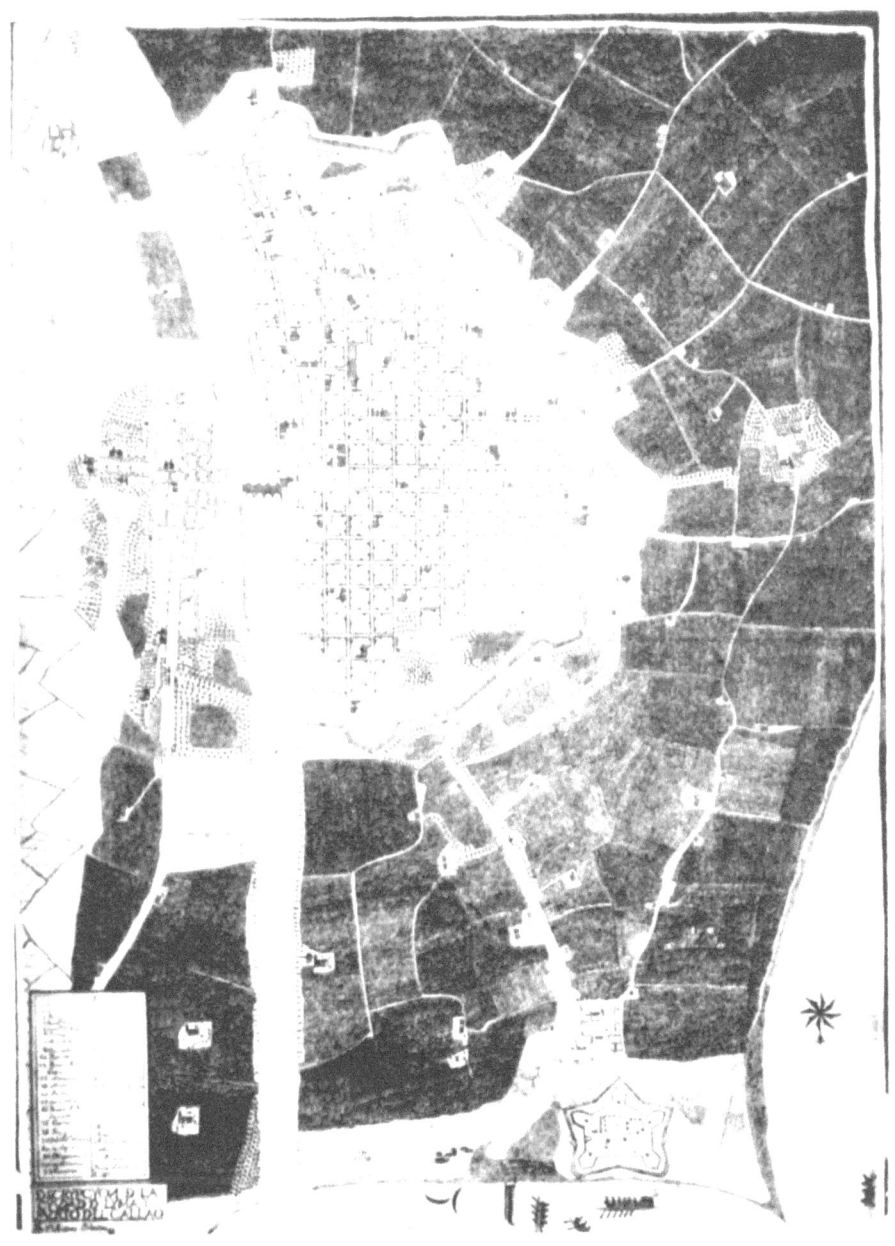

LÁMINA I

Andrés Ordóñez: DESCRYPCYON DE LA CYUDAD DE LYMA Y PUERTO DEL CALLAO (1768)

(Biblioteca Nacional de Madrid. Mapas. M-1 V-9)

Salas, en 1775, habían circulado unas ácidas «Aleluyas», [1] y el autor del libelo que nos ocupa había hecho sus primeras armas en el género satírico con la «Conversata Dramática de los dos Palanganas» —por lo visto sus interlocutores preferidos— y la «Narración exegética de los casos rateros» (*Drama*, págs. 3, 4, 6, 11, 14, 16-18, 33, 70 y 81), que merced a una furtiva impresión, también corrieron de mano en mano.

Cuando Amat cesó en sus funciones, no hubo ya freno ni traba para la maledicencia. El autor del *Drama* confiesa que contribuyó a incrementar la hoguera con unas «Coplas del Carrumaco» y que tenía en el telar un tercer vejamen, dirigido otra vez contra los Salas, titulado «Responsata a la Dramática», en tres escenas o episodios, en el que los protagonistas se desligaban de toda responsabilidad, trasladando las inculpaciones al Virrey (*Drama*, págs. 6 y 24).

¿Qué móviles concurrieron para originar esta explosión de injurias, en la que se llega al extremo de lamentar que no se hubiera dado muerte alevosamente al Virrey (págs. 53 y 76)? Del conjunto de factores en juego hay que desglosar aquellos de índole personal de los que arrastraron a su autor como integrante de un grupo social. Verdad es que el redactor del *Drama*, valiéndose de una coplilla, asume la exclusiva responsabilidad, pero el testimonio de Rentería [2] no deja lugar a dudas en orden al rumor de que en la sombra se movían otros personajes, copartícipes de la befa. El redactor de esta diatriba es simplemente el amargado portavoz de los integrantes del cuerpo docente de la Universidad de San Marcos, a quienes la reforma implantada por Amat había cercenado emolumentos y gajes que se distribuían como derechos obvencionales; es asimismo un miembro del gran sector criollo, desplazado por los arrestos autocráticos del Virrey que pretende desmantelar los grupos locales habituados a ejercer su influencia política, y por último, es también un individuo del gremio de los hacendados, perjudicados por la reorganización tributaria que se acomete para incrementar los ingresos fiscales. A título personal cabe añadir el encono de un rentista que sufre

---

[1] Donoso, *Un letrado del siglo XVIII: el doctor José Perfecto de Salas* (Buenos Aires, 1963), págs. 419-422.
[2] Carta a Amat, de 28.XI.1776, en el Apéndice I.

detrimento en el rendimiento de una propiedad rústica, como resultado de la acción dolosa del paniaguado de uno de los caciques del régimen, el Asesor Salas. Finalmente, tampoco cabe excluir la posibilidad de que los nuevos estatutos promulgados para el régimen de elección del rector sanmarquino cortaron el camino a ese cargo de quien aspiraba a ocuparlo.

Sería, sin embargo, injusto cargar totalmente en la cuenta del autor del *Drama* y de quienes a través de su pluma exhalaban sus quejas, la culpabilidad emergente de una obra de este carácter. La megalomanía de Amat contribuyó en no escasa magnitud a provocar una airada reacción. Razonaremos seguidamente cada uno de los elementos en acción, que permiten explicar satisfactoriamente el ambiente de excitación dentro del cual pudieron engendrarse libelos como el que nos ocupa.

1. La miel y la hiel

No escapaba a la marrullería de Amat que su arisca idiosincrasia, las trascendentales medidas políticas que hubo de aplicar, algunas tan impopulares como la expulsión de los jesuitas, y las reformas que introdujo en la administración fiscal, el sistema universitario y el servicio militar, le acarrearían críticas de cuantos se vieran afectados por ellas. Para acallar a los adversarios y detractores, desde el primer momento de su administración en el Perú se preocupó por instrumentar una campaña vindicatoria de sus actos políticos y de su conducta personal, confiándola a turiferarios y a agentes de propaganda, infiltrados en los distintos estamentos, corporaciones y aun hasta en las Órdenes religiosas. [3] Todo ello, a trompetería abierta. Nunca, como durante el período de Amat, el vaho del incienso había sido tan espeso y embriagador ni los panegiristas habían gozado de coyuntura más favorable para desplegar sus habilidades aduladoras. Acostumbrados habían estado los limeños a los cumplimientos iniciales que se rendían al flamante Virrey, pero no a que le siguieran regalando el oído sin tasa ni rubor, más allá de lo que el decoro impone y el respeto dicta.

---

[3] Cfr. Sáenz-Rico, ob. cit., págs. 170 y 196.

La cadena de zalemas comienza aun antes de asumir oficialmente el poder. La *Relación de los autos de residencia que expontáneamente dio ... Don Manuel de Amat...* [4] consta de cinco octavas reales y un soneto, en los que se pone en los cuernos de la luna al que acababa de ser Presidente de Chile. En esta competencia no se queda atrás la medalla batida con ocasión de la entrada pública en Lima. El exergo llevaba la inscripción «La virtud eleva a los héroes», y en el anverso se representa a un militar triunfador, vectando una biga romana, a la sombra de un personaje mitológico, la Fama, que lo corona. Rodea el carruje una formación de soldados. ¿Los lauros que se imponen al Virrey representaban el premio por sus hazañas militares en Chile? [5]

El recibimiento oficial en la Universidad de San Marcos era una oportunidad que no podía desperdiciarse. Si tradicionalmente el recuento de los méritos heredados y adquiridos del personaje central del acto era abrumador, en Junio de 1762 el torrente de elogios alcanzó niveles insólitos merced al ingenio del autor del cartel del certamen o exposición de los temas que debían desarrollar los concursantes, que lo fue el doctor don José de Santiago Concha, Marqués de Casa Concha, y a la oficiosidad del encargado del discurso de orden, avezado en estas lides (por haber desempeñado idéntico papel con el predecesor, Manso de Velasco), el doctor don Miguel de Valdivieso y Torrejón. El primero de ellos proclamó sin empacho que Amat era «... digna copia de nuestro cathólico Monarcha», y en el frenesí de su

---

[4] Medina, *Biblioteca Hispano-Chilena* (Santiago, 1899), III, págs. 344-346.

[5] Medina, en *Medallas Coloniales Hispano-Americanas. Nuevos materiales para su estudio* (Santiago, 1919), págs. 8-9, conjetura con muy fundadas razones que esta pieza, única en su género, se batió en 1761; a tal hipótesis adhiere el autor de la nota aparecida en *Historia* (Santiago, 1968), núm. 7, pág. 357.

Por su parte Almeyda, en «Una rara e interesante medalla de la Independencia», en *Boletín de la Academia Chilena de la Historia* (Santiago, 1967), núm. 77, págs. 213-221, y en «Sobre una medalla americana», en ibid. (Santiago, 1969), núm. 82, págs. 215-219, sostiene que la escena representada no es la entrada de Amat en Lima, en 1761, sino la de San Martín en Santiago, en 1817.

El coleccionista peruano señor Sergio Guarisco Pozzi, dueño de un ejemplar de esta medalla, me ha permitido amablemente un examen directo de la misma.

exaltación, prorrumpe que «... bien pudiera compararse Su Excelencia con Theodosio el Junior, con Luis XIV, con Pedro el Grande, o con otros Héroes...». Como primer tópico de la justa poética se proponía decantar las glorias de la «excelsa casa» de Amat, cuya antigüedad se hacía remontar a nueve siglos. La enumeración de los conspicuos ascendientes del gobernante es empalagosa, para concluir que: «Si la familia de Theseo [con quien el panegirista parangona a Amat insistentemente] fué Illustre, no llegó a contar los nouecientos años de antigüedad que numera la de Su Excelencia ...». Para juzgar del tono ponderativo de las poesías galardonadas, bastará saber que las presentaron hasta miembros de la Secretaría del Virrey, su caballerizo, su mayordomo, y para colmo, los hijos del Asesor Salas, que no contaban más de diez años, también acuden con composiciones.

El tema de la vetustez del linaje de Amat, que revolverá la bilis del Conde del Castillejo y del autor del *Drama* (pág. 42), como no podía ser por menos, fue desde luego glosado por Valdivieso en su oración gratulatoria y no deja de reaparecer en otros textos posteriores, tales como la Dedicatoria al mismo Virrey de un libro, ofrecido por un notorio adepto, el burgalés don Joaquín de Lamo y Zúñiga, Conde de Castañeda y de los Lamos, Coronel del Regimiento de Infantería, plaza creada para él en recompensa de su obsecuente actitud, de la cual dejaría posterior y amplio testimonio en una apología. [6]

A medida que transcurre el tiempo y el régimen se vuelve cada vez más autoritario, cuando las obras públicas o las hazañas militares brindan pretexto o los honores que confiere la Corona al Virrey dan pie para ello, la glorificación es también más desmedida y los panegiristas vuelcan a porfía la cornucopia de elogios, menester en el que descuellan esos profesionales que nunca escasean en análogas situaciones políticas. Pero, a su turno, este mismo turbión revela que la corriente subterránea de detracción y de sátiras, a la que se pretende sofocar, no debía de ser menos caudalosa, aunque hoy nos sea de todo punto desconocida. Uno de los más dóciles amatistas, Morales de Aramburu,

---

[6] Cfr. *Fúnebre Pompa y Magníficas Exequias ... a la memoria del Illmo. Señor Don Juan de Castañeda Velázquez y Salazar, ... Obispo del Cuzco...* (Lima, 1763).

estigmatiza a esos descontentos calificándolos de «picarones, injustos y blasfemos».

Un somero recuento, en el que desde luego no cabe conceder plaza ni a aquellos testimonios ocasionales (Dedicatorias, Prólogos y demás piezas en que se deslice una alusión laudatoria al Virrey), ni a las publicaciones de origen oficial, en donde tampoco se regatean encomios al gobernante (v. gr. el *Compendio de las prevenciones* ... (Lima, 1763), del Secretario Antonio de Elespuru, o la *Gazeta de Lima*), pone en manifiesta evidencia la cohorte de escritores adocenados, rimadores ramplones y aduladores codiciosos que revoloteaban en torno de Amat. De algunos queda constancia de sus escritos, al paso que otros, más recatados, celaron bajo el anonimato su contribución al homenaje consagrado al gobernante de turno.

En este torneo de epítetos almibarados se llevó la palma el mercedario Fray Francisco del Castillo, que ponía por igual su pluma al servicio del Virrey como de su Asesor Salas. Sus iniciales aparecen de continuo al pie de poesías apologéticas: en 1766 son unos romances taurinos por la inauguración del coso del Acho;[7] dos años más tarde unas octavas celebran una parada y un romance un desfile triunfal,[8] y en 1772 una oda latina en sáficos le vale para destilar mieles al gobernante y bailarle el agua arremetiendo contra los laxistas.[9] A Salas le dedicó varias composiciones poéticas, en las que le rinde homenaje como «su adorado Mecenas», sin perder por cierto la oportunidad para ensalzar también ahora al Virrey.[10]

El Conde de Castañeda fue el autor del "Epitome Chronológico, o Ydea general del Perú ..., con los más memorables sucesos acaecidos hasta el presente año de 1776», manuscrito de 380 folios, en los cuales desde el 236v hasta el 315v se trata por extenso del gobierno de Amat. B.R.A.H. Colección Mata Linares, volumen XLIII.

[7] Vargas Ugarte, *Clásicos Peruanos* (Lima, 1948), II. Obras del P. Fray Francisco del Castillo, págs. 111-132.

[8] *La revista y ejercicio de fuego que hizo en la Plaza Mayor ... a vista de Su Excelencia ..., el noble Regimiento del Comercio de esta ciudad ...,* y *Romance a la entrada y exercicio de fuego que hizo en esta ciudad la tropa que volvió del socorro de Quito ...*

[9] Vargas Ugarte, *Concilios Limenses* (Lima, 1954), III, págs. 184-185.

[10] Vargas Ugarte, «Suplemento a la Biblioteca Peruana», en *Boletín Bibliográfico de la Universidad Nacional Mayor de San Marcos* (Lima, 1960), XXXIII, núm. 1-4, págs. 40-42; y Donoso, ob. cit., págs. 220-225.

No menos preeminente lugar en esta galería ocupa el Comandante General de Guerra don Ignacio de Escandón, hombre desacreditado, a quien un crítico le califica merecidamente de «risible» por lo disparatado de su numen.[11] En 1762 compuso un poema en celebridad de Amat, con el fútil pretexto de haber remitido pertrechos para la defensa de Guayaquil; en 1771 no puede reprimir el prurito de festejar «la humanísima dignación» del Virrey, exaltado ahora a la jerarquía de Príncipe, por haber encabezado un desfile de las milicias urbanas, y ya en la pendiente, en 1778 tributa elogios a Guirior y en 1787 lamenta en tonos plañideros el viaje a la Metrópoli del Conde del Castillejo. A las décimas de 1771 dio la réplica un anónimo, empleando los mismos consonantes que Escandón, para componer otras tantas espinelas. Autor de las mismas fue «Un amante rendido capellán» del Virrey, que bien pudo ser el citado P. Castillo, conocida su obsecuente actitud para con Amat.

No va a la zaga de los mencionados el Licenciado don Manuel Chacón Infante de Lara, a quien se zahiere en el *Drama* (página 65). Acostumbrado su estro al tono ditirámbico, como lo acreditan sus composiciones en loor de Manso de Velasco en 1753 y del propio Amat en el certamen de su recibimiento en la Universidad, pretendía en vano que no se le tildara de adulador, cuando encubierto bajo el anonimato imprimió cuatro sonetos acrósticos, cuyas iniciales forman la frase «Al Excelentísimo Señor Don Manuel de Amat y Junyent, magno Sol de Lima».[12] No faltó, por cierto, quien se propusiera aventajarlo, revelándonos de paso el secreto, a lo largo de cuatro décimas.[13]

A lo que se consigna en la respectiva nota al texto del *Drama* acerca del tonsurado P. José Morales de Aramburu, uno de los más extremosos en el despilfarro de encomios al Virrey y aludido en el libelo en oficio poco decoroso (pág. 56), sólo resta añadir aquí que los fragmentos que transcribe Sáenz-Rico de su correspondencia con Amat exhalan rendida sumisión. De los cuatro 'Quadernos' que compuso en loor de su mecenas, únicamente

---

[11] Sánchez, *Los poetas de la Colonia* (Lima, 1920), pág. 271.
[12] *Hidrópico el deseo de aplausos ... en unas octavas, y en ellas fué el acierto no incurrir en la nota de adulador ...*
[13] *Revista Histórica* (Lima, 1919), VI, págs. 287-289.

ha llegado hasta nosotros el primero,[14] que basta para dar fe de su tono empalagoso: el gobernante es el «amo». Como todo recurso era lícito, en 1772 no titubea en dar a las prensas una carta del Obispo de Panamá, De los Ríos, «sobre el alto concepto que ... Amat se ha granjeado en la Europa y Ministerio de España ...», que el Prelado cursara desde el Puerto de Santa María al polígrafo Llano Zapata, radicado en Cádiz.

En esa hueste de gente acomodaticia se enrolaron individuos de las más diversas procedencias, profesiones y jerarquías, aun dando por bueno que no pocos de ellos sirvieron simplemente para prestar su nombre, ya que los oficios que desempeñaban no guardan ninguna relación ni con los ambientes áulicos ni con la aplicación a remontadas tareas literarias. Las zalemas se prodigarán asimismo a los deudos y subalternos, en quienes se refleja el esplendor del dignatario.

A poco de asumir Amat el mando, doña Juana Calderón de la Barca y Vadillo, Marquesa de Casa Calderón, encarga al Corregidor de Piura, oriundo de Canarias, Manuel de Vinatea, componer un poema en octavas reales, en que se exaltaran los méritos del flamante Virrey;[15] otra limeña, doña Marcelina de Cuentas y Zayas, rimará ocho cuartetas en honor del «luciente Sol de este Imperio»; en 1767 le sopló la musa al franciscano Fray Pedro Merino de Heredia para rendir aplausos al Virrey, a vueltas de una acción militar ocurrida durante su administración en Chile,[16] y en 1773 el valenciano don Pascual Mateu y Castellón, en un romance heroico, estalla en *Afectuosos júbilos y gozosos parabienes con que Clío celebra los marciales progresos de ... Amat.*[17]

---

[14] Fechado el 25.I.1770, reproducido en *Fénix. Revista de la Biblioteca Nacional del Perú* (Lima, 1947), núm. 5, págs. 292-347.

[15] Vargas Ugarte, *Manuscritos peruanos de la Biblioteca Nacional de Lima* (Lima, 1940), págs. 75 y 159.

Doña Juana Calderón de la Barca nació en Panamá en 1727; casó con don Gaspar de Ceballos, y falleció en Lima el 24.XI.1809 (Cfr. poder para testar, en 9.II.1809, y testamento en conformidad, en 4.X.1813. A.N.P. Gaspar de Salas, 1812-1813, fol. 481).

[16] *Relación de la gloriosa función que lograron las armas españolas ...,* reproducida por Medina, en su *Biblioteca Hispano-Chilena* (Santiago, 1899), II, págs. 589-597.

[17] Este rimador debió de servir a todas luces de simple testaferro de un escritor más competente en estas lides que él, pues los datos personales

La caterva de anónimos no permite dudar acerca del auge que cobró el género: en el romance *Llanto del Reyno de Chile por la falta de su Gobernador* ... (¿1761?) la ramplonería se da la mano con el servilismo; de 1766 datan dos piezas: *Letras que el día 8 de Junio se cantaron ... en la Basílica de la Veracruz* ... y *La América, por su Nación Índica* ...; esta misma, al año siguiente, se rendiría ante Amat por la promulgación en Lima de la Cédula en cuya virtud se ordenaba favorecer a los nativos en la enseñanza y el sacerdocio; también en 1767 se publican las *Expresiones de reconocimiento y gratitud del vecindario del valle de Lurigancho* ..., que exterioriza «el más obligado y reverente servidor de Su Excelencia». La cota más alta en este torneo de adulación se alcanzará con unos impresos cuyo encabezamiento deja entender de inmediato su tono obsequioso: *No me atreviera (Excelentísimo Señor) a poner en las supremas aras de V. E. los inciensos de mi veneración, si pensara manchar con los humos de la lisonja su soberano respeto;* el otro se intitula: *Un apasionado reverente ofrece a las plantas del Excelentísimo Señor Don Manuel de Amat ... el fuego de su pecho, con la víctima que no es digna de sus aras, para que los elogios (sin ayre de lisonja), propios de su celo, los publique al mundo el sonoro viento de la Fama* .... Finalmente, los concurrentes al coliseo teatral pudieron disfrutar de una pieza musical, la *Loa al mejor Apolo, luciente Phebo americano*, de la que huelga aclarar que el protagonista, como la divinidad griega, reunía todas las perfecciones y era una alegoría del gobernante a la sazón. [18]

---

suyos acreditan que en 30.VII.1776 el Alcalde de Lima don José Velarde y Tagle le abonó 550 pesos por el ajuste que hizo de toda la iluminación del Palacio para la recepción de Guirior (A.N.P. Andrés de Sandoval, 1776, fol. 1196). Igualmente, por su testamento consta que manejaba un horno para fabricar entorchados; deja a un sobrino el herramental para fabricar jaulas, y declara que había celebrado un contrato con el asentista de la plaza de toros, don Juan Belzunce, para proveerle de las «figuras, banderillas y demás adornos» necesarios para las corridas (Documento de 7.XII. 1793. A.N.P. Juan de Castañeda, 1792-1793, fol. 639). El inventario de sus bienes, practicado en 15.VII.1794, contribuye a confirmar la suposición de que era un modesto artesano bordador (A.N.P. Santiago Martel, 1793-1794, fol. 553v). Por lo demás, así se anuncia en un aviso inserto en el *Diario de Lima*, del 1.º.X.1790.

[18] Cfr. Medina, *La Imprenta en Lima*, números 1189, 1280, 1286, 1290, 1294, 1296, 1319, 1326, 1346, 1355, 2417, 2451, 2466, 2476, 2486, 2508

Adelantándose con perspicacia a los efectos que pudiera surtir en la Metrópoli una campaña adversa a su administración, Amat cuidó de montar también en la Península un eficaz servicio de propaganda. Entre los panegiristas ultramarinos figuraron el dominico P. Francisco de los Ríos, Obispo preconizado de Panamá, y el polígrafo limeño don José Eusebio de Llano Zapata. Del primero —como ya se ha recordado— se imprimió en Lima una epístola dirigida a Llano Zapata, desde el Puerto de Santa María, el 28 de Agosto de 1771, relativa al «alto concepto» de que gozaba el Virrey del Perú en la Corte de Madrid y aun en el resto de Europa, lo cual desde luego no pasa de ser una grosera hipérbole.

Llano Zapata concurre con sobrados títulos a alinearse en el séquito de los que aclamaban el gobierno de Amat. Amigo del ecuatoriano don Ignacio de Escandón (cfr. la *Carta persuasiva* que le dirigiera, editada en Cádiz en 1768 y reimpresa en Lima al año siguiente), de Morales de Aramburu (que incuestionablemente compuso sus 'Quadernos' para poner el alcance de su corresponsal informaciones de primera mano sobre la administración del gobernante peruano), y principalmente del Asesor Salas, no desperdició oportunidad para batir palmas en sus epístolas por las resoluciones y providencias adoptadas por el Virrey, e inclusive había confeccionado una Cronología histórico-náutica (hasta 1769), en la que se daba cabida a «una apología del presente virrey y su asesor». [19]

Valgan por lo que valieren como exponentes de esta sorda batalla entre criollos y peninsulares, resulta sugestivo registrar entre los testimonios favorables a Amat los de tres contemporáneos, todos oriundos de España: el Visitador Alonso Carrió de la Bandera, el incógnito J.O.A. o J.A.O., y el Oficial de las Cajas de Trujillo, Gregorio de Cangas. Gijonés el primero, entre burlas y veras desliza en las páginas de su *Lazarillo de Ciegos Caminantes* lisonjeras alusiones al «genio e ingenio» del gobernante.

---

y 2536; y Vargas Ugarte, *Impresos Peruanos*, números 1670, 1848, 1942, 1957, 1964, 1985, 1995, 2000, 2006, 2035, 2042, 2064, 2075, 2814, 2862, 2883, 2923, 2924, 2939, 2947, 3024 y 3094.

[19] V. el conjunto de cartas de Llano Zapata a Salas, publicado en la *Revista Chilena de Historia y Geografía* (Santiago, 1942), XCII, núm. 100, págs. 163-238.

El segundo, que nos ha dejado una «Descripción de la ciudad de Lima», no oculta su escepticismo sobre los criollos y emite su opinión acerca del Virrey, del cual proclama que «dificultosamente se hallará otro más apropiado para tal investidura».[20] Finalmente, Cangas, a fuer de favorecido por Amat con el Corregimiento de Cajamarca y el puesto burocrático en Trujillo, es obvio que no deja de prodigar zalemas a su benefactor.[21]

¿Y la oposición?

Desde luego tampoco anduvieron con pies de plomo los adversarios del enérgico y expeditivo mandatario. Sus andanadas, con el signo contrario, corren parejas con las genuflexiones de los turiferarios. El empuje de aquellos no era de desdeñar: Llano Zapata, en carta al Asesor Salas, de 23 de Enero de 1766, reconoce con aflicción que los émulos de Amat, «que son todos los limeños, levantan grandes vocerías» [en Madrid].

En el género de la Literatura censoria y de la musa satírica es un hecho cierto que en lo que llevaba de corrido el siglo XVIII no habían dejado de producirse piezas cimeras tales como el *No puede ser*, contra el Príncipe de Santo Buono (1720), el *Entremés famoso de Juancho y Chepe*, en que se zahería al Marqués de Castelfuerte (1731), y el *Estado político del Reyno del Perú*, del Capitán Victorino Montero del Águila, despiadada radiografía del Virreinato (1742), emparentada con las indebidamente denominadas *Noticias Secretas*, de Juan y Ulloa, pero no es menos cierto también que durante el período de Amat los ataques menudearon en grado y cantidad desusados.

La pedrea comienza poniéndose en solfa la *Oración panegírica* pronunciada por Valdivieso y Torrejón. El Conde de Santa Ana de las Torres, don Juan José de Ceballos Ribera y Dávalos, la emprende contra la prosopopeya y los galicismos del discurso en un incisivo *Diálogo entre un Bedel de la Universidad de Lima y*

---

[20] Miró Quesada, «Una descripción inédita de Lima en el siglo XVIII», en *Revista Histórica* (Lima, 1963), XXVI, págs. 175-185, y en *Veinte temas peruanos* (Lima, 1966), págs. 317-333.

[21] V. su «Compendio histórico ... del Reino del Perú...». M. B. Egerton, 1810.

Parcialmente se ha dado a luz por Deustua Pimentel, bajo el título de «Descripción dialogada de los pueblos y costumbres del Perú», en *La causa de la Emancipación del Perú* (Lima, 1960), págs. 245-335.

el R. P. Fray N. ..., opúsculo que se dice impreso en Ambato en 1762, y que en verdad lo fue clandestinamente en Lima. La primera edición, que ordenó recoger el Tribunal del Santo Oficio, apareció sin nombre de autor, pero éste no se recató de declararlo al frente de la segunda, tirada en Madrid, dos años después. [22] En aquel mismo año de 1762 un anónimo apostilla con burlonas glosas el poema laudatorio de Escandón, aludido páginas atrás. [23] En Febrero de 1765 otro censor, un Capitán de las Milicias, asesta furibundos tiros contra todo lo ejecutado por el Virrey tanto en Chile como en el Perú hasta entonces, en términos de extremada agresividad, como que no se recata de tildarle de malcriado, venal, embustero, y hasta de «traydor» (§ 3), de ser «el mayor ypocrita que ha dado la naturaleza», aparte de denunciarle como «mentiroso de profesión» (§ 64), por haber simulado el juicio de residencia al término de su gestión en Chile. [24] Y finalmente, ya en las postrimerías de su período, el Conde del Castillejo descarga una verdadera requisitoria, que dejaba como chupa de dómine al gobernante, [25] blanco a poco de la ristra de libelos y pasquines dentro de los cuales el *Drama* constituye una pieza maestra.

También por una vía oblicua se mortificará a los acólitos del régimen. Tal es el caso de la fingida *Carta latina* que se decía cursada por el rey Federico de Prusia, por la que exteriorizaba vivo interés en conocer a doña María Josefa de Silva, en razón de sus «esclarecidas qualidades», y que algún guasón fraguó e hizo imprimir en Lima en 1772. Doña Josefa de Silva y Hurtado de Mendoza Iturrizarra y Fernández de Córdoba era la consorte de don Félix Morales de Aramburu, hombre sin otra figuración que la granjeada merced a la protección de Amat, cuya voluntad se había conquistado su hermano, el repetido fervoroso panegirista Presbítero don José Morales de Aramburu. Ni don Félix

---

[22] Medina, *La Imprenta en Lima*, II, núm. 1188; y Vargas Ugarte, *Impresos Peruanos*, núm. 1858, e *Impresos peruanos en el Extranjero*, núm. 326.

[23] Existían en el ejemplar que de este impreso limeño se conservaba en la Biblioteca Nacional del Perú, Colección Papeles Varios, volumen 3576, desaparecido en el incendio de Mayo de 1943.

[24] «Compendio histórico de las obras, proyectos y descubrimientos del señor Amat, governando los Reynos del Perú y Chile». B.N.M. Manuscritos, 18.744/28. Pieza de 17 folios, dividida en 64 parágrafos.

[25] Cfr. la nota 104 al texto del *Drama*.

alcanzó el menor relieve intelectual, [26] ni a su esposa la adornaba gala alguna que justificara la supuesta fama, dilatada hasta el riñón de Europa. [27] Se trata, ni más ni menos, que de poner de oro y azul a una familia de áulicos.

Recluido en su Quinta del Rincón quizás alcanzó el destronado gobernante a convencerse de que por despótica que sea la autoridad y por severas que sean las amenazas represivas, el inquieto juglar de la libertad logra siempre evadirse de las mallas del aherrojamiento y acaba conquistando el corazón de la posteridad. De nada le había servido a Amat poseer la «fruición de hacerse temible y horroroso en el concepto público, ... sistema que llevó desde el primer día de su gobierno ... Una chispa de sugestión aplicada al punto delicado de su authoridad, a costa de levantar a alguno el falso testimonio de que hablaba mal de su gobierno, era suficiente para fermentarle la iracundia y la indignación, y para que en su concepto el sindicado fuese reo de los más graves delitos, y merecedor de la pena de un destierro, de una mordaza, de un borrico, y de un verdugo ...». [28] Con razón un autorizado expositor de la obra del Virrey ha podido aseverar que el gobernante, ofuscado por su carácter orgulloso y soberbio, creía ver enemigos por doquiera. [29]

---

[26] Don Félix Morales de Aramburu Montero del Aguila y Zorrilla de Gándara, nació en Lima hacia 1712; fue Capitán de Infantería en la expedición que marchó en 1750 a sofocar la insurrección en Huarochirí; Alcalde de Lima en 1764; promovido a Coronel del Regimiento de Infantería española de la capital del Virreinato, fue posteriormente Maestre de Campo de sus milicias, y por último, Corregidor del Cercado, durante un bienio. Como interino sólo debió de haber percibido la mitad del sueldo, pero Amat le autorizó para cobrarlo íntegramente. Falleció el 8.IX.1778 (Parroquia del Sagrario. Lima. Libro 9.º de Defunciones (1769-1790), fol. 111). Había testado dos días antes, y en el inventario de sus bienes no se registra ni un solo libro (A.N.P. Valentín de Torres Preciado, 1778, fols. 610, 684, 768 y 794).

[27] Su testamento deja entrever una mujer de cortísimos alcances, y el inventario de sus bienes tampoco denota la posibilidad de un espíritu superior. El primero fue extendido en 30.XII.1801, y el segundo se practicó el 18.XII.1806 (A.N.P. Gervasio de Figueroa, 1801, fol. 454, e Ignacio Ayllón Salazar, 1806, fol. 973v).

[28] A.H.N. Consejos, 20.343; Pieza 2.ª. Autos seguidos por don Juan Antonio Garay contra el Virrey Amat. Demanda interpuesta por el apoderado del recurrente.

[29] Rodríguez Casado, «Estudio Preliminar» a la *Memoria de Gobierno del Virrey Amat* (Sevilla, 1947), pág. xxxv.

2. El conflicto entre Amat y Bravo del Ribero

El error capital del Virrey fue indisponerse con la gente de campanillas de Lima y con los elementos significativos del criollismo. El *Drama* no es sino la válvula de escape del resentimiento de estos últimos (pág. 29). Puede afirmarse que desde el instante en que asumió el mando no hubo inteligencia, ya que entró con mal pie, toda vez que la misma *Oración* salutatoria leída en la Universidad de San Marcos despertará la unánime irritación, por airearse en esa pieza la rancidad del abolengo del gobernante. Esta misma futileza se le estomaga al Conde del Castillejo, acaso el aristócrata más petulante y pagado de sus blasones que conociera el siglo XVIII, luego Duque de San Carlos y Grande de España, que arrastraba consigo a un apreciable sector de la sociedad limeña. De seguro, no llegó a los oídos del gobernante el consejo que por aquellos años formulaba un adepto, Gregorio de Cangas, cuando sentenciaba: «... en este Reyno, para gozar de él con tranquilidad, ..., has de guardar gran sigilo en vivir con todos y llebarles el amén, como dicen los bulgares en Castilla».[30]

Ahora bien. Si el distanciamiento con algunos núcleos similares a los mencionados era una actitud que quedaba confinada al ámbito de lo social, y por tanto sin mayores alcances, el rompimiento con el Decano de la Audiencia, el doctor don Pedro Bravo del Ribero revistió extrema gravedad en el terreno de la estrategia política. En modo alguno había incurrido en hipérbole otro tenaz adversario del magistrado, el Arzobispo de Lima Barroeta, al trazar de él esta etopeya: «... su conducta de político muy fina, que se roza con los discípulos de Maquiavelo...».[31] Puntualmente ha expuesto Sáenz-Rico las alternativas de este duelo a muerte, que finiquitó ¡sólo en 1821![32]

Sea por el temor de verse envuelto en sus redes (como había caído Manso de Velasco), sea por rencor proveniente de una sentencia desfavorable que había pronunciado contra él cuando todavía era Presidente de Chile, sea en fin (que es lo más verosímil)

---

[30] En *La causa de la Emancipación del Perú* (Lima, 1960), pág. 267.
[31] Escrito de 31.III.1758. A.G.I. Lima, 1568.
[32] Ob. cit., págs. 105, 129, 131, 158, 172-212 y 580-587.

que cediera a los maléficos consejos que le deslizaba el Asesor Salas (ansioso de desquitarse de un imaginario agravio que suponía habérsele infligido cuando en 1742 se presentó en unas oposiciones a cátedras), el hecho es que el Virrey incurrió en el desatino de enfrentarse al influyente grupo acaudillado por el omnipotente magistrado. Romper con éste era a la verdad un suicidio. El Decano de la Audiencia llevaba tras de sí a un crecido contingente de integrantes del tribunal, criollos como él: los Oidores Tagle y Bracho, Urquizu e Ibáñez, Querejazu y Mollinedo, Messía y Munibe, Orrantia y Echeverz y Zubiza; los Alcaldes de Corte De la Puente e Ibáñez, Borda y Echeverría y Villalta y Núñez; el Fiscal de lo Civil Ortiz de Foronda, y el Fiscal Protector de los Naturales, Conde de Villanueva del Soto. Por otra parte, el Alcalde del Crimen, Carrión y Morcillo, estaba casado con una hermana del Subdecano Tagle y Bracho. En suma, de 17 ministros, 12 eran criollos, más uno por afinidad. ¡Esta era la «cábala» o camarilla que manejaba Bravo del Ribero!

A esta influencia, verdaderamente irresistible, nutrida de la savia del paisanaje y del espíritu de cuerpo, sumaba el Decano otra no menos operativa: la derivada de los vínculos familiares. Por una y otra vía se explica de un modo irrefragable que la personalidad del magistrado limeño, que ocupó una curul en la Audiencia desde 1736 hasta su jubilación, señorease durante más de medio siglo sobre la política del Virreinato, y que todavía hasta su muerte, en 1786, continuara ejerciendo su influencia.

La biografía de un hombre excepcional, casi siempre va entretejida con la historia de su época. Verdadero patriarca,[33] nuestro personaje fue el eje de un nutrido aprisco, pues de su unión con la limeña doña Petronila Ana de Zabala y Vázquez de Velasco hubo diez hijos, y al enlazar con ella, adquirió parentesco con igual número de cuñados, cuya simple enunciación de apellidos y alianzas, para quien algo se le alcance de los linajes de alcurnia durante el Virreinato, se explica por sí sola.

Veamos, en primer lugar, los cargos y distinciones que acumularon los hijos. El primogénito, Juan José, doctor por San Marcos, fue Caballero de la Orden de Carlos III; el segundo, José

---

[33] Lohmann Villena, *Los Ministros de la Audiencia de Lima en el reinado de los Borbones* (Sevilla, 1974), págs. 18-19.

Mariano, también ingresó en dicha corporación; el tercero fue el Prebendado Andrés, asimismo de la mencionada Orden; la cuarta, Petronila, casó con su tío don Manuel Antonio Jiménez de Lobatón, Marqués de Rocafuerte; el quinto, Pedro Tadeo, Párroco de Nuñoa (Cuzco), fue —como sus hermanos mayores—, de la repetida Orden; la sexta, Isabel Teresa, quedó soltera; la séptima, Ana Micaela, contrajo matrimonio con su primo hermano don Juan de Zabala y Esquibel, Marqués de San Lorenzo de Valleumbroso; el octavo fue el Capitán del Regimiento de Infantería Diego Miguel José, Caballero santiaguista y Marqués de Castellbravo del Ribero, magistrado de la Audiencia de Lima desde 1806 hasta 1821; la novena fue Ángela, esposa de don Pedro Antonio de Azaña Maldonado, Conde de Montesclaros de Zapán, Mayordomo de Semana de Carlos III y uno de los más diligentes y empeñosos divulgadores en la Corte de los desaprensivos procedimientos de Amat y de su Asesor, y finalmente, Gonzalo. Añadiremos que el Decano era también hermano del Obispo de Santiago (1736-1743) y de Arequipa (1743-1752), Juan Bravo del Ribero, y tío carnal de don Francisco Matienzo y Bravo del Ribero, Inquisidor de Lima (1766-1796).

Por lo que concierne a su consorte, ésta era hermana de Tadeo, Colegial de San Felipe y Marqués de San Lorenzo de Valleumbroso; Francisco; Manuel, Rector del citado colegio de San Felipe; José Vicente; Petronila; María Antonia de Santa Rosa, que tomó los velos en el cenobio de dicha advocación; Ana, que desposó con el Coronel don José Bravo de Lagunas y Castilla (el único de la parentela que gozó de la deferencia del Virrey, lo mismo que su primogénito, a quien Amat designó Capitán de la Compañía de Alabarderos de la guardia palatina); María Josefa, cónyuge de don Alonso de los Ríos y Bérriz; Ángela de la Asunción, religiosa en el Convento de las Nazarenas, y Teresa de Jesús, también monja en Santa Rosa.

Eran todos los precedentes hijos de don José de Zabala y Esquibel y de doña Ángela Vázquez de Velasco, de la Casa de los Condes de las Lagunas. A este don José hizo extensiva su ojeriza el imprudente Virrey, y lo inculpó de supuestas irregularidades: en 1764 lo separó del cargo de Contador Mayor de la Superintendencia de la Santa Cruzada en Lima, oficio vinculado al linaje por juro de heredad desde 1601. Se ordenó asimismo que las llaves de las arcas y la documentación oficial se pusieran en manos del Conde de Castañeda y de los Lamos (hombre de la plena confianza de Amat, según quedó indicado páginas atrás), y por último se embargaron los bienes del encartado, para responder de los descubiertos que a juicio del Virrey se habían producido en el manejo de los fondos de la Contaduría. [34] Esta arbitrariedad promovió un dilatado litigio, que todavía en 1796 continuaba ventilándose. [35]

Por este sumario rol de la legión familiar de los Bravo del Ribero, puede juzgarse de todo lo que significaba el Decano dentro del Virreinato. Reñir con este enjambre, que a su vez se proyectaba sobre los más diversos estratos sociales y se ramificaba en las principales ciudades del interior, era echarse encima a conciencia un contingente de elementos calificados, que hicieron pagar muy caro a Amat su bronquedad.

Con facilidad se echará de ver, a la luz de estos antecedentes, que la clientela concentrada en torno del engreído ministro era, por número y calidad, de lo más representativo del elemento criollo. Entre tales allegados ocupaba un lugar de preferencia el Marqués de Soto Florido, comprometido sin reservas con la facción dispuesta a jugarse el todo por el todo a fin de dar por tierra con Amat y su régimen. La afiliación de nuestro personaje a la hueste adicta al Decano no admite la menor duda: a los 23 años de edad había proclamado su identidad con el avezado camastrón, al decir de él «Ministro que yo no osara nombrar sin elogio, si hubiese elogio que igualase su merecimiento» (*Júbilos de Lima*, pág. 52v); en el *Drama* es el único personaje, hecha abstracción de Manso de Velasco, de Guirior y del Conde del Castillejo, que no aparece lapidado, y antes bien es ensalzado con entereza (pág. 70), al extremo de que parecería entenderse que el 'Patrón' aludido varias veces fuese él (págs. 8, 13, 16, 18, 30 y 33); en 1769

---

[34] A.H.N. Consejos, 20.341. Demanda interpuesta en el juicio de residencia de Amat contra el Virrey y su Asesor, en que los herederos de Zabala y Esquibel reclaman una reparación, por el monto de 78.442 pesos. Los poderes para la gestión se otorgaron en 29.XII.1773 y 7.IV.1778 (A.N.P. Francisco Javier de Cueto, 1771-1783, fol. 132, y Valentín de Torres Preciado, 1778, fol. 193v).

[35] Consulta de don Tadeo José Bravo del Ribero al letrado madrileño Simón de Viegas. B.N.P. Departamento de Investigaciones Bibliográficas. D217. Un folleto de 24 páginas, impreso en 1796.

y en 1786 deudos de don Pedro recibirán su poder para desarrollar gestiones en la Metrópoli; en 1791 el clan familiar le confiere facultad para proceder a la división y participación de la herencia de don José de Zabala y Esquibel y su mujer, invistiéndole con las atribuciones de juez compromisario; [36] en 1792, poco antes de su fallecimiento, depone en la información practicada para que el Prebendado don Andrés Bravo del Ribero pudiera vestir el hábito de la Orden de Carlos III, [37] y por último, este mismo integrante del linaje del difunto magistrado atestiguará el otorgamiento de la disposición de postrera voluntad del Marqués de Soto Florido. ¡La identidad y la lealtad fueron, de veras, inquebrantables!

Cae de su peso que esta adhesión llevara a nuestro personaje a sentir como propio cualquier agravio infligido a los Bravo del Ribero y se enrolase a hacer causa común contra el promotor del vejamen. Como la guerra fue sin cuartel, por fuerza surgen en el *Drama* los rastros de tan furioso antagonismo. La línea de fractura tuvo su arranque el mismo día del recibimiento público de Amat, escasamente dos meses después de haber entrado el Virrey en relación directa con el Decano. Ya en esa oportunidad, el primero, desde el Callao, recorrió «todo el camino insultando al señor Ribero con el frívolo pretexto de que no le tocaba el lugar que llevaba».

A estar al *Drama* (págs. 71-73), no empece estos desaires hubo un acercamiento inicial, que el Asesor Salas se apresuró a evitar que prosperara, temeroso de perder la gracia del vicesoberano. [38] Por cierto que no faltaron cizañeros que ayudaron a Salas en sus protervas maquinaciones, deseosos de escudarse detrás de Amat para saciar sus ansias de vengar agravios personales. El más acalorado fue el doctor don Antonio Álvarez de Ron, letrado que en 1758 recusara a Bravo del Ribero en una causa seguida ante la Audiencia. [39] Cuatro años más tarde, cuando ya Amat había

---

[36] Escritura de 3.VIII.1791. A.N.P. Pedro José de Angulo, 1791-1793, fol. 315.
[37] A.H.N. Órdenes Militares. Orden de Carlos III, expediente número 703.
[38] V. el expediente actuado en 1774 sobre la conducta de Salas. A.G.I. Lima, 876.
[39] A.G.I. Lima, 518. Para mayores noticias biográficas sobre Álvarez de Ron, v. la nota 315 al texto del *Drama*.

asumido el gobierno, Álvarez de Ron volvió a la carga. Ahora se querella contra el Decano imputándole complicidad en unas diligencias dolosas perpetradas contra la fe pública por el escribano Francisco Roldán. La Audiencia desestimó los cargos deducidos contra uno de sus integrantes.[40] Por su parte, Amat azuzado por sus satélites, se había precipitado a trasladar a conocimiento del Consejo de las Indias la apertura de este proceso, y a mayor abundamiento, en una comunicación de 13 de Enero de 1762, en los términos más acerbos sindicó al Decano de la Audiencia como cabecilla de una «liga y confederación» que urgía desarticular a fin de restablecer el imperio de la justicia, supuesto que los demás ministros, «agavillados», obedecían ciegamente la voz de su principal.[41]

El incidente que determinó la ruptura definitiva fue la vista de la causa incoada contra Blas de Quirós, cuya parte contraria patrocinaba el repetido Álvarez de Ron, que con sus malas artes consiguió enzarzar al Virrey en el procedimiento. También aparece comprometido en el expediente uno de los paniaguados del régimen, Martínez Tamayo. Auspiciado Quirós por Bravo del Ribero (v. *Drama*, pág. 72, y nota 232 al texto del mismo) se produjo el estrellón que era fácil de prever.

Entre tanto, las denuncias —insistentes— de Amat habían surtido efecto en la Corte: por Rescripto de 2 de Mayo de 1763, cumplimentado en Lima el 29 de Marzo del año siguiente, se decretaba la jubilación del Decano, con goce de medio sueldo.[42] No hace al caso reseñar la evolución posterior de este enfrentamiento de los dos más altos magistrados del Virreinato, que cul-

---

[40] A.G.I. Lima, 791, legajo que contiene copiosa documentación acerca de la rivalidad entre el Virrey y el togado.

[41] Despacho de Amat, cuyo original corre acompañado de la información secreta diligenciada por el Virrey, en la que sobre la base de once preguntas, se respaldan las acusaciones contra Bravo del Ribero y los ministros de la Audiencia que integraban el grupo de sus adictos.

El despacho se reproduce en el APÉNDICE II; una versión no muy ajustada se publicó también en la *Revista de la Biblioteca Nacional de Buenos Aires* (Buenos Aires, 1942), VII, núm. 24, págs. 345-350, y fragmentos en Sáenz-Rico, ob. cit., págs. 174-176.

[42] Carta de Bravo del Ribero, de 20.III.1764. A.G.I. Lima, 791.

V. también un expediente promovido en 1763 por el mismo Oidor Decano contra Amat, por haberle suspendido en el ejercicio de varias comisiones. A.G.I. Lima, 817.

minó con la rehabilitación del ministro proscrito, por Cédula de 29 de Mayo de 1776. Esa reposición fue, acaso, el más ríspido desaire que la Corona infligió a su representante en el Perú, que recibió la novedad cuando ya había entregado el mando a su sucesor.

Acostumbrado Bravo del Ribero al mangoneo, mal podía resignarse al ostracismo a que se le relegaba. No es necesaria mucha imaginación para columbrar la fiereza de la guerra solapada que desató contra quien lo había inhabilitado en su privanza. Todos los recursos para combatir al Virrey y a sus prosélitos se estimaron lícitos. Contando con los resortes del paisanaje, de la frondosa parentela y de las aldabas en la Corte, la partida terminó ganándola el astuto magistrado limeño. A la hora decisiva del juicio de residencia, Amat se encontró desasistido: nadie quería comprometerse por él, y sólo después de infinitos empeños se logró arbitrar una salida decorosa, que permitiera al gobernante en desgracia embarcarse con destino a la Metrópoli.

En efecto. Al cesar el Virrey en sus funciones acudió ante la Audiencia un número tan nutrido de demandantes, exigiendo las competentes fianzas para responder de las resultas de sus reclamaciones, que los limeños de viso que en otras circunstancias se hubiesen disputado el honor de prestar ese favor a Amat, se retrajeron de contraer cualquier compromiso personal con el exdignatario. No le quedó a éste otra alternativa, «después de haber andado mendigando este favor [las fianzas] entre los vecinos, aun con revaja de su estimación»,[43] que soportar el bochorno de abandonar el país al amparo simplemente de su palabra de honor, ante la negativa unánime de hacerse solidario con él en términos económicos.

El trance no pudo ser más amargo para quien, como Amat, tenía una altísima opinión de sí mismo y de su investidura. El 29 de Octubre de 1776 otorgaba poder al Conde de Castañeda y de los Lamos, a un covachuelista Miguel de Arriaga (cfr. nota 297 al texto del *Drama*), y a «un secularón alto, delgado, feo, con un hombro más alsado que otro, altivillo, ignorantillo» (*Drama*, pág. 82), el doctor Cristóbal Montaño, para que promovieran su defensa en el proceso depuratorio de su administración, y el 1.º

---

[43] Despacho número 66 de Guirior, de 3.XI.1776. A.G.I. Lima, 654.

del mes siguiente suscribía, humillado, el instrumento por el cual comprometía su palabra de honor. Este último documento hubo de extenderlo para responder del adeudo de 102.708 pesos que resultó de los autos seguidos de oficio por el Oidor Urquizu e Ibáñez, Juez privativo de la Media Anata, por la cuota correspondiente al período de once años que había desempeñado sus funciones el Virrey, vencido el trienio dispuesto por la legislación. Guirior, el 30 de Octubre, había decretado que, cumpliendo su predecesor con la promesa emitida de empeñar su palabra de honor, con garantía de todos sus bienes, se le permitiera embarcarse sin dificultad en el navío que había de conducirle de regreso a España. En tal virtud Amat consigna la expresada suma, depositada en la Península con ánimo de instituir un mayorazgo, confirmándolo bajo su palabra de honor, «y esta misma dexa empeñada a poner de manifiesto hasta el último cubierto de su mesa». En una anotación marginal a dicha escritura (agregada el 12 de Febrero de 1778), consta que por Decreto de 2 de Julio de 1777, el Rey había exonerado, por una gracia especial, al prometiente de la obligación de satisfacer dicha cantidad, cancelándose en consecuencia la fianza. [44]

Aparte, en la caja del Tribunal del Consulado empozó otros 50.000 pesos, para responder de las denuncias interpuestas por los particulares. [45] De la deserción general a toda relación con el

---

[44] A.N.P. Valentín de Torres Preciado, 1776, fols. 523 y 503, respectivamente.

Documentación relativa a la instancia de Amat para que se admitiera su palabra de honor como única garantía, obra en A.H.N. Consejos, 20.335; A.G.I. Lima, 886, y A.N.P. Superior Gobierno, Legajo 15, Cuaderno 397.

Allí consta la relación de las 16 personas que se constituyeron en fiadores del Virrey, ante el escribano Martín Julián de Gamarra, el 3 de Noviembre, o sea el mismo día en que se embarcaba. Figuran entre ellas el repetido Conde de Castañeda y de los Lamos y su consorte, Antonio José de Castro y la suya (v. la nota 30 al texto del *Drama*), Miguel de Arriaga (v. la nota 297 al texto del *Drama*), el Mayordomo Palmer (v. nota 148, ibíd.), y diez otros obscuros individuos, lo que pone de manifiesto el vacío que se produjo en torno del gobernante tan pronto dejó el poder. En 13.XII.1783 los sobrevivientes de este conjunto otorgaron poder a tres procuradores en Madrid para que la residencia se siguiera ejecutando sobre los bienes de Amat en la Península, porque las sumas que depositara en Lima se habían agotado. En consecuencia, dichos apoderados debían gestionar asimismo que se cancelara el compromiso adquirido en 1776 (A.N.P. Luis Victoria Medrano, 1781-1786, fol. 561).

[45] A.H.N. Consejos, 20.332, Pieza 2ª.

Virrey y sus prosélitos es testimonio muy expresivo el hecho de que fuera necesario conminar al Licenciado Manuel Carrillo, bajo apercibimiento de multa de dos mil pesos, para que admitiera el oficio de defensor de Salas, por no haber letrado que hubiese querido asumir voluntariamente tal patrocinio. [46]

¡El triunfo de Bravo del Ribero fue absoluto!

3. El *Drama* y los intereses creados

Al cúmulo de motivos de aborrecimiento al Virrey derivados de su adscripción al núcleo cuyo caudillo era Bravo del Ribero, agregaba el Marqués de Soto Florido otros de índole privada, en los que compartían el odio tanto el gobernante como su Asesor. Estas razones de carácter personal cabe remitirlas a tres extremos: la reorganización de los institutos docentes y la reforma tributaria que afectó a los agricultores, referida a Amat, y por lo que concierne a Salas, el sospechoso padrinazgo dispensado por éste a un deudor de nuestro biografiado.

Dada su entrañable vinculación tanto con el Colegio de San Felipe, plantel donde se había educado y del cual había sido rector, como con la Universidad de San Marcos, en donde se desempeñaba como catedrático desde sus dieciocho años de edad, la refundición del primero en el Convictorio Carolino y los nuevos estatutos promulgados para la segunda, significaron un golpe muy rudo para él. En particular las innovaciones en el régimen interno de la Universidad imponían serias restricciones a la situación que prevaleciera hasta 1771. Por lo que atañe a la supresión del Colegio Mayor y su conversión en el Convictorio Carolino (como su homónimo en Salamanca), medidas que Amat aplicó siguiendo el ejemplo de lo que se había puesto en práctica en la Metrópoli, en donde esos vetustos planteles se sustituyen por instituciones análogas, pero más abiertas, es incuestionable que ello implicaba la desaparición del estatuto privilegiado de que tradicionalmente habían gozado los Colegiales, hecha abstracción de las ventajas económicas anejas.

---

[46] A.H.N. Consejos, 20.343, Cuaderno 7°.

En lo concerniente a San Marcos —«ese embeleso» del Marqués de Soto Florido— las medidas reformadoras se hallaban dentro de la tónica de la política de Carlos III, que había dado en España el golpe de gracia a la autonomía universitaria. Es detalle realmente sugestivo en esta campaña contra la primera institución académica del Perú, descubrir las obscuras raíces de muchas disposiciones que, por tener un implícito nombre propio, vulneraban derechos legítimamente adquiridos por el elemento docente o acaso frustraban expectativas que abrigaba nuestro personaje. Un curioso anotador de las normas dictadas por Amat nos proporciona la clave de muchos enigmas en este duelo, en el que el Asesor Salas también se llama a la parte. Ese anónimo comentarista refuta, una a una, las nuevas Ordenanzas, por haber sido redactadas contra el tenor de las regias instrucciones, y señala entre las infracciones la designación de Bouso Varela como rector, desprovisto de los requisitos exigidos por las mismas flamantes disposiciones merced a las cuales escalaba cargo tan preeminente.

Las aludidas apostillas son verdaderamente reveladoras: al margen de los considerandos del nuevo estatuto fulmina: «Resuella Salas por la herida de la Cátedra que solizitó y perdió», y la Constitución 18ª, que determinaba que por única vez, al entrar en vigor este conjunto de preceptos, quedaba reservada a la potestad del Virrey el nombramiento del rector, de los catedráticos y de los consiliarios, merece el siguiente comentario: «Esto fue para desquitarse de la pérdida del año de 742». [47]

El Marqués de Soto Florido debió de sentirse directamente afectado por la Constitución 4ª, que prohibía elegir rector al que a la sazón desempeñase una cátedra; la 9ª, que suprimía las denominaciones de la jerarquía de la cátedra (Prima y Vísperas); la 11ª, que nivelaba a mil pesos el haber de cada catedrático, y finalmente, la expresada 18ª, que sustraía al claustro la designación de las autoridades académicas, para librarla al arbitrio gubernativo.

En punto a la reacción del Marqués de Soto Florido en su calidad de propietario de un fundo, ante el nuevo avalúo de los

---

[47] V. el ejemplar de la *Colección de las Aplicaciones que se van haciendo de los bienes, casas y Colegios que fueron de los Regulares de la Compañía de Jesús* ... (Lima, 1772), I, fol. 218 ss., existente en la Biblioteca Nacional del Perú (cota: X271.5 / E7).

frutos producidos por su hacienda, que comportaba un oneroso incremento al reajustar Amat la contribución de la alcabala, no hemos de repetir aquí cuanto dejamos consignado páginas atrás, al reseñar su actuación como procurador de la comunidad de agricultores de los cinco valles en derredor de Lima.[48]

Finalmente, procede completar el panorama con una sucinta información concerniente al choque frontal con el Asesor Salas, que dio pábulo a nuestro biografiado para despacharse contra su detestado enemigo, no sólo en el *Drama*, cuya primera mitad está en buena cuenta consagrada a difamar al consejero del Virrey, sino en otros dos libelos, hoy desconocidos: la *Conversata Dramática* ... y la *Narración Exegética* ...

El odio contra Salas (aparte de los motivos ya expuestos al tratar de la Universidad y del Colegio de San Felipe) se encendió aún más con la intervención del Asesor en un asunto que redundó en apreciable perjuicio económico para nuestro protagonista, que percibía unas rentas de la hacienda «Villena», radicada en el valle de Pachacamac. Esta finca rústica, de orden del Tribunal del Santo Oficio, se sacó a pública subasta. Obtuvo la buena pró su cuñado, don Domingo Negreiros, Marqués de Negreiros, en quien se remató como mayor postor y porque además perdía parte en el total de su valor como titular de un censo de 8.000 pesos de capital instituido por una tía bisabuela del Marqués de Soto Florido, doña Josefa de Espínola y Briones.[49]

Posteriormente, el Marqués de Negreiros traspasó la propiedad a la Congregación de San Felipe de Neri, que a su vez la enajenó en 1767 al Capitán del Regimiento de Dragones de Carabayllo don Francisco Antonio de la Lastra y Florín-Correa, protegido del Virrey, que en ese mismo año lo agraciaría con el puesto de Liquidador de las deudas existentes en favor de las Temporalidades de los jesuitas expatriados.[50] Esta última transferencia se celebró sin citación ni conocimiento del Marqués de Soto Florido, siendo éste desde años atrás titular del aludido

---

[48] V. *supra,* págs. 47-49.
[49] Escritura de 29.VIII.1765 (A.N.P. Félix García Romero, 1760-1765, fol. 607). La institución del censo por doña Josefa de Espínola y Briones, tía bisabuela del Marqués de Soto Florido, en su testamento, de 28.VII.1706 (A.N.P. Francisco de Taboada, 1706-1707, fol. 184).
[50] Sáenz-Rico, ob. cit., pág. 382.

censo como patrón y capellán del aniversario de misas fundado por su mencionada tía bisabuela. En el repetido año de 1767 Lastra había adquirido la contigua granja «Buenavista» del Licenciado Diego Chaves,[51] y refundió ambos predios bajo el nombre común de «Nuestra Señora de la Candelaria», avaluada en 54.700 pesos.[52]

En razón de haberse omitido la mencionada formalidad, el Marqués de Soto Florido rehusó dar por buena la transmisión de dominio y otorgar cualquier documento que implicara un reconocimiento tácito de la misma, antes bien se abstuvo de percibir los réditos del censo, para no allanarse a un acto que reputaba por nulo. A esta resuelta actitud contribuyó «el notorio empeño y ardor» con que Salas se lanzó a proteger a Lastra, al punto de que «lo influyó con viva persuasión a que revajara el rédito del 4 al 3 por ciento ...», con el daño económico que se deja adivinar para el censualista. En 1775 se ausentó Salas a Chile, y a poco falleció Lastra, «bajo testamento misterioso», en el que también instituía un vínculo y memoria de misas sobre la propiedad en cuestión, redimiendo los censos impuestos sobre ella. Este saneamiento importaba un positivo perjuicio para los intereses del Marqués de Soto Florido, puesto que para la expresada cancelación se aplicarían los réditos de las haciendas, y en cuanto tuvo una oportunidad propicia reclamó de la arbitrariedad perpetrada por Lastra.[53]

La confabulación entre Salas y Lastra la deja en evidencia un pliego ológrafo del segundo. Lastra tenía entablada pretensión en la Corte para que se le hiciera merced de un título de Castilla. Disponía en dicho documento que en caso de alcanzar la gracia impetrada, ésta pasaría al hijo del Asesor, Judas José, en la eventualidad de que hubiese premuerto el beneficiario. La fecha del instrumento de cesión, datado en vísperas del viaje de Salas a Chile, deja entender que deseaba disponer de un certificado

---

[51] Escritura de 1º.II.1767 (A.N.P. Martín Pérez Dávalos, 1766-1767, fol. 280v).

[52] Confinada en esta nota recojo la tradición de que Amat y la Perricholi solían pasar temporadas de solaz en «Buenavista» (Dato proporcionado por su último propietario, Ingeniero Orlando Olcese).

[53] Escritura de 10.III.1776 (A.N.P. Santiago C. de la Cueva, 1772-1782, fol. 841v).

fehaciente de los propósitos de su allegado.[54] Abona estas connivencias el hecho de que un poder que el futuro yerno de Salas, don José Antonio de Rojas, extendiera al mencionado Judas José de Salas y Corbalán, éste lo transfiriese poco después a Lastra.[55]

Este conjunto de trapacerías explica a satisfacción que nuestro biografiado tuviera sobradas razones para profesar un profundo resentimiento contra Salas, exteriorizado cumplidamente en los pasquines que salieron de su pluma para perpetuo desdoro de tan aborrecido enemigo.

4. ESTRUCTURA DEL *Drama*

A fin de adquirir una perspectiva panorámica del contenido del libelo que nos ocupa, cabe esquematizar el texto con arreglo a los temas predominantes en cada una de las ocho porciones de que está compuesto, encabezadas las cinco primeras con unos títulos entre rebuscados y extravagantes.

El folleto se inicia con una (I) «Entrada de pavana» o prefacio, en que el incógnito autor hace su elusiva presentación y expone los objetivos que se propone alcanzar (págs. 3-7). Luego siguen: (II) una «Protología», en que comienza propiamente el diálogo entre los dos interlocutores, el 5 de Junio de 1776, comentando las noticias de la llegada de Guirior al Perú (págs. 8-9); (III) una «Prolusión», con el diálogo sostenido el 6 de Junio, en donde se insinúa ya la intención de arremeter contra el régimen de Amat y se desvanece la aparente antinomia con otro libelo precedente (págs. 9-15); (IV) un "Parergón parenético», en el que se transcriben tanto una ficticia misiva del preceptor de Judas José de Salas, remitida a su pupilo en Chile, enviándole dos pasquines aparecidos contra su padre, el Asesor del Virrey, como otra carta, dirigida a una beata, en la que se razona la licitud

---

[54] Institución de vínculo y memoria de misas, en 4.III.1765, protocolizada en 10.III.1775 (A.N.P. Agustín Jerónimo de Portalanza, 1770-1777, fol. 896); poder para testar de Lastra, en 22.II.1775 (A.N.P. Domingo Gutiérrez, 1768-1777, fol. 342), y testamento en su conformidad, en 15.VI.1776 (A.N.P. Agustín Jerónimo de Portalanza, 1770-1777, fol. 892).

[55] Escritura de 14.I.1772 (A.N.P. Orencio de Azcarrunz, 1772-1773, fol. 15).

de divulgar los defectos personales cuando revierten en provecho moral o cuando son tan notorios que su difusión no menoscaban la fama o el honor, añadiéndose un «dialoguillo» entre los Salas sobre la procedencia de admitir dádivas en la administración de justicia (págs. 15-27), y el último de los preliminares, (V), un «Preámbulo exordiante», en el que los protagonistas departen el 20 de Junio sobre las maquinaciones de Amat para frustrar toda expansión de popularidad a su sucesor, objeto por cierto de una encendida apología (págs. 27-32).

El cuerpo del *Drama* está constituido verdaderamente por las tres piezas postreras, correspondientes a otras tantas noches (17, 18 y 19 de Julio), que se contraen a revelar los aspectos negativos del dignatario que acababa de entregar el mando: (I) en la primera ocasión los interlocutores platican acerca de la venalidad y de los recursos utilizados por el Virrey para enriquecerse ilícitamente, sin ahorrársele al caído el estigma de infidelísimo (págs. 32-54); (II) en la segunda velada se aborda el escabroso tema de los amoríos del gobernante, su inmoralidad, su displicencia ante las pillerías del Mayordomo Palmer y su insufrible altivez y despotismo como mandatario (págs. 54-78), y (III) en la última, se comenta sucesivamente el quebranto de los planteles educativos, los trastornos económicos resultantes de las medidas tributarias puestas en práctica por Amat y, como corolario, el juicio de residencia que pendía sobre él (págs. 79-107).

En síntesis, las cuatro piezas iniciales enderezan su artillería contra Salas, el «Preámbulo exordiante» constituye el tranco intermedio, en el que se contrapone todo lo desfavorable de Amat con todo lo amable de Guirior, y las tres porciones finales vienen saturadas con una miscelánea de chismes y murmuraciones en detrimento de aquél.

5. Algunas particularidades del *Drama*

La denominación de *Drama* impuesta por el autor a su sátira obedece a su disposición dialogística (pág. 16). Como en tantos otros casos en la Literatura universal, estamos ante un imaginario coloquio, cara al lector, que en realidad es un artificio para exhalar un volcán de pasiones reprimidas. En vía de recurso retórico (el mismo a que por entonces echa mano Cangas, que se vale igualmente de un Bisoño como contertuliano), se fraguan unas pláticas mantenidas en las gradas de la Catedral, a la sazón el mentidero principal.[56] Para subrayar el discreteo se finge la sorpresiva aparición de un encubierto oyente, que es el que nos trasmite los paliques y sazona con unas melancólicas reflexiones el texto (págs. 5, 8, 33 y 106).

Probablemente la decisión de adoptar la forma coloquial obedeció no sólo al propósito de imprimir mayor vivacidad al relato, sino que en términos de preceptiva implica la inserción de un factor dramático, con la alternancia de dos personajes, cada uno con su respectivo lenguaje y su privativa interpretación de los acontecimientos. Muy en consonancia con los precedentes del género, uno de los charlantes, el Veterano, rezuma sabiduría y astucia, al paso que el que le da la réplica, el Bisoño, procede como un palurdo o simple.

Los interlocutores son dos mulatos, uno de ellos herrero de profesión, dotados ambos de excepcional retentiva, que era por cierto el atributo distintivo de los «palanganas» de entonces, como lo certifican Terralla y Landa y el General Miller.[57] Ambos escritores coinciden en hacer notar que los llamados «palanganas» poseían como don peculiar el de una felicísima memoria, que les permitía reconstruir sermones y disertaciones académicas, que luego sometían a su escalpelo de criticastros. Si ya anteriormente habían escuchado la pieza oratoria, manifestaban su desaprobación con violentas gesticulaciones, y Miller añade estos originales detalles: «Pero donde los *palanganas* despliegan más estas ventajas naturales es en los actos públicos de la Universidad. Desde sus galerías deciden entre ellos magistralmente así de las cuestiones teológicas más arduas, como de las intrincadas de la Metafísica, y fallando del mérito o demérito de los oponentes vuelven a sus barberías cargados de latines y silogismos, a hacer con sus ademanes y patadas el ridículo más bien merecido del escolasticismo.

---

56 Terralla y Landa, *Lima por dentro y fuera*, XVI, LXXVI.

El mismo autor, en su «Vida de muchos», dice: «... Salí a las once y fuí a las gradas de la Catedral. No se ha mentido cosa de provecho ...». Cfr. *Diario de Lima* (Lima, Martes 12 de Octubre de 1790, pág. 1).

57 Terralla y Landa, ob cit., XVI, LXX a LXXV, y General Miller, *Memorias*, versión española aumentada, Capítulo XVI.

Los doctores necesitan a veces, para establecer su reputación, de un poderoso partido entre los *palanganas*».

¿Por qué se llamaba «palanganas» a estos morenos? Según la interpretación más plausible, [58] el término equivaldría a jactancioso o petulante, [59] si bien parece que en el siglo XVIII la acepción ofrecía un matiz que induce a considerar al «palangana» como presuntuoso y blasonador de erudición mal digerida.

De seguro en parte por no desentonar de estas características de los auténticos «palanganas», y en no escasa medida también por los defectos inherentes a la prosa de aquellos años, el *Drama* adolece de los resabios de la pedantería tan en boga en la Literatura dieciochesca, pedantería de vía estrecha que el autor pone en boca de sus criaturas de ficción, distribuyendo su sabiduría en una exhibición profesoral que poco o nada se compadece con la aparente rusticidad de los protagonistas. Los mismos insólitos epígrafes impuestos a los coloquios —Entrada de pavana, Protología, Prolusión, Parergón parenético y Preámbulo exordiante— demuestran un afán de desconcertar al lector. El estilo es en verdad desaliñado y farragoso, salpicado de chanzas de mal gusto y hasta chabacanas (págs. 76 y 105), que no son por cierto méritos que puedan abonarse en el haber moral del autor. Hay pasajes, sobre todo en las últimas páginas, que revelan extremo descuido en su redacción y que por sus concordancias vizcaínas contienen frases ininteligibles. Escribir con poder atractivo es un don que no se aprende: no lo tuvo desde luego el Marqués de Soto Florido. El desgarro con que está compuesto el *Drama* pone de manifiesto que el estilo opaco de su autor estaba familiarizado con otros géneros literarios.

Al fin y al cabo como fruto de la mentalidad de un letrado, el «Parergón parenético» —epígrafe que no se corresponde del todo con el contenido— desarrolla bajo la forma de unas epístolas algo

---

[58] Hildebrandt, *Peruanismos* (Lima, 1969), págs. 267-271. Cfr. el artículo en Corominas, *Diccionario Crítico Etimológico de la Lengua Castellana* (Madrid, 1954), III, págs. 619-622.

V. también el artículo suscrito por «Un curioso palangana», en *El Investigador* (Lima, 10 de Febrero de 1814, Suplemento al número 41).

[59] Ya entonces era esa la acepción: «... dijo el negro, palangana consumado ...». Cfr. Carrió de la Bandera, *Reforma del Perú* (Ed. Macera Dall'Orso, Lima, 1966), pág. 48.

así como unos alegatos forenses, en los que se razona la impunidad para quienes compusieran o difundieran pasquines y consecuentemente la exoneración de responsabilidad por sus alcances en el terreno de la difamación o en orden a los escrúpulos morales emergentes de su lectura. El Marqués de Soto Florido se cura en salud cohonestando la redacción y divulgación de libelos o la publicidad de ajenos defectos. La carta, firmada por un «Religioso docto y chamberí» es en buena cuenta un anticipado defensorio de la innoble acción de echar a volar pecados y faltas de un prójimo (págs. 20-24).

6. ¿Dónde se imprimió el *Drama*?

Con los elementos de juicio a nuestro alcance, las incógnitas del lugar y del taller donde se estampó el *Drama* son aún difíciles de despejar, aunque siquiera a título provisional se puedan adelantar conclusiones.

En principio, las disposiciones legales prevenían que ningún escrito pudiera darse a la publicidad sin licencia del Virrey,[60] pero no era ninguna novedad en Lima la circulación de libelos que habían eludido tal censura previa. En 1720 había corrido de mano en mano El templo de la fama, «papel muy denigratorio» en el que se injuriaba con perfidia al Arzobispo-Virrey Morcillo y Rubio de Auñón; el Príncipe de Santo Buono, el Marqués de Castelfuerte y otros gobernantes, para no salirnos del ámbito del siglo XVIII habían probado también el acíbar de insidias similares. El Virrey Amat mismo había experimentado el disgusto de ver en letras de molde el mordaz *Diálogo entre un Bedel de la Universidad de Lima ... sobre la Oración Panegyrica que dixo el doctor don Miguel de Valdivieso ...*, en que se ponía de oro y azul el discurso laudatorio leído en homenaje al flamante mandatario. El opúsculo, anónimo, se dice sin embargo impreso con licencia, en Hambato *(sic)*. Era su autor el Conde de Santa Ana

---

[60] Cédulas de 19.III.1647, 18.IX.1653 y 14.V.1668. A.G.I. Indiferente General, 429, Lib. 39, fols. 17v y 163, y 430, Lib. 41, fol. 157. De ellas se formó la Ley XV del Título XXIV del Libro I de la Recopilación de Leyes de Indias. V. también Rumeu de Armas, *Historia de la censura literaria gubernativa en España* (Madrid, 1940), para América, cfr. pág. 101.

de las Torres, don Juan José de Ceballos Ribera y Dávalos (que lo reeditó en Madrid, en 1764, ahora sin ocultar la paternidad). Resulta difícil creer que se hubiera dispensado la preceptiva autorización por las autoridades competentes, cuando el impreso se recogió a poco por disposición superior, y sobre todo, que efectivamente se hubiese tirado en Ambato en 1762, porque desde hacía tres años el taller que en aquella localidad quiteña poseyeran los jesuitas, había sido trasladado a la capital de esa provincia. En fin, se hace asimismo harto improbable que una Orden religiosa pusiera su imprenta a disposición de quien iba a ejecutar en ella un trabajo que la indisponía con el supremo jerarca del gobierno virreinal, ya que el otro taller quiteño, el de Raimundo de Salazar, era demasiado modesto para acometer la obra. Otra edición clandestina de entonces es *El Lazarillo de Ciegos Caminantes*, que bajo nombre ficticio comenzó a circular a principios de 1776, con el apócrifo pie de imprenta de Gijón y 1773.[61] Por lo tanto, la edición subrepticia de obras, aun de cierta envergadura, no era algo inusitado en la Lima de entonces.

Para centrar el problema, es indispensable en primer término descartar la probabilidad de un trabajo realizado fuera de la capital del Virreinato. Excluida Cartagena de Indias por su lejanía e inaccesibilidad, e inactivos los talleres que en Córdoba del Tucumán y en Bogotá había montado la Compañía de Jesús, desde luego no menos distantes, restan solamente Quito o Santiago de Chile como hipotéticos lugares de impresión, en relativa cercanía a Lima.

En Quito se tiraban por entonces, en las prensas regentadas por Raimundo de Salazar, algunas piezas de extensión no superior a los diez pliegos, es decir, muy por debajo de la magnitud del *Drama*. Aunque por el momento nos abstenemos de emitir una opinión concluyente sobre este extremo, por no haber tenido proporción de realizar un cotejo del *Drama* con los elementos tipográficos quiteños coetáneos, de todas formas son muchas las

---

[61] En realidad, se había estampado en Lima, entre los últimos meses de 1774 y finales del año siguiente. Cfr. Real Díaz, «Don Alonso Carrió de la Bandera, autor del Lazarillo de Ciegos Caminantes», en *Anuario de Estudios Americanos* (Sevilla, 1956), XIII, pág. 406.

razones de peso que militan para desahuciar la posibilidad de hallarnos ante un trabajo ejecutado en Quito.[62]

Por lo que dice relación con Santiago de Chile, un cotejo con el facsímile del único impreso contemporáneo estampado en esa localidad, induce asimismo a rechazar esta eventualidad. Es tan exigua la entidad de esta primera muestra de la tipografía santiaguina —un opúsculo de ocho páginas en 8.º—, tan tosca su impresión y tan notoria la disimilitud de la fundición,[63] que hay que desechar cualquier suposición de que el *Drama* hubiera sido enviado hasta la capital austral para sacarlo en letras de molde. Refuerza nuestro razonamiento la dificultad de comunicaciones con Chile, que obligaba a valerse de la vía marítima, con todos los peligros que esto supone para una acción subrepticia, sujeta por añadidura a las contingencias de dos largas navegaciones.

Por otra parte, es incuestionable que una impresión fuera de Lima acarreaba considerables inconvenientes. En primer lugar, el manuscrito probablemente fue redactado entre fines de Julio de 1776 —después de haber cesado en el mando Amat e incapacitado por consiguiente para proceder en uso de su autoridad— y mediados de Setiembre. Hay menudos detalles que coadyuvan a fijar dentro de ese lapso la tarea: en la página 27 se alude a la oración de San Largo y Esmaragdo, cuya fiesta se celebraba el 8 de Agosto, y en la página 93 se menciona intempestivamente al escribano Francisco Humac Mino Yulli, ante quien cabalmente el 10 y el 14 de Setiembre otorga el Marqués de Soto Florido sendas escrituras.[64] En segundo lugar, el envío del original hasta Quito o Santiago de Chile, sobre correrse el albur de una pérdida, ya al remitirlo, ya al retorno de los ejemplares una vez estampados, implicaba para el autor el gravísimo riesgo de ser descubierto o de que el trabajo, realizado lejos de su vigilancia, trascendiera hasta el conocimiento de las autoridades, que de inmediato adop-

---

[62] La documentada monografía de Stols, *Historia de la imprenta en el Ecuador de 1755 a 1830* (Quito, 1953), colaciona piezas tiradas por Raimundo de Salazar en años cercanos a 1776: una de 1773 y otra de 1777; sólo ofrece facsímiles de las portadas, empero no del texto, lo que permitiría apurar más el cotejo. La consulta de los repertorios de Medina tampoco arroja luz sobre el particular.

[63] Medina, *Bibliografía de la imprenta en Santiago de Chile ... Adiciones y ampliaciones* (Santiago, 1939), pág. 19.

[64] A.N.P. Francisco Humac Mino Yulli, 1774-1777, fols. 664 y 664v.

tarían medidas represivas. Finalmente, conocidos los limitados recursos de los talleres de Quito o de Santiago, es en extremo difícil que un trabajo del orden de los 26 pliegos (A-Z y Aa-Cc), alcanzara a componerse, a imprimirse y a ser puesto en Lima en el estrecho lapso que media desde finales de Setiembre y el día en que se embarcó Amat en «El Peruano», pues nos consta que junto con él se deslizaron de matute algunos ejemplares con destino a personajes influyentes en la Corte. Por fuerza, pues, hay que concluir que el *Drama* salió en letras de molde en Lima, desde luego clandestinamente, cuando ya la víctima de sus pullas no podía descargar todo el peso de su indignación sobre quienes resultasen patrocinadores de tan avieso ataque.

Cosa extraña: después de efectuar una minuciosa comparación con las demás piezas bibliográficas estampadas por aquellos años en las diversas imprentas limeñas, con el único trabajo con el cual se descubre cierto parentesco es con otra producción subrepticia, a saber, *El Lazarillo de Ciegos Caminantes*. Ambas publicaciones se compusieron utilizando el mismo cuerpo de caracteres, si bien los del *Lazarillo* (que se dice impreso tres años antes) aparecen menos deteriorados; la matriz del grupo *ct* es idéntica, y el empleo de la *s* larga es un indicio más que las hermana.

Con todo, sigue en pie el problema de establecer la identidad del taller en donde se realizó la impresión. Si razones cronológicas no vedasen la hipótesis, cabría pensar en que el panfleto que nos ocupa hubiera visto la luz en la imprenta que poseía un personaje a cuyas vinculaciones con el Marqués de Soto Florido tantas veces se ha aludido a lo largo del presente estudio: el doctor don Pedro José Bravo del Ribero. El único impreso atribuido a esta minerva data de 1785,[65] si bien esto no excluye que ya desde años atrás su propietario dispusiera de ella. En aras de la verdad consignamos que el inventario de los bienes del influyente magistrado[66] no registra la existencia de un taller de imprenta, por modesto que fuera, aunque ello no excluye la posibili-

---

[65] Medina. *La Imprenta en Lima*, III, págs. 522 y 525.
[66] Dicho inventario, que incluye una valiosa biblioteca, formada por cerca de cuatro mil volúmenes, se practicó en 11.VIII.1786 (A.N.P. Francisco Luque, 1786, fols. 415-449v).

dad de que en 1786 ya se hubiera desprendido de él, o de que por razones obvias de prudencia, no figurase en el escrutinio.

Por lo que de suyo significaba el *Drama* como factor de disturbio al poner en entredicho los actos de la máxima autoridad del Virreinato, Guirior, seguramente por consejo de su Asesor Rentería (uno de los contados adictos que dejó Amat en las altas esferas gubernativas), en bando promulgado el 20 de Marzo de 1777 impuso las penas más severas a quienes leyesen o hiciesen circular semejante «quadernillo». [67]

7. Advertencias acerca de la presente edición

El texto que sigue a estas páginas constituye la segunda reimpresión del viejo libelo limeño. En 1938 don Luis Alberto Sánchez, valiéndose de una copia dactilográfica tomada por doña Emilia Romero a la vista del ejemplar que se conservaba hasta Mayo de 1943 en la colección denominada Papeles Varios (Tomo 3684), de la Biblioteca Nacional del Perú, le reprodujo en la *Revista Chilena de Historia y Geografía*, volumen LXXXIV, número 92, págs. 78-130; LXXXV, número 93, págs. 326-333, y LXXXVI, número 94, págs. 280-329, de que se hizo una tirada aparte (118 páginas). Infortunadamente, se deslizaron erratas tipográficas que en ciertos pasajes desfiguran el texto y acaso por defecto de la copia, se echan de menos algunas líneas en varias páginas, con la consiguiente obscuridad para la inteligencia de la lectura.

En la presente reedición no nos hemos limitado a transcribir escrupulosamente la versión original, sino que nos hemos empeñado en la comprometida tarea de identificar a los personajes aludidos mediante sobrenombres o retorcidas perífrasis; se ha allegado el aparato documental demostrativo de los actos apenas insinuados en el texto, y se han esclarecido sucesos que se tocan incidentalmente. Una sucinta semblanza biográfica adelanta el conocimiento que se tenía hasta ahora de muchos personajes,

---

[67] Texto del bando, en el Apéndice III.
A esta disposición, entre otras de buen gobierno dictadas por Guirior, se alude en el § 155 de su Memoria. *Relaciones de los Vireyes y Audiencias* (Madrid, 1872), III, pág. 87.

o se les presenta por vez primera en la medida de su importancia en aquellos años, aunque con pena nos hemos debido resignar a que otros más diligentes o más afortunados establezcan fehacientemente quiénes fueron Taita Roque (pág. 13), el Escrutador, envenenado por haber disfrutado de los favores de la *Perricholi* (pág. 56), y el Sebastián Riaño, amigo del *Bisoño* (pág. 87), y sobre todo, a qué se refiere concretamente el Marqués de Soto Florido en ciertas enigmáticas reticencias, verdaderamente inextricables hasta para un mediano conocedor de la época.

Dado que la sintaxis de varios pasajes, tal como se presenta en el impreso, no es un modelo de claridad, hay frases entrecomilladas que en efecto son incidentales o subordinadas, y que en consecuencia es menester extraer idealmente del contexto, a fin de desentrañar rectamente el sentido de este último.

Con el ánimo de hacer más cómoda la lectura, habida cuenta de que en el original las intervenciones en el diálogo aparecen compuestas una tras otra a renglón seguido, nos hemos permitido la libertad de presentarlas separada cada una por punto y aparte. Asimismo, en vista de que la edición príncipe carece de paginación, la hemos añadido entre corchetes, a fin de facilitar eventuales citas y la compulsa de las referencias cruzadas. Por último, se ha formado un índice onomástico de los nombres, personajes y apodos mencionados en el texto del *Drama,* con remisión a las páginas numeradas entre corchetes.

Es con honda sinceridad que dejo aquí constancia de la más viva gratitud al Académico de la Historia de Chile, don Luis Valencia Avaria, que puso en nuestras manos una reproducción fotográfica del ejemplar perteneciente a la Sala Medina de la Biblioteca Nacional de su país, y el mismo reconocimiento quede expresado a la buena amistad de los Profesores Juan Bautista Avalle-Arce y José Durand, que en un rasgo de ejemplar confraternidad intelectual dispensaron su patrocinio para la publicación de estas páginas.

APÉNDICES

APÉNDICE I

Carta del doctor José Ignacio de Rentería a don Manuel de Amat

†

Lima, y Noviembre 28 de 1776.

 Muy S^r. mío, y [de] mi mayor veneración: Con no poco cuidado estoy, y lo tendré, asta saber el feliz arribo de V. E. a Cádiz y sus más ventajosos progresos en la Corthe: el generoso trato de V. E., su integridad y buen modo de pensar, robaron mis afectos. Con todos ellos deseo su mayor felicidad en el viage, y qe. sea éste a medida del gusto de V. E.

 Con los golpesillos que llevaron estos próximos al salir V. E., y havernos mantenido en el thesón de sostener sus providencias, son pocos los qe. chistan, a excepción de aquellos busquillos ruines q. por la facilidad q. logran de ser oídos con reserva, aún brotan algunos torpes bostezos de su malignidad, pero en lo público se reprimen, no obstante la cercanía q. aun logran.

 En la misma embarcación que llebó a V. E. fueron varias copias de una insolente conversata formada contra el honor de V. E. y su Asessor: está conocido por Author de ella el Marqués de Soto Florido, y se asegura aver tenido socios en la maldad: dícenme (q. no he querido leerla) que está muy indecorosa y sangrienta; y se ha cautelado no solo el Author, sí también la obra, p^r. q. amenazé con rigoroso castigo al q. la tuviese o leyese. Asegúranme también q. se remitieron muchas denuncias falsas a Cádiz, y si es assí, ya tiene V. E. un docum^{to}. con q. acreditar la maledicencia de sus émulos. La Aud^a. y Urquizu han informado, en assumpto de fianzas y medias annatas, con muchas cautelas y mysterios: lo aviso a V. E. pª. su govierno, asegurándole nuevamente de mi constancia en proteger quantos assuntos y personas guste recomendarme, y no perder de vista sus defensas en el juicio de la residencia, si el Rey tuviere a bien mandarla tomar.

Ya V. E. vió el establecimiento y systhema actual, tan opuesto a mi genio y modo de pensar, q. me sirve de continua mortificación, pr. lo mismo q. estimo sobre todas cosas a mi xefe: no puedo establecer mi despº, como debo y conviene, mientras la seguridad q. todos mis Antecessores lograron, no me aliente a intentar con valor los asuntos de mi inspección. V. E. noblemte. generoso me ofreció su protección con la galante fineza de q. avia de hacer oficios de mi Apoderado. Bien sé q. al poderoso influxo de V. E. sería poco pedirle una regencia de Audiencia, pero me ciño a disfrutar sus piedades con sólo pedirle se interese en q. sea yo colocado en plaza de Lima, q. la hay, puesto q. Carrión no piensa en entrar a la Audª, y q. la translación de Puente ha de causar vacante de su plaza de Alcalde de Corte. Molesto a V. E. fiado sólo en sus geminadas ofertas, y en la amistad y favor q. se dignó hacerme, y a q. seré siempre agradecido.

Deseo la mejor salud de V. E. y del Sr. Dn. Antº su sobrino, y repitiéndole mi obedª. ruego a Dios guᵉ. a V. E. mˢ. aˢ.

Excmo. Sr.
B. l. mˢ. de V. E. su más apasionado servidor y Amigo,

D. Joseph Ygnacio de Rentería.

Excmº Sr. Dn. Manuel de Amat.

APÉNDICE II

Despacho del Virrey Amat en que informa sobre el estado de la Audiencia de Lima y sus ministros

(A.G.I. Lima, 791)

†

Señor:

Aunque las Leyes y Cédulas cuya observancia juramos Religiosamente los Virreyes nos constituyen en la más estrecha obligación de dar quenta a V. M. del proceder de los Ministros que componen las Audiencias, sin embargo havía resuelto por aora de abstenerme de su execución, rezelando fastidiar a V. M. con la repetición de un asumpto que con igual notoriedad que consonancia, ha tantos años corre por el mundo su noticia. Yo mismo oya en España las cosas que pasaban en esta Capital con la mayor parte de los Oydores; las confirmé en Chile en cerca de seis años de asistencia, y las he venido a tocar en esta Ciudad sin la menor diferencia.

Haviendo resuelto recibir vna Información con qué acompañar esta carta, mandé formar el Interrogatorio que incluio, en que se contienen los más principales culpados, pero reflexionando después que la publicidad releba de prueba en asumptos menos trillados que lo es éste, por haber servido años hace de piedra del escándalo a los recursos que se han promobido desde esta América a essa Corte, en la que existe copioso número de testigos, assí de los naturales del País, como de los extraños, que son sabedores, vnos de ciencia cierta, y otros de pública voz y fama, de las preguntas que lo componen, resolví dirigirlo a esa Corte, para que siendo del agrado de V. M. que se examinen en ella misma quantos sugetos huviere de estas Indias, o que se corresponden con ellas, a excepción de los comprehendidos en la lista que se sigue a dho. Interrogatorio, por estar no solamente ligados con parentesco mui cercano con dhos. Ministros, sino porque son agentes, embiados y sobstenidos por ellos mismos con copiosas sumas de dineros, con el solo fin de estar a la mira de sufocar quejas y desfigurar ynformes, para que jamás lleguen yntegros a los oydos de V. M., oponiéndoles a los testigos que van examinados desde esta ciudad en las informaciones secretas, las tachas que fragua la malicia y que suele hacer verosímil la distancia, debilitándose de esta suerte la fee de las pruebas, hasta que por estos y otros medios auxiliares, llegan a conseguir que obscureciéndose la verdad, prevalezca la tiranía, como pudiera hacerlo constar con barios Exemplares de estos vltimos años, en que con asombro común y escándalo universal, se ha visto deprimida la ynocencia por la cavilación e injusticia de fines particulares, hasta llegar a hacer dudosos vnos hechos que a ser posible las piedras de las calles los decantaran.

De esta naturaleza son los que se articulan en el Interrogatorio mencionado, y sin embargo las experiencias de lo sucedido a los que deponen con verdad tienen tan amedrentados a los hombres de alguna representación y que tienen que perder, que conozco ser poco menos que suplicio inducirlos o llamarlos a que declaren con la berdad y claridad en una información secreta de esta grabedad.

Por lo qual, y estimulado al mismo tiempo del común clamor en assumptos que estoy viendo y palpando sin la menor tergiversación, deliberé incluir en testimonio algunas de las infinitas representaciones que me han hecho, y continúan haciendo, los perjudicados en la liga y confederación de los ministros de esta Audiencia especificados en el Ynterrogatorio, la qual continúa sin alteración, con tan grave detrimento del Público, que para ebitarlo interinamente boy a levantar una cierta plantificación de Salas de que doy quenta a V. M. en informe separado de la fecha.

Y supuesto, Señor, que no son solamente ciertos y notorios en estos y esos Dominios de V. M. los hechos que se comprehenden en el interrogatorio, sino todo quanto hasta aquí se ha vociferado con motibo de los recursos que se han interpuesto por algunos pocos de los muchos agraviados, no puede escusarse mi lealtad y ferviente zelo con que propendo al servicio de V. M. de exponerle con la mayor reverencia y sumisión, que es imposible mantener en paz y Justicia a estos sus Vasallos, ni que la Real Hazienda dexe de vivir mui expuesta, como el caudal de los particulares, al insulto mientras no se dignare de tomar otras medidas que hagan variar de todo punto el presente sistema de las cosas.

Y aunque todas las Audiencias del Reyno sean acrehedoras a una particular atención de V. M., pero ésta, por la grabedad de sus negocios, por la estensión de las materias, y por ser la que ministra dictamen a los Virreyes en los puntos más arduos de Govierno, Hacienda y Guerra, merece sin controversia la prelación, por ser disonante y enteramente opuesto al Juicio y soberanas yntenciones de V. M. que unos assumptos de peso tan sobresaliente se confíen en esta distancia a unos sugetos por la maior parte abandonados al capricho y a sus propios ynsereses, y más con la nota de agavillados y unidos con tal escándalo, que la voz del Decano es el único órgano por el que se explica el mayor número, con lo que ha tomado el vuelo que se toca con bastante moderación en las preguntas de dicho interrogatorio.

Los demás de la liga (a excepción del Decano), sobre la falta de Literatura y experiencias que padecen, se hallan innodados de tales relaciones, así de parientes como de intereses, comercios y correspondencias, que aunque quisieran variar de conducta les es poco menos que imposible desentenderse de las contracciones con que están afectos, assí en esta Ciudad como en lo más de la Jurisdicción de esta Audiencia, y assí por lo mucho que me intereso en el Serbicio de V. M., al mismo tiempo que reconozco quánto su Real Clemencia se inclina a la piedad, me parese que de algunos Ministros de estos serían menos malos y perjudiciales trasladándolos a otra Audiencia en que fuesen menores o ningunas las alianzas que tienen en el Districto de ésta, pero que otros es preciso que enteramente se separen del manejo y administración de Justicia, y aunque se les jubile con sueldo entero, es sin comparación menor este corto grauamen temporal a la Real Hazienda, respecto del reato con que se graua la Real Conciencia manteniendo unos sugetos que son los primeros, y aun los únicos, authores en promober lo mismo que debieran ebitar, como reconocerá V. M. por la carta original que acompaña, escrita del Fiscal de lo Civil (*) en 13 de Febrero de 1761 a Dⁿ. Juan Joseph Herrera estando en Chile, desde donde sabía yo con la misma evidencia quanto pasaba en esta Capital, y que los Ministros eran los corredores y Agentes de las negociaciones y ventas de oficios de Justicia.

¡Dígnese de contemplar la Soberana comprehensión de V. M. con esta ciencia y evidencia que poseo, con quánto desconsuelo llebaré al Acuerdo por voto consultivo aquellos grabes negocios del Real Servicio en que se atraviessen algunos intereses de particulares! ¿Qué podré esperar de la mayor parte de votos, que me consta estar unidos y resueltos a sostener sus hechuras? ¿Con qué mortificación oyré vnos pareceres que estoy sabiendo y conociendo que por su propia conservación y por no quedar descubiertos, es preciso que protejan a la injusticia y la sinrrazón? ¿Y qué padeceré si al conocimiento propio se añade el universal clamor del Pueblo que me lo está enunciando de obra y de palabra por quantos modos es posible explicarse y declararse? Lo cierto es, Señor, que estos pasos son bien contemplativos y dolorosos, especialmente recayendo en quien con la misma viveza y seguridad que lo conoce todo y lo penetra, desea que el servicio de V. M. se haga con la mayor pureza, y que a ese fin quisiera poseer muchas vidas que sacrificarle.

Entre los Ministros nombrados en el ynterrogatorio no se contienen dos, porque havía discurrido hacerlo separado de sus operaciones, pero ni los motibos arriua expresados me lo permiten, ni la estrechez del tiempo me dá lugar a representar otra cosa por aora, sino que el Sub-Decano (**), fuera de estar sugeto a las notas de los demás, padece la de una suma distracción y total olvido de la Judicatura y representación que obtiene, que es una deshonra de la toga que viste, como en parte acreditan las representaciones que acompaño en testimonio separado, que con ser una pequeña porción de lo mucho que ay que decir de este Ministro, dan bastante ydea de su ineptitud para el empleo, assí como califican su avilidad para el exercicio de la mercancía, que es el único obgeto de su cuidado.

---

* El doctor Francisco Ortiz de Foronda.
** El doctor José de Tagle y Bracho.

Pero sobre todos el Oydor jubilado y honorario del Supremo Consejo (*), aunque al parecer retirado al Oratorio de San Phelipe, no ha hecho más que profanarlo, constituído aquel lugar oficina en q. se fraguan y maquinan todas las invenciones y el modo de encubrirlas, sin que lo entienda el Govierno para su remedio: allí se celebran las juntas y conventículos de los demás Ministros aliados y confederados: allí se han repartido y vendido los oficios, y en fin, allí no se trata más que de medios con qué hacer odioso el Govierno, y sostener a todos con la esperanza de que ha de revivir la antigua corrupción: de modo que V. M. mantiene en este Ministro un sugeto de quien los demás toman lecciones de la manera que se ha de embarazar el servicio y tiranizar la República, haciéndoles creer con el exemplo de lo pasado, y de la astucia con que consiguió engañar la Magestad tantas veces quantas logró sueldos y honores indebidos, que ha de haver trazas y ardides con que continuando el artificio no se haya de penetrar la multitud de excesos y delitos de que son reos acusados y convictos de las quejas comunes de este vecindario.

En conclusión, Señor, para no fatigar la atención Soberana de V. M. y no dexar grauada mi conciencia con el silencio, debo decir que siendo, como son, estos males igualmente ciertos que radicados, si no se aplica pronto y oportuno remedio a ésta, que es la fuente y origen de todas las enfermedades políticas del País, temo que a más del deshorden presente que se vé y de innumerables culpas que se cometen, llegue a producir algún efecto inesperado de los muchos a que se proporciona como preparatiuos el desgouierno, y que este Reyno sólo sirba de dar cuidados a V. M., pero nunca utilidades a su Corona.

Nro. Señor guarde la Cathólica Real Persona de V. M. los muchos años que la Christiandad ha de menester. Lima y Enero 13 de 1762.

Don Manuel de Amat

---

* El doctor don Pedro José Bravo de Lagunas y Castilla.

APÉNDICE III

Decreto del Virrey Guirior en que se prohibe la lectura y difusión del Drama de Dos Palanganas

(B.N.P. Manuscritos C 1494).

DON MANUEL DE GUIRIOR, Caballero de la Sagrada Religión de San Juan, del Consejo de S. M., Teniente General de la Real Armada, Virrey, Gobernador y Capitán General de los Reynos del Perú y Chile, etc. etc.

POR QUANTO ni el disimulo prudente, ni la suavidad notoria con que he dado principio a mi Govierno ha sido bastante para sugetar algunos espíritus inquietos que ruinmente entretenidos en esparcir y fijar insolentes versos, pasquines, sátiras, Combersatas y Papeles injuriosos a Personas públicas y particulares, antes bien parece que insolentados faltando a la Caridad Christiana, y separándose de todas las atenciones que inspira la urbanidad y buena crianza, an desahogado su furor vengativo en estilo descortés, insulso, y nada proporcionado al obgeto que se fingieron, para proceder hasta el extremo de declamar contra el Govierno pasado y criticar indistintamente aun las más indiferentes acciones, presentándolas falsamente al Público con el semblante detestable que les figuró su malicia y la perversa inclinación, con conocida ruyna de sus conciencias, han olbidado los santos encargos del Euangelio y despreciado las reiteradas disposiciones legales que extienden hasta la pena de muerte la de los Autores de Libelos famosos, y pasquines injuriosos, mandadas guardar por Auto Acordado del Consejo de Castilla de 14 de Abril de 1766, mayormente quando contienen infamias, falsas atribuciones y viles censuras de personas del alto carácter de los que se ven ofendidos en la despreciable obrilla impresa con título: Drama de Palanganas Veterano y Visoño, tenido en las Gradas de la Catedral en las noches 17. 18. y 19. de Julio de este año de 1776, En la qual, para perpetuar el desonor que pretendieron inferir a los que temerariamente calumniavan, se apuró todo el estremo de la impiedad, y después se a hecho tan frequente este delito, que ya executa por su corrección. Para ponerla, y remediar tan detestable desorden, desde luego prohiuo a todo género de personas la Lección, uso ni conversación sobre el asunto de aquel quadernillo, como también el hacer copiar, distribuír, ni conseruar en su poder este, ni semejantes versos y Pasquines, y los que han antecedido y subseguido a los referidos, bajo las penas en que incurren los que con relajación y desobediencia murmuran del Govierno y superiores y se hallan declarados en nouísima real Cédula, que con este Decreto se publicará a son de cajas y usanza de Guerra; y a los que continuaren en tan orrendo crimen como el de fijar y hacer dhos. Pasquines, sátiras, y calumnias, o coadyuben a tan reprehesible *(sic)* propósito, se les previene por esta (que será última y perentoria citación), que sin indulgencia ni remisión serán castigados, si son Pleveyos, con sacarlos a la Plaza pública, conducidos del Berdugo con una Mordaza en la Boca, y luego se les remitirá a las Fábricas de Cartaxena, a servir por diez años al Martinete: A los Nobles, en quienes sería más grabe la culpa, quanto son mayores sus obligaciones, después de hacer igualmente notorio su delito, se les confiscará la tercera parte de sus vienes, y remitirá al Castillo de San Fernando de Bocachica de la misma ciudad, por otro tanto tiempo, en calidad de Presidiarios, y a los impresores que se atrevieren a reducir a la prensa obras tan odiosas, a más de la citada vergüenza pública, se les cortará la mano derecha y remitirá al citado Martinete, después de perder las Letras, tintas y menesteres de sus oficinas; sobre cuyo particular se admitirán denunciaciones secretas, aunque sean de aquellos cómplices que, arrepentidos de su culpa, quieran por este medio purgarla, y muy lejos de descubrir a los delatores, se premiará su celo y veracidad en asunto en que tanto interesa la quietud y buen orden de la república, por cuyo respecto se procederá en los casos ocurrentes, como en delitos atrozes y de difícil prueba, admitiendo las que en derecho se llaman privilegiadas, para que de este modo quede del todo estirpada una maldad tan repetida, en que espero ver corregido el esceso con solo esta pública advertencia, sin que sea preciso que apartándome de mi Genial venignidad, ponga en ejecución las establecidas penas. — Lima, 20 de Marzo de 1777. — Don Manuel de Guirior. — Pedro de Ureta. — Es copia de su original que queda en esta Secretaría de Cámara y Virreynal de mi cargo, de que certifico. — Lima, 23 de Enero de 1778. — Pedro de Ureta.

LÁMINA II

Vista de la Plaza Mayor de Lima en la época de Amat

(Biblioteca de Catalunya. Manuscrito 400. Número 125. Detalle)

TEXTO
DEL
DRAMA DE DOS PALANGANAS

DRAMA

DE

DOS PALANGANAS VETERANO, Y BISOÑO, Tenido en las Gradas de la Catedral, en las Noches del 17. 18, y 19. de Julio de este año de 1776.

CON UNA PROTOLOGIA HAUIDA EN LA NOche del 5. de Junio: Una Prolusion en la del dia 6; Un Parergon Parenetico a la prolusion en la del 7, y un Preambulo exordiante en la del 20.

[3] ENTRADA DE PAVANA, QVE EN LOS LIBROS SE llama Prefacio, del Autor de los Dramas Veterano y Bisoño, en que se da ya a conocer quanto le es posible, y lo demás que quisiere el curioso Lector notar y morder.

Yo soy aquél, «mi Publico mui amado», cuyo nombre, apellido, y profesion has intentado saber con mucho anhelo. Ya entenderás con esto que soy aquél que te dí la Conversata Dramática de los dos Palanganas, y la narración excegética de los casos rateros.[1] Quando te las remití, sólo juzgué «*crede mihi*» que fuesen bien recibidas por los objetos a que se dedicaban, pero no pensé «*in rei veritate*» que llegases al extremo arduo de elevarlas a obras de toda perfección. Permite que te diga lo que he oído a todo género de gentes, en las conversaciones que yo mismo he tenido sobre ellas por artificio. Así, si tu deseo en conocerme ha sido exorbitante, el mío en descubrirme ha sido redundantísimo. ¡Qué tentación para un hombre de carrera el oírse celebrado, no por lisonja política o afecto, sino por justicia, mérito y obligación! ¡Qué de vezes, a vista de ella, estuve por descubrirme sin penzarlo, llevado del precipicio de su celsitud! *Yo soy ese,* hubo más de una ocasión que llegué a proferir deslumbrado, y pude enmendar, vuelto en mí, siguiendo otro concepto, ese Encomista más apasionado de tal producción. ¡Póngase otro qualquiera en mi lugar, y considere qué valor no necesita para triunfar de un

---

[1] A estos pasquines, aparecidos anteriormente, y cuyo autor se confiesa el propio Marqués de Soto Florido, en los que se zahería la conducta del Asesor José Perfecto de Salas, se alude nuevamente en las páginas 4, 5-6, 11, 12, 13, 14, 16-27, 70 y 81. A través de estas referencias nos es dado vislumbrar su tono y contenido; el título del segundo es, por lo demás, bastante expresivo.

enemigo tan fuerte que se insinúe en el débil más delicado de un espíritu que prefiera los aplausos a los haberes y la fama immortal a la vida breve! En fin, fortuna mía por un lado y desgracia tuya por otro, y «*vice versa*», ha sido mi fortaleza en este punto; porque si el descubrimiento de mi pluma en ese lanze me ha felizmente libertado de las mordeduras de los rabiosos y me ha malogrado infaustamente los panegíricos de los Gremios, [2] a vos os ha impendido (*sic*) al mismo tiempo ominosamente el conocimiento de mi genio, propenso a vuestros servicios, y os ha quitado afortunadamente la verguenza de saber el perendengue tan desnudo a quien has odornado (*sic*) con tan bellas flo-[4]res. Váyase pues lo uno por lo otro; y quedemos de acuerdo en que ni a mí me conviene manifestarme, ni a vos el conocerme. Así, de hoy en adelante no intentéis necedades que sólo os han de servir de aumentar vuestro despecho, que yo también ahuyentaré de hoy para después las instigaciones que me ofrescan vuestros encomios, para perpetuar mi sosiego. Mas «*his non obstantibus*», si alguna cosa se ofresiere en que discurráis que mi Cañón, papel y tinta os sean de utilidad para vuestros empeños, avisádmelo mediante un cartelillo de pocas palabras, fixado en casa de los Sacos, y Mates, [3] que yo impuesto por él necesariamente, «advierte, que estás en proposición modal, que dice universalidad», veré si soy, o nó

---

[2] Referencia a las protestas elevadas por los diversos gremios afectados por los recargos tributarios decretados por el Virrey Amat, materia dilucidada en detalle en las notas 292, 317 y 318.

[3] ¿Se trata de la Casa de Comedias, al cargo por entonces de Sacomano? Al ser un punto de general concurrencia, sería verosímil que se aludiera al Coliseo.

Domingo Sacomano y José de Villaverde habían subrogado en 5.XI.1770 a Bartolomé Massa en el arrendamiento pactado con el Hospital de San Andrés por el espacio de seis años y tres meses que faltaban a este último (A.N.P. Francisco Luque, 1770, fols. 1052v y 1054). A su vez Sacomano (o Sacomanes, como se le nombra en otras escrituras) y Villaverde traspasaron en 5.I.1773, por la cantidad de 27.600 pesos, a Timoteo Quiroga y Joaquín de Bustamente las acciones y derechos que poseían al arrendamiento del teatro; de esa cantidad, 18.600 pesos pertenecían a Villaverde, y el resto a Sacomano (A.N.P. Felipe José Jarava, 1772-1773, fol. 303).

Tampoco puede descartarse la posibilidad de que se trate de otro lugar de pública concurrencia: la plaza de toros, que había tomado en traspaso por el lapso de cinco años el repetido Sacomano, asociado con José Fernández de la Lastra, según pacto celebrado en 17.X.1774 (A.N.P. Gregorio González de Mendoza, 1770-1773, reg. 1774, fol. 95).

oportuno para ello, y eligiré el extremo que me dicte mi conciencia, que no te paresca es de las mui perdidas, aunque escriba lo que a algunos no conviene.

Hasta aquí os he dado cuenta de vuestras ventajas y de mis utilidades en mi recatamiento; ahora voy a imponeros en la obrilla que ofresco. Ella os lo dirá si la leís *(sic)*, y si no queréis hacerlo, nada os importa saber su intento. ¿No os digo bien mi Publico muy amado? Pero oíd algo, que Vos sois mi Señor y yo vuestro Esclavo, para que os trate con tanto imperio: Su asunto es contra el maltrato que ha dado el *Asno de Oro* «que es *Amat,* como veréis en su lugar», al Reyno en su infelice Gobierno. El vá en Diálogo, siendo los Ethologos [4] de él los mismos Palanganas *Veterano,* y *Bisoño,* y el lugar de su celebridad las proprias Gradas, que sirvieron para el que lo dió a luz contra la conducta de su Asesor, el *Orejas de Asno.* [5] Su difucion [6] ha sido inevitable por lo mucho que nos ha dado que padecer en todo género de circunstancias, aun después que hemos cercenado varios acasos de no pequeña entidad. Con todo, algo breve la podéis hacer, omitiendo, si queréis, el leer su protología, la prolución, el parergón paranético *(sic)* de ésta, [7] y altimo *(sic)* preámbulo exordiante que [va] antes del principio de la primera noche, por donde podéis empezar, sin detrimento de vuestro placer, porque en ellas sólo perderéis el motivo, el quándo, y el sitio de la obra; y sobre todo, la cohonestidad de su publicación, necesaria a mi juicio para quitar escrúpulos de antemano. Por último, os advierto en

---

[4] Etólogo: el que se ocupa en las costumbres y carácter moral de un hombre.

[5] José Perfecto de Salas, Asesor General del Virrey, sobre quien disponemos de la erudita obra de Donoso, *Un letrado del siglo XVIII: el doctor José Perfecto de Salas* (Buenos Aires, 1963), dos volúmenes, con 821 páginas.

Añadiremos dos noticias desconocidas: (a) que en Lima, y en doña Petronila Fuentes y Villapalma hubo un hijo natural, llamado José de Salas, que en 3.IX.1809 contrajo matrimonio con doña Ana Martel (Parroquia de Santa Ana. Lima. Libro 6.º de Matrimonios (1790-1824), fol. 262) y que en 9.XI.1809 extendió testamento (A.N.P. Manuel Malarin, 1809-1811, fol. 193), y (b) un poder para testar del propio José Perfecto, otorgado en 22.X.1743, hallándose a punto de embarcarse con rumbo a la Metrópoli, a favor de su íntimo amigo, Martínez Tamayo, acerca del cual versa la nota 76, *infra* (A.N.P. José González de Contreras, 1741-1743, fol. 197).

[6] Difusión = extensión, prolijidad.

[7] Parergón: cosa que se añade a otra para que la complete; paranético: exhortación o amonestación de orden moral.

[5] forma de nota excuzante, que si en estas y las demás partes de que resulta su todo encontráseis algunas materias, citas, palabras, o fraces, agenas de los alcanzes de unos Mulatos, criados en idiotismo, al punto observéis que ellos las refieren como oídas, estudiadas, y no producidas de su mente, para lo que les he dado, al uno una memoria anacardinada, y al otro un estudio de Picaflor.

La tardanza de su salida es la que se sigue ahora escusaros. No ha sido «*proteste fidem meam offero*» el haber necesitado todo el tiempo que ha corrido desde la entrega del Bastón,[8] hasta el presente para su formacion: en ocho dias, contando de un Domingo después de Misa, a otro Domomingo *(sic)*, antes del toque de Maitines, se fundió su molde,[9] y en otra semana igual se han sacado dos originales, uno bien limadito para mi uso, y otro muy tosco para el vuestro, «para de valde no está malo», todos trabajados de mi puño. El motivo pues de no haberle dado curso, siendo así que todo se acabó el 4. de Agosto, ha sido el temor de que llegando a la noticia del *Asno de Oro*, no diese una queja, y con ella se le quitase la vida a su primer bostezo; peligro que no tiene yendo hoy, 26. de Octubre, ocho días antes del 3. de Noviembre, pocos para cuidar los afanes de su embarque, en cuyo espacio hay bastante lugar para sacar una copia que le acompañe en el viaje, y lo reciba en la Corte. Pasará después, «Sor. Público amado» este ahogo, y entonces los aficionados a quienes se les franquee, pagarán Amanuences que se las trasladen; y empezará a correr con pies y manos por Calles y Plazas, por Palacios y Chozas; por Villas y Ciudades. El gran proyecto para la felicidad de estos transportes sería su impresión, que propongo solo por el deseo de este efecto, y no por la gloria que resultaría a mi fama,

---

[8] El día miércoles 17 de Julio de 1776, en que se efectuó la trasmisión del mando a su sucesor (Despachos s. n. de Amat, de 18.VII. 1776 y número 1, de Guirior, de 20.VII.1776. A.G.I. Lima, 654).

[9] No parece que «fundir el molde» signifique precisamente estampación del impreso, sino simplemente redactar o componer, a estar al empleo del verbo en la página 6, y al detalle que nos trasmite Rentería en su carta a Amat de 28 de Noviembre de 1776, en que afirma que en el mismo barco que el ex-Virrey viajaban copias (¿ejemplares impresos?) del *Drama*. Del texto de este mismo se desprende también que la impresión se realizó después de la partida del Virrey, y que a la sazón sólo circularon copias manuscritas, que comenzaron a distribuirse el 26 de Octubre.

quando ella jamás se ha de manifestar «como va dicho», ni aun para recibir tales inciensos. El merecimiento para ello es el mismo que tuvo con las dos piezas de *Orejas* de *Asno,* que aparecieron impresas sin mi agrado, noticia ni modo, que hasta ahora ignoro, y es evidente que la que vá no peza un escrúpulo menos que aquellas, metidas am-*[6]*bas en una Balanza, y ésta en la otra del fiel de la Diosa Minerva. Oxalá y yo supiera quién y cómo llevó esta idea a su execución, para valerme de su sigilo, y darle el costo, «que no falta con qué, ni tampoco lo dexo de gastar en caso de honor», en el momento, sin pedirle nada para resarsirme de lo que sacase de sus ventas.

Está dicho, mi Público muy amado, con lo escrito, todo lo que tenía que preveniros en el asunto; sólo falta para que acabemos, yo de trabajar, y voz *(sic)* de sufrir, el daros otra noticia no inconducente. Esta se reduce a que no es sola esta obra la que he fundido, sino que hize otra el año que corre, con 54. foxas, con el mismo ánimo de votarla luego que saliésemos de la opresion de la tiranía. La idea que seguí fué un Diálogo entre el Pe. Orejas, [10] y el hijo Judas, en responzata a la Dramática entre Scenas, [11] de los tres días 24. 25. y 26. de Agosto, en que con un estilo florido, [12] con una erudicion escogida y con un arte gracioso, como que nada en ellos parecería mal sentado, se defendían de aquélla, cargando al *Asno de Oro* el pezo que sentían, hechándole «como quando dicen los Niños cobra allá, después que a uno le pegan un coscorrón» toda la culpa de los trastornos, de las crueldades, las imposiciones, y aun de sus mismos latrocinios. Lo largo, y no tanto eso, sino la voz que oía de que la Conversata de los Palanganas era la que había de ser la mejor de los muchos papelillos que se esperaban, me movió a mudar de intento, a fatigarme de nuevo, porque casi no hay nada en ésta de aquélla, sabiendo por experiencia que la impresión es la que govierna nuestras acciones para el agrado o desprecio, cuya partida no la tenía en la primera, sino en la segunda, o por explicarme mejor, ella estaba vencida con lo Veterano, y Bisoño, y no sabía si lo consiguiría *(sic)* con

---

[10] El Asesor Salas.
[11] ¿Será «en tres escenas», correspondientes a igual número de días en el mes de Agosto?
[12] ¿Alúdese a sí mismo el Marqués, con referencia a su título?

los nombres vulgares de Padre a *(sic)* Hijo, y no está el tiempo para exponerse a semejantes desaires, después de tantos elogios. Un razgo de ella, «que ya saldrá en los cuentos prometidos al fin de esto» es muy gracioso, pero muy puerco. Te lo propongo en enigma para que algo te fatigues con su descubrimiento. Si así [7] lo lograres, te daré en Octavas elegantes, «sábete, que también soy Poeta insigne, quando me exprimo el consonanteo», [18] las circunstancias de haberse experimentado en el Gobierno del *Asno de Oro*, las tres pérdidas de la Hermiona, en el año de 62., de la Concepción en el de 65.; [14] y el de el Oriflame en 70. en la Playa de Huenchullani de Maule, [15] con los intereses muy crecidos de onze Millones, quando en los otros de sus antecesores jamás [se] experimentó semejante fracaso, pues tal no se debe de nominar el haber barado el S. Bruno en Ayamonte, supuesto que los interesados no tuvieron otro quebranto que unos pocos reales que tuvieron de costo el carguío de los Caxones. Mas, si no los alcan-

---

[18] En una época en que era frecuente en los escritores componer poesías, es curioso observar que del Marqués de Soto Florido no quede ninguna conocida.

[14] En la *Gaceta de Lima*, núm. 18 (18 de Mayo-4 de Julio de 1765) se anunciaba la aparición de un curioso romance sobre el siniestro sufrido por la *Concepción*, que es el que se imprimió bajo el encabezamiento de *Romance exhortatorio con la Relación de un naufragio* (Medina, *La Imprenta en Lima*, III, pág. 554, núm. 2578, y Vargas Ugarte, *Impresos Peruanos*, X, pág. 424, núm. 3043).

Del naufragio del navío *La Concepción* en el estrecho de Le Maire, en ruta al Callao, por desaparición del Libro de Juntas del Consulado relativo a estos años, sólo resta una referencia, conforme a la cual en 28.VI.1765 se celebró Junta de Gobierno para deliberar sobre este percance, del cual únicamente se conocían noticias confusas (A.N.P.M.H. Libro 0023. Índice de todos los asuntos y resoluciones del ... Tribunal del Consulado. 1768).

[15] De la zozobra de este navío de registro «San Leopoldo (alias) El Oriflame» dio cuenta Amat en despacho número 365, de 13.X.1770. A.G.I. Lima, 651.

Acerca de este suceso, ocurrido al encallar dicha embarcación en la desembocadura del Huenchullami (Departamento de Curepto en la Provincia chilena de Talca), existe un nutrida documentación, a la cual aquí sólo cabe remitir, en que se incluyen las providencias y decretos en orden a la investigación de las causales del siniestro y reparación de los daños originados. Parte de dicha documentación obra en el Archivo de la Nación del Perú, Sección Consulado (Administrativo), Legajo 9, Cuadernos 110, 111, 115 y 116, y Legajo 10, Cuadernos 118, 120, 129, 132 y 160. Asimismo, en el Archivo Histórico del Ministerio de Hacienda, el Libro 0942 contiene las cartas de pago y cuentas de diversos gastos correspondientes al concurso del navío que nos ocupa.

zases, te daré en penitencia el que lo oigas en boca del *Orejon*, sin quitar nada de su gaguera. Ya esto puede no gustaros por mil de razones, que ninguna sirve para dexarlo, haviendo en mi genio engreído bastante motivo al considerarlo, para no seguirlo. Quédense pues en el tintero sinnúmero de bocaditos dulzes, que ya recibiera en su lugar de pronto, el agrio de la despedida de siempre, si no tuviera que preveniros el que si en algunas de sus partes no correspondiesen los dichos a los hechos, no lo juzguéis causado de la mala intención de mi lengua, sino de la falta pésima de las noticias que no en todas oportunidades se logran, aun inquiriéndolas anciosamente con exactitud, a vista de la variedad con que se vierten, prevención necesaria para poder pedir el perdón de sus yerros, como se acostumbra en todo Prólogo, a semejanza del *Salvo meliori*, que es de consueta en todas las aprobaciones de lisonja, y adulación, y con las que no me resta nada para poderos dar con libertad el Vale eternamente.

[8] PROTOLOGIA [AL] DRAMA HABIDA EN LA NOCHE DEL 5. de Junio.

Veterano. — Qué hay de nuevo, Hijo, que vienes tan sobresaltado. Siéntate, reposa, y larga lo que trahes; ya sabes que si son cosas de Virrey, no las has de tocar hasta que llegue de cierto el Proprio de Paita, diciéndonos estar ya allí, bueno, gordo, y enjuto el nuevo que esperamos. [16]

Bisoño. — Pues ese es el caso, Taita, ello por ello, que ahora ahora acaba de llegar, y trahe de noticia todo lo que Vd. ha dicho, como acaecido el 26 del pasado de Mayo, a las cinco de la tarde, que yo lo he visto.

Veterano. — ¡Bendita sea, Hijo, la misericordia de Dios! Hinquémonos, y besemos el suelo, como lo hacen los que después de una gran tormenta, tocan la Playa. ¡Día de Espíritu-Santo había de ser, para trahernos esta felicidad! Hé, ya podremos cumplirle la palabra a nuestro favorecedor el Sr. ... [17] Pasa en este instante a su Casa, y dirásle que ya por nuestra parte desde

---

[16] Aunque Amat ya desde el 3.X.1775 tenía conocimiento de que se había acordado su relevo, y que le sucedería Guirior, conforme lo dispuesto por el Rey en 10.II. del mismo año (Despacho número 1156, de 3.X.1775. A.G.I. Lima, 653), sólo el 4.III.1776 lo trasladó para información oficial del Cabildo, por billete fechado el día anterior (A.M.L. Libro 36.º de Cabildos (1756-1781), fol. 249), y el 6.VI. siguiente el mismo Amat informaba: «Con un expreso que a este propósito tenía prevenido en Payta acabo de recibir la noticia de haber llegado a aquel puerto el señor Guirior ...» (Despacho número 1230, de 6.VI.1776. A.G.I. Lima, 654). El Virrey entrante arribó a bordo del «Santa Ana», propiedad del armador radicado en Panamá, el vizcaíno Mateo de Izaguirre, primer Conde de Santa Ana de Izaguirre.

[17] V. la nota 61.

mañana podremos dar principio a las conversatas prometidas. Que determine noches; eso sí, con aquellas precauciones que corresponden, que nunca es tiempo de guardarse más de los Zarpasos violentos, injustos, y temerarios del *Chueco*, que al presente se pondrá su ira en fermentación. Las diez son; en su casa lo hallarás, y si te diere algunas bagatelas de boca en albricias, no te las comas solo. Guárdame algo, y a Dios, que me voy a rezar un tercio de Rosario por tan felix noticia.

Bisoño. — Voy Taita a ello. Pero ¿que no tenga Vd. miedo de decir delante de este Sr. todo lo que sabemos de este Gobierno, constándole que después lo ha de publicar pintiparado como lo parlamos, a semejanza de lo que hizo con lo que nos oyó acerca de *Orejas de Asno*?

Veterano. — No lo tengo, hijo, porque lo hace con mucho arte y discrecion. ¿Se ha sabido, acaso, cierta y evidentemente quién es él, «que» después de que sean *(sic)* hecho exquisitas diligencias para descubrirlo? No; con que estemos seguros, y pendiendo de un Caballero de secreto, que además de su honor empeñado en no descubrirnos, es preciso también que él se precaucione por su parte.

[9] *Bisoño.* — Ya lo veo, Taita, y fuera de eso, que es menester corresponderle tantas finezas y demostraciones liberales que diariamente hace con nosotros. Cerremos pues los ojos en el negocio, y a Dios, hasta mañana que participe a Vd. lo que determinare.

FIN DE LA PROTOLOGIA

PROLUCION AL DRAMA, HABIDA EN LA NOCHE [DEL] 6. de Junio.

Veterano. — ¿Pues Hijo, lo has pasado bien? ¿Viste a nro. Mecenas? ¿Qué dice? ¿Está contento?

Bisoño. — Sí Taita, contento está, pero mucho. Mas no obstante, lo que pienza es que nuestras Juntas queden suspensas hasta que esté entregado el Bastón de esta mano Sanguinaria, a aquella pasifica; de esta Vengadora, a aquella piadosa, y de esta indolente a aquella compasiva.

Veterano. — Bueno está, Hijo. ¡Qué bien me parece! ¡Ya ves en quién nos fiamos! Mira qué cautamente procede en este negocio. ¿No te dixe que vamos seguros en su dirección? Sin duda él sabe algo por lo que no conviene el que de pronto evacuemos nuestro asunto.

Bisoño. — Ya eso es, Taita, lo que iba a decirle a Vd. de su parte. Dice que ahora está el *Catalán* hecho un perro, y que si nos pillara nos hicira *(sic)* Cesina. Que así la diversión ha de quedar determinada desde ahora para las tres noches del Callao, en que se multará en no gozarlas por que se proceda con tiento en ellas. Que entonces él estará pensando en cómo saldrá de los enrredos que le han de saltar por los quatro costados, y veer la distancia que hay de ser el primero a ser el último, o de ser Juez a ser Reo, y tendrá por cosa de poco momento el que se hable de su infame tiranía, como que no podrá ya vengarse.

Veterano. — Qué bien pensado, Hijo, y según eso, tiempo tendremos para juntar los materiales, que aunque repentinamente, es capaz uno de tomar la palabra, y no soltarla hasta el otro día, a vista de tantos malos procedimientos como hay en su vida; con todo, lo *[10]* haremos más pulidamente procediendo de pensado, y recorriendo los Autos de sus crímenes en los Archivos, donde se ayan originales.

Bisoño.—Sí Taita, así es, pero también me insinuó el que ese tiempo sería mejor para que no se dexase de tocar nada que tocase a su Gobierno, dando a entender que aún espera algún fracaso terrible hasta su último día o aun momento.

Veterano. — Créolo, Hijo, según es de Carnicero y Vindicativo. Mas lo que tenemos que hacer es el usar de laconismo en las materias, porque si no, ni se pudiera acabar quanto hay que decir de él en un mes de noches seguido, ni si se trasladara al papel, como lo hará después, la Cabrá en cien foxas.

Bisoño. — Así es Taita, y eso que mucho quedará en el tintero, o porque lo ignoramos, o porque aunque sea gravísimo en sí, aún parezca bagatela a comparación de las tiranías de entidad.

Veterano. — No hay duda, Hijo. Pienzas bien. Pero vamos, ¿qué te regaló el Sr., que nada me llevaste esta mañana?

Bisoño. — Dióme un abrazo, Taita, en quanto a lo primero; después dióse una palmada en la Cabeza, y quedándose como en pausa de sorpreza, dixo *bien*, ya su Divina Magestad va afloxando el azote de su Justicia contra este Reyno. ¡Gracias a su Misericordia! Mañana vete a S. Andrés, me añadió luego, y oye allí las tres Misas que me verás pagar, que tenía prometidas a las Almas de los Ajusticiados, [18] por este felix suceso. Toma ahora, dixo por último, Peros, Nuezes, Guindas, Orejones, y Avellanas, y de todo me llenó un canto de la Capa, y de todo también le tengo a Vd. su parte, que no llevé hoy por irme a mi trabajo temprano.

Veterano. — He Hijo, tendrá Sinforosito con qué regalarse, que es sierto que me pide cositas que es un contento, pero las merece, que es como una perla, muy gracioso, y va entrando en el leído, que me río de todos los otros Muchachos de los Desamparados. [19]

Bisoño. — Dexe Vd. Taita ahora cosas del Chico, que Ustedes los Padres en llegando a hablar de las gracias de sus hijos, pierden los estribos de la prudencia, y cortan las conversaciones más serias.

Veterano. — ¿Pues qué, Hijo, tienes algo de Cuchara que decirme? Yo discurrí que ya hasta las noches aplazadas tocábamos a cesación de esta materia.

[11] *Bisoño.* — Sí Taita, así es, y así debe ser para cumplir nuestra promesa. Mas eso no quita el que yo le proponga a Vd. una dificultad que ha días anda vagando en mi Cerebro acerca de esta Conversata, con la otra antecedente.

Veterano. — Dí, Hijo, que quedarás respondido.

Bisoño. — Dígame Vd. Taita: si entonces hemos dicho del *Catalán* que él por sí era bueno, y el *Orejas de Asno* lo hechó a perder; que la plata de éste era mal habida y que la de aquél

---

[18] V. las notas 40 y 248.
[19] En el local anteriormente ocupado por los jesuitas, se instaló la primera escuela primaria estatal de Lima, que abrió sus aulas el 9.XI.1767. Cfr. Sáenz-Rico, pág. 390, y Macera, «Noticias sobre la enseñanza elemental en el Perú durante el siglo XVIII», en *Revista Histórica* (Lima, 1966), XXIX, págs. 349-350, con indicación del régimen pedagógico.

era famosamente adquirida, y otras cosas semejantes, en que siempre cargamos al uno y descargamos al otro, ¿cómo ahora vamos a decir todo lo contrario, o a lo menos, a volverlos a ambos igualmente detestables por todos los Capítulos de la iniquidad?

Veterano. — Ya discurrí, Hijo, que habíamos hablado sobre esta antilogía aparente. Es cierto que tú no te hallaste en la Conversación que tuve con el Sr. nuestro Patrón acerca de este numero [20] asunto. Yo le moví el punto, y me satisfizo tan cumplidamente que quedé convencido, y aun creyendo que todos los que leyeron, «exceptuando tal qual, que no entiende por sí las materias hasta que no las recibe de boca agena» la Dramática, quedaría[n] del mismo modo. Ya se ve que la contradicción salta luego luego a la cara, como me saltó a mí, que soy un pobre Bolonio.

Bisoño. — Vamos, pues, Taita, dé Vd. la solución, que quiero oírla.

Veterano. — Óyela, Hijo. ¿Tú sabes lo que se llama ironía en la Retórica? ¿Sabes que esta es una figura de que se vale el Orador o Escritor para, baxo de la máscara de la alabanza, vituperar a un Personage en la realidad? Si muchas vezes, Hijo, se usa de ella únicamente o por valentía del estilo o por sazonamiento de una pieza, ¡qué precisión no habrá de mezclarla quando contra quien se dirige tiene poder, y no poder como quiera, sino poder despótico, poder de Legislador, o por decirlo mejor, poder tiránico!

Bisoño. — Con que eso es decirme, Taita, que todo lo que se introduxo en la Obrita de bueno en él, fué irónicamente, usando ese arbitrio para libertarse de sus uñas en caso de descubrimiento, o para que no se encaprichase en este deslinde.

[12] *Veterano.* — Ello por ello, Hijo, diste al justo en el intento. Ya estás impuesto en él, y para que no te quedes solo con el aserto, escucha los apoyos en que estriva su mayor y principal robustez. ¿No diximos, cuando expresamos que su plata era del

---

[20] Fórmula no infrecuente en aquellos años, por 'mismo' o 'dicho', y que el autor vuelve a emplear en las páginas 15, 57 y 91.

Cielo, a contraposición de la de *Orejas de Asno* que decíamos era del Infierno, que así era porque la sacaba del Beneficio que tenía abierto, quando S. M. lo tiene cerrado? Pues basta esto para que se entienda la zumba claramente. Y si no, compómme *(sic)* estos bolos: ¿Puede ser plata bien habida la que se le rapiña al Erario Real? Dirás de preciso que no. ¿Y negarás que es robárselo a esta Caxa, «dexando a un lado por ahora el desobedecimiento y falta de buena fee», vender para sí lo que el Monarca quiere sea sólo para remuneración del mérito? De ningún modo. Pero pasemos más adelante, y volvámosle la cara a este mismo asunto, y verás que por su reverso aún presenta peor aspecto. Porque «te pregunto»: ¿Nuestro Rey, el Señor Don CARLOS, «que Dios Guarde» no quiere vender Plaza alguna? No. ¡Es por desear las obtengan los que son más a propósito para ellas, sin que le tributen peso alguno, para que así le sirvan con más empeño, amor y fidelidad! Dirás que no hay duda. Con que, si el *Catalán* siempre ha elegido, como ha constado a todos, no al que tenía estas qualidades, sino al que más ha pujado, o aunque casualmente las hayan tenido, les ha recibido quanto otro no podía exhibir; el afirmar que el Beneficio estaba cerrado en el Ministerio y abierto en su Antecámara, quando hicimos la distinción de caudales entre el suyo y el de *Orejas*, fué decir más contra él paliadamente que todo lo que se dixo entonces contra éste a taco tendido. Añade ahora ya aquello de los pañuelos, Balcones,[21] y Navonas,[22] y aquello de dar orden de llevarlo a Chyloé, de permitir párrafos en los Besamanos, y de los ruegos a las Martas, y encontrarás que sólo los muy torponazos eran capaces de tomar a la letra todo lo que él se decía de famozo.

Bisoño. — Ya lo veo Taita, ya lo veo; tiene Vd. sobrada razón. Por eso un día Juanico,[23] Lucha, y Joseph[24] [13] Lucifer, que disputaban delante de mí, «y yo me quedé haciendo el papel del bobo» sobre esta materia, quedaron por fin de

---

[21] Reforma de los balcones de la Plaza Mayor, a que se hace referencia en las páginas 44-45 y 65.
[22] Sobre la Navona, v. más adelante las notas 151, 327, 332 y 333.
[23] Juan Puiggarí, Juan Verdeguer o Juan Gutiérrez, criados de Amat.
[24] ¿Será José Javier Estacio? Sobre éste queda nota más adelante, bajo el número 155.

acuerdo en que todo era zumba en orden a la alabanza dada en la Obrita al *Catalán*. Pero de todo lo que les escuché, lo que más golpe me dió fué lo que dixo Juanico le havía oydo a Taita Roque, como anotado en la Casa del Aduanismo. Él decía que éste decía que allí decían estas formales palabras: «¡Sopla Canario, cuerpo de tal. Plata del Cielo, la que es habida contra la mente expresa del Soberano, o usurpándole los derechos que él renuncia!» Que le encaxen esa al que no tuviere la sal de la malicia, o al Orejón Chepe, que pide para el Santo Christo de los Milagros, que traga lo que es gato por liebre, o por buen Cui las malas Ratas.

Veterano. — Chistoso pensamiento, Hijo, en boca de tales Señores, como los que se encierran en esa Zahurda de Plutón. [25] Eso es mentar la soga en casa del ahorcado, o el cuchillo en la posada del Verdugo.

Bisoño.—¿Y porqué no dice Vd. Taita que eso es hacer gala del S. Benito? Pero en fin, supuesto que en todo esto está impuesto profundamente nuestro Patrón, el Sr. ..., ya con él no tocaremos más este intento, porque por lo que mira a mí, pobre individuo, no le queda rezelo alguno en la explicación que antecede y no es cosa de gastar el tiempo en repeticiones.

Veterano. — Vaya en gracia, Hijo, que ya vas aprendiendo a no ser porfiado. Harto me ha costado quitarte esta maña, aunque algunas vezes «que costumbre y figura hasta la sepultura», no dexas de acordarte de ella.

Bisoño. — No está en mi mano, Taita, y arto siento el que me haya quedado algún resabio de este maldito guizado de la sociedad humana.

Veterano. — Quítatelo pues, Hijo, con penzar a toda hora lo que te he expresado siempre que te he movido plática sobre esta mala inclinación, que es el que toda disputa de palabras trahe altercacion, encaprichamiento, altisonancia de pecho, y desprecio para el contrario, sobradísimo todo para hacerse uno temible en el trato y odioso en las conversaciones. ¡Qué de veces se han visto volverse enemigos por [14] una porfía los que antes se

---

[25] Volverá a aplicarse esta definición a la Aduana instituida por Amat (*infra* pág. 92).

miraban con amistad! Y hay *(sic)* entra aquello que habrás oído de que necios y porfiados hacen ricos a los Letrados, y qué de vezes también se han llegado a insultar personas de respeto por una pertinacia loquaz, o por una vocinglería infructuosa, según aquello de que en porfías bravas, se desquician las palabras y saltan las puñadas. Esto, con todo, no quita, Hijo el que algo se haya de hablar, contestando en las concurrencias, para huír el otro estremo de estarse haciendo el papel de Eco: *si, si, no, no,* pues esto, aunque quita la soledad no hace compañía, como lo que se profiera se haga de un modo suabe, apacible, insinuante, con la sonda de la razón y la pauta del convencimiento, cediendo por último en caso que la imprudencia ande por el otro lado, ya empezando a mesclar las vociferaciones, o tocando la raya de los desprecios, que siempre es más victoria la que se alcanza embainando la espada, que manteniéndola desnuda hasta el último trance.

Bisoño. — Si yo, Taita, supiera aprovecharme de los saludables consejos de Vd., ¡oh! qué perfecto fuera yo entre el Palanganismo, pero el caso es que soy un perdulario, no porque los olvide, que entonces me abriera de rabia la Cabeza a porrazos, sino porque soy fragilísimo de mi hueso. Todo lo que Vd. me ha dicho en orden a debates me aturde para no tenerlos, mas sobre todo a mí lo que más me arma para evitarlos es aquel refransito que en otra ocasión me largó Vd. que dice: No me dé Dios contienda con quien no me entienda, por ser cosa conforme a mi genio que muere por ser claro.

Veterano. — Bien está, Hijo. Ya yo me voy a recoger, que la tirada es larga y son cerca de las diez.

Bisoño. — Sólo por haberse Vd. Taita mudado tan lejos con el cuento de la Dramática pasada estoy mal con ella. ¿Dónde hay paciencia que Vd. se vaya ahora hasta la esquina del Prado y que quando se haya de necesitarlo sea preciso caminar casi una legua? [26] Jamáz convendré en que ha sido acierto el tomar una

---

[26] Se alude a la Quinta del Prado, cuya fábrica aún subsiste. Se vuelve sobre ella en las páginas 32, 60-61 y 105. Por haber sido su propietario el Mayordomo Jaime Palmer, también recibió la denominación de Quinta de Jaime.

de las tiendas de la Casa enserpentada [de] Jaimeta para asegurarse de ser reconocido en fuerza de las señas que se dieron en los Apólogos o casos rateros de la Exegética. Que Vd. se mu-

---

La historia y vicisitudes de esta finca son las siguientes. Desde antes de 1700 poseía en enfiteusis una casa-huerta en el rincón de la cuadra siguiente de la calle del Remedio, cuya trasera se extendía hasta la tapia del Cercado, y lindante por un costado con el Convento del Prado, el Capitán Francisco Benítez Marsana, con cargo de abonar un canon perpetuo de 350 pesos anuales, impuesto en favor del cenobio ya citado. En 11.VII.1705 Benítez Marsana traspasó su derecho, más el valor de la casa que había levantado en dicha área, que en junto importaban la cantidad de 1.300 pesos, a favor del Capitán Domingo de la Villa (A.N.P. Gregorio de Urtazo, 1705, fol. 281). El nuevo dueño propuso al Convento transformar la enfiteusis en una renta perpetua, por la misma cantidad, a cambio de consolidar en su persona ambos dominios, el directo y el útil. Aprobada la propuesta, se celebró la correspondiente escritura pública, en 26.I.1706 (A.N.P. Gregorio de Urtazo, 1706, fol. 120v).

En 5.XI.1744 adquirió el inmueble don Santiago Márquez Dávila. Según una inspección practicada en 24.X.1750 por el alarife Ventura Coco, la vivienda se componía de dos piezas nuevas, de quincha; cada pieza medía unos 22 m. de largo, 20 m. de ancho, y 3 m. de altura; además, habían dos piezas menores. Una de las piezas arruinadas era sala; un corredor caía a la huerta; la cochera se encontraba también arruinada. Existía finalmente un corredor de arquería con fustes de madera, constituida por 19 arcos adentro y cuatro afuera.

La viuda de Márquez Dávila, en vista de que el terremoto de 1746 había causado serios deterioros a la fábrica y a la cerca medianera con el Convento, enajenó el predio, en 21.VI.1751, en favor de don José de Valdés y Castro, en la cantidad de 1.730 pesos, si bien por mutuo acuerdo la vendedora condonó al comprador 280 pesos, cerrándose la operación en 1.450 pesos, en que tasaron el valor del terreno y las mejoras que había comenzado a introducir en la fábrica (A.N.P. Francisco Estacio Meléndez, 1751, fol. 1010).

El citado Valdés y Castro falleció en 1759 (bajo poder para testar otorgado el 11 de Mayo ante Leonardo Muñoz Calero). Su viuda, la limeña doña María Antonia de Dueñas y Lamas, junto con sus cinco hijos (Mauricio, Carlos, María Josefa, María Rosa y María Manuela), continuó ocupando el inmueble y disfrutando de los productos de la huerta de árboles frutales, que escasamente rendían una cantidad equivalente a la pensión anual impuesta en favor del Monasterio.

Doña María Antonia de Dueñas, en 1770 (¿estaba ya de por medio entonces su yerno Palmer?) decidió reanudar las obras de mejora del predio, a que se opuso el Convento, hasta el punto de pretender privarla del usufructo de la propiedad. En el litigio que se promoviera, la propietaria presentó los documentos que recaudaban su acción, en cuya conformidad, por Auto librado por la Audiencia en 19.XII.1771, confirmado por otro de 21.II.1772, se la amparó en la posesión y en la facultad de continuar dichas obras. En 17.X.1774 alcanzó sentencia de vista, confirmatoria de las dos precedentes.

En esta coyuntura, decidió transferir la pertenencia a su hija María Manuela, única casada, que lo estaba con el Mayordomo del Virrey, Jaime Palmer, con cargo de entregar a sus hermanos las respectivas legítimas, de forma que continuase con el dominio de la finca en calidad de heredera y se evitasen los gastos resultantes de una división y partición. En la escritura pública del caso, se reconoce que el derecho de su hija a suceder era el mismo que el de sus restantes hermanos, empero que en razón de no hallarse todos en condiciones de continuar con el dominio y posesión, se convenía en que ella sola quedase con el inmueble, compensando en dinero a sus coherederos, incluyéndose el importe de las mejoras introducidas después de 1759. El mayor de los hermanos, el Licenciado Mauricio de Valdés, a la sazón Cura de Cochamarca (Provincia de Cajatambo), en documento extendido el 13.VII.1774, consintió por su propio derecho; por el que tocaba a los demás —Carlos, privado de razón, María Josefa y María Rosa—, menores todavía, intervino el Defensor General de ellos.

En la respectiva solicitud para proceder a la operación, Doña María Antonia de Valdés expuso ante el Alcalde de la ciudad, don Francisco de Rosas y Cegarra, que su hija María Manuela, en razón de haber tomado estado, era la única que disponía de recursos para poder conservar la finca, ya que ésta de suyo no producía frutos libres que quedasen en beneficio de los ocupantes, de suerte que la única alternativa era un notorio descaecimiento. Interesó asimismo una tasación de las mejoras introducidas y que se declarara la utilidad de la transferencia de propiedad.

El 27.II.1774 el Alarife y Maestro Mayor de Fábricas de Arquitectura de Lima y Callao, Marcos de Lucio, y el Maestro de Obras y Alarife Ventura Coco, suscribieron una descripción y valorización de la finca. Dejan constancia de que sobre el terraplén existían siete habitaciones. Una, la sala, de telares dobles, y las seis restantes, de telares sencillos. La techumbre de la sala y cuadra era de cuartones; las demás, llevaban cubiertas de mangles, cañas y esteras. El corredor del patio, así como otro interior, estaban flanqueados por columnas de mangles revestidos y arcos del mismo material. La solería era de ladrillo corriente. En el patio, sobre la derecha, existían tres aposentos y una cochera sin puertas, con postigos, techados con varas de mangles. Todas las piezas altas y bajas se hallaban enlucidas y blanqueadas. Cercaba la finca un muro de tapial.

En la sustanciación del expediente los mencionados peritos tasaron el valor de la casa y de la huerta en 3.200 pesos, los que quedaron consignados a disposición de los coherederos. La adquirente alegó, por su parte, que siendo los porcionistas cinco, correspondía a cada uno 640 pesos y que, habiéndole cedido a ella su hermano el Licenciado Mauricio su partija, quedaban líquidos para los tres menores 1.920 pesos. Finalmente, suplicó que una vez adjudicadas las cuotas a sus respectivos beneficiarios, se le diese posesión del inmueble y se pasara a extender la escritura pública del caso.

En Auto de 17.VIII.1774 el Alcalde Rosas y Cegarra concedió la licencia judicial para formalizar la transferencia. En 12 del mes siguiente depositó doña María Manuela los mencionados 1.920 pesos correspondientes a sus hermanos menores, en poder de don Antonio Lamas (¿hermano de su madre?) (A.N.P. Valentín de Torres Preciado, 1774, fol. 245v). En 15 del mismo se extendió la escritura en forma, con la que se protocolizó el expediente que acabamos de glosar (A.N P. Valentín de Torres Preciado, 1774, fols. 252v-277. Es de notar que Torres Preciado era el escribano de la confianza de Palmer, y así lo demuestra el hecho de que éste se hallara como testigo del matrimonio de aquél, en la Catedral, el 22.IV.1772).

De inmediato comienzan a advertirse extrañas interferencias: en la sesión del 29.X.1774 del Cabildo limeño se deliberó sobre la solicitud formulada por doña María Manuela de Valdés, por la que demandaba una paja de agua «para hacer una pila en su casa». Se le concedió, «respecto de la calidad de la persona, y sus circunstancias», con lo que se dotó de agua la alberca (A.M.L. Libro 36.º de Cabildos (1756-1781), fol. 217 v. En ese mismo día se le extendió el título pertinente. Ibíd. Libro XXIII de Cédulas y Provisiones, fol. 299).

Una vez en plena posesión del inmueble, comenzó Palmer a ampliarlo y mejorarlo considerablemente, hasta transformarlo en lo que hasta hoy se puede apreciar. Se trajo toda la madera desde Guayaquil: sólo el flete de dicho cargamento, que se trasportó en el barco «San Antonio», según contrato pactado en 24.IX.1774, importó 3.000 pesos (A.N.P. Valentín de Torres Preciado, 1774, fol. 285v).

Igualmente, Palmer se dirigió al Pontífice, impetrando licencia para tener oratorio, gracia que se le concedió.

Según se echa de ver por el *Drama* (pág. 61), y puede no sin dificultad todavía hoy comprobarse, la refacción convirtió la modesta fábrica primitiva en una lujosa edificación. A lo largo de la fachada corría un gran balcón, que daba un aire de casa rural, reforzado con la elevación de un metro y medio sobre el nivel de la calle, salvada mediante una amplia escalinata. En el interior se instaló una rejería de valor artístico; se decoraron las paredes del diminuto oratorio y de la cuadra, así como los cielo rasos, con pinturas mitológicas de aire afrancesado; en el jardín se construyó un estanque navegable, que alcanzaba (como se reconoce por los restos subsistentes) una profundidad de dos metros aproximadamente, y en el paroxismo de la vanidad, el propietario adosó en la clave de la puerta que caía a la arquería interior, un escudo, cuyo cuartel preferente ostentaba el blasón parlante del linaje: una hoja de palmera.

Aún es posible advertir vestigios de la delicada y elegante fábrica, en particular las pinturas murales, algunas visibles parcialmente y otras bárbaramente recubiertas por modernas capas de enlucido. A juzgar por los fragmentos salvados en el salón, el tema de las mismas era escenas del Paraíso, pues todavía se puede apreciar la tentación y la expulsión, con la serpiente y el demonio (de donde las alusiones del *Drama* a la casa «enserpentada», en las págs. 14, 61 y 105). En lo que acaso fue un coquetón teatrito, subsisten numerosos trozos de la decoración ornamental. En el oratorio se alcanzan a reconocer unas delicadas composiciones de tema religioso, de claro sabor dieciochesco y de pincel nada desdeñable por lo que permite descubrirse. De las tres escenas, la de la derecha representa los misterios del rosario; el paño central contiene el Nacimiento y la Coronación de la Virgen, y el de la izquierda, la Anunciación. Otros detalles aporta Porras Barrenechea, en el artículo «Recuerdos de la Colonia. La casa de la Perricholi», en *Hogar* (Lima, 1920), Año I, núm. 6, págs. 3-4 y 31.

Desde 1775 ya Palmer era reconocido como beneficiario de la finca, pues a partir de ese año comenzó a satisfacer al Convento del Prado, semestralmente, la pensión impuesta en favor de este último (A.N.P. Francisco Luque, 1775, fol. 1625v).

dase de siete Geringas estuvo bueno,[27] pero el irse allá lo tengo por rara idea.

En una fecha imprecisa, y mediante un simple «papel blanco» doña María Antonia Dueñas extendió una declaración, en la que exponía que de su libre y espontánea voluntad vendía a su yerno, Palmer, la indicada finca, y le confería pleno valor a dicho papel como instrumento auténtico, en fe de lo cual lo suscribieron ambos ante testigos, pero sin consignar la data del acto. Con este documento confidencial se presentó Palmer, en calidad de cónyuge de la hija de la otorgante, ante el Juez de Provincia, don Domingo Arnaiz de las Revillas, en 23.IV.1794, y pidió que se le reconociera como legítimo propietario del inmueble. Por cierto que en el testamento de doña María Antonia, otorgado en 1.º.XII.1802 no hay referencia alguna a esta turbia operación (A.N.P. Santiago Martel, 1800-1805, fol. 355v).

La verdad es que ya años antes de entrar en el usufructo del predio, Palmer trataba de ampliar el área del mismo. Según instrumento otorgado en 17.X.1771 por el Presbítero José Antonio Dueñas (¿tío político de Palmer?) consta que a éste, como a mayor postor, se le habían adjudicado dos huertas que estaban en las calles denominadas de San Isidro (hoy primera cuadra del Jiron Huamalíes), y Remedios, con varias viviendas accesorias, que se sacaron a licitación en un concurso de acreedores promovido por el Tribunal del Santo Oficio. El precio de las mismas ascendió a 14.000 pesos. Añade dicho documento que Dueñas comparecía «a pedimento y ruego» de Palmer, a quien reconocía por propietario y titular de toda acción sobre dichos inmuebles. Sin embargo, el Convento del Prado, al cual había pertenecido primitivamente el conjunto materia del remate, ejerció el derecho de tanteo, quedando finalmente la operación sin efecto (A.N.P. Francisco Luque, 1771, fol. 863).

En la Quinta que nos ocupa falleció en Abril de 1784 el Virrey Agustín de Jáuregui (Parroquia del Sagrario. Lima. Libro 9.º de Defunciones (1769-1790), fol. 165a).

En 21.VIII.1802 Palmer hizo donación de esta finca, con la huerta aneja, enseres, mobiliario y tres esclavos, a su única hija sobreviviente, doña María Mercedes (A.N.P. Emeterio de Andrés Valenciano, 1802-1803, fol. 328).

En 1840 se valoró la fábrica en 134.687 pesos, excluido el terreno. En la división y partición practicada por el Contador Tomás José de Morales, en 20.XII.1841, se procedió a asignarla como hijuela de Francisco Casimiro Vallés y Palmer, nieto del Mayordomo de Amat (A.N.P. Manuel Suárez, 1840-1844, fol. 847. Expediente de 39 fs., protocolizado). La finca, ya conocida como la casa huerta de «Jaime», salió finalmente de poder de la familia Palmer, al enajenarla el mencionado Francisco Casimiro Vallés, en 23.XI.1846, en favor de don Juan Gualberto Menacho, por la suma de 15.000 pesos (A.N.P. Félix Sotomayor, 1846-1847, fol. 511v).

Hasta la apertura del Jirón Huamalíes en toda su extensión, trazado entre la quinta de Palmer y el Convento del Prado, su primera cuadra se denominaba «Callejón de Jaime» (A.N.P. Índice de Terán, Tomo 2.º de las propiedades de Lima).

[27] Como en el *Drama* no hay palabra que no lleve el aguijón oculto, parece que estamos aquí ante una alusión a la vivienda que ocupó Palmer antes de trasladarse a la Quinta detrás del Convento del Prado.

Veterano. — ¡Ya ves, Hijo, qué falidas *(sic) [15]* son tus reformas! ¿Quántas veces has contendido sobre este mismo número punto? Infinitas, ¿no? Y en todas ellas, ¿no me has salido diciendo al fin que tenía razón, mayormente cuando has reflectido sobre que no hay asilo mejor para el delinquente que el proprio baluarte del ofendido? ¿Pues para qué ahora vuelves al Vómito? Genio, genio, anda, anda, que yo debía por ello condenarte a un retiro semanal, pero como soy clemente por inclinación y nombre,[28] «verificándose por tanto en mí aquello que suelen decir los eruditos que de que este y aquella suelen convenir perfectamente a las veces», te perdono y te cito para mañana, y a Dios, a Dios.

En la calle de Siete Jeringas, cuyo nombre proviene de haber residido en ella, en el primer tercio del siglo XVII, un curandero apodado con tal remoquete (Valdizán, *Apuntes para la bibliografía médica peruana* (Lima, 1928), pág. 358), esquina con la de Llanos, existía una finca, cuyo propietario era el comerciante Juan Bautista Verdejo. El predio constaba de dos casas y seis tiendas, con ocho puertas sobre la calle. En concurso de acreedores a los bienes de Verdejo, se remató la finca en 12.VI.1762 (A.N.P. Antonio Comin, 1762-1768, f. 31v). Fue el mayor postor, en 15.000 pesos, un santanderino, el Coronel Fernando González del Piélago Calderón, zaherido en el *Drama* (pág. 37). Éste actuó por orden y con personería de su suegra, doña Josefa Bohórquez (viuda del citado Verdejo), quien reconoce, en 1.º.IX.1762 una deuda en favor de su yerno, por la cantidad de 9.000 pesos (A.N.P. Antonio Comin, 1762-1768, fol. 83v). Del Piélago había casado con una hija de doña Josefa, doña Juana Verdejo y Bohórquez, el 26.XII.1761 (Parroquia del Sagrario. Lima. Libro 9.º de Matrimonios (1736-1767), folio 282v), prima de los Valdés y Dueñas, cuya relación familiar con Palmer ha quedado expuesta en la nota anterior. ¿Fue al amparo de este parentesco que se alojaron en este inmueble Palmer y su cónyuge, mientras se mantuvo en secreto su matrimonio, hasta que se trasladaron, hacia 1774, a la Quinta del Prado?

Doña Juana Verdejo y Bohórquez fundó sobre la repetida finca un aniversario de misas, cuyo patronato sería ejercido sucesivamente por los hermanos Mauricio, María Josefa, María Rosa y María Manuela (esposa de Palmer) Valdés y Dueñas (Testamento de Juana Verdejo y Bohórquez, en 27.III.1790. A.N.P. Valentín de Torres Preciado, 1790, fol. 235). El inmueble que nos concierne fue adjudicado al hijo de Del Piélago y de su segundo matrimonio, Manuel del Piélago y Buendía, por escritura de 24.XI.1818, y de éste lo adquirió —¡curiosa coincidencia!— el yerno de Palmer, Francisco Vallés, en 28.I.1824 (A.N.P. José María de la Rosa, 1822-1824, reg. 1824, fol. 28v).

[28] ¿Alusión al carácter humilde y compasivo de San Antonio de Padua y al espíritu seráfico de San Francisco de Asís, cuyos vocativos eran los del Marqués de Soto Florido?

Bisoño. — Vaya Vd. con Él Taita, y perdone a su Hijo, que lo venera de corazón.

FIN DE LA PROLUCION.

PARERGON PARENETICO A LA PROLUCION, HABIDO EN la Noche del 7. de Junio.

Bisoño. — Pues Taita, ¿porqué tan tarde esta noche?

Veterano. — Ha habido, Hijo, que hacer.

Bisoño. — Sí, habrá Vd. Taita estando *(sic)* tomando de memoria algunos papelones curiosos. ¡Yo no sé cómo Vd. tiene paciencia para esta necedad, ni cómo tan afilada esta potencia! Quánto mejor es saber las materias de comprehención y parir de pronto en su proprio castellano los asuntos. Todo lo que se sabe de aquél modo, se olvida, si no se dan balanzes a menudo, y lo que se sabe de esta otra suerte, siempre se conserva, aunque no se cuide de ello, y se aborta en las ocasiones.

Veterano. — Dale porra, Hijo, y mira que no estoy de humor de porfiar. Ya te he dicho que saber las cosas pure *(sic)* de memoria, es saberlas a lo Papagallo, y que eso no sirve; pero que saberlas así, y juntamente con inteligencia, es como se dice, miel sobre Buñuelos. Ve ahí: hoy he estado repasando una Car-
[16] tita, linda como una perla, que me dió nuestro Patrón, con otros papelillos finos, aquélla y éstos sobre la Conversata de *Orejas,* que si no los supiera de memoria, se perdía toda la gracia de ella y todo lo erudito de ellos.

Bisoño. — ¿Carta y papelitos, Taita, sobre la Dramática? Luego luego me dice Vd. sobre qué ruedan, y después me los repite Vd. a la letra.

Veterano. — ¡Vaya Hijo, que estoy paro *(sic)* ello! La Carta es una Carta escrita a *Juditas* en nombre de su Maestro [29] quando

---

[29] El Presbítero doctor don José Joaquín de Ávalos Chauca, preceptor de los hijos del Asesor Salas (Carta de Llano Zapata a José Perfecto de Salas, datada en Cádiz, 16.X.1766, en *Revista Chilena de Historia y Geo-*

le remitieron la Obrita. Los papelillos son unos papelillos que tratan sobre si se puede o no escribir las iniquidades públicas de los sujetos, y si éstos pueden o nó recibir regalos por administrar Justicia; aquellos firmados de un Religioso Docto y Chamberí a consulta de una Beata escrupulosa y letrada, y éstos puestos en Drama entre el Pe. *Orejas* y el Hijo *Judas*.

Bisoño. — ¡Qué cosa tan buena, Taita! Vaya la Carta, que estoy ardiendo por oyrla.

Veterano. — Espera un poco, Hijo, y después un rato. Arriba de la Carta dice así:

> «Copia de una Carta escrita a *Judas* con la firma de su
> »Maestro, remitida por Coquimbo en el barco *Las Merce-*
> »*ditas,* que salió del Callao para su Puerto de la Serena
> »el 8. de Junio del año pasado de 1775.»

Bisoño. — Vamos con su contenido, Taita, que lo juzgo muy sabroso.

---

grafía (Santiago, 1942), XCII, núm. 100, pág. 214). Como tal, y en su carácter de Regente de la Cátedra de Prima de Teología figura entre los testigos del grado de uno de sus pupilos, Manuel Silverio Antonio de Salas y Corbalán, en 3.VII.1773 (*Revista del Archivo Nacional del Perú* (Lima, 1958), XXII, pág. 284).

Avalos Chauca nació en Lima en 19.III.1733; gracias al influjo y patrocinio del Asesor Salas llegó a graduarse de doctor en Teología por la Universidad de San Marcos, en 1766. Fue el primer indígena que obtuvo tal distinción en los claustros sanmarquinos (v. *Copia de la Carta que con fecha de 29 de Abril de 1774 escribe al ... Señor Fray Francisco de los Ríos, Obispo de Panamá, Don Joseph Eusebio de Llano Zapata* ... B.N.P. Colección Zegarra, tomo 10). Regente sucesivamente de las cátedras de Vísperas de Teología (en 1767) y de la de Prima de Teología (en 1772), luego su fama se obscureció, y al final de sus días desempeñaba el curato de Pampas (Provincia de Yauyos). Conocemos de él dos poderes para testar, en 4.III. y 2.IV.1777 (A.N.P. Francisco Luque, 1777, fols. 196 y 330) y un testamento, en 20.XI.1789 (A.N.P. Lucas de Bonilla, 1789, fol. 521). Falleció en 21.XI.1789 (Parroquia de San Lázaro. Lima. Libro 9.º de Defunciones (1784-1804), fol. 47v).

Aparte del encomio que le tributa Llano Zapata (*Memorias Histórico-Físicas* ... (Lima, 1904), pág. 4) y del artículo en el *Diccionario* de Mendiburu, v. el estudio que le dedica Álvarez Romero, titulado «Un sacerdote indígena peruano: el Doctor Joseph Joaquín de Avalos Chauca, Canónigo y profesor universitario», en *Mercurio Peruano* (Lima, 1964), XLVIII, núm. 451-452, págs. 57-67.

Veterano.—¡Vamos Hijo, que no sabes tener paciencia!
«Discípulo muy querido:
»Satisfaciendo a las preces, que *flexis genibus* en decoro de
»aprecio me hiciste en tu propartida, para que te remitiese quan-
»tos papeles volantes saliesen al Público, corriesen en él con
»aplauso, y les diese mi aprobación de qualquier naturaleza que
»fuesen, te envío esas dos famosas piezas, que titulan la *Dramá-*
»*tica* y la *Exegética*, pues gozan [de] ambas circunstancias. La
»celebración empieza en el Virrey *Amat* inclusive, quien la tiene
»en el bolsillo de su Cazaca a todas horas, y le lee algunos pasa-
»ges de ella, con infinitas carcaxadas, quando dexa de contar sus
»sucesos prodigiosos a su preciosa Tertulia, y remata en D. Joseph
»Castro de Alabastro: [30] que ha venido del otro Mundo de

---

[30] Aunque hubo varios sujetos de este nombre en aquellos años, nos inclinamos por identificar al aludido en el texto con Antonio José de Castro y Bravo, por su estrecha vinculación con el Virrey Amat: en 3.XI.1776 se constituyó, junto con su mujer, como uno de los 16 garantes para el juicio de residencia (A.H.N. Consejos, 20.335); en Julio de 1778 depuso en descargo de Amat en la probanza del mismo juicio (Ibíd., 20.332), y en 13.XII.1783 gestiona que se le releve de la citada fianza (A.N.P. Luis V. Medrano, 1781-1786, fol. 560).

Este que nos ocupa era natural de Lima, hijo legítimo del General Antonio de Castro y de Teresa Bravo (Testó en 3.IV.1789. A.N.P. Valentín de Torres Preciado, 1789, fol. 198). Casó con doña Ana de Taboada y Castilla (que pasaba a segundas nupcias), hija del Marqués de Otero, don Jerónimo de Taboada, y de doña Isabel de Castilla; aportó al matrimonio la sustanciosa dote de 36.080 pesos (Testó en 1.º.VI.1794. A.N.P. Pedro José de Angulo, 1792-1794, fol. 127). Esta debe de ser «la señora Taguada» a la que el P. Morales de Aramburu visita, con mucha ceremonia, por especial encargo del ex-Virrey Amat, a fin de «distinguirla de las demás señoras...», de que quedó la agraciada «... llena de satisfacciones ...» (Sáenz-Rico, pág. 487).

Entre los homónimos coetáneos figura el Teniente Coronel de Artillería José de Castro, que en la época de Amat, con la graduación de Sargento Mayor, se hallaba encargado del arsenal de Palacio (Amat, *Memoria de Gobierno* (Sevilla, 1947), págs. 734 y 739); casado con una sobrina de la citada doña Ana de Taboada, llamada Mariana de Taboada y Santa Cruz, hija de don Luis Francisco de Taboada y Castilla y de doña Mariana de Santa Cruz y Centeno, Marqueses de Otero (V. el testamento de ella, en 4.III.1784. A.N.P. Valentín de Torres Preciado, 1784, fol. 86v).

Finalmente, hubo otro José de Castro, que falleció el 9.I.1773 (Parroquia del Sagrario. Lima. Libro 9.º de Defunciones (1767-1790), fol. 54).

La indicación de que «ha venido del otro Mundo de comisionado de una porción de muertesitos ...» podría inducir que el *Drama* remite a éste, pero en razón de las vinculaciones del primero de los enunciados con el

»comisionado de una porción de muertesitos muy *[17]* interesados
»en su plan, para que las lleve, «como lo hizo» de pronto sa-
»cándonos con esto de la duda de si las Calaveras saben las cosas
»de la tierra que se les permiten recordar siendo juntamente de
»su resorte, no en el instante que se operan aquí, sino algún
»tiempo después, por medio de otros que pasan a los lugares
»lúgubres de su situación, como tenía asentado no se qué Dr. de
»la Iglesia que podrás ver en el Decreto de Graciano, al Cap.
»*fatenaum* 29. de la *Causa* 13. q. 2. [81]

»El Autor «y aquí empieza otro acápite», no se ha podido
»no digo averiguar, pero ni aun maliciar, siendo así que se an
»hecho las más vivísimas y exquisitas diligencias por encontrarlo,
»para adelantarle a vista de su erudición, pulso y estilo los cré-
»ditos, si los tenía, o para dárselos de nuevo, si no los poseía.
»Él parece que quiere renunciar estas dos partidas porque se ha
»sepultado del todo, y aun para desauciarnos de una vez, nos
»repartió el otro día esta Coplilla mal formada:

«El Autor de la Dramática,
De la Exegética el Apolo,
Jamás lo sabrás, bobo,
Porque estoy bien solo.»

»Que sin duda la sacó del Parraf. 22. del Tom. 6. en el disc.
»10. de los chistes de N. del Illmo. Benedictino, [82] que la trahe
»aplicada a D. Juan Ramiro, Corregidor de Calatayud, a quien
»le pusieron por irrisorio desengaño los dos últimos pies de ella,
»que son solo los buenos, quando este Caballero quería descubrir
»un Pasquín picante que le habían fixado antes, para que se
»corrigiese sin duda, a cuyo fin sólo se dirigan *(sic)* estos sus
»desordenados vicios y malévolas intenciones. No obstante, si
»en algún tiempo se aclarase este enigmático Escritor, te lo par-
»ticiparé con quanto más ocurriese. N. S. te guardará como a tu

---

Virrey Amat, todo hace pensar que sea Antonio José de Castro y Bravo el aludido.

[81] Cfr. Gratiani, *Decreti*, Pars Secunda, Causa XIII, Quæst II, C. XXIX: Mortui ex se nesciunt, quid hic a vivis geratur.

[82] El pie de esta coplilla aparece efectivamente en el artículo «Chistes de N.», en el Discurso 10, § XXII, del *Theatro Critico Universal*, obra que el Marqués de Soto Florido poseía en su biblioteca.

»P. y M., a quienes les darás mis memorias, los años de su bolun-
»tad. Lima y Junio 8. de 1775. Tu Mro. que en tu ausencia está
»Guacho [33] y Con-de-liberación por tanto de poderes veer algún
»dia. Sr. D. Judas (esto está puesto abaxo) Sal-as de la Corva-
»Alana». [34]

Ve ay *(sic)* Hijo la Cartita. ¿No está bonita? ¡Qué te parece ahora cerca de mi trabajo de tomar de memoria todo lo que encuentro de lindo!

[18] *Bisoño.* — Que me doy por concluso, Taita, una y mil de veces. Yo he estado elevado oyendo unas cosas tan lindonas, y que muchas de ellas no he entendido. Aquello de *precis fexis genious*, de Graciano, de testos y Ramiros, me ha confundido.

Veterano. — Pues Hijo, yo lo tengo entendido todo, porque todo me lo han explicado. Aun de la firma que leída suena de un modo, y con el arte que está escrita expresa otro, tengo sabido que eso se llama retóricamente *Paronomasia*. Pero degemos eso para otro dia, y hoy *quod potueris capere capiat*.

Bisoño. — Vaya, Taita, vaya, con que según esto, el buen *Orejas de Asno* leería las piecesitas.

Veterano. — Leyólas, Hijo, que yo todo lo sé, y para entender el título de ellas dicen que gritó: «¿Dramática y Exegética? ¡Qué
»términos tan inusitados! Ellos están diciendo la maula que
»serán las obras. Sí. Carátulas exóticas y después baxesas rapan-
»tes. ¿Dramática y Excegética? ¿No caigo lo que significan? Y lo
»habré visto mil vezes. Tráheme (y esto era hablando con su
»Hijo que no tuvo embarazo de mostrárselas), el Bocabulario
»Castellano o el de Trévoux o a Paserasio o a Macri o a Faccio-
»lato o a Roberto Estefano o a Furetiere, no el de la primera

---

[33] Lo de 'guacho', quechua = huérfano, puede aludir o bien a que Ávalos Chauca se hallaba abandonado, desprovisto de arrimo y favor del Asesor Salas, por ausencia de éste en Chile, o bien constituir una pérfida referencia a que la madre de aquél, doña María Francisca de Zúñiga, era oriunda de Huacho.

[34] Juego de palabras con As de la Corva Alana = ¿perro alano? En la página siguiente, Salas se duele de que a su mujer la comparasen con un ave rapaz.

»edicción, sino al de Basnage de Baubal o al Glosario de Carlos
»de Fresne de Cange o a Bayle o a otro Diablo de esos». [35]

Bisoño. — Cuerno, Taita, y cómo agarra Vd. de memoria tantas cosas tan griegas.

Veterano. — Harto trabajo, Hijo, me han costado y me cuestan, y así no te admires en adelante ni de las Doctrinas que diere ni de los latinazos que te encaxe ni de los terminillos que te emboque. Todo lo tengo estudiado y adquirido para solo este caso, pues de otra suerte perderíamos el concepto que tiene formado de nosotros nuestro Patron.

Bisoño. — Y entendámonos, Tayta, ¿tiene Vd. sabido también si ha sentido el Sr. *Orejas de Asno* el negocio *Dramático y Exegético?*

Veterano. — ¿Con que no, Hijo, sabiéndolo todo? Oyóla leer toda con gran paciencia, pero no sin muchos visages, y quando se acabó, dando siete palmadas en la mesa muy fuertes, dicen que prorrumpió en estas vozes: «Ha, Sto. Dios: voto a Cristo-balina que no sé cómo no me ahorco. ¿Mi nombre execrable? ¿Mi nombre detestable? ¡Mi Muger, «que es lo que más siento», tratada de Ave de rapiña! ¡Y vosotros de ladronsillos! ¿Hazerme a mí una ethología o Sala-mastrix como la Homero-mastrix y Cisero-mastrix de Homero y Ciceron, y eso poniendo por eccloradios [19] o interlocutores del Diálogo a unos malditos Palanganas, ha quienes pude poco antes arrazar y destruir del todo? ¡Quién

---

[35] *Dictionnaire Universel françois et latin, vulgairement appelé Dictionnaire de Trévoux* ... (Paris, 1771), en ocho volúmenes; Ambrosii Calepini, *Dictionarium Octolingue* ... *recensuit* ... *Johannes Paseratius* (= Jean Passerat) (Paris, 1609); Domenico Magri, *Hierolexicon sive sacrum Dictionarium* ... (Romæ, 1677); Jacopo Facciolati, *Septem linguarum Calepinus* ... (Patavii, 1731); Robert Estienne, *Dictionarium Latino Gallicum* (Paris, 1538); Antoine Furètiere, *Dictionnaire Universel* ... [con prefacio de Pierre Bayle] ... *Seconde edition* ... *par* [Henry] *Basnage de Bauval* ... (La Haye-Rotterdam, 1701), en tres volúmenes; Charles du Fresne, Seigneur du Cange, *Glossarium ad scriptores* ... (Lugduni, 1688), y Pierre Bayle, *Dictionnaire historique et critique* (1697).

Es singularmente revelador que de estos ocho títulos, cinco consta que existían en la biblioteca del Marqués de Soto Florido: el Diccionario de Trévoux, el de Passerat, el de Facciolati, el de Du Cange y el del enciclopedista Bayle.

creyera! ¡Ha, Santo Cielo! ¡Quién creiera que de mí se escribieran tantas iniquidades tan denigrativas y calumniantes a mi posteridad. Ayer se me miraba como un Semi-Dios, faltando poco para que se me tributasen aún vivo los honores de la Apotheosis, y hoy se me trata como un Baucauda, digno por eso de pagar en un Patíbulo mis torpezas e iniquidades. No ha mucho que tenía en mi pluma el poder de dar sentencias de vida y muerte, «y todo esto, Hijo, es transcendente y acomodable a lo que ha de decir de aquí a poco nuestro *Chueco*», y de vengarme, tanto del que no me doblaba la rodilla, quanto del que apenas me repugnaba, y al presente casi no tengo otra respiración que proferir algunas verdades contra *Amat,* que excusen o que paleen los hechos que se me objetan. ¡Oh Fortuna, y cómo hacéis alarde de tu Capricho! ¿A este modo pagáis, «o Lima», Ciudad ingrata, mis servicios? ¿No [os] civilicé, haziendo que se os mudase todo vuestro tosco rostro? ¿No os organicé, poniendo vuestro compuesto en mejor constitución? [36] ¡Hablad por mí, cuerpos que la componéis! ¡Qué estatuas no me debíais erigir, «más bien merecidas que las que levantó Tarquino el antiguo al Agorero Accio Nevio, quando a su vista le dividió el guijarro que tenía presente, con la navaja que le pasó de su misma mano», por semejantes beneficios! Hubiéralos yo hecho en mi natal suelo, y él sí, como que reconoce gratitudes, las hubiera colocado en Pirámides de alto precio. Mas no, no me habéis engañado, que a ciencia de vuestra crueldad me entré de bruzes en tan recomendables ideas. Así, sigue deslumbrada en llenarme de vuestras infames mordacida-

---

[36] Según esto, los bandos de buen gobierno para Lima, promulgados durante el período de Amat, tendrían como inspirador a Salas. Gracias a que se imprimieron, han llegado hasta nosotros los siguientes: el de 2.I.1762, relativo al orden público; el de 20.V.1765, por el que se implanta un hospicio de pobres; el de 1767 para abrir la comunicación vial con Lurigancho; el de 2.I.1769 sobre limpieza y aseo de las calles, reiterado en 24.XII.1770; el de policía y división de la ciudad en barrios, y el de 17.X.1771, con normas sobre austeridad en las funciones fúnebres. En 4.III.1771 se libraron asimismo unas disposiciones para el mejor régimen del Coliseo (Lohmann Villena, *El arte dramático en Lima durante el Virreinato* (Madrid, 1945), págs. 441-445). V. también el relato panegírico de Morales de Aramburu sobre las medidas destinadas al aseo de las vías públicas (*Fénix. Revista de la Biblioteca Nacional del Perú* (Lima, 1947), núm. 5, págs. 295-296). Finalmente, v. Donoso, *Un letrado del siglo XVIII: el doctor José Perfecto de Salas* (Buenos Aires, 1963), págs. 216-217 y 229.

des, que yo no me arrepentiré generoso de haberos tributado mis buenas intenciones. Ese exemplar, «o Hijo Judas», que tienes en la mano de esa Obra infame, vendrá a ser tu ruina «y es lo único que siento de ella» con el tiempo, porque también se habrán remitido varios «y quizás impsesos» *(sic)* a España, y *[20]* allí dará ello golpe y te podrá servir de óbice para las pretenciones de acomodarte en mi lugar, llevando mi jubilación y *gentiles pesos,* que las invectivas contra los Padres, vienen con el tiempo a pagarlas los hijos, aun inculpablemente. Pero si con todo si así no fuese, te exijo ahora por condición juramentada «como la que exigió el Cartaginéz Amilcar a su hijo Annibal, de que fuese enemigo implacable de los Romanos», el que jamás quando te veas en la Corte, has de admitir Plaza para la Audiencia de los Reyes, aun quando te se [87] proporcione para ella con facilidad y te se cierren las puertas para esta y las otras del Reyno, porque quiero que desde hoy en adelante aborrescas a Lima como a un lugar que ha de causar tu condenación perpetua».

Ve ahí a la letra, Hijo, los movimientos que produxo en el Sr. *Orejas de Asno* la leyenda [88] de las dos buenas piezas.

Bisoño. — Quejas como suyas, Taita, que no le quitarían el paseo del Zerrito de Sta. Lucía... Mas, si Vd. no está canzado, no perdamos tiempo en cosas de la Beata y del P. M. y entrémonos en ellas sin salutación alguna.

Veterano. — La Beata, Hijo, era una Beata de aquellas que llamaba el *Chueco* de pellizco, que son unas devotas y pobres Mugeres que visten con honestidad alguno de los Hábitos de los Conventos de la Ciudad. Esta, habiendo oído leer la Conversata Dramática y la Narración Exegética, entró en escrúpulo, y para salir de él y no oir en adelante, si se le llevaba adelante su imaginación, cosa que se le pareciese, consultó a un sujeto de letras del tiempo y erudición de Diccionarios, quien le respondió por escrito en estos términos:

«Hermana Beata:

»Alégrome infinito de que seáis conciensuda, pero es menes-

---

[87] ¿Solecismo cometido por el Marqués de Soto Florido o error de imprenta?
[88] I. e. lectura.

»ter que lo seáis en materias que lo piden, o que no seáis como
»el P. Gargajo, que no escupe en la Iglesia, y se duerme en ella.
»En fin, vamos respondiéndoos a vuestras dudas. Todo aquello
»que se escribe en que no hay detracción de honor y fama por
»ser cosa pública, se puede leer y oir sin riesgo alguno. Entonces
»ello no es Libelo famozo, ese crimen grave y detestable que,
»según la Constitución del Sr. Pío V. es digno de las penas de
»ana- *[21]* thematización y azotes que previene el Dro. Canonico
»en los Cap. *Qui in alterius* y los dos siguientes de la Caus. 5.
»q. 1., y de la infamia, «todo esto y mucho más te pongo y te
»pondré, Hija Beata, aunque no lo entiendas, para que a quien
»se lo dieres a examinar reconozca mi doctitud, que ya sé que
»vosotras no os contentáis con lo que os dice uno solo, sino
»que buscáis a muchos contándoles a éstos lo que os dicen aque-
»llos, y siempre erradamente, que es lo peor», humigación, galeras,
»y aun decapitación que ordena el Civil en la Ley unica Cod. de
»Famoso Libelo, porque siendo públicas y manifiestas las crimi-
»nalidades que se escriben, o notorias y no secretas, falta uno de
»los prerrequisitos esenciales, según nota Binsflade, a quien siguen
»Carpsorio, Maresca y otros, que se requieren para constituír
»dho. Libelo famoso, aunque se den las otras que asigna el Docto
»Vrsaya, citando a otros muchos, quales son el no darse el nom-
»bre del Autor a la Cabeza de la Obra, el ponerse el de el objeto
»a quien se refiere, y el hallarse publicada por todo el Reyno,
»circunstancias todas que se requieren copulativamente en *(sic)*
»la otra primera, tan necesariamente que por falta de una de
»qualquiera de ellas faltará el objeto, como lo denota la defini-
»ción que se le aplica comunmente y que trahe Concina, «y todos
»hazen lo mismo», juntamente con la doctrina de la publicidad
»en el Lib. 10. en la Q. 4. dis. 2. sobre la detracción, que a la
»letra está concebida en estos términos: «Libelo famoso es aquel
»escrito o signo, en el qual se contiene la infamia secreta o no
»del todo pública, para que se haga tal, o más extensa, en el
»momento o paulatinamente». [39] Supuesta esta doctrina como

---

[39] Benedicti Carpzovii, *Jurisprudentia ecclesiastica* ... (Lipsiæ, 1685). ¿Maresca será Samuel Desmarets = Maresii?
La referencia a Concina remite a su *Theologia Christiana Dogmático-Moralis* ... (Madrid, 1780), I, fol. 281, Lib. VI, Dissert. II, Q. 6.

»cierta, vamos a examinar si los delitos que has oído escritos en
»las Obritas que citas son o nó públicos o secretos.

»Para esto debes saber que de dos modos principalmente
»puede ser una cosa notoria: o con notoriedad de derecho, que
»es quando el Juez condena en juicio al reo, o con notoriedad
»de hecho, que es quando se hace una operación mala a los
»ojos de los vecinos, sin que se pueda ocultar con ninguna tergi-
»versación, entendiéndose por vecinos no todos, sino [22] algu-
»nos, según la circunstancia del lugar, grande o pequeño en
»que debemos poner en Lima, para que goze esta calidad, el que
»sepan una cosa mil y doscientas personas, habiendo en ella,
»como hay, sesenta mil, que esto es lo que corresponde a propor-
»cion Arithmetica, de dos mil a quarenta, según la regla que
»establece estrictamente Concina en la q. 4. del proprio lugar
»de arriba, pues afirma el que bastarán que esos quarenta indi-
»viduos en una Ciudad de sólo dos mil Ciudadanos sepan el
»crimen de alguno, para que se tenga por público, quando hay
»otros que sólo exigen seis, o diez, que son los que bastan o se
»requieren para constituir Parroquia o Comunidad.

»Pues ahora debes entender que en todas dos notoriedades
»no se peca ni contra la virtud de la Justicia ni de la Caridad
»revelando el crimen a algunos de aquel lugar donde se exe-
»cutó, que lo ignoren, porque su ignorancia *Ex se* es accidental;
»ni aun escribiéndolo a otro distinto donde llegaría la noticia
»en breve, atendidas las circunstancias de la sociedad humana,
»porque la anticipación de tiempo no pertenece a la sustancia,
»mayormente siendo cierto que el que está difamado en la Me-
»trópoli o en la Aula Regia se entiende estarlo para toda la
»Provincia o Reyno. Sólo se pecará revelando acá o allá por el
»fin que se hiciese, más o menos, según la intención del narrante,
»escribiente u oiente. Si lo hiciese por un mal efecto y afecto, es

---

En efecto, con arreglo a lo exigido por los canonistas y criminalistas, para que un escrito, en verso o prosa, o una pintura, pudiese calificarse de libelo infamatorio, se requerían cinco condiciones inseparables: 1) que se oculte el nombre del autor; 2) que se exprese o manifieste la identidad del agraviado o injuriado; 3) que ello se divulgue públicamente; 4) que exista dolo o ánimo de injuriar al difamado, y 5) que el contenido enuncie no solamente descrédito, sino que vierta injurias con tono criminoso. Cfr. Concilio Tridentino, Sess. 22, Cap. III, y la citada Constitución *Incipient*, de San Pío V.

»decir por odio, venganza, o porque le sobrevenga algún otro
»nuevo mal al difamado, será culpa grave, y serálo leve, si sólo
»se hiciese por ligereza de ánimo, por prurito de la lengua, o
»por oír lo que se sabe en modo jocoso, que agrade al oído. Aun
»alguna vez puede acontecer el que sea acto de virtud, como
»quando verg. gra. *(sic)* se hiciese con el buen ánimo de que los
»noticiosos saquen provecho en este báratro del Mundo, tan pro-
»penso a seguir el mal exemplo.

»Con que, si desde Riobamba hasta el Tucumán era público,
»Hermana Beata, que *Orejas de Asno* sacaba plata del modo
»que se expresa en las Obritas que leíste y todas las demás mal-
»dades que en ellas se contienen, ¿qué tenéis que andaros con
»escrúpulos y simplezas? Leedlas pues una y otra vez y mil aun,
»y no pecaréis si no mescláis los otros fines perversos de venganza
»o aborrecimiento, como no pecaréis leyendo quantas uezes qui-
»siéseis la Relación de los robos de los Pulidos y Rudas [40] que

---

[40] Los principales malhechores comprometidos en el famoso robo perpetrado en agravio de doña María Perales, que conmovió la opinión pública de entonces. A este suceso policíaco vuelve a aludirse en las páginas 75 y 88.

Los protagonistas fueron el Teniente graduado de Artillería de la plaza del Callao José Manuel Martínez de la Ruda, y el Alférez del Regimiento de Córdoba, Juan Francisco Pulido. El primero, en 11.VI.1768, había sustentado en la Universidad de San Marcos, en presencia del Virrey, unas conclusiones sobre matemáticas, impresas aquel mismo año (v. *infra*, nota 290).

Ambos eran cabecillas de la banda que ingresó furtivamente en la morada de doña María Perales, viuda de Blas Gallegos, propietaria de la hacienda «Chusgón» y proveedora de carne del Convento de San Agustín. El monto de lo sustraído se elevó a la cantidad de 60.000 pesos. La Justicia actuó de modo expeditivo: capturados los ladrones el 31.VII.1772, el propio Asesor Salas se avocó el conocimiento de la causa criminal seguida de oficio, y el 13 del mes siguiente sufrieron los reos ejemplar escarmiento, como que once de ellos fueron ahorcados (Parroquia del Sagrario. Lima. Libro 8.º de Defunciones (1767-1790), fol. 49). Los objetos sustraídos, que se hallaban en poder de Martínez de la Ruda y de Pulido, así como de sus cómplices y encubridores (el Teniente Manuel Soriano, Jacinto Vallejo, Luis Gomendio, Miguel Pérez, José Mogollón, Catalina Bañón y Leonor Michel), se restituyeron a la damnificada por el hurto. Existe una relación de esas especies, mayormente plata y alhajas (A.N.P. Gregorio González de Mendoza, 1770-1773, fols. 591-610 y 643).

Sobre este suceso se imprimió una amplia reseña, cuyo autor supuesto fue el Capitán Juan Bernardo Valero (v. nota siguiente), pero escrita seguramente por el mismo Salas. Este papel lo reprodujo Fuentes, en la *Estadística General de Lima* (Lima, 1858), págs. 194-199, y se volvió a publicar en *El Correo del Perú* (Lima, 1874), III, núm. XXVIII, págs. 220-222.

»escribió el mismo *Orejas* que los sentenció y que sa- [23] lió
»impresa en nombre de Balero. [41]

»El haberlas remitido a España, «que es lo que más te saca
»de tino», y quizás también impresa, o bien en la Ciudad, o en
»Ambato, o en el Paraguay, que son las tres partes donde hay
»imprentas en este Reyno, es lo que menos cuidado te debe dar,
»porque ni eso lo has executado tú, ni los que lo han practicado
»han dexado de tener firme motivo para su procedimiento. Estos,
»«está bien, como tú me apuntas, que te han prevenido algunos
»Moralistas rancios», no ignoran que varios Autores, aunque par-
»tidos en dos clases, defienden el que no se puede sin grave culpa
»transcribir a una Ciudad distante, «quales son todas las de la
»Europa», el delito público famoso o con notoriedad de hecho,
»donde difícilmente o nunca se cree que llegaría la noticia,
»siendo la culpa grave, para unos, con Soto, contra justicia, por
»tener indemne su fama en aquel lugar donde jamás o con difi-
»cultad llegaría el crimen publicado en ésta donde se cometió,
»y para otros, con Bonacina, [42] contra caridad, por poseer esa
»misma fama en esa propria parte donde sus crimines no son
»manifiestos sin injuria de tercero que no exige expoliación. Pero
»al mismo tiempo saben que 9. otros Autores clásicos, que cita
»Concina, a quienes sigue, no ponen algún pecado en esta ma-
»teria, teniendo por fundamento de que absolutamente pierde
»el derecho a su fama el que en qualquier lugar perpetró pública-

---

Las drásticas medidas del Virrey, que informó en despacho número 619, con copia de la sentencia, merecieron la real sanción en 23.III.1773 (A.M.L. Libro XXVIII de Cédulas y Provisiones, fol. 181).

[41] El Ayudante Mayor del Regimiento de Infantería de Milicias de Lima Juan Bernardo Valero y Jiménez-Paniagua nació en 1721. En Abril de 1755 casó con doña Petronila Damiana de Mieses (A.A.L. Expedientes Matrimoniales. Abril de 1755, núm. 4). En 14.VII.1764 otorgó poder para testar (A.N.P. Marcos Velázquez, 1762-1765, fol. 297v). Con el grado de Capitán con agregación a la Compañía de Infantería destacada en Palacio, en 20.X.1767 confirió poder a don Pablo de Olavide para realizar gestiones en la Corte (A.N.P. Marcos Velázquez, 1766-1767, fol. 696). Se le vuelve a citar en la página 75 del texto.

Era propietario del taller tipográfico de la calle de San Jacinto, que comenzó a funcionar en 1767 (Medina, *La Imprenta en Lima* (Santiago, 1904), I, Introducción, pág. LVII).

[42] Martinus Bonacina, ... *Opera omnia. Sive tractatio absolutissima omnium conscientiæ casum* ... (Paris, 1633).

»mente delitos de negro rostro, avansándose los Salmaticenses,
»que son los últimos citados, a sostener, «lo que a él no le agra-
»da, y antes impugna», que aun esto tiene lugar en el caso de
»que injustamente allí sea notado a causa de que una vez que
»el hecho sea publicado, realmente traspasó los límites de oculto,
»y no hay *jus* en el paciente para que los agentes se abstengan
»de la narración.

»Hasta aquí, Hermana Beata, he dexado correr el discurso
»para satisfacer tus dudas, y si lo detengo, es porque concibo
»que esto te baste para aquietarte en ellas, que de nó ya te
»dixera otras muchas particularidades que te admiraran, y junta-
»mente te pusieran en el último re- *[24]* poso. Así puedes ocurrir
»de nuevo, si lo expresado no te sacase la espina que te punza,
»que siempre me allaréis pronto a vuestro servicio. Celda, y
»Julio 16. de 1775. Tu Consultor que te estima como corresponde.
»Fray N. de tal».

¿Qué dices, Hijo? ¿No está crítico el P. M. en lo que escribe
a la Beata? ¿No te ha gustado? Pues no, yo no te he visto ni
dormir, ni aun bostezar.

Bisoño. — Pero mucho, Taita, que me ha complasido, aun
después de haber entendido bien poco. Para mí ha sido un arenal
de Alancón.[43] Sólo lo que he sacado en limpio es el que dicen
bien Cid, Atanasio, Orrego, Juan, Próspero, Nuncivai,[44] y Moncada, cuando me sostienen el que Vd. bebió la Anacardina, esa
confeción de Anacardo, fruto de las Indias Orientales, en forma
de corazón, que fortifica y augmenta la memoria con pérdida de
algún sentido corporal, pues de otro modo, ni Vd. oliera tan
poco, ni pudiera repetir tantas Theologías y términos griegos, sin

---

[43] Actualmente el lugar veraniego de Ancón; por aquel entonces ya
había caído en desuso el nombre con que era conocido en el siglo XVII, a
saber, El ancón (= ensenada) de Rodas (El piloto del Mar del Sur, Antón
de Rodas).

[44] Dos personas —por lo menos— llevaban este apellido en la Lima de
aquellos años: Francisco Nuncibay, casado con una hija del escribano Salvador Jerónimo de Portalanza; y el Capitán Fernando Luis Nuncibay, natural
de Lima, hijo legítimo de Bartolomé Galiano (¿deudo por este apellido del
Marqués de Soto Florido?) y de Catalina Rincón, que testó en 4.VII.1777
(A.N.P. Pedro de Lumbreras, 1774-1777, fol. 277v), y falleció en 1.º.VIII.
1778 (Parroquia del Sagrario. Lima. Libro 9.º de Defunciones (1769-1790),
fol. 110v).

turbarse jamáz. Así, quisiera que el Diálogo de *Juditas y Orejas*, si es largo y tiene mucho de esto, como lo pide el asunto, me lo recopilase Vd., porque de nó me voy a dormir, que son las nueve, y me siento amodorao *(sic).*

Veterano. — Sí Hijo, largo es y tiene bastante recado de todo. Pero yo te formaré una Anacephaleosi ...

Bisoño. — Allá va eso, Taita, con mil Diablos. ¡Qué Anaphaosis ni qué trampa! Hábleme Vd. claro, y si no, llame Vd. a quien lo entienda, que yo no estoy todavía en ese estado.

Veterano. — Para que lo estés, Hijo, procedo así, que no siempre has de ser matalote. Anacephaleosis es formar un epítome o un compendio de un Libro o de un papel que trata ampliamente de una materia.

Bisoño. — Pues sea norabuena, Taita, y hágamelo Vd. de ese Diálogo en que es natural que *Juditas* defienda el que se puede recibir plata por administrar justicia.

Veterano. — Te engañas, Hijo, que antes es al contrario, porque confesándole el Padre al Hijo ser su caudal el de tres millones, que los llevó consigo en el Navío en aquellos Caxones que decían *Tabacos* por el *Rey,* [45] y que esos los había adquirido con aquella misma Instituta que le había puesto en las manos años antes, [46] previniéndole que ella era el mejor pa- [25] trimonio que podía darle, sale *Juditas* argumentándole que esa misma

---

[45] Esto era voz común: hasta en la Corte se encargó de divulgarla el yerno del Oidor Bravo del Ribero, el Conde de Montesclaros de Zapán, que hizo circular una supuesta copia del registro del navío «La Sagrada Familia», en que se había trasladado Salas del Callao a Valparaíso. Dicho ficticio registro especificaba los tres millones de pesos, distribuidos en dinero en efectivo, plata sellada, vajilla, etc. De todas formas, el equipaje de Salas estuvo compuesto por más de 400 baúles (Donoso, *Un letrado del siglo XVIII: el doctor José Perfecto de Salas,* pág. 359. V. también págs. 418, 425 y 453).

El mismo rumor, pero ahora enrostrado al Virrey Amat, lo consigna el Conde del Castillejo en su venenosa epístola al gobernante peruano, datada en Cádiz en 6.XI.1775, glosada en la nota 104. V. también más adelante, pág. 103 del *Drama.*

[46] Del expediente para optar el grado de Bachiller de su hermano Manuel (cfr. nota 239), se echa de ver que el maestro de práctica de éste fue su padre, y por tanto es de suponer que también Judas se formara en el mismo bufete y recibiera idéntica instrucción en la *Instituta.*

Instituta le había enseñado a estudiar en Rosignol [47] el que repugnaba a los dros. Divinos, y positivo Civil, Canónico, y Moral, el recibir algún precio por una sentencia justa o injusta según se vé por aquellas palabras de Isaias al Cap. 1: tus Principes infieles compañeros de Ladrones, [48] «esos serán de los Pulidos, [49] pero más seguramente», todos aman y siguen las remuneraciones, esas remuneraciones que son los Glaucomas, más bien que las Cataratas, que endurecen y opacan el humor — «este símil va en términos de Óptica» — no áqueo ni vítreo, sino el christalino o gracial de los ojos de los Ministros, según aquella otra sentencia, breve pero aguda, del cap. 20. del Eccles.: [50] los presentes y los dones ciegan los ojos de los Juezes, condenándolos por ellos las Leyes Civiles, vga. aquella de la Authentica *novo jure* del Emperador Justiniano, a la amende del triplo y a la pérdida de su cargo; y las constituciones del Canónico, a la restitución in *integrum*, sea a los pobres (como en el fuero interior quiere Sto. Thomás), o a quien la donó (como asienta S. Raymundo Peñafort), en caso que procediese con buena intención, qual sería el conservar su dro. ileso, y no con la mala de formarse el que no tenía, que entonces él va con el Angélico Dr., o contra quien se exhibió, como quiere el mismo Sto. compilador de las Decretales por comisión de S. Gregorio IX., si se juzgó injustamente. [51]

Bisoño. — Bueno está, Taita, en lo que mira a los pensamientos Judales, que los produciera más por dar a entender sus abances, que por arreglo de conciencia. ¡Pobre de él si su P. el *Orejas* se hubiera arreglado a dictamen tan seguro, cierto e indefectible! Y si no más, que se conforma con la respuesta que este le emboque, mas que sea de aquellas que llaman de pipiripao o de pie de banco. [52]

---

[47] *Iulii Clari ... Opera omnia, siue practica civilis atque criminalis: cum doctissimis additionibus ... Bernardini Rosignoli ...* (Genève, 1637).
[48] Isaías, I, 23.
[49] Cfr. la nota 40.
[50] La cita proviene del Eclesiástico, 20, 31; v. además el Éxodo, 23, 8, y el Deuteronomio, 16, 19.
[51] De los escandalosos sobornos en que incurrió el Asesor Salas se halla copiosa información en la biografía suya escrita por Donoso.
[52] Disparatada o impertinente.

Veterano. — Ello por ello, Hijo, porque después de alabarle sus discursos, le pasa a explicar la ninguna obligación que tiene de restituir las ilícitas donaciones que tiene, en virtud del dro. natural, como la tiene la Meretriz del precio que se le impartió por su torpeza. Por lo que *[26]* toca al dro. positivo, le añade que sus Leyes sólo obligan en el fuero externo, y no interno, según muchos Autores, quando los dones se han recibido por expedientes injustos, que quando son por justos, entonces es menester sentencia condenatoria de Juez, como dicen los Moyas y Haunoldos, [53] la que jamás se podrá verificar contra él, porque dice no poderse probar en *litis* tal aceptación, a vista de la reserva con que se manejó en ellas, significándole, por último, el que cuando la justicia de ambas partes es dudosa, o igualmente probable, entonces se retiene válidamente lo recibido, como lo juzga Nulenc, aunque se faltase a lo lícito en hazerlo, «lo que Dios ya me habrá perdonado», que es únicamente según su interpretación lo que tiene condenado el Sr. Alexandro VII, en su proposición tantas. Estas respuestas, Hijo, tan vanas y fruslatorias *(sic)* le contentan al Sr. Juditas de tal modo, que luego luego sale diciendo: «Eso sí, gracias a Dios que hay opinión para todo, y que no quieran esos perros Limeños entender que si Vd. lo hizo, sabría cómo se podía hazer». Pero lo precioso es, Hijo, que conociendo el Sr. *Orejas* todas sus sofisterías y viendo el sosiego y tranquilidad en que quedaba su *Juditas*, le remata la cosa con el cuento de las Espórtulas.

Bisoño. — ¿Qué son Espórtulas, Taita, que jamás he oído tal terminillo, y no sé a lo que me suena, que me provoca a rriza.

Veterano. — Espórtulas, Hijo, son hoy dros. pecuniarios, honorarios, salarios o estipendios que se dan a los Juezes u otros Ministros de Justic *(sic)*; todo esto, Hijo, dice el Dialoguillo hablando con el T. 2. Cod. De Exportulis et sumptibus in diversis juditiis faciendis, [54] y trayendo ya aquello: quis militavit suis

---

[53] Mateo de Moya, S. J., *Selectæ quæstiones ex præcipuis Theologia moralis tractatibus* (Madrid, 1670), y Christophorus Haunoldus, *Controversiarum de justitia et jure* (Ingolstadt, 1670-1674, seis volúmenes).

[54] Código, Lib. III, Tit. II: De sportulis, et sumptibus in diversis judiciis faciendis, et de executoribus litium.

estipendiis nunquam, ya lo otro: dignus est operario cibo suo, y ya esto: non ligabis os vobis terentis in area fruges suas por las partes colitigantes, quando ellos no tienen asignación para su sustento, habiendo sido antiguamente una Caxuela donde se ponía la plata como en depósito o un Cestillo donde se llevaban estas ofrendas, que es lo mismo que decir que por la figura Methonimia se ha trasmutado ya el nombre del continente en el del contenido.

Bisoño. — ¡Dexe Ud. eso ya, Taita, que canza y no deleyta! Sólo sirve para conocer hasta dónde van los escurrimbres que llega a hacer de las escusas de su proceder sucio y fétido. Vámonos a recoger que es tarde y tengo que rezar la oración de San [27] Largo y Esmiragdo, para la bevedad *(sic)* del viage de N. DESEADO Gobernador.

Veterano. — A Dios, pues, Hijo, y no me esperes estas noches, que estoy de componedor de Cargas de un Corregidor, que va a hacer Ramadas para recibir al DESEADO de este Reyno, como bien dixiste, siendo éste el título más proporcionado con que lo hemos de nombrar siempre que lo toquemos en nuestras noches.

Bisoño. — Felize Vd. Taita, que siquiera en eso se dedica a servirlo, quando todos aspiran a tener motivos para dónde ir a conocerlo de antemano y que conosca el anhelo con que se le espera. Pero qué, ¿su despedida de Vd. es hasta las noches del Callao?

Veterano. — No hijo, que yo haré por venir el día 20. que es en el que se despacha el Correo de Valles, y tendremos negocio entonces sobradíssimo con tratar en dónde se halla N. DESEADO, y todo lo demás que ocurra.

Bisoño. — Sea norabuena, Taita, y hasta entonces, abur.

Veterano. — Jauna abur, [55] y cuidadito, que no faltes la noche asignada.

FIN DEL PARERGOM *(sic)*

---

[55] Locución del éuscaro: 'Jauna' significa Señor; 'Agur Jaunak' equivale a 'Bienvenido, señor'. V. Berriochoa, «La expresión vacca 'agur' en autores

ULTIMO PREAMBULO EXORDIANTE AL DRAMA,
habido en la noche [del] 20. de Junio.

Bisoño (sic). — ¡Ya ves, Hijo, cómo cumplo mi palabra! Aun antes de preguntarte por tu salud y lo demás usado de la salutación civil y cortéz, tiro a alabarme en ella.

Bisoño. — Sí Taita, es Vd. hombre que cumple lo que promete. Yo, después de volver a Vd. sus políticas, voy al grano. Ya no hay Callao; ya se le quitó la sal al recibimiento. Ya logró el *Catalán* usar de las suyas. Supongo que Vd., Taita, sabe todo el cuento: que ha escrito el DESEADO que se omita esta pención, que se ahorren gastos y que se elija un lugar a propósito donde recibir el Bastón; [56] que se le ha respondido el [28] que se executarán sus órdenes a la letra, y que en el Palacio se hará esta ceremonia; que se ha hecho un nuevo ceremonial preciosísimamente dictado en forma de Auto de Acuerdo, [57] y que últi-

---

castellanos», en *Boletín de la Real Sociedad Vascongada de los Amigos del País* (San Sebastián, 1966), XXII, págs. 130-131.

El idioma no era desconocido en Lima, pues en la *Parentación solemne ... a Doña María Amalia de Sajonia ...* (Lima, 1761), se incluyeron unas «Rimas afectuosas y lúgubres en lengua bascongada». Cfr. Lohmann Villena, «Poesías vascas en Lima en el siglo xviii», en el mismo *Boletín*, XII (1956), págs. 417-422.

[56] V. el texto de la comunicación de Guirior a Amat, desde Piura, en 5.VI.1776, en Sáenz-Rico, ob. cit., págs. 511-512. En ella solicitaba que la recepción se redujera a lo indispensable, con supresión de todo acto superfluo, realizándose la trasmisión del mando en el punto que determinara el segundo.

[57] Copia del auto por el que se reformaba el ceremonial y etiqueta de la recepción del Virrey Guirior, en B.N.P. Manuscritos, C3906, y B.N.M. Manuscritos, 3.079, fols. 51-56.

En Acuerdo de Justicia celebrado bajo la presidencia de Amat, en 17.VI.1776, con la asistencia de los magistrados Urquizu e Ibáñez, Querejazu y Mollinedo, Messía y Munibe, Mansilla y Arias de Saavedra y Ruedas, más el Fiscal Álvarez de Acevedo, se dio lectura a la comunicación de Guirior mencionada en la nota precedente. «De dictamen y consentimiento» del Virrey se adoptó la resolución de suprimir la ceremonia que se cumplía en la capilla de La Legua, con asistencia tanto del mandatario saliente como del entrante, así como el desplazamiento del segundo a Bellavista, lugar en donde recibía el saludo de las corporaciones limeñas, durante su estancia allí, que se dilataba por tres días. En cuanto al sitio en que se debía efectuar la entrega del bastón de mando, «el Señor Virrey actual elija y determine el qe. sea de su superior arvitrio», para que luego desde

mamente no habrá Conversatas por falta de noches proporcionadas.

Veterano. — ¡Calla la boca, Hijo, que todo lo sé, y mejor que tú! Ya veo que tú eres muy pegado a tus usos patrios, como yo también, pero hay casos en que uno se consuela de estos trastornos, quales son quando uno considera que por los mismos filos por donde quieren algunos cortar el lucimiento de otros, por ellos proprios se suelen herir mortalmente. Míralo ahora a las claras: El *Chueco,* por no entregar el Bastón en La Legua y quedarse sin Docel, ha dispuesto hacerlo en su Palacio, y todos, como que aun todavía le tiemblan, se han avenido con su penzar. Mas, para cohonestar su sobervia, mandó que se tiendan en armas las Milicias de a Caballo y de a Pié, desde la Huerta de Herbao [58] hasta la puerta del Salón. Saldrán aí en Caballería y en Infantería más de cinco mil hombres. Entrará por medio de ella N. DESEADO, recibiendo de todos los honores que le corresponden. Vendrá precedido de todo el Regimiento de la Ciudad y de muchos Caballeros de distinción. El concurso de toda clase de gentes será innumerable, no sólo en su pasada, sino desde que amanezca el día, unos a saludarlo o en cuerpo de Tribunales o a

---

ese punto acompañase a su sucesor, cediéndole la derecha, hasta la capilla del Palacio, encabezando el cortejo formado por la corporación edilicia de Lima, presidida por sus Alcaldes. A la entrada de la misma ambos personajes se darían un abrazo, y acto seguido Amat se retiraría a su residencia privada, escoltándolo la Guardia montada hasta dejarlo instalado en ella.

V. también el § 1 de la Relación de Guirior (*Relaciones de los Vireyes y Audiencias* (Lima, 1872), III, págs. 3-4).

[58] Quinta campestre también conocida por de Erbao, o de El Bado (en el plano de Lima, de Fuentes, de 1858).

Estaba situada a la altura de las cuadras 6.ª y 7.ª de la actual Avenida Francisco Pizarro, según se colige del plano de Lima levantado por encargo del Visitador Escobedo (1787).

El nombre de esa huerta provenía del apellido de su propietario, el comerciante Francisco de Herbao y Gallardo, gaditano, que adquirió ese predio del Convento de Nuestra Señora de Guía y lo mejoró notablemente, levantando una casa con viviendas accesorias, con seis puertas a la calle, y formando un amplio jardín, conforme se deduce de su testamento, el 24.XII.1760, y del inventario de la propiedad, practicado en 25.V.1761 (A.N.P. Leonardo Muñoz Calero, 1760-1763, fol. s. n., y Martín Pérez Dávalos, 1761, fol. 243, y 1761-1762, fol. 2113).

Herbao había sido uno de los testigos del bateo del futuro Marqués de Soto Florido, en la parroquia de San Sebastián, el 6.IV.1732.

modo de particulares, y otros a ver y a gritar un VIVA de corazón. ¡Qué grandes, qué tiernos, qué sinceros han de ser estos! Ellos resonarán en el ayre, pero irán a rematar los ecos en sus pechos. ¡Qué alegres entonces verás que se muestran los dos Espozos azia todas partes! Agradecerán conmovidos un aplauso que al punto penetrarán con la viveza de sus talentos, ser originado de un plazer puro y verdadero, y no fingido y contrahecho. Haz ahora un cotejo de esto con el modo antiguo con que entraban los Virreyes. Salían del Callao en un Coche, antecedido de 10. ú 12. y entraban en su Palacio sin que hubiese otro ruido en las Calles, «ya sabes que en el recibimiento público era otra cosa», que aquél *[29]* que accidentalmente se causaba por las gentes del tránsito. Unos se paraban llevados de la curiosidad, y otros salían a las puertas, como quando pasa un paseo de grado. Yo ví el del *Chueco,* y no parecía esto, sino duelo de alguna Casa grande, que arrastra tanto o más número de dolientes. Ya se vé que aun quando el de N. DESEADO hubiese sido según este uso común, toda la Ciudad hubiera con todo encortinado sus puertas, y hubiera batido las manos, gritando: «Viva el restaurador de la tiranía y el enviado de Dios», exediéndose de sus costumbres ordinarias, a vista de lo que se salía y de lo que se lograba.

Bisoño. — En todo me convence Vd., Taita, y en ello veo lo que puede la razón sobre la pasión. El *Catalán* ha sido para la gente baxa muy proficuo, [59] como no negará Vd., y no obstante es preciso seguir el torrente de los que ha maltratado, que han sido a los nobles. Aquéllo es gratitud, y esto justicia.

Veterano. — Quita, Hijo, y a mí no me digas eso, que yo te haré veer en su lugar que ha sido engaño todo lo que ha executado con ellos, sin negar las partidas del engreimiento. Mas quando no te pueda convencer, concluiré la cosa con añadirte que yo no sigo el partido de los nuestros, sino el de los Señores, y eso debías tú hacer también para ser legítimo Palanganota.

---

[59] V. por lo que a este respecto concierne a la conducta de Amat en Chile, Sáenz-Rico, ob. cit., págs. 120-121, y por lo que dice relación a su política al frente del Virreinato, el encomiástico alegato de Morales de Aramburu, bajo el epígrafe «Beneficio a la Nobleza», en *Fénix. Revista de la Biblioteca Nacional del Perú* (Lima, 1947), núm. 5, pág. 304.

Bisoño. — Estoy en eso, Taita, y por eso doy de corazón en hablar de N. DESEADO, porque hoy no hay otra conversación entre los Caballeros, que de él, alabándole sus prendas naturales y adquiridas, y por cierto que deben ser estas muy grandes, según las elevan y engrandecen.

Veterano. — Son tan grandes, Hijo, que no caben en las vozes. Él vendrá, y hará palpar palpariamente todo y aun más de lo que se dice, porque no dicen todo lo que es, por mucho que te paresca que encarecen las expresiones. Él es benigno y justiciero. Él es suave y recto. Él es político y respetoso. Él es llano y severo. Él es compasivo y fuerte. Él es virtuoso y alegre. Él es, en fin, Soldado y atento. La unión de todas estas virtudes es naturaleza en su conducta, y su uso el mejor brillo de su *[30]* proceder. No te admires, Hijo, de oírme tirar una tal qual clausulita en su alabanza, que si el dolor siempre es loquaz para pintar las dolencias de su ser, no lo es menos la alegría para abrir la boca a los mudos y esparcir los transportes del Corazon. Si la simple pintura de este Héroe que esperamos, haze mover las lenguas destinadas al silencio por su propria debilidad, ¡qué no harán aquéllas que por su incubación son eloquentes quando vean y esperimenten que queda mui abaxo el retrato respecto al original! Entonces oirás en sus labios lo que yo quiero callar, por no echar a perder con mis tosquedades.

Bisoño. — ¿Tosquedades, Taita? ¡Cuerno, que ni Tito Libio me parece que hablara con más energía! ¡Pero de dónde sabe Vd. todo eso! Vamos con dieta, [60] que creo que Vd. me está ocultando mil de cosas.

Veterano. — No te oculto nada, Hijo: todo eso e infinito más, lo sé de nuestro Patrón, que lo conoció aquí, allá y acullá, [61] y lo

---

[60] Locución que reaparece en las páginas 73 y 92.
[61] Ya en las páginas 8, 13, 16 y 18 los dos Palanganas se han referido a su Patrón.
Del pormenor de que el mentado Patrón hubiese conocido a Guirior «aquí, allá y acullá» podría inferirse que se tratara del Conde del Castillejo, tan allegado al Marqués de Soto Florido, y que pudo perfectamente trabar contacto con el mandatario tanto cuando éste visitó Lima por vez primera, con el grado de Teniente de Navío, como Mayor de Órdenes en la escuadra enviada al Pacífico bajo el mando de don José Pizarro (época a que alude

sé también de los otros pilones claros y puros de donde siempre he bebido.

Bisoño. — ¡Mire Vd. Taita en lo que estoy, a causa de lo que le he oído! Que es irme el día de su entrada a Tamboinga, [62] muy de madrugada, y venir observando desde allí los semblantes de todos, para imponerme por mí mismo en estas materias.

Veterano. — No hagas tal, Hijo, porque te canzarás mucho, y esa noche y las dos siguientes, que han de ser las de las funciones del Palacio en lugar de las de Vellavista, las tiene sentenciadas nuestro Patron para las conversatas, expresándome que aunque haga falta en no ir, falta que en él será de primer orden e irreparable, pasará por ella a cambio de lograr de su genio que es el que más él lisongea en su modo de vida.

Bisoño. — Está bien, Taita; pues lo que haré será irme a Casa de Erbao, [63] y meterme de serviente, que a fin que allí está el Amigo Martín, que siempre me dá Quartel. Verélo a N. DESEADO, y a la Sra., a quien todos llaman el Arco Iris, según su paz y virtud, a satisfacción, y sin tropelía ni afán.

Veterano. — ¡Qué razón tienen en hacerlo, Hijo, a vista de lo que se me ha expresado! Ella es modesta, suave, prudante *(sic)*, vir- [31] tuosa, obsequiosa, llana, y tiene aquella gracia que es sobre todas las gracias, qual es el ser honesta y Santa. Así en su corazón se hallan fixos los mandatos de Dios, al modo que se veen los fundamentos de la Eternidad fincados sobre la solidez de la piedra. Feliz su Esposo, que logró en ella lo que se debe

---

en su Relación, § 16, *Relaciones de Vireyes y Audiencias* (Lima, 1872), III, pág. 8), como posteriormente en la Metrópoli. Pero, por otra parte, la circunstancias de hallarse ausente del Perú este prócer desde 1772, en que se trasladó a la Corte, reforzada por la mención a la prestancia del sujeto, cuya ausencia en el recibimiento de Guirior hubiera provocado comentarios de desaprobación, y concordada con la imperturbabilidad de ánimo subrayada como distintiva del carácter del Decano Bravo del Ribero (págs. 70-71), lleva a pensar en que el Patrón pudiese ser este último, si bien en Bravo del Ribero no concurriría la circunstancia de haber conocido a Guirior fuera de Lima.

[62] Paraje situado a unos veinte kilómetros al N. de Lima, franqueado el río Chillón, punto que ya iba perdiendo la importancia que había tenido en épocas anteriores: en él pernoctaron el Viernes 31 de Enero de 1533 Hernando Pizarro y su hueste, en ruta a Pachacamac.

[63] V. la nota 58.

buscar hasta en los últimos fines de la tierra. Con rayon *(sic)* confía su pecho a su bondad. Al paso que ella por su exercicio duplicará los días de su vida, él, por el obsequio y culto de su amor, llenará en paz la Eclíptica de sus honores, habiendo sido éstos, sobre todo aquellos que miran al temor de Dios, en que está sigilado principalmente el verdadero honor, los que le han merecido esta única buena parte de la sociedad humana. Su exemplo, por fin, tanto en las civilidades, como en las acciones de Religión, es decir, su franqueza, su adorno nada profano, su estilo amoroso y nada ocioso, su oración, su humildad, fee, caridad, su respeto a los Ministros del Altar, y todo lo demás que constituye una perfecta cristiana, será un espejo claro, terso, limpio, sin mancha ni opasidad, que dé a las Señoras de la Ciudad motivo para duplicar sus fervores en todo este género de qualidades, que no faltándoles desde luego, no se desdeñarán de mostrarlas a todas luzes y claridad, y a las otras Mugeres comunes ocasión oportuna de moderar sus escándalos y profanidades, que siempre es poderosa arma para el arrepentimiento y emmienda veer en la Nobleza estampada la bondad. Estas dos partidas, que andan gemelas en esta Señora, concíbelas, Hijo, mucho mayores de lo que se dice y aun yo te he expresado de la una, que de la otra, esto es de su sangre, estirpe y alcuña, no cabe en una parleta sola, según se sabe que es de origen de primer orden en su tronco y ramas.

Bisoño. — ¡Fuego de Dios, Taita, y cómo se eleva Vd. en hablando de estos Señores! Cierto que el elogio está que ni de pensado, o por mejor decir chapado. Lo que saco finalmente de él y del otro de su Esposo, es que este será un Gobierno de paz, de tranquilidad, *[32]* de amor, de justicia, de benignidad y prudencia, opuesto en todo al de este *Chueco,* que ha sido de guerra, de iniquidad, de temor, de sinrazón, de inflexibilidad y tontera. Vaya con Dios a su *Rincón,* [64] y dexe el lugar a quien envía el Cielo para la restauración de nuestra tormenta. Que suceda a la opresión en que se ha vivido, el desahogo y la serenidad, que siempre a las lágrimas se sigue el consuelo, como después de

---

[64] I. e. la Quinta del Rincón o del Prado, a que se contrae la nota 26.

la borrasca brilla la bonanza, o como viene el gozo después de la tribulación. ¿Pero no es tiempo, Taita, de retirarnos?

Veterano. — Sí, Hijo, y de retirarnos hasta las noches aplazadas, que tengo mucho que hacer, y sobre todo el frío me abruma y no me acomoda como a tí, que eres Mozo. A Dios, pues.

Bisoño. — A Dios, Taita, hasta ellas en este sitio, que allá en Casa bien nos veremos, y si Vd. no estuviere en ella quando lo busque, a fé que me encontraré con el Chico, y le haré los cariños que se merece por su juicio y aplicación.

Veterano. — Sí, Hijo, sí, Hijo; bien está. Buenas noches, y hasta entonces.

FIN DEL PREÁMBULO.

DRAMA

PRIMERA NOCHE.

Uisoño. — ¡Acavara Vd., Taita, de llegar, que ya lo esperamos con impaciencia! ¿Qué? ¡No sabe Vd. que hoy no es día de gastar flemas, quando todo el tiempo es corto para Ntro. sistema! Pero, en fin: ¡Qué día tan grande! ¿No? En todo él me he estado acordando de su Pronóstico de Vd., Taita. Uaticinio más cumplido no lo he visto. Parece que quando me lo explicó Vd. ya lo havia visto en algún Espejo Máxico, según correspondió la pintura al original ¡Qué alegría! ¡Qué concurso! ¡Qué gala! ¡Qué ostenta! ¡qué ví- [33] vítores! *(sic)* ¡Y qué correspondencia de Señores en semblante, en acciones y urbanidad! En eso me astaba *(sic)* desatando con mi Sr. N. Patrón, quando llegó Vd., y ya me iba amoinando porque no me ha respondido ni una sola palabra, y antes estaba haciendo como que resaba. Ahora con su llegada de Vd. mudará de parecer.

Veterano. — No mudará, Hijo, y es verdad que tú no tienes la culpa de esta falta, sino yo que me olvidé de hacerte la prevención que teníamos pactada de no interesarlo en nada, sino que hemos de hablar nosotros solos como si no fuese presente, haciendo de cuenta que no nos oye, al modo que tiramos nuestras famosas Conversatas sobre el grande *Orejas de Asno*, jusgando que nadie nos escuchaba.

Bisoño. — Querno, y Querna, Taita, que es macho y embra, y qué vien pensado estaba eso; gracias a su olvido de Vd., que si nó yo lo hubiera tratado *Uere et realiter tanquam si non esset*.

Veterano. — Uamos, Hijo, al caso, y deja quimeras con que soy buen Profeta y en mi Patria. Quebróse en mí según eso la regla. ¿No te lo dixe? ¡Si yo, como que bebo en buen pilón, lo alcanzo todo! Pero empesemos por aquí con *Amat*, que hemos de llamar, si no te opones, *Asno de Oro* desde nuestro principio.

Bisoño. — Ya Vd. Taita quedrá llamarlo así por la pintura que hizo en su primera esquina de Vd. el pintamonos de las Calles, nuestro famocísimo hermano Feliciano Fernández,[65] en que puso un Asno con unas orejas plateadas y en medio de su barriga un letrero que decía en fábula Apuleyo, al modo que en otras dize éste es un Hype-laphos ... mas que sea un Toro, éste un Trago-laphos, mas que sea Rinoceronte, «et sic de ceteris».

Veterano. — No Hijo, no es por eso, que yo nada hablo al ayre, aunque todo lo tomo al buelo. Lo llamará *(sic) Asno de Oro* aplicándole con propiedad todo lo que Luciano refiere se apropió a sí aquel famoso Africano en su transformación Asnuna, pero esa es materia larga, y más quando siempre era menester escalfar la diferencia de que Apuleyo se mantubo pobre, aun haviendo casado con una Viuda rica, y el *Chueco* vino a ser poderoso, aun

---

[65] Clara remembranza del Orbaneja del *Quijote* (II, III); sabemos de este embadurnador que en 1777 corrió, junto con Clemente Liseras, con la obra de decoración del Palacio que dispuso el Virrey Guirior. Extendió poder para testar en 27.VIII.1779 (A.N.P. Félix García Romero, 1772-1780, fol. 439). Su nombre completo era Feliciano Fernández y Omonte, y era oriundo de Lima.

Es menester distinguirlo de un homónimo coetáneo, que era de profesión carpintero. En 1770 trabajó en las obras del presidio del Callao y en 1793 interviene como perito en el reconocimiento del estado de la iglesia de Chocope (*Revista del Archivo Nacional del Perú* (Lima, 1957), XXI, páginas 8-33).

haviendo vivido en contubernio con la *[34]* misma miseria. Yo quiero que lo llamemos *Asno de Oro* porque él siempre fué Burro y por tal «aunque la vil lisonja lo haya elevado a sabio angélico,[66] y repara que la voz *Angélico* se la suele apropiar a sí el Diablo en los Autos Sacramentales, para que no lo conoscan» ha sido conocido en nuestro continente desde el año de 56. que llegó a Santiago de Chile de Presidente de aquella Real Audiencia, y aun en toda la España, desde el año de 12. que haviendo dejado el Faldellín, con onze a cuestas, tomó la Casaca del servicio a sus ruines hombros, y porque ya es todo Oro, en los 15. años que ha Gobernado, desde los pies a la Cavesa.

Bisoño. — Pues ha ese modo, Taita, llamémoslo también Tigre de Oro, León de Oro, Leopardo de Oro, Serpiente de Oro, Jabalí de Oro, «et sic de caeteris animalibus ferosibus et venenosis», nunca con el nombre de algunos de los suaves y dóciles, o jamás le aplicaremos aquel dicho de Diojenes, quando viendo a un rico necio, prorumpió: «Uee ay una Obeja: Aunque rico hera manzo, que no era poco milagro». Aurea Obeja por su estolides. Aurea, por sus abundancias.

Veterano. — Sea enorabuena, Hijo, que por eso no hemos de pelear. Llamarémoslo así y asá, pero sin perjuicio de lo tirano, de lo cruel, de lo traicionero y voraz.

Bisoño. — Pues si eso ha de ser así, Taita, deslindemos, «pues como que se viene a la mano en quanto a lo primero este asunto», ese caudalote de ese *Canservero de Oro.* ¿Tendrá, Taita, 10. Mi-

---

[66] No faltaron los aduladores que prodigaron este calificativo al Virrey Amat: por angélico lo tiene Don Juan de Ceballos, Cura más antiguo de la Catedral de Lima, en carta elevada al Monarca en 12.I.1762 (cfr. Sáenz-Rico, págs. 601-602). En una de las décimas con que un anónimo glosó cierto anagrama de Manuel Chacón Infante de Lara, se dice:

«... ... ...
Las franquezas de tu mano
O mi amado Ángel humano,
Dame lo que más quisieres
... ...»

(Lima, 1769) (Medina, *La Imprenta en Lima,* III, pág. 16; reproducidas en *Revista Histórica* (Lima, 1919), VI, pág. 289). Finalmente, el obsecuente Morales de Aramburu también lo compara con un ángel (*Fénix* (Lima, 1947), núm. 5, pág. 334).

llones? Yo eso le hoy *(sic)* decir que tenía a Seor Cuy-asio, [67] al temple de ir a rascar su Uiolín. Ello me pareció mucho, pero como es hombronaso en saber contar, me rendí a su suma.

Veterano. — No tanto, Hijo, pero sí tiene muy cabales seis y medio, cuya cuenta y el modo con que los hizo, es palmar y demostrable.

Bisoño. — Uaya eso, Taita, que Vd. procede muy afirmativamente, y parece que tiene muy vistos los Autos de la materia, y sobre todo es menester creer sus cosas de Vd. a ojo cerrado, y quando nó, ciegamente.

Veterano. — Pues no lo creas, Hijo, solo porque yo te lo digo, que aunque Captivar así tu acenso en obsequio de mis proposiciones corresponde a tu manse- *[35]* dumbre, quiero que apartes a un lado a ese motivo, y que lo juzgues por la demostracion Mathematica que voy a tirar, sin necesitar de las Pizarras, de los Lápiz y de las otras líneas de esta facultad que al *Asno de Oro* «le decía la lisonja» conocía a la perfección, quando aun ignoraba el *Quid* de sus prohemiales. [68] Pero entrémonos en ello. Su Renta Real, con sobresueldo y todo, eran sesenta mil pesos, [69] que los

---

[67] Este Cuy-asio, aficionado a tocar el violín, debe de ser el Manuel Rabel Cui que sale a relucir en la página 71, pues encontramos alusión en este último al rabel, instrumento músico similar al violín. Existió, por cierto, un músico llamado *Manuel* de Arcaya, que ejercitaba su arte por aquellos años (*Fénix* (Lima, 1956-1957), núm. 12, pág. 44).

Por otra parte, Llano Zapata, en un impreso gaditano de entonces, se mofa del Decano Bravo del Ribero, dándole en sorna el sobrenombre de «Cujacio o Papiniano de Lima» (Cfr. su carta a Salas, de 16.XII.1766, en *Revista Chilena de Historia y Geografía* (Santiago, 1942), XCII, núm. 100, pág. 216).

[68] Tanto en el Cartel del concurso poético *El nuevo héroe de la Fama* (Lima, 1762), en que se califica a Amat de «... nuevo y mejorado Descartes ...», como en el discurso de recepción en San Marcos leído por Valdivieso y Torrejón, se ponía en los cuernos de la luna la capacidad del Virrey en materias matemáticas, disciplinas por las que ciertamente mostraba predilección (Sáenz-Rico, págs. 30 y 100). V. *infra* notas 288 y 290.

[69] Comp. las liquidaciones de la remuneración de Amat, que cobraba su Mayordomo y poderhabiente, Palmer: haber básico, 40.500 pesos anuales, más 20.000 pesos en concepto de sobresueldo, con arreglo a la Real Cédula de 14.VIII.1763 (A.N.P.M.H. Libro 0909. Libro de salarios, situados y extraordinarios ... (1770-1778), fol. 3). V. asimismo su *Memoria de Gobierno* (Sevilla, 1947), pág. 361.

tomaba mensalmente en Doblones de la Moneda, y doze que importaban los otros Ramos de Tabaco, [70] de Cruzada, de aquella Caxa y demás Oficinas. Son, en 15. años menos tres meses, Un Millon ochenta mil pesos, sin hacer caso de algunos otros piquillos. Ahora pasemos a sus otras entradas, que son las de más monta, fundadas en obsequios, entables y ventas, [71] porque muy mal año era donde esto no pasaba de 338 mil pesos, que en el mismo espacio quinzeno sube a cinco Millones setenta mil pesos, que con el otro de arriva y sus picos, se vienen a ajustar los seis y medio cabales de arriva, y eso mirando las cosas muy piadosamente.

Bisoño. — ¿Piadosamente, Taita, quando a mí me parece el araño annual tan excesivo? ¡338 mil pesos! No me cabe el cómo apichilase [72] esto en la Caveza. [73]

Aun sin valerse de los ingresos ilícitos a que se alude en el texto, la retribución del cargo de Virrey le permitió a Amat en 1769 contar con el caudal suficiente para extender poder a Francisco Boters e hijo, facultándolos para adquirir cualquier inmueble que hubiere en Madrid, al contado, a fin de acondicionarlo para futura residencia del gobernante, una vez que cesara en el mando. Atestiguan el instrumento, otorgado el 12.IX. de dicho año, el Secretario Martiarena y el Asesor Montaño (A.N.P. Salvador Jerónimo de Portalanza, 1768-1772, fol. 331. En relación con la adquisición del inmueble, v. Sáenz-Rico, págs. 429 y ss.).

[70] En la renta de Tabacos tenía impuesta el Virrey una asignación de 4.000 pesos (Cangas, «Descripción dialogada de los pueblos y costumbres del Perú», en *La Causa de la Emancipación del Perú* (Lima, 1960), pág. 258).

[71] Las colectas organizadas para recaudar fondos destinados a la construcción del Paseo de Aguas, promovidas en 1769.

[72] ¿Será 'apigualase'? Equivale a juntarse a una persona o grupo sin tener derecho a ello, insertarse desaprensivamente en una reunión (Tauro, *Diccionario Enciclopédico del Perú*).

[73] Ya desde 1765 se tramitaba en la Secretaría del Consejo de Indias un expediente relativo a las ventas paliadas de diversos corregimientos en el Perú (A.G.I. Lima, 824). Entre los cargos deducidos por el Fiscal De la Puente Ibáñez, Marqués de Corpa, de resultas de la Sumaria secreta actuada contra el Virrey (Lima, 17.VI.1778), figura como «principal» el 5.°, que se contraía a que era «la voz común» que Amat, en las provisiones y mercedes de cargos y oficios se rendía al cohecho, consumándose las baraterías por intermedio del Asesor Salas, del Secretario Garmendia y del Mayordomo Palmer. Inclusive los que en términos generales deponen favorablemente al Virrey, admiten estas corruptelas: el Coronel don Félix Morales de Aramburu confiesa que para alcanzar la prorrogación por un bienio de la plaza de Corregidor del Cercado (en tal virtud, sólo con facultad de percibir la mitad

Veterano. — ¿No te entra en la Mollera, Hijo? Pues voy a que te lo calzes sin calzador de Gato, y ni aun de Cuerno. Los Corregimientos, «vé atendiendo y no pierdas gota, que en eso consiste» del Virreynato son 77. Las Oficialías Reales 21, y los otros cargos, como de Contadores, Tesoreros, y demás empleados de Tenientes y Oficiales de las Oficinas de Moneda, Tabacos, Aduana y Temporalidades, indecibles. Todos los provistos para ellos, antes de entrar, como para recivir el pase, le tributaban más o menos, según la Renta del ajuste de el empleo que iban a exercer, y el que menos dejaba de dar cosa de quatro mil pesos en buen Oro o fina plata. [74] Las vacantes de estos, o por muerte, o por deposiciones, o por cumplimiento de su término, se vendían a proporción de la Tarifa que se tenía hecha de todos, y ra- *[36]* ro era el que no subía a ocho mil, haviendo de veinte, de veinte y cinco, y tal vez de treinta. Concidera ahora qué no vacaría cada año. ¡Se pierde el discurso en sus Guarismos! Con todo, mira una suputación la más vaja y natural que se puede formar, para que aquel no se pierda y éstos se aclaren. Serían veinticinco los Gobiernos que bacaban al año, «en todo se entiende un año con otro», y a ocho mil unos con otros también, ya tenemos docientos

---

del haber, dado su carácter de interino), abonó a Palmer una comisión, que por añadidura le permitió disfrutar del íntegro de la remuneración asignada al cargo; por su parte el Alcalde don Ignacio Cabero y Vázquez de Acuña asevera que Amat cedió al soborno al conferir la Contaduría General de la Renta de Tabacos a Cayetano Martínez de Diego, desplazando al santiaguista don Manuel Vicente Sáenz de Ayala y Soloaga, que había alcanzado del Monarca una Cédula para que se le diera esa misma colocación.

El cáustico autor del «Compendio histórico de las obras ... del señor Amat ...» (B.N.M. Manuscritos. 18.744/28), en el parágrafo 40 trae un juego de palabras alusivo a la venalidad del gobernante y de Salas: Juan Roca y Cristóbal Francisco Rodríguez proyectaron la instalación de un pescante en el Callao para izar los efectos que acercaban a la playa las embarcaciones auxiliares. Aunque la obra se anunció en la *Gazeta,* a la postre nada se llegó a hacer, y «han quedado de pescantes sólo el Virrey y su Asesor».

[74] El ilustre don Antonio de Ulloa, Gobernador de Huancavelica desde 1758, en despachos elevados al Rey en 1º.I.1762 y 20.III.1764 denuncia los manejos de Amat, «terror de todo el Reyno», y expone cómo se había entablado el sistema de exigir por el disfrute de aquel cargo una contribución anual de diez o doce mil pesos, corruptela en la que Ulloa se negó resueltamente a condescender. En comunicación posterior, de 28.II.1765, cursada al Bailío Arriaga, exclama que este juanillo servía «para acrecentar el tesoro de Amat y el quantioso, que no se acierta a numerar con fixeza, de su Asesor» (A.G.I. Lima, 843).

mil. Que fuesen las Contadurías y Oficialías Reales sólos seis, y a diez mil, salen sesenta. En las tres Casas de Moneda únicamente pongamos diez, y a tres tenemos treinta. En los Tabacos, Temporalidades y Aduana no hechemos sino doce, y a quatro, ve ahí quarenta y ocho. Juntemos ahora estas quatro partidas, y hallarás que monta su suma los dichos 338 mil pesos cabales. Esto, te repito, exponiendo las cosas bien baratamente, que por sólo las Plazas que se extablecieron en aquella Aduana y las resultas que dejaron, le valieron cien mil de a ocho. La Protectoría Fiscal de Indios, que vacó el año pasado, [75] le dejó el Interinato mil Colunnas, que tantas largó ese peor de los Taimados y Poltrones, Abogado de Pleitos de mala cara y peor en vez *(sic)*, que habrás visto estos dias hydrópico por las Calles sin con todo dejar su natural impenitente en desbergüenza, ociocidades y malcinadas, haviéndolos largado su descuido por la esperanza de calzárzela, según los Informes prometidos en los pactos de la entrega. [76]

---

[75] El cargo de Protector General de los naturales lo ocupaba, en virtud de nombramiento real expedido en 16.XI.1741, el limeño doctor García José Laso de la Vega Híjar y Mendoza, Conde de Villanueva del Soto, Colegial y Rector del Mayor de San Felipe, marido de doña Francisca Zamudio de las Infantas, que falleció, sordo y septuagenario, el 25.III.1775 (Parroquia del Sagrario. Lima. Libro 9° de Defunciones (1769-1790), fol. 80). Conforme a un documento extendido en 8.VI.1774, se le adeudaba una porción considerable de su estipendio, que se resistían a abonarle los Oficiales Reales de la Caja de Lima (A.N.P. Francisco Humac Minoyulli, 1774-1777, fol. 58).

V. Lohmann Villena, *Los Ministros de la Audiencia de Lima en el reinado de los Borbones* (Sevilla, 1974), págs. 59-60.

[76] A juzgar por la saña que exhala contra este individuo el Marqués de Soto Florido, debió de existir algún motivo especial de distanciamiento entre ambos.

Llamábase el personaje de quien con tanto escarnio se expresa el autor del *Drama*, don Francisco Martínez Tamayo. Era oriundo de Santiago de Chile; hijo legítimo de Diego Martínez Tamayo y de Ángela de Zabala. Inició sus estudios en el Seminario de Santo Toribio. Siendo Bachiller en Cánones se graduó de Abogado ante el Real Acuerdo de Justicia en 9.VII.1739 (A.N.P. Real Audiencia. Grados de Abogados. Legajo 1 (1648-1783), Cuaderno 3). En 28.IX.1743 ingresó en el Colegio de San Felipe, en cuyas aulas coincidió con José Perfecto de Salas (que cursaba allí desde el 21 de Enero anterior), entablándose una amistad íntima y duradera, como que Salas, a su paso por Santiago, se alojaba en casa de los padres de Martínez Tamayo (A.H.N. Códices y Cartularios, 161, fol. 192; y Donoso, ob. cit., pág. 42). Corrobora esta estrecha confianza, que degeneró en complicidad y compadraje en la época de Amat, el hecho de que Salas, al embarcarse para la Metrópoli, confiriese en 1743 a Martínez Tamayo poder general para todos sus asuntos, inclusive para testar, pues a tal efecto le había comunicado cuanto le interesaba, designándole por albacea y tenedor de bienes (A.N.P. José González de Contreras, 1741-1743, fol. 197).

Fue Catedrático de Digesto Viejo hasta 1756, y de Vísperas de Leyes, en la Universidad de San Marcos, desde 1776 hasta su muerte. Además desempeñó los cargos de Consultor del Concilio limeño de 1772, Abogado de la Audiencia, Mayordomo y Administrador del hospital de Santa Ana y, como queda dicho, el de Fiscal Protector General de los naturales del distrito de la Audiencia de Lima, provisionalmente (esto es, hasta que llegara la confirmación regia, que Amat interesó con su despacho número 3, de 6.IV.1775. A.G.I. Lima, 653). El interinato lo regentó desde el 27.III. 1775, con la asignación de 859 pesos (A.H.N.M.H. Libro 0909. Libro de salarios, situados y extraordinarios... (1770-1778), fol. 39).

Ocupó asimismo el cargo de Provisor, Vicario General y Gobernador de la arquidiócesis de La Plata, por el Arzobispo Molleda y Clerque, sirviendo tales funciones con opa y beca de Colegial de San Felipe, en uso del privilegio de que gozaban quienes se habían educado en dicho plantel. En 1755 fue despojado de su investidura, de resultas de un sonado incidente con el Cabildo eclesiástico de aquella circunscripción, que justificara la remoción en virtud de haberse declarado la insanía del Prelado (V. las alternativas de este episodio, en la *Memoria de Gobierno* del Conde de Superunda (ed. Fuentes), IV, págs. 33-39 y 292. La actitud del Virrey Manso de Velasco llevó a Martínez Tamayo a enrolarse entre los adictos de Amat. V. también el alegato del doctor Manuel de Silva y de la Banda, publicado en Lima en 1756, y el escrito de Juan de Somolinos, elogioso para esta pieza jurídica, datado en Trujillo en 1.º.IV.1773. B.N.P. Manuscritos, C 363).

Desde 1758 hasta 1760 residió en el Cuzco, en donde promovió discordias con alteración del orden público, obligando al Corregidor de aquella capital a expulsarlo de la localidad.

En 3.VII.1773 confirió el grado de bachiller en Cánones a Manuel de Salas y Corbalán, hijo del Asesor del Virrey (*Revista del Archivo Nacional del Perú* (Lima, 1958), XXII, pág. 282). En el ejercicio de su profesión alcanzó cierto renombre y se le requería para zanjar amistosamente controversias (V. el laudo pronunciado en la causa que seguía el Cura de Matucana, Francisco Javier de Gorostizu, contra la sucesión del Marqués de Santa Lucía de Cochán, librado en 20.II.1765. A.N.P. Valentín de Torres Preciado, 1764-1765, fol. 458).

Propietario de la hacienda «San Pedro» en el valle de Surco.

Don Antonio Chuquihuanca, Colegial de San Martín, natural de Azángaro (ascendiente del famoso tribuno que ensalzó a Bolívar con la conocida arenga), le designó por albacea en su disposición de última voluntad, extendida en 26.VI.1764 (A.N.P. Isidro de León y Ávila, 1760-1769, fol. 415).

Soltero y sin descendencia, instituyó una fundación piadosa para el fomento de la conversión de los infieles de Tahití, destinando para ello la casa donde residía, «que llaman de la Virreina» (en la calle de este nombre), en la esquina frontera del convento de la Concepción.

Letrado defensor del Virrey Amat en la etapa inicial del expediente que se abrió contra el gobernante por el pago de la media anata de sus sueldos, ascendente a la cantidad de 14.946 pesos, tuvo un desempeño excepcional en aquellos instantes en que nadie quería asumir tal responsabilidad. Fue Martínez Tamayo el que, «como hombre de menos timidez a los respetos

Pero poco antes, por la Oficialía Real que vacó por la muerte de D. Domingo, [77] exivió un D. Pedrito Josef, bien tuertesito, onze mil brocas, [78] que era una puchuelita [79] que havía trahido de su Corregimiento de Guamalíes, que acababa de servir. [80] En los

---

humanos» no vaciló en encargarse de un asunto que «otros abogados no se atreverían a hacer, temerosos de la general conspiración de los poderosos» (Sáenz-Rico, pág. 519). Tuvo destacada intervención en el rompimiento Amat-Bravo del Ribero y su carta de arrepentimiento, de 8.III.1777, que el P. Marimón puso en manos del magistrado al día siguiente del fallecimiento de Martínez Tamayo, es muy expresiva del ambiente caldeado de esos años (Sáenz-Rico, pág. 581, nota).

Con la salud muy quebrantada, extendió cuatro disposiciones de última voluntad: 3 y 19.IV.1776, y 4.I y 26.III.1777 (A.N.P. Salvador Jerónimo de Portalanza, 1774-1777, fols. 357 y 362, y Orencio de Azcarrunz, 1776-1779, fols. 195 y 216v).

Falleció el 14.II.1778 (Parroquia del Sagrario. Lima. Libro 9º de Defunciones (1769-1790), fol. 105).

V. además Sáenz-Rico, págs. 78-79, 84, 151, 186 y 575.

[77] Domingo de Peña y Zamorano, natural de Lima. Bajo carta dotal extendida en 6.XII.1754 contrajo matrimonio con Andrea Román de Aulestia, hija del Secretario del Santo Oficio don José Román de Aulestia (A.N.P. Bernardino Méndez de Zúñiga, 1753-1768, fol. 157). Nombrado por Real Cédula de 12.VIII.1747 Contador Juez Oficial en la Caja de Lima. Fue además Comisario de Guerra de Marina en el Mar del Sur y Alguacil Mayor del Tribunal del Santo Oficio. Debió de ser de conciencia muy escrupulosa, según se deduce de su testamento, otorgado en 14.XII.1774 (A.N.P. Gervasio de Figueroa, 1773-1775, fol. 305). Falleció tres días después (Parroquia del Sagrario. Lima. Libro 9º de Defunciones (1769-1790), fol. 79). Hermanos suyos fueron el Canónigo Manuel Cayetano de Peña y Zamorano, que testó en 14.VIII.1785 (A.N.P. Francisco Luque, 1785, fol. 313), y Juan Felipe de Peña y Zamorano, Superintendente del Ramo de la Sisa y del Tribunal Mayor de Cuentas.

[78] Brocas = pesos (cfr. pág. 61).

[79] Del quechua 'puchu' = sobras, demasías, reliquias (v. *Vocabularios* de Santo Tomás y de González Holguín).

[80] Pedro José de Loyola y Rojas era natural de Lima, e hijo legítimo de don Pedro José de Loyola y Rojas y de doña Luisa de Estrada y Ceballos. Testó en 31.III.1775 (A.N.P. Francisco Luque, 1775, fol. 341v), y ostentando el grado de Coronel, a punto de viajar precipitadamente con destino a Huánuco, otorgó un nuevo testamento, en 23.XII.1784 (A.N.P. Teodoro Ayllón Salazar, 1784-1789, fol. 140v).

Hay constancia fehaciente del prevaricato que se denuncia en el *Drama*, pues Loyola fue efectivamente Corregidor de Huamalíes, según nombramiento extendido en 12.XII.1768, para suceder a don Juan José de la Peña, que ejercía el cargo por designación del Virrey de 26.IV.1766. La asignación se elevaba a mil pesos ensayados anuales, y Loyola desempeñaría las funciones durante un bienio (A.M.L. Libro XXIII de Cédulas y Provisiones, fols. 166v-170; Loyola hizo presentación de su título en la sesión del 24.XII.1768. Libro 36º de Cabildos (1756-1781), fol. 162).

Vencido su período, en Enero de 1771 se nombró para incoarle el juicio de residencia a don Manuel de Burga, pero Loyola encontró forma de frustrar que prosperara una querella criminal interpuesta por Burga, en la que se ponían de manifiesto «las iniquidades que ha cometido [Loyola] en aquella Provincia y vasallos de S. M., y asimismo contra el Real haber ...» y se sentaba «... en deuida forma la denuncia de haber libertado dicho Loyola a varios tributarios por intereses que le han sufragado ...» (¡Ahora sabemos la procedencia del dinero con el cual cohecharía a Palmer!). El memorial se extravió (?) en la Secretaría del Virrey, y cuando posteriormente corrió la impostura de que el recurrente había fallecido, Amat se apresuró a nombrar en su lugar a un Baltasar de Silva (29.VI.1771), tío de Loyola (!) (B.N.P. Manuscritos, C 2564).

De las actividades mercantiles de Loyola al término de su período como autoridad política en Huamalíes es testimonio una escritura, de 4.II.1771, en la que reconoce en favor del Capitán Vicente Antonio Morales una deuda por la cantidad de 2.356 pesos, valor de efectos de la tierra y de Castilla que le había proporcionado. No hace falta decir que se trataba de artículos destinados a ser distribuidos entre los naturales de su distrito bajo el régimen del «repartimiento» (A.N.P. Andrés de Sandoval, 1769-1772, fol. 225v). Constancia adicional fehaciente de los manejos tortuosos de Loyola en su comarca lo proporciona el poder que otorgara el cacique de los repartimientos de Pachas, Yanas y Obas del Corregimiento de Huamalíes, para seguir la demanda interpuesta ante el Gobierno contra el repetido Loyola, sobre los tributos que había cobrado en exceso de los indios de dichos repartimientos (Testimonio protocolizado del instrumento original, otorgado en San Lorenzo de Pachas, en 12.IX.1775. A.N.P. Valentín de Torres Preciado, 1776, fol. 93).

A la muerte de Peña y Zamorano, por título librado en 15.I.1775, el Virrey nombró a Loyola por Juez Oficial Real interino de la Caja de Lima, con derecho a devengar la mitad del sueldo asignado al titular, que ascendía a 3.240 pesos (A.N.P.M.H. Libro 0909. Libro de salarios, situados y extraordinarios ... (1770-1778), fol. 123; y despacho número 1084, de 27.I.1775, de Amat. A.G.I. Lima, 653). Amat, oficiosamente, le aseguró que obtendría la real confirmación en el cargo, «en cuyos términos, como hombre reconocido» y en recompensa del beneficio que esperaba recibir por conducto del Virrey, Loyola le ofreció un presente por la suma de 20.000 pesos, que le hizo llegar valiéndose del Mayordomo Palmer, en la forma siguiente: 15.000 en moneda corriente, y el saldo en dos vales.

Sin embargo, no obstante la formal promesa, por Real Orden de 21.V. 1776 se desaprobó el nombramiento, designándose en lugar del chasqueado Loyola a don Manuel del Campo (cfr. despachos de Guirior, números 71, de 20.XI.1776, y 142, de 20.III.1777. A.G.I. Lima, 654 y 655, respectivamente).

Ante semejante fracaso, Loyola recurrió a Palmer para que le reembolsara tanto el dinero como los vales tan incautamente adelantados. Como esto ocurrió faltando cuatro días para que Amat y su Mayordomo se embarcaran, y como esgrimieran la excusa de carecer de dinero en aquellas circunstancias, Loyola tuvo que recurrir a la amenaza de que si no se le devolvían de inmediato los 15.000 pesos, interpondría su reclamación por vía judicial, recursos «que redundarían en deshonor y descrédito de S. E. [Amat]». Ante tal perspectiva, Palmer se obligó a reintegrar la cantidad en cuestión, encubriéndose la operación al consignarse en la correspondiente escritura

Navíos que venían de España también tenía, «no hablo de comestibles y vestidos»,[81] su ingreso, fuesen de Guerra o fuesen marchantes. Si eran aquéllos, por ir alguno de Maestre de Plata le aflojaban quatro o seis mil Caritas; y si eran de éstos, por permitirles Registros y que no fuesen los otros a llevarlos, contra los Reales haveres de S. M. y el beneficio del Público, da- *[37]* ban algo más sus Dueños o Comisionados. Por fin, para que dejemos tanta prolijidad, el día de su Sto. tenía de dones o cuelgas hasta veinte mil onzas, entrando cada Alcalde Ordinario con dos mil,[82] hubiéselo pretendido o nó, «aunque de éstos eran pocos», porque esta era la Cuota en que havían tasado sus cortesías en los dos paseos de Alameda y en el otro del Real Pendón en la víspera de Reyes. ¿Pues qué dices a todo esto? ¿Callas Hijo? ¿No te combenzes? ¿Tienes algo que reponer?

Bisoño. — Tengo, Taita, que reponer, pero sin negar lo principal, porque le confieso a Vd. que todo eso de Corregimientos, de Oficialías Reales y demás cosas de este jaez, se vendían a buen precio, pero esas otras Plazitas de Tenientes, de Oficiales de Pluma y otras así, eso no me arma que se rematase, ya porque eso eran cosas de poca monta, y ya porque a él no le tocaba dar esas combeniencillas.

---

pública de 31.X.1776 que dicha suma la recibía el Mayordomo para gestionar en la Metrópoli un cargo burocrático o un Corregimiento en favor de Loyola. En declaración subsiguiente (1º.XI.1776) Loyola deja expedito a Palmer el recurso de repetir por el monto de la deuda contra los bienes de Amat (A.N.P. Francisco Javier de Cueto, 1771-1783, fols. 353, 359v y 360v).

Ensombrece aún más este panorama cierta transferencia de deuda de Palmer a Loyola, en cuya virtud éste quedaba facultado para hacerse cobro de Santiago de Leuro de la suma de 2.000 pesos (A.N.P. Valentín de Torres Preciado, 1776, fol. 500. Escritura de 30.X.1776).

[81] Da pie para considerar fundadas estas aseveraciones del *Drama*, un documento fechado en 12.VI.1775, por el cual el Tesorero de la Cruzada y Contador de la Casa de Moneda, Felipe Colmenares y Fernández de Córdoba (conocido por ser ferviente adepto de Amat, a quien había elogiado en su libro *El día deseado*, pág. 50), extiende recibo al Virrey por la suma de 4.835 pesos, valor de mercaderías surtidas contenidas en dos cajones y de siete rollos de vaqueta de Moscovia, remitidos desde Cádiz a cuenta y riesgo del gobernante, en el navío «San José y las Ánimas» (A.N.P. Orencio de Azcarrunz, 1774-1775, fol. 1087).

[82] Cfr. el 'Quaderno ...' de Morales de Aramburu, en *Fénix* (Lima, 1947), núm. 5, págs. 303-304.

Veterano. — O lo haces de propósito, Hijo, para oirme, si lo sabes; o si lo ignoras, te llamaré el solo peregrino en el Perú, y sea por lo que fuere, pues me tocas la Pabana, he de baylarla. Hasta las Plazas de Gueringuero en los Hospitales daba. Dióle la de Sangrador a un sambo que fué a Quito quando su expedición, en premio de su mérito, pero es verdad que jamás havía tomado la Lanzeta en la mano. Daba las Porterías de las Iglesias.[83] Daba los Provincialatos, Guardianías, Prioratos y Comendaturas, y esto le valía arto Chuncanque. ¡Qué lindo quento hubo sobre un cierto Prior que fué electo, teniendo el impedimento de Cura, según un Orden Real posterior más fuerte que todos los óbices antecedentes, que no había aflojado ni al *Tigre de Oro* ni al *Orejas de Asno*! ¿Qué discurrirás que hizo este de combenio con aquél? ¿Qué? Lo más lindo que cabe en el arte de exprimir el jugo. Tomó la Pluma e hizo un Escrito en nombre de Fr. Domingo Guzmán, que no havía *in verum natura*, diciendo de nulidad de la eleccion, poniéndole el Decreto de Vista al Sr. Fiscal, cuyo Agente, que entonces era Piélago [84] de sus rufianerías, le dió

---

[83] En el expediente seguido en 1778 por los Colegiales del Colegio de San Felipe contra el Asesor Salas, consta que el Rector de San Marcos, Joaquín Bouso Varela, siendo Mayordomo del Convento de la Concepción, se interesó por intermedio de Salas para que se concediera el cargo de Sacristán de la iglesia al Licenciado José Vallejo (A.H.N. Consejos, 20.342, Pieza 157).

[84] Es el Coronel Fernando González del Piélago y Calderón, oriundo de Suances (Santander), e hijo legítimo de don Juan Antonio González del Piélago y de doña Josefa Vivero y Sánchez-Calderón. En Lima casó, en 26.XII.1761, con doña Juana Verdejo y Bohórquez. En la nota 27 ha quedado dilucidada su participación en la venta y compra del inmueble de la calle de Siete Jeringas.

En 1º.II.1765, de partida para Chile en el navío «Nuestra Señora del Rosario», reconoce adeudar a don Pablo Matute y Melgarejo —hombre de confianza del Mayordomo Palmer y futuro yerno suyo— la cantidad de 2.800 pesos que le había facilitado, y al mismo tiempo le confiere poder para testar (A.N.P. Gregorio González de Mendoza, 1764-1765, fols. 538 y 539). Estaba ya de regreso en Lima en 4.II.1766. En 9.X.1767, preparaba viaje a Arequipa (A.N.P. Marcos Velázquez, 1766-1767, fol. 691v). En esa misma fecha otorga nuevamente poder al citado Matute y Melgarejo para testar en su nombre, así como a su mujer y a su suegra (A.N.P. Santiago Martel, 1767-1769, fol. 255).

Amat lo nombró en 10.I.1770 Coronel de Milicias de Caballería del Valle de Siguas, y en 15.IV.1776 Corregidor de Arequipa, cargo que desempeñó hasta 1778.

En segundas nupcias, el 28.VIII.1793 (bajo carta de recibo de dote extendida en 14.IX.1793. A.N.P. Pedro de Lumbreras, 1792-1793, fol. 554),

parte al interesado, doliéndose mucho de su infelice estado y de la citua- *[38]* ción en que él mismo se hallaba, siendo su gran amigo, de serle tan adberso en el negocio, a causa de la apretante Real Cédula. El buen Prior no hacía más que preguntar quién era el Actor para irse a componer con él y lograr con finezas o amenazas un formal desistimiento. Súpolo, y entonces empezó su mayor confución, porque decía tal Religioso no hay, ni conozco en todo el Combento, ni aun en toda la Provincia; quizás, añadía, será algún díscolo de que no se debe hacer caso, y quedó de acuerdo con su amigote de ir a ver impromptu a *Orejas de Asno*, que era lo que quería el embiado. Pasó allí, y luego entablaron la conversación sobre el negocio. Salió el Reverendo con el Cuento de que no havía tal Frayle, y lo demás del Discolao *(sic)* y del desprecio, y nuestro *Asno* parándose al oír eso díjole con su expediente abrutado: «P. M. Quitémonos de cuento: haya o no haya tal Frayle, ¿no es cierto que hay presentación? ¿que hay vista al Fiscal? y que hay orden de S. M. ¿Sí? Con que no podremos ni S. E. ni yo hazernos desentendidos, y así, vaya su Reverencia y no nos quite el tiempo». Salió el Reverendísimo aturdido del caso, y con quatro mil a cada uno de los dos sacó su Bula de Composición, y se acabó todo el embelezo *(sic)*. ¿Qué tal, Hijo?

Bisoño. — Es lo más lindo que he oydo, Taita, pero de eso *a simili* poco más o menos habrá muchísimo.

Veterano. — Sí hay, Hijo, mas déxame seguir todo lo que daba: daba los Curatos, las Sacristías, las Capellanías de Monjas, los Órganos, las Maestrías de Capilla, las Economías, las Plazas

---

casó con doña María Josefa de Buendía y Lazcano, hija de los Marqueses de Castellón. Tuvo también relaciones comerciales con el otro yerno de Palmer, Francisco Vallés. A principios del siglo xix fue Secretario de Secuestros del Tribunal del Santo Oficio, y de su venalidad en estas funciones hay constancia en la información que suministra Medina (*La Inquisición en Lima* (Santiago, 1956), II, pág. 336). Al final de su vida se hallaba en suma pobreza, según consta de varios petitorios suyos (Cfr. despachos de Abascal, números 90, de 23.X.1809 (A.G.I. Lima, 739), 298, de 15.I.1815 (Ibíd., Lima, 750), y 18, de 29.III.1815 (Ibíd., Lima, 749), y de Pezuela, número 23, de 23.VIII.1816 (Ibíd., Lima, 750).

Extendió disposiciones de última voluntad en 8.II.1796, 10.III, 25.V., y 14.VII.1820 (A.N.P. Pedro de Lumbreras, 1796, fol. 16v, y José María de la Rosa, 1820-1821, fols. 28, 58v y 84v). Falleció en 30.VII.1820 (Parroquia del Sagrario. Lima. Libro 11.º de Defunciones (1820-1841), fol. 12).

de Músicos, las Canongías. Daba los Médicos a los Enfermos; las Parteras a las Preñadas, y dábalo todo en una palabra, y todo en una palabra también le valía algo. ¡Qué no le valió el negocio de Milicias! Dejo aparte el costo que tenían los simples que entraban en esto por los Despachos que a *fortiori* les hacían sacar, y voy a lo que daban por ser Coroneles, Sargentos Mayores, Ayudantes Mayores, Capitanes de Granaderos, de Fuzileros, Tenientes, sus Alféres, sus Porta-Banderas, y aun sus Sargentos. Sube a mucho esta suma desde el año de 62 por Noviembre que empezó esta Zumba, [85] hasta el día 17 de Julio de 76, en que ban cerca [39] de 14. años, que dejó el Bastón de su fortuna. Son muchos los Batallones Aéreos que hizo, ya aquí, ya en toda la basta extención de las Provincias del Virreynato, para que los Oficiales nombrados excieviesen su Mirra, Incienso y Oro, siendo los Cerranos los que más se portaban por tal soncera, aunque no dejaban de sacar el lucro de llamarse al servicio de S. M., para declinar fuero en las deudas que tenían, para no pagarlas. [86] ¡Qué no valieron los Condados, Marquesados y Cruzes que le remitió S. M. tan benignamente para que premiase a las Personas de distinción en su servicio uniformando Compañías, [87] o lebantán-

---

[85] Por bando suscrito en 22.XI.1762 se hizo pública la situación de guerra con Portugal, y comenzaron los aprestos a que se contrae el Capítulo 2.º de la Cuarta Parte de la *Memoria de gobierno* de Amat. V. también Sáenz-Rico, ob. cit., Capítulo V, «La defensa del Virreinato», págs. 213-278.

[86] Comp. la patente de Sargento Mayor del Regimiento de Infantería española, creado en la provincia de Abancay, librada en favor de don Francisco de Mendoza, para servir la plaza con los privilegios anejos a su jerarquía militar (Lima, 28.IV.1769) (B.N.P. Manuscritos, C 1410).

[87] Los cuatro títulos de Castilla concedidos al Perú, por Cédula de 21.XI.1771, con facultad para que el Virrey pudiera beneficiarlos en las personas que reuniesen méritos y jerarquía social, fueron los siguientes: Conde de San Pascual Bailón, que recayó en don José de Querejazu y Santiago-Concha, hermano del Oidor don Antonio Hermenegildo; Conde de San Antonio de Vista Alegre, que obtuvo el Caballero de Alcántara don Pedro Pascual Vázquez de Velasco y Quirós, cuyas concomitancias con Palmer dejan resquicio a sospechas, y a quien Amat agració con el puesto de Superintendente de las Temporalidades del Cuzco, cargo que permitía algunos aprovechamientos económicos; Marqués de Casa Pando, que fue beneficiado por el primer Administrador de la Renta de Correos en el Perú, don José Antonio de Pando y Riva, y finalmente, el Marquesado de Torreblanca, que asumió don Pedro José Bravo de Lagunas Castilla y Zavala.

Por otra parte, en 1766 el Rey concedió 22 mercedes de hábito, para premiar a los más destacados oficiales de las milicias (Sáenz-Rico, pág. 258).

dolas, o poniendo exfuersos en sus enseñanzas! [88] «Después de havérselos dado a los más que no havían metido su Cuchara en este plato», a ninguno les dió estos premios de balde: a todos les llebó su premio, y principal.

Bisoño. — Es así, Taita: no se canse Vd. más en el asunto; todo lo más ridículo daba, y lo daba por Plata, cuya cantidad no puso Vd. en la cuenta del caudal que le formó, sin duda por tapar los agugeros de los quebrados que en ella se reparasen. Mas, Tayta, ojalá y en orden a esto de Milicias se huviese contentado con sacar dinero, y no para hacer crecer la autoridad de estos que compraban los empleos, les entregaba sus Palos para los pobres Oficiales, que tenían el título de sus Soldados.

Veterano. — ¡Pobres Oficiales, Hijo, con los Exercicios de *Ojotes* y *Cauezón*! [89] ¡Qué malos tratamientos, y a quiénes! A unos hombres libres y sin sueldo. ¿Y quándo? O en los días de trabajo tan presiso para su sustento, el de sus Mugeres e Hijos, o en los de Fiesta, tan oportunos para su descanso y recreación. ¿Y cómo? Con Cárceles, con Presidios y Baldivias si no asistían a lo que les repugnaba a su infelice situación. ¿Y para qué efecto? Para saver en Paz lo que no les servía en Guerra. ¿Y con qué riezgo? Con el de que se alzasen «quando no las demás Castas de Negros y Mulatos», los Indios, estos Indios que aún lloran su Inca degollado en sus Yaravíes, y que dieron muestra de [40] un lebantamiento General, «los particulares no entran en cuenta, que esos hay en cada Correo en las Provincias», [90] en el año de 50.,

---

[88] Cfr. el Capítulo 7.º de la Cuarta Parte de la *Memoria de Gobierno de Amat* (Sevilla, 1947), págs. 764-766.

[89] El sobrino del Virrey, don Antonio de Amat y Rocabertí, Caballero de San Juan (v. Sáenz-Rico, *passim*). En 1762, asociado con Miguel de Adrianzén, propuso hacerse cargo de la construcción de la primera plaza de toros permanente en Lima, seguramente aprovechándose del parentesco para obtener el privilegio. En 1775 era Coronel de los Reales Ejércitos y Gobernador Político y Militar del presidio del Callao, así como Comandante del Batallón de esa plaza.

[90] Comp. Vargas Ugarte, *Historia General del Perú* (Barcelona, 1966), IV, págs. 294-297. Documentación muy ilustrativa sobre esta efervescencia existe entre los manuscritos de la Biblioteca Nacional del Perú, que denuncian los chispazos precursores del gran levantamiento de Túpac Amaro: en 1771, en Sicuaní (Manuscrito C 2531), en Santiago de Cao (Trujillo) (íd. C 2480) y en Corongo (íd. C 2606); en 1772, en Tucumán y en Cocharcas

quando no savían como hoy el manejo de las Armas a la perfección, lo que son Ebolusiones a Banguardia y Retaguardia, Abance, Retirada, Pie firme, y lo demás de esta gerigonza. ¿Qué se hiciera si uno de estos, como *Ejempli gratia* el que es oy el Sargento Mayor [91] de esta Vil Nación, que ha mandado el exersicio dos vezes en la Plaza pública a todo su Vatallón *Coram* el mismo *Asno de Oro,* hecho un Xicotencal el mozo de Trascala, que se le parece en lo ablante, ostentoso y audaz, se fuese arrastrando otros y conduciendo fuciles y Pólvora, que le era fácil, a la Montaña del Chuncho? ¿Qué se havía de hazer sino es llorar, aunque infructuosamente, el quebrantamiento de las Leyes Patrias, que prohiben a semejantes gentes las noticias de tal arte? [92]

Bisoño. — Eso es así, Taita, pero así logró uniformar las gentes a sus costillas; hizo un gran número de Soldados; consiguió que anduviesen siempre de Casaca, y por tanto puso libre a la Ciudad de los insultos de los enemigos. [93]

Veterano. — ¡Qué de Soldados de perspectiva, Hijo, debías decir que hizo! Se corrían las listas y uno servía para tres o quatro de las Revistas; andaban los más con sus Vniformes, y muchos con sus Capotones encima, muy franjeados aunque fuesen unos reberendos Briches, [94] no lo niego, pero jamás estaba más bendida la Ciudad a los Enemigos, como que pendía de ellos, según sus

---

(íd. C 270 y C 2478); en 1773, en Acoria (íd. C 2429), y en este mismo año de 1776, en Chumbivilcas (Relación de Guirior, § 35, ed. Lorente, III, pág. 73). V. también la *Memoria de Gobierno* de Amat (Sevilla, 1947), Segunda Parte, Capítulos XVIII a XX, y su despacho número 1073, de 16.I.1775 (A.G.I. Lima, 653), sobre los tumultos en Huamachuco.

[91] Miguel Gutiérrez, que lo era del Regimiento de Naturales (v. la revista de las tropas de indígenas, al 2.V.1776, aneja al despacho de Amat, número 1226, de 19 del mismo. A.G.I. Lima, 654).

[92] La legislación vedaba a los indígenas el uso y tenencia de armas, como consta en la *Recopilación de Leyes de Indias,* Lib. III, Título V, ley XIV; VI, I, XXIV y XXXI, y VII, V, XIV y XV. V. también Konetzke, *Colección de Documentos para la Historia de la formación social de Hispanoamérica* (Madrid, 1962), III, págs. 27, 54 y 115.

[93] Cfr. Morales de Aramburu, 'Quaderno ...', en *Fénix* (Lima, 1947), núm. 5, págs. 316 y 320.

[94] En 22.I.1788 se enterró Agustín Briche (Parroquia del Sagrario. Lima. Libro 9.º de Defunciones (1769-1790), fol. 180 de la segunda foliación).

conceptos, y esta gente jamás tampoco hace cosa que suene a honor, sino quando más por faxina, la que hace a los dos estremos de vien y mal; sólo servía de hacer sufrir sus insolencias a toda la Ciudad, la que no podía hallar reparo en el *Leopardo de Oro*, pues él se lo permitía, y antes les daba largas para tenerlos a salario para el destino de su lebantamiento,[95] que fué siempre el norte de sus ideas, y que no le cuajaron porque los principales se hacían desentendidos de sus garbanzos. En fin, con ellos a una Ciudad de libre la bolvió esclava. Hizo Plaza de Armas[96] la que antes era Ar- *[41]* mas de Plaza, que eran los patacones que corrían en ella en sus Comercios, que no hay hoy con los Comercios de ellas.

Así, sé de cierto que haciéndole cargo de este trastorno a *Orejas de Asno*, respondió por escrito esta hermosa prosopopeya: ¡«O Lima. Si quando después de haver sido la más apetecible «de las Ciudades por la quietud, libertad y riqueza que obsten- «tabas, lloras hoy la contemptivilidad a que has venido por la «servidumbre, desasosiego y pobreza que encierras, malogras tus «lágrimas a todo vizo si me juzgas a mí Autor de tu trajedia! No «te canses en buscarlo que en *Amat*, que te governó despótica- «mente, encontrarás la Tabla, Colores y Pinzel; hasle a él quantos «cargos te dictare tu justo dolor; desahoga en él lo abatido de tu «esplendor. Nada escuses de quanto te pueda servir de consuelo. «Dile que por qué razón te pagó con tantos perjuicios la infinidad «de veneficios que le ofrecistes. ¿Quál fué la causa de que col- «mándolo de riquezas, vistiéndolo de Virtudes, adornándolo de «azañas, contrahaziéndolo de Héroe y figurándolo de grande,[97]

---

[95] Esto era casi un lugar común en la campaña contra Amat, que logró llegar hasta la mesa del Ministro Arriaga (Sáenz-Rico, págs. 199 y 201), y el rumor lo recogería muchos años más tarde Vidaurre (*Plan del Perú* (Philadelphia, 1823), pág. 17). Similar infundio desacreditó a Guirior, pues Areche denunció a la Corte que el Virrey del Perú había celebrado una fiesta escandalosa, con el nombre de «coronación» (Palacio Atard, *Areche y Guirior. Observaciones sobre el fracaso de una Visita al Perú* (Sevilla, 1946), pág. 58). Sobradamente conocida es la imputación que se acumuló contra Abascal (v. Basadre, *La iniciación de la República* (Lima, 1929), I, pág. 8).

[96] Comp. *Memoria de Gobierno* (Sevilla, 1947), págs. LXX y 732-741.

[97] Como es notorio, tanto en el cartel de la justa poética convocada por la Universidad de San Marcos, que circuló bajo el título de *El nuevo héroe de la Fama* (Lima, 1762), cuya redacción corrió al cuidado del Mar-

«él te correspondiese con volverte necesitada, reducida a sujeción,
«desacreditada de próvida, y aun notada de desgreño, inculta,
«silvestre y estólida? ¡Clama al Cielo por justicia, entre tanto
«que tus congojas lleguen al Solio de tu poderoso en la tierra. No
«enjuges *(sic)* los ojos ante su presencia, sino con ellos así mojados
«repite a su piedad la restitución de tus dones, representándole
«tu fidelidad incorruptible a sus mandatos, tu amor tiernísimo a
«su memoria, tu confianza sólida en sus favores, y no dudes sacar
«de su clemencia la total restauración de la preciosidad abatida de
«tu pundonor, para olvidar así las [ar]rugas crueles que han
«dexado en tu semblante hermoso los sulcos infames de tu ne-
«fando proseedor» *(sic)*.

Bisoño. — ¡Qué cosa tan tocante, Tayta, y quán enérxica! Lástima que esté puesta en boca del *Orejas de Asno*, si no es que sea para que la salud le venga a Lima por mano de su mayor enemigo. Ojalá, y dijera claro, «que en obscuridad ay se contiene», algo sobre el uniforme de Nobleza,[98] su marcha el 30 de Junio de 71, *[42]* y su costo, que pasó, según buena cuenta, [de] 125 mil pesos.

---

qués de Casa Concha, don José de Santiago Concha, como en el discurso de salutación, que pronunciara don Miguel de Valdivieso y Torrejón, leído el 26.VI.1762, se vierten elogios sin tasa ni medida al linaje, al don de mando, a la bizarría y a las virtudes personales del flamante mandatario. En la 'Proclamación' del primero de dichos documentos se califica a Amat de «... digna copia de nuestro Cathólico Monarca ...» y que «... bien pudiera compararse ... con Theodosio el Junior, con Luis XIV, con Pedro el Grande, o con otros Héroes...». En el Assumpto 1 se ofrecía como tema enumerar las glorias de la «excelsa casa de Amat».

El 'Quaderno...' de Morales de Aramburu, tantas veces invocado ya, también habla de Amat como «héroe grande destinado a ser restaurador, fundador y reparador del Virreinato» (*Fénix* (Lima, 1947), núm. 5, páginas 293, 297, 317, 328 y 347).

Desde luego el Marqués de Soto Florido conocía el cartel del certamen de 1761, por haber integrado junto con el Rector, el Asesor Salas y los magistrados de la Audiencia, el jurado correspondiente, con el cargo de Fiscal.

En la biografía del Marqués de Soto Florido ya se ha hecho referencia a que por entonces se batió una medalla, cuyo exergo llevaba la inscripción «La virtud eleva a los héroes».

[98] Morales de Aramburu, 'Quaderno ...', cit., pág. 321.

Veterano. — Si esa Marcha la llamaras, Hijo, Máscara, le dieras el nombre que ella mereció y que todos le aplicaron.[99] En ella salieron como 500 hombres, que vinieron corriendo desde la Pampa de los Barbones hasta la Plaza Mayor, embueltos en una Nube de polvo, de suerte que apenas la infinidad del Pueblo, que llenó las Calles, Techos y Balcones, podía distinguir a uno u otro sujeto de su conocimiento, según el Relámpago terrestre de su tráncito. El *Ozo de Oro,* como Coronel de esta Tropa,[100] iba por delante todo metido en sus Botas fuertes, y su Capellán al lado, que siendo Benedictino[101] apareció ese día de Irlandés, sin hávitos, con Casaca musga[102] y gran Sombrero de tres picos, cabalgando una Iegua *(sic)* muy flaca. Los SS. Ministros fueron al citio de la montada en traxe de plantescos combidados de su Coronel Presidente sólo para que Precenciasen cómo puso el pie en el estriuo isquierdo, cómo lebantó su tosca Máquina, y cómo asentó el Baúl derecho en el estribo del otro lado, pues ni antes ni después les dijo una única palabra, sino solo les hizo la cortecía del Sombrero antes de desembaynar la Espada.[103] Mas todo esto, Hijo, importa poco respeto a haver consentido tanto Burri burri, mesclado con tanto puro. El vestido en los Nobles, aunque es contra Ley, huviera sido estimado si sólo se le huviera permitido el cargarlo a los que eran verdaderamente tales, pero es muy despreciable estando en sujetos que se lo ponen no por su persona sino por el Oficio que exercen. Así, con todo lo bonito que era y

---

[99] Esta parada militar ofreció pretexto al Comandante General de Guerra de las tropas de Guayaquil, Ignacio de Escandón, para exaltar en cuatro décimas (aunque sin declararse como autor) ... *la humaníssima dignación de nuestro Príncipe el Excelentísimo señor don Manuel de Amat* ... de las que se hizo eco «Un amante rendido Capellán» del Virrey (¿Fray Francisco del Castillo?), empleando los mismos consonantes para componer otras tantas décimas. Ambas piezas se publicaron en Lima en 1771 (Medina, *La Imprenta en Lima,* III, pág. 28, números 1319 y 1326, y Vargas Ugarte, *Impresos Peruanos,* IX, pág. 67, número 2035, y pág. 70, número 2042).

[100] El propio Virrey (*Memoria de Gobierno* (Sevilla, 1947), págs. 713 y 723).

[101] El P. José de Arredondo, Prior del Convento de Montserrat y de la Orden de San Benito.

[102] Musca = de color obscuro.

[103] El Marqués de Soto Florido, que formaba parte de la Compañía Coronela del Regimiento de Caballería de la Nobleza, cuyo Capitán era el Virrey en persona (Sáenz-Rico, pág. 228 nota), debió de ser testigo presencial de este desaire infligido a los magistrados.

costoso, los unos lo asqueaban y los otros lo adoraban, aquéllos porque con él se igualaban a sus inferiores, y éstos, porque con él también se ponían a nibel de sus superiores.

Bisoño. — Eso proviene, Taita, de que para él no hay aquí gente noble, sino que todos son unos, como se le refriega en una Carta que corre por hay *(sic)* del Ex. S. Conde del Castillejo, [104]

---

[104] Esta misiva, verdadero sinapismo aplicado al Virrey Amat, está datada en Cádiz, en 6.XI.1775, cuando ya se conocía su relevo, dispuesto por Orden regia de 10.II. Copia, muy deteriorada por el incendio de 1943, existe en la Biblioteca Nacional del Perú (Manuscritos, C 976. Once folios). Se ha publicado en su integridad en el artículo de Silva Vargas-Aránguiz Donoso, «Epistolario del Duque de San Carlos (1775-1794)», en *Boletín de la Academia Chilena de la Historia* (Santiago, 1969), núm. 82, págs. 132-138.

Muchos de los conceptos del escrito que nos ocupa reaparecen en el *Drama*. El texto de la epístola, respuesta a otras dos del Virrey, de 24 y 26.II.1775, rebosa de impertinencia, acaso excitada por algunas alusiones poco cautas de Amat, mortificado de que el Conde del Castillejo lo estuviera difamando en la Metrópoli. El gobernante peruano echaba en cara al Conde los «políticos excesos» en que había incurrido y le recordaba que se había visto envuelto en un proceso incoado contra el Gobernador del presidio del Callao, Francisco del Moral. Es muy verosímil que entre Amat y Castillejo ocurriera más de un rozamiento, lo que nada tiene de extraño dada la infatuación, verdaderamente excéntrica, del segundo, que al recibir en la Corte atenciones desusadas, estimó que toda alusión maligna del Virrey merecía su más áspera reprobación.

Un choque con el Conde del Castillejo entrañaba enemistarse con el aristócrata más empingorotado del Virreinato, don Fermín Francisco de Carvajal Vargas Chaves y Sotomayor, que fue por su matrimonio séptimo Conde del Puerto, cuarto Conde del Castillejo y noveno Correo Mayor de las Indias. Fue además Coronel y Teniente General de la Caballería de los Reales Ejércitos del Virreinato del Perú, y desde 1782 primer Duque de San Carlos, con Grandeza. Había nacido en Quilpolemu (Chile), en 1722, y falleció en Madrid en 1796.

A la semblanza del orgulloso patricio trazada en el artículo colacionado (págs. 110-119), añadiremos noticias inéditas y pormenores referidos a su incidente con el Virrey.

En 11.VI.1741 casó en Lima con su prima segunda doña Joaquina Brun y Carvajal (Parroquia del Sagrario. Lima. Libro 9.º de Matrimonios (1736-1767), fol. 52v). En 1750 fue Alcalde de Lima. Cuando estalló la rebelión de los naturales en Huarochirí, fue nombrado Cabo Comandante de las fuerzas que marcharon a sofocar el tumulto. Antes de salir a campaña, confirió poder para testar, en 30.VII.1750 (A.N.P. Francisco Estacio Meléndez, 1750, fol. 1.299). Al año siguiente pasó a España por vez primera, habiendo previamente protocolizado una Información de la legitimidad y nobleza de su linaje (A.N.P. Andrés de Quintanilla, 1751, fols. 534-626). Fue armado caballero santiaguista en la iglesia mercedaria de Madrid en 18.IV.1758 y

y lo comprueba una mala pintura que hizo de este nuebo Mundo, sacándolos a todos de sangre de Indios o de Negros y poniendo los blancos al cabo de *[43]* quatro o cinco mesclas, que embió a España para descargo de su Noblesa.

profesó el 1.º.X. siguiente (Lohmann Villena, *Los americanos en las Órdenes Nobiliarias* (Madrid, 1947), I, pág. 88).

En 1759 retornó al Perú. Al conocerse el conflicto bélico con la Gran Bretaña, en 15.XII.1762 ofreció al Virrey reclutar una Compañía de Caballería, integrada por cien caballeros nobles, dotándola de armamento y uniformándola y sustentándola a sus expensas. El título de este destacamento sería el de Carolina Chilena de Dragones Reales. Amat, ignoramos por qué, desairó la propuesta, por decreto de 28.I.1763, que rezaba secamente: «Sin embargo de ser la proposición y oferta del suplicante un afecto propio de su zelo, y de la Nobleza heredada de los mayores que ilustran su casa, atendiendo a convenir más al real servicio que se evite en las presentes circunstancias hasta el más remoto riesgo de emulacion ... se declara no haber lugar por ahora a la erección de dicha Compañía ...» (Cfr. el impreso titulado *Representación que hizo Don Fermín Francisco de Carbajal Vargas ... a el Excmo. Señor Manuel de Amat ... sobre la erección de una Compañía de Caballería ...* (S. l. ni fecha, pero impreso en Lima, en 1763, 56 páginas).

Este rechazo debió de herir profundamente al proponente, y desde entonces abrigaría un intenso resentimiento contra el Virrey. Próximo a volver a viajar con rumbo a España, se otorgaron él y su mujer poder recíproco para testar. Los 81 folios del documento son la fiel expresión de la fatuidad y altivez del Conde, pues entre las 151 cláusulas se desarrolla la enumeración de sus predecesores, hasta el décimocuarto abuelo por la línea paterna y el décimo por la materna, añadiéndose los de su consorte, que como queda dicho, era prima segunda suya. Rechaza para su entierro las plañideras, «porque me causa mucha impaciencia el ver que a semejantes actos que verdaderamente son signos demostratibos de nuestro final y último destino, haian de concurrir a alborotar los templos, profanándolos con vozes y lamentaciones supuestas...». La extensa escritura está fechada en 30.XII.1765 (A.N.P. Francisco Luque, 1765, fols. 1284-1365).

Estaba nuevamente en Lima en 9.VII.1769. En 30.XII.1771 añadieron, él y su consorte, un codicilo al precedente testamento: en este acto, uno de los testigos fue el Marqués de Soto Florido (A.N.P. Francisco Luque, 1771, fols. 1236-1277v). Por cierto que en prueba de adhesión a la Casa de los Condes del Castillejo, el mismo Marqués de Soto Florido pronunciaría, en 1787, el discurso de imposición de grados académicos a su hijo y su nieto, en la Universidad de San Marcos.

¿Cuándo se produjo la ruptura definitiva entre Amat y el Conde del Castillejo? Todavía en 1766 parecía exteriorizar estimación por el Virrey, pues en ese año visitó en Cádiz a Llano Zapata, y éste informó a Salas que el aristócrata limeño «(a lo que me parece) [es] verdadero amigo de V. S. y justo apasionado de S. E.» (Carta de 12.VII. 1766, en *Revista Chilena de Historia y Geografía* (Santiago, 1942), núm. 100, pág. 196). En 1773 esta simpatía por el Asesor parece haberse enfriado notoriamente, pues el

Veterano. — ¡Raro golpe, Hijo, tan injusto, pero qué proprio de su mal natural! Él no ignora, ni ha ignorado, que aquí hay sangre de alta Alcuña, y mejor que la que corre en sus nefandas venas; sabíalo por experiencia Propria y por las Cartas de varios

---

Conde del Castillejo, junto con el ex-Secretario de Amat, don Martín de Martiarena, el Conde de Casa Real, y un cierto José Leonardo, figura entre los suscritores de una carta datada en Madrid, en 5.XI.1773, cursada al Virrey, en la que le denuncian las actividades del yerno de Salas en Madrid (Donoso, *Un letrado del siglo XVIII: el doctor José Perfecto de Salas*, páginas 361-362). Todo deja suponer que este papel, apócrifo o verdadero, tenía por objeto sembrar la cizaña entre el Virrey y su consejero íntimo.

La respuesta del Conde del Castillejo a las dos mentadas cartas de Amat arranca con una alusión a mozos de mulas, al afirmar que «Asuntos hay que mejor se tratan de silla a silla que con la pluma». A continuación, recuerda con la peor intención al Virrey que se habían conocido en la antesala del despacho del Secretario de Guerra don Sebastián de Eslava. Esto debió de ocurrir en el segundo semestre de 1754, en que a la caída del Marqués de la Ensenada asumió Eslava el cargo vacante. Por aquellos meses se encontraba Amat en la Corte, a la espera de su nombramiento para Gobernador de Chile, que se produjo el 25 de Octubre. Buen cuidado tiene el Conde del Castillejo de remarcar que había conducido al Ministro a su despacho en su coche. Prosigue advirtiéndole que «lejos estoy de haber sido faccionario con los que V. E. llama sus enemigos», pero hace notar que la promoción de Gobernador de Chile a Virrey del Perú «no prueba ni arguye otra distinción en su casa que la de haber sido un efecto de la Real magnificencia, y que de un soldado se haze un General».

Como probablemente Amat hacía mención de su ilustre ascendencia, el Conde se apresura a prevenirle: «V. E. me asegura puede dar pruebas de más de ochocientos años de Nobleza y señorío, sin duda por el panejírico que el D^{or}. Don Miguel de Baldivieso hizo en la Unibersidad de S^n. Marcos quando el recibim^{to}. de V. E. en ella, y que ha seguido una profesión toda honor y en cuerpos donde se tomaba exemplo. Satisfago a V. E. con bastante rubor mío que he calificado, de orn. del Rey, en la instancia de la Grandeza que la Cámara de Castilla Le tiene consultada desde el 30 de Enero del corriente año para que se declare de Primera Clase la antigüedad de mis orígenes, con ocho mil y más instrumentos que exhibí en Cédulas originales, Reales Provisiones, ejecutorias, testamentos, certificaciones de servicios, títulos de hábitos de todas las Ordenes (inclusive la de San Juan) y otros comprobantes, parte de los cuales presenté a V. Exª. en 15 de Diciembre de 1762 cuando el ofrecimiento de la erección de la Compañía Carolina ... Hállome poseedor de diferentes mayorazgos fundados en los principios de los siglos XII y XIII ... y Béjar y Osuna ... Grandes de España, me reconocen por inmediato deudo ...».

«Mis abuelos, quando pasaron al Perú ... el año 1559 ... estaban cansados de ser señores de vasallos ... y no sigo enumerando otras cosas ... porque ésle fastidioso a la pluma el estenderlas, y a mi política el proferirlas ... No admite duda... ni tampoco el que si V. E. labró sus méritos a costa de su servicio, fué bien pagado, y no desembolsando ochenta mil

Grandes de primera clase, y segunda, y de varios SS. de primer orden de la Corte y demás estados de España, que recebía, recomendando como Parientes muy cercanos, a barios sujetos naturales de estos Payses. En esto no hay dificultad, Hijo, ni a él tampoco se le ofrecía, porque vien alcanzaba que esos Sres., en alguna de sus generaciones, embiarían a un segundo o tercer Hijo con algún empleo de alta Herarquía, y que aquí casarían con alguna Sra. de su igual, por otro camino de donde se orijinan esas relaciones o entroncamientos. Pero buelvo a decirte que esto lo negaba por su maldito genio. Las Cruzes que veía en los pechos, y los Títulos que topaba, le parecían aquí mal sentados: no se acordaba que la Cantabria, la Navarra, y las Castillas, Nueva y Vieja, las Astu-

---

pesos fuertes que en pacificar la Provincia de Huarochirí gastó mi Casa el año de 750, que no lo ha echo la de V. E. ni fué capaz de hacerlo desde su fundación, y si oy se halla con conbeniencia es gracias al Perú, y no a sus rentas, como toda Cathaluña lo decanta ...».

«La Authoridad del empleo de V. E. la he respetado, pero no para rebajar la suprema dignidad a que la real magnificencia quiso elebarme, y en que V. E. quiso disputarme hasta el tratamiento ... Atribuie V. E. un acto de urbanidad y crianza como el que practiqué a mi llegada a esa, participando a mis compatriotas y Amigos las mercedes que debí a nro. amable Soberano, a falta de miramiento a su persona: yo quisiera preguntar a V. E. en qué funda semejante voluntariedad, pero eso no hace al propósito, y prescindo de ello, porque sabe V. E. muy bien lo que me pertenece y me corresponde, fuera de que concluído el mando pensará de otro modo».

«Dízese comunmente que allá está avierto el beneficio. Que cuantos V. E. ha colocado en empleos ha sido por excesibas contribuciones ... Agregue V. E. a estas exclamaciones tres millones y más de pesos que se embarcaron para la ciudad de Santiago de Chile, en cajones rotulados *Tabaco para el Rey*, y verá V. E. si son pocos los cargos que tiene que desbanecer a su llegada a esta Península ...».

«V. E. sale del Reyno peruano sin conozer, después de 15. años de Virreynato, los muchos y muy distinguidos caualleros que en él están radicados disfrutando antigüisimos y recomendables mayorazgos ... por eso no ha hecho de sus personas la estimación correspondiente, pero lo darán por bien empleado sólo por sacudir el yugo de la esclavitud en que han vivido ... Me alegro se benga V. E. para que salga de los grabísimos errores en que ha vibido, y en este gran mundo verá quánto se diferiencian (*sic*) y distinguen los Grandes de los q. no lo son ...»

Enfáticamente sale al paso de cualquier relación que pudiera haber tenido con el incidente surgido en los principios del gobierno de Amat, con la destitución del Gobernador del Callao, don Francisco del Moral (v. sobre este suceso, Sáenz-Rico, págs. 234, nota, y 254).

Fragmentos de la carta del Conde de Castillejo se aprovechan en la tradición de don Ricardo Palma, «Tabaco para el Rey».

rias, la Galicia, las Montañas, y la Rioja, arrojaban aquí en lluvia hombres de Cuna, que casándose havían Casas de distinción. Sólo la Cataluña no ha lansado jamás sujeto apetecible para esta empreza. Todos los que han pasado de esta tierra siempre han sido escaramusas, dedicados por tanto a los Oficios vajos de vil populacho. En su tiempo, que al olor del acomodo, «porque él a todo Paysano lo ha elevado», pudiera haver venido alguno recomendable, ha sido peor. Quantos ha empleado que han sido estos, y en empleos de distinción, tantos han sido sacados o de la Tixera, o del Compás, o del Buril, o del Molejón, o del Chicote, o del Cabrestante, o del Cucharón, o del Fogón, o del Guarapeo, &c., no haviendo comido hasta entonces otro guizado que sus Botifarras. Aun su misma Caballería,[105] ya se tiene sabido que en su origen no es cosa, tiene algo de Vareo,[106] que por allá no es nada bueno, y por eso *[44]* a los de acá, «siendo así que aquí está reputado por muy corriente, y tanto que no le es impedimento a ninguno que vende de grueso el cruzarse, según conoserás y habrás conocido a muchos»,[107] los aborrecía y tiraba contra el destino que era un contento, aunque no faltó quién lo defendiese y le refregase valerosamente su parentezco próximo o cercano. Quien tuvo la culpa de engreírlo en esta materia fué ese insigne Orador que lo Parrafeó en la Universidad,[108] haciéndolo lo que no era ni podía ser, y diciéndoselo de modo que fué digno de

---

[105] Cfr. Sáenz-Rico, ob. cit., págs. 39-42.
[106] Acción de expender telas por varas.
[107] La consagración a las actividades comerciales no afectaba ni la calidad ni los honores y exenciones anejos al estatuto nobiliario, siempre que se ejercitara por intermedio de factores o empleados, y no asistiendo personalmente a los escritorios o almacenes. Cfr. Koneztke, «La formación de la nobleza en Indias», en *Estudios Americanos* (Sevilla, 1951), III, núm. 10, págs. 345-355, y del mismo, *Colección de Documentos para la Formación Social de Hispanoamérica* (Madrid, 1962), III, págs. 586-589. V. también Lohmann Villena, *Los americanos en las Ordenes Nobiliarias* (Madrid, 1947), Estudio Preliminar, pág. LVII.
[108] El doctor don Miguel de Valdivieso y Torrejón, que en su «Oración Panegírica» abordó el punto 1 de la justa literaria, haciendo especial hincapié en los nueve siglos a que se remontaba la antigüedad de la Casa de Amat (Cfr. *El Nuevo Héroe de la Fama*, págs. 13v y 14v). Este tema escoció a los censores del régimen de Amat profundamente.
Valdivieso y Torrejón nació en Lima en 1712; hijo legítimo del doctor Francisco Sáenz de Valdivieso, Abogado de la Audiencia de Lima y Catedrático de Prima de Leyes de la Universidad de San Marcos. Después de

que lo atendiese en todo, cosa que no executó, sino que antes lo empesó a destruír desnudándolo de todo lo que tenía de útil, y por allí hasta de su proprio entendimiento, único fondo para su susistencia, sin el qual ya es Máquina, y no tiene por dónde le entre un real para vivir con familia crecida, quando antes el tiempo le era escaso para recibir por solo lo que escaceaba dar sin trabajo. Causa que en su sindicato no tiene respuesta y debe

---

enviudar de doña Catalina Fandiño, pasó a segundas nupcias, en 9.IV.1767, con doña Isabel de Pradas y Valdivieso, hija del Contador don José de Pradas y de doña Juana Huidobro (Parroquia del Sagrario. Lima. Libro 9.º de Matrimonios (1736-1767), fol. 355). En ella hubo cuatro hijas, una de las cuales (bautizada en la parroquia de San Marcelo en 17.III.1773) apadrinó el Administrador General de la Aduana y allegado a Amat, Miguel de Arriaga. Otorgó poder para testar en 3.XII.1772 y un codicilo en 26.XII.1774 (A.N.P. Orencio de Azcarrunz, 1772-1773, fol. 194, y 1774-1775, fol. 978). Falleció el 30.IX.1777, y se enterró en La Merced (Parroquia del Sagrario. Lima. Libro 9.º de Defunciones (1769-1790), fol. 101).

Valdivieso y Torrejón estaba especializado en elogios a los mandatarios en su recibimiento en la Universidad. Lo hizo con Manso de Velasco (v. el folleto impreso en Lima en 1746. B.N.M. R/1710) y con Amat, en que tras de derramar todo género de encomios al linaje del nuevo Virrey, ensalzó sus hazañas militares fuera de toda mesura. El Conde de Santa Ana de las Torres, don Juan José de Ceballos Guerra y Dávalos y Ribera, Caballero de Calatrava, se ensañó contra la pieza oratoria leída por Valdivieso el 26 de Junio de 1762, arremetiendo encarnizadamente contra ella y su autor en un folleto titulado *Diálogo entre un Bedel de la Universidad de Lima ...*, impreso supuestamente en Ambato, y que al ser recogido en Lima, por haber aparecido sin nombre de autor ni aprobaciones, movió a aquél a reeditarlo en Madrid, en 1764, ahora identificándose sin ambages (Cfr. Medina, *La Imprenta en Lima*, II, págs. 547-548, núm. 1188, y *Biblioteca Hispano-Americana*, VI, págs. 498-499, núm. 7686; René-Moreno, *Biblioteca Peruana*, I, págs. 132-133; Vargas Ugarte, *Impresos Peruanos*, IX, pág. 344, núm. 1858, e *Impresos peruanos publicados en el extranjero*, pág. 124, núm. 326, y *Boletín Bibliográfico de la Universidad Nacional de San Marcos* (Lima, 1951), XXIV, núm. 1-4, pág. 62).

Amat retribuyó con ingratitud este rendimiento, porque aunque Valdivieso y Torrejón servía desde 1746 el cargo de Asesor y Abogado del Cabildo limeño, consta por el acta del 19.IX.1769 que en esa sesión los Alcaldes don Pedro José de Zárate y Navia y don Nicolás Manrique de Lara expresaron habérseles hecho saber por intermedio del Escribano del Gobierno un decreto librado por el Virrey, con arreglo al cual se ordenaba la remoción de Valdivieso y que el Cabildo subrogara en su lugar a un nuevo Asesor, que es la arbitrariedad aludida en el *Drama* (A.M.L. Libro 36 de Cabildos de Lima (1756-1781), fol. 167).

En 1763 había sido Capitán de la Compañía de Abogados (Sáenz-Rico, pág. 231) y desde 1771 hasta su muerte desempeñó el cargo de Procurador General de la Universidad.

graduarse con antelazion y ventaja a tantas cosas que saldrán con justicia.

Bisoño. — Pero Taita, sea lo que se fuere en sangre, en Maldades, en Venganza, Crueldad y Tiranía, no le replicaré una palabra «sino quando más para hincar a Vmd. y que añada lo pécimo de lo malo y de lo peor»: ya es Cavallero de dos Cruzes, la una de S. Juan, que es de las sobresalientes, y la otra de S. Jenaro, que es Reales de los SS. Reyes de Nápoles.[109] Por eso la celebró tanto y se hicieron fiestas de tanta monta, que es sierto que se esmeró la tierra en aplaudirla. ¡Qué Ornaveque tan bien formado! ¡Qué de Octavas tan bien pintadas! ¡Qué Flagmas tan lucientes! ¡Qué Cortinaje tan Cimétrico! ¡Qué Iluminación tan violenta! ¡Qué Carros tan elevados! ¡Qué Máscaras tan lixeras! ¡Qué Repiques tan perdurables! ¡Qué Toros tan furiosos! ¿No es cierto, diga V. m. Taita?

Veterano. — Ya conosco, Hijo, que te vas adelantando en la sumbita, porque de otra suerte no pudieras proceder en este punto. Ya se vé que el aparato que se hizo en la plaza, hasta llegar a quitar quantas Celosías havía en los Balcones, porque el Seor *Matoreli*[110] así *[45]* lo ordenó para que saliese la Cimetría

---

[109] Con motivo de la imposición en 30.V.1773 de las insignias de la Cruz de San Jenaro, se estampó en Lima el *Método Ceremonial que debe observarse para darle a S. E. la Cruz del Real Orden de San Jenaro, con arreglo en lo adaptable al Ritual inserto en la Institución y Estatutos del Real Orden referido, e impresos en Nápoles Año de 1764* (Medina, *La Imprenta en Lima*, III, pág. 501, núm. 2461, y Vargas Ugarte, *Impresos Peruanos*, III, pág. 398, núm. 2939. V. también Sáenz-Rico, págs. 260-261).

[110] José Martorell (Matoreli en los documentos de entonces), había estado en Buenos Aires en 20.X.1769 (A.N.P. José de Aizcorbe, 1776-1777, fol. 343v. Escritura de 18.X.1776). Por decreto del Gobierno de 18.VI.1774, este paje y gentilhombre del séquito de Amat fue designado para suceder a José Garmendia en la plaza de Ayudante Real del Virrey, con la remuneración de 960 pesos. Al concluir el gobierno de Amat, cesó, el 17.VII.1776, y por considerarse superflua la plaza, se amortizó en 20.I.1780. (A.N.P.M.H. Libro 0909. Libro de salarios, situados y extraordinarios ... (1770-1778), fol. 194).

En 31.X.1776, dispuesto a realizar el viaje a la Metrópoli junto con Amat, en el navío «San José» (a) «El Peruano», confiérele poder el Capitán de Milicias Vicente Antonio de Morales, para que gestionara mercedes en la Corte en favor de su hijo, el que luego sería famoso Vicente Morales y Duárez (A.N.P. Gervasio de Figueroa, 1776-1779, fol. 64).

de su dibujo con quanta regularidad cavía, y prometía maravillas, y se esperaba que estas fiestas fuesen aún mayores que las ocho Reales que se han celebrado desde el año de 1553 *(sic)*, fundación de esta Ciudad, [111] en la Coronación de sus Reyes y Sres., a contar desde el S. Carlos I. hasta el III. que felizmente nos govierna, fuera del segundo Reynado de su Augusto Padre, el S. D. Felipe Quinto, quando por la muerte de Luis I. su Hijo, reasumió el mando el año de 24., que fué el mismo en que lo renunció; pero todo salió vano, todo se volvió friolera, a excepción de los Toros, que estubieron corrientes.

Bisoño. — Eso fué así, Tayta, hablando con seriedad, porque el Hornabeque fué un Tablado sobre la Pila «que la destruyó, y tubo el Cavildo que gastar ahora poco ha bastantes pesos en su Carena», el qual con sus Soldados adentro se defendía de los ataques de otros de afuera y después se perdía sin gracia, Arte, ni diverción. [112] Las Tarjas, que eran en el número de 400., contenía cada una una Octaba fraguada por el S. Tita a *los Palacios*, Médico de Cámara de ellos: Médico en el nombre, o a serlo será

En 2.XI.1776, José Canals y José Miret salen como garantes de Palmer y Martorell, en la causa promovida a instancia de Juan Gelly contra ambos, por cantidad de pesos, y que se ventilaba ante el Alcalde Juan Esteban de la Puente y Castro, que había decretado que afianzaran las resultas, en vista de hallarse los dos encartados a punto de ausentarse (A.N.P. José de Aizcorbe, 1776-1777, fol. 363).

[111] Evidente errata de imprenta, pues el Marqués de Soto Florido conocía el acta de la fundación de Lima, que al citarla en su libro *Júbilos de Lima*, pág. 7v, señala hasta el folio en que se hallaba asentada en el códice respectivo.

[112] V. el folleto *Puntual relación de las operaciones executadas en la Plaza Mayor de la Ciudad de los Reyes ... en el sitio, ataque, defensa y rendición de una fortaleza construída en su centro, con arreglo y proporciones a la Architectura Militar ... Actuáronse ... por las tropas Milicianas ...* (Medina, *La Imprenta en Lima*, III, pág. 505, núm. 2476, y Vargas Ugarte, *Impresos Peruanos*, III, pág. 419, núm. 3024).

En el «Epítome Chronologico...» del Conde de Castañeda y de los Lamos (B.R.A.H. Colección Mata Linares, vol. XLIII, fols. 288v-289), se hallará otra descripción de este hornabeque doble, levantado en dos meses a un costo de más de veinte mil pesos. El simulacro de su expugnación duró cuatro horas. Las tarjas, en cada una de las cuales se leía una octava laudatoria de Amat, alcanzaron el número de 160, y se adosaron a los portales de la plaza, iluminadas con un par de hachones cada una.

como el Seor Archiatro [113] Potro en todo, y aun en versos, en los quales se decían maravillas y primores, y nada menos que el Rey era Rey por ser Virrey *Amat,* [114] y que eran muchas las Doncellas, Viudas y Casadas que tenía a su cargo. [115] Las Hachas eran unos palos pintados, con unos pedasos de Brea en las puntas, que ardían con bastante disgusto de las narises. La Iluminación fué un poco de Pólbora, con muchas candelillas rodeadas en la Balaustrería del Hornaveque, que hacía fú, y luego se ensendía el asufre ayudado esto de unos Pepinos de papeles escritos y pintados de Almagre, que se ensendían a mano de trecho en trecho. Los Carros fueron unos Carretones con unas armasones de Cañas ensima, cubiertas de papelones Xaspeados de tinta, añil y ocre, llenos de Mulatos vayladores que salían de él y vaylavan a obscuras sus contradanzas sonsas e insulsas, procedido *(sic)* esto de otra porcion de Mulatos *[46]* a Caballo, que hechaban unas Relaciones incipidas y largas. Los Toros sí estubieron adornados y embistieron con furia y murieron con valor. Mas, Taita, todo aquello primero tan malo se enmendó con la salida del *Asno de Oro* a la Plaza en las tres noches. ¡Qué función fué esta tan linda! La primera, quando la Gente vió Achas, Soldados y acompañamiento, empesó a gritar la *Vieja,* la *Vieja* de quaresma, mas quando vió al mismo Uirrey pidiendo vivas con el Sombrero en la mano, lebantando el brazo hacia arriba, mudó de tono, y hechó la voz *biba beba;* «algunos también decían *Viva Viva,* pero inocentemente», y vitoriaban con los pañuelos. Asombró tanto a todos esta pico-berdada, que los que lo vieron no lo creían, y los que no lo avían visto lo negaban hasta la segunda y tercera noche, que ya todos se dieron por vencidos de sus ojos.

Veterano. — ¿Pues quién, Hijo, havía de persuadirse al primer golpe de esta necedad? ¿Habrá en los tiempos venideros quien dé crédito a tan craso disparate? ¿Cómo se podrán avenir las gentes a dar fee en que un hombre de Barbas, lleno de quantas campanillas puedan constituír lo grande, tales como una Tenencia

---

[113] Arquiatro = médico preeminente. ¿Ortega Pimentel? (v. *infra,* nota 229).
[114] Insidia que se repite dos páginas más adelante.
[115] Cfr. Sáenz-Rico, págs. 327 y 613.

general, una Llabe dorada, [116] dos Abitos a los pechos, un Uirreynato magnífico y un Caudal exesivo, se dejase llevar de la bufonada de que lo victoriasen (o por decirlo como pasó), que fuese a pié alrededor de una Plaza muy llena de luces, con el séquito de Oficialada y de algunas mugeres, excigiendo gritos de *Beba Viba* a los que guarnecían las Varandas, Tablados y suelo, por quitarles el Sombrero, alsándolo a lo alto quando paraban los alaridos. Sólo podrán creherlo imponiéndose en el Alma del negocio y apartando la vista de la cortesa de la sandez.

Bisoño. — ¿Quál fué el motivo de eso, Tayta, que jamás lo pude averiguar? ¿O fué el lebantamiento que siempre tubo en mira, y que entonces quiso probar con arte, según alguna vez me dijo el Provincial Medinilla, con muchos misterios y pataratas?

Veterano. — Ese fué, Hijo, su intento, él por él, pero se halló desguarnecido porque la lealtad de estos Naturales para su Rey legítimo es muy asendrada, y no es capaz de contrastar su inflexibilidad [47] ni las promesas, ni las amenazas, ni los halagos, ni el rigor. Todo esto puso en planta su deceo del coronarse, pues ya decía: «¡O, si este fuera reyno aparte, aquí habría grandes Consejos Generales y todo lo demás que pide una Corte». ¿Y esto delante de quién? De aquellos que podían aspirar a semejantes empleos. Ya favorecía a la gente vaja, a ver «como te insinué antes» si en ellos hallaba acojida su depravada intención, y ya sembraba dichos como al Aire, que no significaban nada menos que estos deseos. ¡Mira cómo construyó uno aquella Octava que tú apuntastes, en que se decía *que el Rey era Rey porque Amat era Uirrey*! Él decía: «*Sí, porque si Amat fuera Rey aquí, el Rey aquí no fuera Rey*». Expocision que hacía parejas con la que le daba a la otra que también incinuaste «de las Doncellas,

---

[116] La merced de la Llave de Gentilhombre de Cámara con entrada se festejó con misa de acción de gracias, celebrada por encargo de la Hermandad de la Veracruz, en 8.VI.1766, en la iglesia de Santo Domingo, día en que hubo también una parada en la plazuela frontera, desfilando el Batallón del Regimiento de Infantería Española de Lima; por su parte, la «nación índica en gremio militar de caballería» también festejó la distinción en la iglesia de Copacabana (Vargas Ugarte, *Impresos Peruanos*, IV, págs. 32 y 360, números 1942 y 2814, respectivamente).

Uiudas y Casadas que tenía a su cargo», y decía para desflorarlas, usarlas y desmaridarlas. [117]

Bisoño. — Raro crimen de estado, Taita, cometía con tales pensamiento[s], y tubiéselos o no los tubiese, que ni lo creo ni lo dejo de creer, porque lo uno me parece mucho para su representación, y lo otro poco para su sobervia, lo sierto es que en una de las tres noches de estos Víctores, Vivas y pañuelasos él perdonó a una Rea del destierro que le tenía aplicado la Justicia por el delito de una muerte que cometió en Monsarrate, que es lo que se executa o en la jura de Nros. Reyes, o en sus enlazes nupciales.

Veterano. — Pero añade, Hijo, lo que le dixo a la comitiba, «después que a la Rea, como si fuera árvitro en las Leyes, le havía dicho: «Levantáos, que ya estáis libre», pues bolviéndose acia toda la junta profirió con un semblante alagueño, «jamás visto en él»: «Es día de hazer mercedes», la que respondió a una vos: «Sí Señor, sí Señor. Que Uiva. Que viva». Respuesta propria de la Compañía suya, según aquella de dime con quién andas y diréte quién eres. Y no te admires que unos pocos Bictitis [118] de la República conviniesen en su trama, que eso es natural donde hay mucha Gente que uno u otro falte a su deber y se haga Apóstata del honor, o por mejor ha- *[48]* blar, de la fidelidad de su Monarca. La muerte, en fin, que fué lastimosa, executada por una Chilena, en 10. de Septiembre de 772, en una Limeñita, quedó impunida, siendo así que los Juezes, «qué se yo si por empeño de *Orejas de Asno,* que es su paisana, o si atendiendo a la calidad del Sexo y blancura de su rostro», sólo la multaron en el destierro de esta Ciudad para la de Santiago de Chile, su patria, si se puede llamar destierro embiarlo a uno al lugar de su nacimiento, y ésto fué lo que el *León de Oro* le perdonó, para que del todo quedase en una *Systerna* [119] de olvido

---

[117] Comp. nota 115.
[118] ¿Belitres? = pícaro, ruin y de viles costumbres.
[119] Hilario Cisternas, Bachiller en Leyes y Cánones por San Marcos en 1743, y Licenciado y Doctor en las mismas Facultades por la Universidad de San Felipe, en Chile, ante cuya Audiencia le confirió Amat el grado de Abogado. En 1768 promovió expediente para que se le examinara y pudiera incorporarse en la matrícula de profesionales de la

este cruel omicidio. Pero vamos dejando a un lado estas iniquidades, descubriendo de dónde salieron los gastos que se hicieron en estas malvistas funciones, porque ello en efecto costó dinero, y arto.

Bisoño. — Eso, Taita, no hay piante ni mamante que no lo sepa. Saben todos que el *Cabezón* hechó guante entre todos los que entraban en Palacio y tenían pretenciones: quál daba 2 mil ps., quál 4 mil, y hubo muchos de 5 mil; con esto y lo que dieron los Tabladeros, «en esto no ablemos de todos, que esa es quenta aparte», se costeó todo, y sobró bastante para el mismo *Cabezón*, [120] *Matoreli*, [121] y darle su regalo al *Asno de Oro*, que no lo perdonaba jamás en funciones públicas. En el Coliseo le hicieron tres dias de Comedias en festividades de esta Uanda aplaudida, y todo el líquido que resultó de ella[s] se le llevó con el ánimo que lo repartiese entre los Monasterios de Monjas pobres, y él lo que hizo fué papárselo y mamárselo. Los Toros los dieron las Madamas a fajina y los Cavalleros de lustre, embiando cada una y cada uno su Toro, su Enjalma, sus Tarxas, sus Toreros y Chafalotes. Así los 15 mil pesos que importaron los citios de la Plaza, los que se vendieron sin intervención del Reximiento, y sin aun dejarles los Arcos de su asignación, [122] como ni a los *Paxes* de la

---

Audiencia de Lima. En Real Acuerdo de 1.º de Diciembre de dicho año quedó expedito para el ejercicio de su profesión en la capital del Virreinato (A.N.P. Real Audiencia. Grados de Abogados. Legajo 1 (1648-1783), Cuaderno 40). Por Decreto de 12.II.1770 fué designado Relator interino de la Audiencia, por fallecimiento de Juan Francisco Luján, con un haber de 540 pesos al año (A.N.P.M.H. Libro 0909. Libro de salarios, situados y extraordinarios ... (1770-1778), fol. 48).

[120] Antonio de Amat y Rocabertí, sobrino del Virrey.

[121] V. la nota 110.

[122] En la sesión del Cabildo de Lima, de 20.IV.1773, se adoptaron las primeras providencias en orden a solidarizarse con los festejos públicos que se estaban organizando para celebrar la concesión de la Cruz al Virrey. En el acta del 5.VI. hallamos un acuerdo, conforme al cual los Capitulares, en atención a que iban a «... continuarse la fiesta y júbilos con que dibersas personas particulares de esta ciudad, en demostración del afecto con que cordialmente amaban al Excmo. S.r. Virrey Don Manuel de Amat y Junyent, gloriosamente se emulaban ofresiendo y exhibiendo de sus propios caudales cantidad de dinero, a que esta ciudad, por tantos títulos obligada, hauía querido concurrir con dos mill pesos, cuya oferta no hauía querido Su Ex.ª admitir en concideracion a los atrazos con que se hallaban los propios y Rentas ... acordaron ceder los arcos de los dos

Iglesia y Palacio Arzobispal el giro de su frontera, todos quedaron intactos para el herario de este *Santito*. Con iten más las quatro llaves de Oro, con una libra cada una, *[49]* que se le daba en cada tarde, con el Título de Llabe del Toril.

Veterano. — Uien lo saves todo, Hijo, pero nunca dices nada que se vaya a fondo. ¿Por qué no reparas en el despotismo de esta permición de Toros en la Plaza pública a Plaza entera, quando estas funciones sólo se hacen quando lo piden las Ordenanzas del Reyno? ¡Oh Tribunales, que vien os acordáis de las quatro tardes del 8, 10, 12, y 14 de Julio de 73,[123] en que os vísteis precisados a asistir en cuerpo de tales a unas fiestas en que no veía[i]s motibos justos, con gastos crecidos en vuestros proprios, para el lucimiento de su proprio honor, y en toda la Ciudad para el lustre de sus portes, lloraréis ...! Pero no quiero seguir.

Bisoño. — ¡Qué mal hará Vd. Taita, porque eso que iba a seguirle demandaba ser cosa buena! Yo lo que varrunto es que Vd. iba a decir algo del proprio agradecimiento que él mostraba a tales demostraciones, y cierto que si Vd. iba por ay *(sic)*, en primer lugar debía poner el mal porte que tubo con esta Iglesia Catedral, pues después de haverlo siempre obsequiado con quanto le era facultativo, y sobre todo el día que se puso la Vanda, «que lo fué el 12 de Abril»,[124] portándose sobresalientemente en adorno, Música y obstenta, hasta ahora no le ha merecido una sola mera incinuación de gratitud. Todos juzgaron en esta ocasión que en fuerza de ella emprehendería la reedificación de sus Torres, que es el único lunar que hay en la Ciudad, pues todas están ya lebantadas, entrando las de los Combentos y Monasterios más pobres, pero vastaba que fuese cosa que perteneciese a Templo de Dios y en el que havía tenido el buen MANZO la

---

portales de Escribanos y Botoneros para que por esta vez ayudase el importe de su venta para las presentes corridas de toros y que se combidasen al S^r. Virrey y señores deste Cabildo dulces y helados como era uso y costumbre ...» (A.M.L. Libro 36 de Cabildos (1756-1781), fols 197v y 200v).

[123] V. la *Puntual razón de los toros* que se lidiaron en cada una de las cuatro tardes, en sendos impresos (Medina, *La Imprenta en Lima*, III, pág. 54, números 1371, 1372, 1373 y 1374, y Vargas Ugarte, *Impresos Peruanos*, III, números 2092, 2093, 2094 y 2095).

[124] Corrobora la fecha, en el año 1773, Sáenz-Rico, pág. 261.

dicha de restaurarlo, para que huyese de esta acción tan piadosa, loable, y *(sic)* tánto era el aborrecimiento que esta *Vívora de Oro* tenía a su venéfico antecesor.

Veterano. — Teníaselo, Hijo, real y verdaderamente, porque decía que le había usurpado 6. meses de Govierno, quando si él hubiera querido, según las facultades de su Real executorial, que no ha tenido él ni en poco ni en mucho, o no lo hubiera poseído jamás, o se le hubiera retardado *[50]* todo el tiempo de su gusto; [125] por este mismo motivo aborreció quanto se le rodeaba. [126] Pero no se encuentra razón por qué odiaba al Público con tanto rigor, que siempre que podía se lo mostrava, Hijo, pero nunca con más seño que quando se dedicaba su bondad a aplaudirlo y selebrarlo. ¡Acuérdate de la Cara que ponía en estas oportunidades! Un Perro Dogo indignado contra quien lo irrita, un León acosado sin haberse vengado de su ribal, un Tigre engrifado pronto a destrozar con sus uñas quanto se le oponga, no tenía cotejo con él, pues aun le excedía en la fealdad, fiereza e irritación.

Bisoño. — Sí Taita, así es. Vd. en esto me ha dado en la Yema del gusto, porque hasta ahora no me cabe en la Cabeza, «en las dos veces que lo ví por las Calles, una a Caballo y otra a pié», el rostro que llebaba, siendo así que en todas dos la celebridad se dirigía a su persona: la primera fué el día 21. de Diciembre del infelice año, «infelice porque en él entró a Lima», de 61, en que se le recibió públicamente con tanta grandeza. La cara que llebaba ese hombre no era de un humano, sino de una fiera. Nunca

---

[125] Si bien desde 17.XII.1759 estaba Amat provisto por Virrey del Perú en la eventualidad de una acefalía del cargo, la autorización conferida en Cédula de 22.VI.1760 otorgaba a Manso de Velasco el arbitrio de disponer la apertura del pliego de providencia cuando lo tuviese por oportuno (Sáenz-Rico, págs. 128-133). En otras palabras, pendía de la voluntad del Conde de Superunda ceder el puesto a su reemplazante.

[126] Alúdese el Marqués de Soto Florido a sí mismo, habida cuenta de que siendo todavía Colegial en el de San Martín, había integrado el grupo de allegados al Conde de Superunda, cuyo celo para recon'truir la Catedral encareciera en Mayo de 1755 en su descripción titulada *Júbilos de Lima*.

De la sañuda animadversión que profesaba Amat hacia su predecesor, es testimonio expresivo el recurso promovido por el Conde de Superunda para que no se ventilara su residencia mientras aquél e:tuviese de Virrey del Perú (A.G.I. Lima, 826).

havía visto, ni aun pintados, a los Conquistadores de alguna plaza tomada por asalto y no por Capitulación, donde al triunfo de su entrada se ha de seguir el estrago, la sangre y el fuego, o la negación de quartel a edades y sexos. Ya desde entonces puedo decir con verdad que los conosco, no en diseños sino en prototipos, no en bosquejos sino en originales. La otra fué el 20. de Enero del infelice año, «también infelice porque en él destrozó los dos Colegios de S. Felipe y S. Martín», de 71., en que estrenó el Templo de Nazarenas,[127] Templo que hizo sin dar nada de su peculio, sino a costa de la limosna que recogieron en 66. y 68. en las dos mesas que puso, de la que gastó Juan[128] a tutiplén[129] sin

---

[127] La solemne ceremonia tuvo lugar el 20.I. del mismo año, un lustro después de haberse colocado la primera piedra. El proyecto de esta fábrica fue un producto del «exquisito discernimiento» de Amat, según de todo deja constancia don Felipe Colmenares y Fernández de Córdoba (luego Marqués de Celada de la Fuente), en *El Día Deseado. Relacion de la solemnidad con que se estrenó la Iglesia del Santo Cristo de los Milagros* ... (Lima, 1771), págs. VII, 30 y 56.

[128] Juan Roca, uno de los personajes más vapuleados en el *Drama* (págs. 66, 75, 99 y 101).

Natural de Barcelona, parece que en sus principios fue albañil de profesión. En señal de aprecio por haber acompañado en 1762 desde Buenos Aires hasta Lima a los dos sobrinos del Virrey, José y Antonio de Amat y Rocabertí, aquél lo agració con el cargo de Furriel de las milicias. Dos años después lo encontramos de Sobrestante de las obras del Real Felipe, en donde fue también Capitán de la Compañía de Granaderos del Batallón de dicha plaza.

A la cabeza de una soldadesca de dos centenares de hombres fue el encargado de ocupar el convento de los jesuitas de San Pedro, conduciéndose con innecesaria rudeza, y luego asumió la guardianía del edificio (Cfr. *Diario de un jesuita desterrado...*, en Vargas Ugarte, *Biblioteca Histórica Peruana. V. Relaciones de Viajes* (Lima, 1947), págs. 126-128 y 134).

Síndico del Monasterio de las Nazarenas, tuvo en la construcción de su templo una participación muy activa (Vargas Ugarte, *Historia del Santo Cristo de los Milagros* (Lima, 1949), Cap. XIII, v. especialmente págs. 101-110; y Wethey, *Colonial Architecture and Sculpture in Peru* (Cambridge, 1949), págs. 76 y 266-267). Según acta extendida en 15.VI.1766 (que dimos a conocer en *El Comercio,* Lima, 20.I.1971, núm. 72.488, pág. 2), en esa fecha se asentó la primera piedra del mencionado templo. El original de dicho documento se introdujo en un recipiente que se depositó dentro de dicha piedra fundacional. Como testigos figuran el Capitán Roca, «Delineador Ayudante de Su Exª., como Director de esta obra», así como Maria-

---

[129] Modismo que vuelve a utilizarse en la pág. 66.

economías, Arte ni regularidad, a semejanza de lo que hizo después, siempre por orden del *Asno de Oro,* en el Camarín de las Mercedes [130] y en las Torres de S. Juan de Dios y Sto. Domingo; «en el Callao es otra quenta que Vd. la sacará quando combenga», [131] y como lo hubiera hecho con quantas obras le hubieran encomen- *[51]* dado. Esta función, que fué célebre a costa de las quatro Comunidades, Sto. Domingo, S. Francisco, S. Agustín y la Merced, a quienes esforzó que hizieran Altares, como al Cura de S. Marcelo, [132] en los que gastaron muchísimos pesos, y a costa del Cavildo Eclesiástico, que le dió Cera, Fuegos, Sermón y asistencias, sin entrar un Arco lucido que puso el obligado del Coliceo. Esta función, digo, que le debía hacer poner una cara risueña, agradable y gozosa, fué la que se la encapotó, ensoverveció, y aun tiranizó. Sólo iba o sensurando las Alajas esquisitas, «se supone que de embidia», y de valor que estaban en los Altares, y aguaitando las Caras de las Mugercillas que estaban a las puertas, Ventanas o Galerías, para a las pasaderas mandarlas traher a su degolladero y hacer alarde después de su triunfo brutal.

---

no Guzmán de Freitas (cfr. nota 163) y Juan Timoteo Gómez, maestros de la fábrica (A.N.P. Alejandro de Cueto, 1766-1768, fol. 138).

Por considerarlo una persona idónea para hacerse cargo de las gestiones del Monasterio de las Nazarenas y en razón de su «celo, actividad y amor», la Priora le confirió poder general en 13.X.1770 para llevar adelante todos los negocios pendientes del cenobio (A.N.P. Valentín de Torres Preciado, 1769-1770, fol. 779v). Cuando ese mismo año el Claustro sanmarquino, defiriendo a una recomendación del Virrey, acordó la colocación de una gradería de piedra blanca delante del altar de la Virgen de la Antigua en la Catedral, se confió el trabajo a Roca, habiéndole obsequiado la Universidad, en agradecimiento, una tabaquera de oro, valuada en 70 pesos. Intervino también en la reconstrucción de la iglesia de la Buenamuerte y de la torre de Santo Domingo (Bernales Ballesteros, *Lima: la ciudad y sus monumentos* (Sevilla, 1972), págs. 324 y 333), y se le atribuye asimismo participación en la edificación de la famosa Quinta de Presa, de la que se dice haber sido el arquitecto principal.

En 22.IV.1770 confirió poder para testar al Prior del Monasterio de Montserrat de Lima, Fray José de Arredondo (A.N.P. Valentín de Torres Preciado, 1769-1770, fol. 463). Falleció a mediados de 1776 (Despacho número 41, de 20.X.1776, de Guirior. A.G.I. Lima, 654).

[130] Elegante obra arquitectónica, estrenada en 13.IX.1774. Cfr. Víctor Barriga, *El templo de la Merced de Lima* (Arequipa, 1944), págs. 252-253.

[131] Comp. más adelante, pág. 101.

[132] *El Día Deseado,* pág. 57.

Veterano. — Tú, Hijo, en todo lo que has dicho, has ablado con acierto, tánto, que has largado en sustancia por lo que mira a la Censura que has hecho de que no gastó nada suyo en Nazarenas, y que antes fué causa de que las Limosnas se dilapidasen injustamente. Un pasaje de Tácito, tratando del maldito Galva, su muy semejante, le oy a D. Juan del Rodo,[133] y que aprendí con muy buena memoria. Él dice así: *imbiso semel Principe seu bene seu male facta premunt,*[134] que en Castellano es como quien dijera: quando un mal Governador es odiado y menospreciado, aun sus buenas acciones, «que siempre, hasta los más perversos suelen hacer algunas obras rectas o por acaso, o por humor, o por fajina, y jamás por piedad y Justicia», son mal interpretadas y mal recibidas, o a lo menos no se hace caso de ellas ni en un punto. Mámate esto, Hijo, aunque me digas que soy gran letrado, y ahora voy a decirte que esa Cara de tirano y de enemigo del estado, digna del suplicio de los parrisidas y del de los enemigos públicos, que sacó en esa[s] dos ocasiones tan de su interés particular, la sacaba también a la Alameda, a la Nabona, al paseo Militar,[135] a la Catedral, a las Calles el dia de Re- [52] yes, el Jueves Santo quando andaba Estaciones con 500 Oficiales, entrando Indios, Mulatos y Negros y quatro Compañías de Marcha, y el día de Monsarrate en que venía a pie desde su Palacio hasta la Iglesia, en que van nueve quadras y media, por entre Milicias de a pie por una sera *(sic)* y por otra, tocándole Cajas, Pífanos, Trompetas, Dulsainas y haciéndole los honores de Carabinas y Vanderas.[136]

Bisoño. — Ya mentó Vd. este día, Taita, y ya tomo la Tarabilla, cortándole a Vd. quanto iba a añadir, porque es el que me saca de mis casillas. ¿Dónde havía razón, «gracias a Dios que ya no lo ha de haver», para que un mes antes el *Cabezón*,[137] «y también el *Ojotes* en su tiempo hacía lo mismo, aunque no con tanta ancia», mandase hacer Exercicios a palos y priciones a tanta gen-

---

[133] Juan Lope del Rodo (i. e. Pedro Vallejo) (Cfr. *infra* nota 211).
[134] «... inuiso semel principe, seu bene, seu male facta premunt ...», Tácito, *Histor.*, Lib. Primus (en *Opera Omnia* ... (Antuerpiæ, M.D.LXXXI), pág. 336).
[135] V. más adelante, pág. 98.
[136] Morales de Aramburu, 'Quaderno...', en *Fénix* (Lima, 1947), núm. 5, págs. 327-328.
[137] Antonio de Amat y Rocabertí, sobrino del Virrey.

te de Oficio, y que llegado el día, desde las 6 de la mañana hasta la *(sic)* 6. de la tarde los tubiesen en pié sobre las Armas, sin darles un bocado y una ruin gratificación? ¿Y porqué se havía de hacer esto en el Octavario de Monsarrate, [138] y nó en el día del dulce nombre de MARIA, quando la Virgen del Rosario está jurada por la Ciudad por Patrona de las Armas, cuya aprobación la tiene dada S. M. el Sr. D. Felipe II. *(sic)*, en tiempo del Marqués de Mansera, [138a] con la dotación de 500 pesos que hizo para esta fiesta Naval, en que asisten Uirrey, Audiencia y demás Tribunales, con el ilustre Cavildo Eclesiástico, saliendo las Vísperas y día en prosecion de la Catedral a Sto. Domingo, donde se venera esta preciosa prenda de Ntro. refugio para la serenidad de las miserias públicas, de pestes, penurrias *(sic)* y guerra?

Pero voy a otra cosa aún más importante, por tocar en punto de veneración religiosa. ¡Dónde havía ojos para ver al *Catalán* venir por entre tanta gente y grandeza, con un acompañamiento de más de 300 hombres, y que después de haver estado un medio quarto de hora en el Templo´ de Dios, haciendo que orava mientras que todo lo fisgava para después sensurarlo, se volviese del mismo modo, y que el Sacramento, «¡Eterno Dios, dónde estamos!», en que va el Rey *[53]* de los Reyes, el Hijo de Dios vivo como está en los Cielos, saliese tras sus espaldas sin más alumbrantes que media dozena de Pardos y un tal qual Asambleísta, fuera de los Oficiales de plana mayor que sacaban el Guion y Borlas! Vé hay *(sic)* lo que dijo Vd. antes con ese pasagito de Tácito, tan exelente. En mira de sus respectos hacían los allegados a sus favores el costo del Novenario, dando cada uno 200 pesos, y él nada en su día, pues aun el Sermón servía de un año para otro, sin que jamás en ninguno se llegase a acabar, y así a esta acción no le queda nada de reberenciable.

Veterano. — Famosamente, Hijo, te vas portando en tus reflecciones.

Bisoño. — Pues otra, Taita, tengo que hacerle a Vd. en forma de admiración: admírame, Taita, el cómo a esta *Serpiente de*

---

[138] V. el romance que se imprimió en 1766, en celebridad de la fiesta real (Vargas Ugarte, *Impresos Peruanos*, III, págs. 35 y 52, números 1953 y 1994).

[138a] V. la Memoria de gobierno de este mandatario (edición Polo (Lima, 1896), págs. 5-6).

metal de Oro no le dieron alguna vez en *salvo* sea el *lugar,* bien en las Comedias quando salía o entraba, o bien sobre todo en esas tres noches en que hizo alrededor de la Plaza el papel de Victoriarse él mismo o el de la Vieja de Marzo. Sus perradas pedían esa venganza a gritos, y para ella no eran impedimento ni los Cachorros de bolsico que llebaba consigo siempre dispuestos, «no la hagas y no la temas», ni la multitud de Soldados de que guarnecía su Proa, Popa, Babor y Estribor, porque juzgándose así en seguridad, esta daba Salvaguardia o respaldo a los Acesinos, como dicen se la dió en 14. de Mayo del 1610. a la mano de Francisco Rabillac, «esta historia conserbo entre otras muchas funestas que le oí contar a Muñidor Pasqualillo», contra la sagrada persona de Enrique IV. de la Francia.

Veterano. — Está bueno todo eso, Hijo, ¿pero no conoces, no lo cobarde, sino lo paciente de Ntra. Patria, y sobre todo lo Cristiano y sumiso al Soberano de su temperamento? ¿No consibes que por tanto ella no puede desear ni por un momento el que se repitiese en él, aun siéndole bien merecido, aquella igual o más ultrajante Carnicería? ¿No sabes que ella entiende a la perfección que son los que mandan, por perversos e infames que aparescan, copias de los Principes que nos Goviernan, cuya au- *[54]* toridad en éstos viene de Dios, y que por ello no se les puede resistir, sin incurrir justamente [en] su ira e indignación? ¿Ignoras que ella comprehende muy a las claras que la venganza no se debe tomar por la propria mano, sino que ha de ocurrir al Tribunal Supremo de su Monarca piadoso, donde apenas llegan los clamores de las crueldades, quando se decretan de improviso las satisfacciones de la Justicia? Así, no es lo sanguinario, Hijo, lo que esta Ciudad tiene por regla, y el enfado que me has dado, sólo con promoberlo, te lo castigo con irme luego luego, sin esperar a más.

Bisoño. — Si, Taita, no fueran las 10, a ver si yo no lo detenía a Vd. o con mi arrepentimiento o con mis lágrimas. Uáyase Vd., que la tirada es larga, y venga Vd. temprano mañana.

Veterano. — Queda con Dios, Hijo, que así lo haré, más por otro que por tí.

FIN DE LA PRIMERA NOCHE.

SEGUNDA NOCHE.

Veterano. — Con todo el malhumor, Hijo, que me hiciste criar anoche a mi partida, véisme aquí que he venido antes que tú. ¿En qué te has detenido? ¡Dílo breve, y no seas porra!

Bisoño. — En leer, Taita, tanto como hay escrito en verso contra el *Asno de Oro*. He leído las Coplas de la tiranía; las del llanto de la *Perricholi*; [139] las del Carrumaco; [139a] la Conversata

---

[139] Por ser ésta la primera alusión a la tan llevada y traída Micaela Villegas, reuniremos en la presente nota informaciones desconocidas hasta ahora concernientes a la Perricholi, agrupándolas en nueve apartados: antecedentes familiares y origen del nombre de pila; el mote; la leyenda huanuqueña; una posible homónima; un segundo hijo natural; la casa de la Alameda; el rancho de Chorrillos; una prueba de su influencia (eclipsado ya el Virrey Amat), y finalmente, datos sobre su marido.

Huelga manifestar que sería temerario pretender que en una nota pueda compendiarse la semblanza del personaje que, acaso en mayor escala que ningún otro de la época virreinal, haya hecho correr la pluma de los escritores. La bibliografía, tanto la documentada y sólida, como la imaginaria o novelesca, es verdaderamente copiosa, y a ella nos remitimos para quien desee saber los pormenores de la vida de la afamada limeña desde su nacimiento (28.IX.1748) hasta su muerte (16.V.1819) y su inhumación en los Descalzos (Parroquia de San Lázaro. Lima. Libro 10.º de Defunciones (1804-1821), fol. 228).

I. Como es sabido, su padre, don José Villegas, natural de Arequipa, había estado casado en primeras nupcias con doña María Micaela Godard, natural de Exeter (Inglaterra), hija legítima de Guillermo Godard y de María Godard en la que hubo siete vástagos, según se desprende del poder para testar que extendió ella en 8.IV.1739 (A.N.P. Bartolomé de la Vega, 1731-1741, fol. 904v). Él, por su parte, también otorgó poder para testar en 6-V-1739 (A.N.P. Alejo Meléndez de Arce, 1739-1742, fol. 456). El matrimonio con la madre de la Perricholi, doña Teresa Hurtado de Mendoza, oriunda de Lima, se consagró el 2.I.1745 (Parroquia del Sagrario. Lima. Libro 9.º de Matrimonios, fol. 105). Es incuestionable que don José Villegas impuso a la Perricholi el nombre de Micaela en memoria de su primera esposa.

II. Como complemento del dato que aporté en *El Arte Dramático en Lima durante el Virreinato* (Madrid, 1945), pág. 446, nota, cabe añadir la noticia que consigna Eguiguren, en *Las calles de Lima* (Lima, 1945),

---

[139a] Parece que el Marqués de Soto Florido se inspiró para imponer un título tan extravagante a este pasquín, en una obra en cuatro volúmenes que poseía en su biblioteca, titulada *La Carrumaca* o *La Garrumaca*, acerca de la cual vanos han sido nuestros esfuerzos encaminados a identificar autor, tema y lugar de impresión, según ya quedó advertido (cfr. Estudio Preliminar. pág. 44).

pág. 129, de haber encontrado en un expediente de 1786 la referencia a cierto Antonio Fernández (a) Perricholi, acusado de hurto en el Callao. Finalmente, y para matizar la acepción, puede contribuir el pasaje de un romance del P. Francisco del Castillo, que reza «............ / y si yo soy perro cholo / Ya me queda este consuelo / que es mejor ser perro puro / que monstruo de gato y perro» (Vargas Ugarte, *Clásicos Peruanos* (Lima 1948), II. Obras de Fray Francisco del Castillo, pág. 55).

III. Hubo efectivamente una Villegas, oriunda de Huánuco, pero llamada Margarita. Era hija natural de Diego de Villegas y de Catalina; casada con Pedro Nolasco Farro Azabache; era analfabeta, y testó en 3.X.1777 (A.N.P. Francisco Humac Mino Yulli, 1774-1777, fol. 385).

IV. ¿Tuvo la Perricholi una homónima?

Asidero para esta suposición brindan las diversas escrituras suscritas por una Micaela Villegas en años en que la Perricholi, en razón de su incapacidad legal para contratar, por ser menor de edad, se hallaba inhábil para hacerlo, si bien la legislación autorizaba que las mujeres de menos de 25 años que no tuviesen curador, pudieran actuar como si estuvieran en pleno uso de sus derechos. Por otra parte, las firmas de los documentos que nos permiten plantear esta interrogante ofrecen rasgos que difieren de los habituales en la escritura de la Perricholi, aunque no siempre es decisiva una prueba basada en la forma de las letras, que puede alterarse al compás de factores muy variados.

El documento más antiguo que conocemos, firmado por una Micaela Villegas, se remonta al 15.X.1764, esto es cuando la Perricholi contaba escasamente 16 años de edad. En esa fecha, aquella Micaela Villegas toma en arrendamiento una casa situada en la calle de Lezcano, por el término de tres años, a razón de 252 pesos anuales (A.N.P. Martín Pérez Dávalos, 1763-1765, reg. 1764, fol. 255).

La firma presenta rasgos muy extendidos y un detalle digno de nota: las tres últimas letras del nombre de pila, ligadas entre sí, aparecen separadas claramente de las cuatro iniciales (Micha ela).

En 29.XII. del mismo año adquiere una esclava, pero al firmar, antepone un «D.ª» al nombre y apellido; los trazos son idénticos a la firma precedente (A.N.P. Juan Bautista Tenorio Palacios, 1764, fol. 404v). En 9.IV.1765 traspasa esta misma esclava al Oidor Decano Gaspar de Urquizu e Ibáñez, pero ahora al firmar prescinde del apelativo y añade un rasgo a la «M» del nombre, que sí trae a la memoria la forma de la inicial del nombre de la Perricholi; sin embargo, la partícula 'ela' sigue separada (A.N.P. Alejandro de Cueto, 1763-1766, fol. 712v). El 2.V. de dicho año la Madre Inés Juliana del Espíritu Santo, religiosa del Convento de Santa Catalina, le vende una negra. Ahora vuelve el «Doña» a preceder al nombre y apellido (A.N.P. Juan Bautista Tenorio Palacios, 1765-1766, fol. 106v).

El 17.X.1767 Teresa de Castañeda, monja de la Concepción, vende una mulatilla a Micaela Villegas, pero ahora ésta firma «Doña Michaela Billegas», con «Doña» y con «B» el apellido (A.N.P. Marcos Velázquez, 1761-1767, fol. 695). Esta insólita ortografía del apellido, nuevamente despojado del «Doña», se repetirá en dos documentos posteriores: uno del 1.º.XII.1767 (en que la vendedora se identifica como residente, no como vecina de Lima, como era usual), en cuya virtud «Michaela Billegas» enajena al Conde de la Dehesa de Velayos la misma negra adquirida en 2.V.1765, y el otro, del 17.V.1768, en que la repetida «Michaela Billegas» vuelve a vender a Teresa

Castañeda la esclava que la comprara el 17.X. anterior. En ambos documentos, el 'ela' figura separado (A.N.P. Valentín de Torres Preciado, 1767-1768, fols. 355 y 584. De pasada, adviértase que Torres Preciado era el escribano de confianza de ella, del Virrey Amat y de todos sus allegados).

En 14.VII.1769 adquiere una esclava: la firma es ahora «Michaela Viellegas» (sic), aunque el rasgo a la izquierda del trazo inicial ascendente de la 'M' ya es el distintivo de la firma usual de la Perricholi (A.N.P. Santiago Martel, 1767-1769, fol. 770). Esta misma interpolación de una letra en el apellido —ahora sólo un borrón— reaparece en una firma del 1.º.II. 1770 (A.N.P. Valentín de Torres Preciado, 1769-1770, fol. 285).

Para sorpresa nuestra, entre estas dos fechas —en 7.X.1769— vuelve a presentarse «Doña Michaela de Villegas»; los rasgos de la 'M', la forma de la 'g' y otros detalles, coinciden desde luego con las demás firmas, aunque difiera el vocativo y la inserción de la preposición 'de' (A.N.P. Santiago C. de la Cueva, 1763-1771, fol. 281).

A partir de Enero de 1770, ya los rasgos se consolidan, y aunque todavía quepan algunas dudas, las disipan las coincidencias con las firmas posteriores, en años en que además disponemos ya de documentos incuestionables, por referirse a las actividades de la Perricholi en negocios teatrales (Cfr. Valentín de Torres Preciado, 1769-1770, fol. 285, y 1771-1772, fols. 5v, 68, 126, 393, 528, 645, 683v, 742v y 823v; Santiago Martel, 1770-1772, fol. 609v, escritura que atestigua José Javier Estacio, extendida en 22.X.1771; Silvestre Bravo, 1769-1786, reg. 1772-1773, fol. 96, etc., etc.).

V. En 22.VI.1778, en la parroquia de San Marcelo (que era la de la Perricholi), el mercedario P. Jerónimo de Calatayud bautiza una niña, a la que impone el nombre de Manuela, que había venido al mundo en 22.VI.1776. Era hija natural del Coronel de las Milicias de Atacama y Teniente General de la Provincia de Lucanas, Martín de Armendáriz, oriundo de Navarra, «que la reconoció y declaró por tal», y de Micaela Villegas. Fue padrino de la neófita Francisco de Armendáriz, Oficial Segundo de la Secretaría de Cámara del Virreinato (desde la época de Amat) (Parroquia de San Marcelo. Lima. Libro 9.º de Bautismos (1768-1780), fol. 262v).

Se creería que se trata de una homónima de la Perricholi, que poco tiempo antes había sido protagonista de las escenas amorosas con Amat en Miraflores (16 y 31.I., 29.II. y 8.III) después de la reconciliación celebrada unos nueve meses antes de que la criatura que nos ocupa viniera al mundo (17.IX.1775; cfr. pág. 57 del *Drama*), si no hubiésemos descubierto una noticia concluyente que disipa toda duda, en el testamento de Manuel de Amat y Villegas. En la cláusula octava de dicha disposición, éste declara que había conferido poder a su hijo José, de acuerdo con su hija primogénita, Tomasa, para que se desplazase a Ayacucho a cobrar de la testamentaría de don Martín Armendáriz 15.000 pesos que adeudaba a su madre —la Perricholi—, crédito que hizo efectivo el citado José, aunque luego no rindiera cuenta de ello a su padre.

Este Martín de Armendáriz era natural de Elvetea (Valle de Baztán); en 9.IX.1769, soltero, con un cargamento de géneros de Castilla, se aprestaba a emprender viaje a la Sierra, y confiere poder para testar a su hermano, José de Armendáriz (A.N.P. José de Aizcorbe, 1769-1770, fol. 342v). Entre Armendáriz y la Perricholi existían relaciones comerciales desde 1774, por lo menos. El 20.XII. de ese año, Armendáriz, a punto de emprender viaje a las Provincias de Arriba, contrae obligación por la suma de 6.800 pesos, valor de 425 doblones que Micaela Villegas le había facilitado, con el propósito de habilitarlo para su «mayor adelantamiento»; el préstamo se pactó sin intereses, y para ser reembolsado en el plazo de un año (A.N.P. Andrés de Sandoval, 1773-1774, fol. 1295v. Por otras escrituras, de 17.IX. y 26.X. se deduce que Armendáriz era comerciante. Ibíd., fols. 1072v y 1152).

VI. Acerca de la casa de la esquina de la Alameda, la nota 329 contiene abundante información inédita.

VII. En 4.VII.1791 el santiaguista don Antonio Barba de Cabrera compró a doña Juana María de los Santos Uribe media cuartilla de tierras y un rancho edificado sobre ella, situada a la entrada del pueblo de Chorrillos, a mano derecha, que lindaba por la cabecera con tierras de la comunidad, por la izquierda con el camino real, y por la derecha, con los barrancos (A.N.P. Juan Castañeda, 1790-1791, fol. 542). En «demostración y dádiva de padrino de su casamiento», Barba de Cabrera donó a Micaela Villegas en 4.VIII.1795, día de su matrimonio con Echarri, la referida cuartilla con el rancho, más otra media cuartilla de tierras. Ratificó el acto de liberalidad en escritura de 3.XII.1795 (A.N.P. Pedro José de Angulo, 1795, fol. 1117).

VIII. La estrella de la Perricholi no parece que hubiera sufrido menoscabo al ausentarse del Perú el Virrey Amat, antes bien todo deja entender que mantuvo su influencia, a despecho de las expectativas que cifraba el autor del *Drama* de que declinaría tan pronto se alejara del país el gobernante que la había favorecido.

El incidente con doña Lucía Fernández Valdivieso acredita de modo incuestionable que también con Guirior gozó de trato especial. La citada Lucía Fernández Valdivieso, viuda de Joaquín de Aguirre, arrendó a principios de Abril de 1776 a Micaela Villegas, «cómica del Coliseo de esta ciudad», una casa que poseía en la calle de San Juan de Dios. Se estipuló verbalmente que la merced conductiva importaría 600 pesos anuales, cantidad que habían satisfecho los anteriores locatarios. Conforme al memorial que consigna estas noticias, la Perricholi ofreció elevar el convenio a escritura pública, pero no llegó a cumplir su promesa, de suerte que el contrato corrió en términos de simple acuerdo verbal. Por otra parte, la arrendataria incurrió en mora. La Fernández Valdivieso, viendo que resultaban infructuosas las diligencias «extrajudiciales y políticas» para que la Perricholi abonara el valor del alquiler, ocurrió al Juez de la Casa de Comedias, que lo era el Oidor Conde de Sierrabella, pero ni él ni el Alcalde de Corte, Borda, dieron curso a la denuncia de la recurrente. En vista de esta denegación de justicia, acudió al Regente Jacot Ortiz Rojano, que corrió traslado de la denuncia al Oidor Echeverz, Juez de la Casa de Comedias a la sazón. Sin embargo, este magistrado no admitió el recurso, antes bien hizo saber a la Fernández Valdivieso que «dispondría que una persona de respeto (que me nombró), interpondría sus oficios para que la Villegas me pagase lo que me debía y me desembarazara la casa, dándome a entender que por su parte tenía impedimentos que le embarazaban proceder en los términos que se le proponían».

Resolvió entonces avocarse el conocimiento del litigio el mismo Regente, en razón de ser ciertos los hechos que exponía la recurrente, atendiendo además «a ser esta muger de las de más suposición y pobre de este país; que la demanda que instaba era justa, y que la Michaela Villegas, por su ejercicio de cómica, se beía tan protegida que los mismos que la habían de apremiar la auxiliauan en parte a que demorase su pago a la demandante de lo que legítimamente le adeudaba». Como la cantidad en litigio no excedía de

de *Martha, Guarapo,* [140] *Juan* [141] y *Champa;* [142] las de la Novona *(sic),* las de la Culebra, y tantas otras. En prosa me dicen que hay un Memorial de las Señoras; otro de las Rameras, cuya Procuradora es la *Ráscate con Vidrio,* y un Testamento, pero no los he visto aún, y mañana lo lograré porque han quedado en prestármelo[s], y aquí en secreto, el Correbelí de estos papelillos, para mí, es *Lunarejo,* [143] nuestro Ami- *[55]* gote. ¡Oxalá Vd. hubiese leído también todas esas cosas!

Veterano. — ¿Con que querías, Hijo, que yo a estas horas estuviera sin desayunarme con esos sabrosos manjares? Sabrosos los llamo porque son contra el *Buho de Oro,* que sean como se fuesen han de ser bien recibidos, pero no porque ellos en sustancia merescan aplauso. Entre todos los Versos los únicos que me han parecido pasaderos son los de los ayes *Perricholunos.* [144] Los

---

500 pesos, Jacot resolvió por su propia autoridad que la Perricholi desalojara el inmueble en el término de veinte días y abonara el importe de lo adeudado. El confuso magistrado cuida de hacer presente al Rey que «surtió esta providencia el efecto del pago, pero con resultas para mí tan sensibles, que no puedo menos de ponerlas en consideración de V^a. Mg^d.», al extremo de que resentido el Virrey Guirior de resolución tan ajustada a derecho, pero que se dirigía contra una actriz «que le sabía complacer en las tablas», conminó a Jacot a que en lo sucesivo se inhibiese de intervenir en asuntos relacionados con el personal del Coliseo, puesto que sobre ellos carecía de toda jurisdicción (Comunicación del Regente Jacot, de 20.IX.1777. A.G.I. Lima, 792).

IX. Fermín Vicente de Echarri, natural de Pamplona, hijo legítimo de Martín de Echarri y de Felicia Sorozábal, diligenció en Agosto de 1795 el pliego matrimonial de estilo, en el que Micaela Villegas, con femenil coquetería, declara lacónicamente ser de «más de treinta años» (A.A.L. Expedientes Matrimoniales. Agosto de 1795, número 18). El 4 de dicho mes, dispensadas las amonestaciones «por justas consideraciones y que resultan en el mexor seruicio de Dios...» se consagró la unión (Parroquia de San Lázaro. Lima. Libro 5.º de Matrimonios (1790-1817), fol. 62). Confirió poder para testar a su mujer, Micaela Villegas, en 30.I.1807 (A.N.P. Gervasio de Figueroa, 1806-1807, fol. 103v). Falleció el mismo día (Parroquia de San Lázaro. Lima. Libro 10.º de Defunciones (1804-1821), fol 33).

---

140 Juan Gutiérrez, acerca de quien trata la nota 326.
141 ¿Juan Roca? (V. sobre éste la nota 128).
142 El doctor don Isidro José de Ortega y Pimentel (V. nota 229).
143 Estamos completamente a ciegas sobre la identidad de este chismero, apodado Lunarejo.
144 Deben de ser los «Lamentos y suspiros de la 'Perricholi' por la ausencia de su amante el señor Don Manuel de Amat a los reinos de España», que transcribe Palma en su tradición «Genialidades de la Perricholi», y que revisten todas las características de autenticidad, aunque no

demás son de Musa hedionda y desabrida. Aquellos de Martha, ¡qué violentos! Los de Culebra, ¡qué satíricos! Los de la Navona, ¡qué sin metro! Los de la tiranía, ¡qué desconcertados! Los del Carrumaco, «aunque yo los hice», ¡qué baxos y humildes!

Por lo que mira a lo votado en prosa, el Testamento es un pedazo de amurillado sin gracia ni chiste. El Drama de los Caminantes, Truxillano y Limeños, «que no mentaste», es escaso y andrajoso. Los Memoriales de las Sras. y Damas, aquél, aunque tonto y áspero, es bueno para dar a entender hasta dónde llegaba la aspereza del *Tigre de Oro,* pues ni aun el lindo sexo, que todo lo rinde, que todo lo amanza, pudo lograr esta victoria, y éste, aunque tosco y safio, es especial para dar a ver hasta dónde iba su impureza, lascivia y brutalidad.

Bisoño. — ¡Cuerno, Taita, y qué de ello consigue Vd., y qué bien lo critica! ¡Eso es tener entradas en buenas Casas! Pero ya que estamos en asunto, Taita, de putañería, yo creía que el *Asno de Oro* no lo era sino con tal o qual de fuste, a excepción de la *Perri,* que es de baxa *ab origine,* cuyos principios le constaban a él ser muy puercos en manejo de su cuerpo y trato de su Oficio, hasta que hechado a Valdivia *Gamuzo,* [145] que la enganchó después que *Motsu* [146] la rastreó, fué subiendo de grado en grado hasta Envirreynarse.

---

quepa descartar algún adobo del propio tradicionista. Con todo, la alusión al «mejor Febo», a «Apolo», etc., son expresiones coetáneas del Virrey, que difícilmente hubiera podido fraguar Palma.

[145] Este debió ser Juan Andrés Camusso, cuñado del asentista del teatro, Bartolomé Massa, por ser éste casado con doña Teresa Camusso o Gamuzo (Cfr. poder a José Ramos, de 27.II.1773. A.N.P. Felipe José Jaraba, 1772-1773, fol. 347v). De su testamento, otorgado en 29.VII.1775, se desprende que era oriundo de Nove (Italia), hijo legítimo de José Camusso y de María Rosa Cuesta; soltero; declara que tenía en poder de Javier Guzmán, vecino de Santiago de Chile, un crédito en su favor. Lo más intrigante del documento que glosamos son tres detalles: 1) una cláusula que reza: «Declaro tener acción legítima que deducir contra Don Bartolomé Maza, pero qualesquiera que sea, la renuncio y de ella me desisto por justas razones q. en mí reservo, y lo que fuera se lo condono y perdono para que perdone mis pecados ...»; 2) designa albacea al mismo Maza, y 3), entre los testigos del acto, de otra mano y tinta que el texto, se añade el nombre del P. Maestro Fray Juan de Marimón, confesor de Amat, y cuya intervención en sus amoríos se denuncia en el *Drama* (pág. 68). (A.N.P. Juan José Moreno, 1770-1776, reg. 1775, fol. 400v.).

[146] ¿Será Mosiú = Monsieur? En 1821 Lafond recoge el rumor de que el autor del mote de la Perricholi fue un francés, que después de haber

Veterano. — Creías muy mal, Hijo, porque no perdonaba a cuenta de una onza de Oro frutá buena o mala, fresca o madura. ¡Cuantas le traían los Rufianes Juanico, [147] Jaime, [148] y otros lindos señoritos, a tantas en el Quartito del Putaísmo recibía y marcaba.

---

sido su amante y haberse arruinado por ella, terminó tomándola por esposa. Había sido sobrecargo de un navío de Cádiz (Puede haber aquí alguna confusión con Echarri, que a juzgar por escrituras de sus primeros meses en Lima [A.N.P. José de Aizcorbe, 1774-1775, fols. 232, 404, 653v y 667v], viajó al Perú como factor de empresas con sede en dicho puerto andaluz). Cfr. *Voyages autour du Monde* (Paris, 1843), II, pág. 310.

[147] Debe de ser Juan Puiggarí.
[148] Jaime Palmer, Mayordomo de Amat.

Complementaremos los datos que acerca de este hábil individuo consigna Sáenz-Rico. Era natural de Calvia (Mallorca), donde nació el 23.VIII.1735; bautizado al día siguiente en la iglesia de San Juan Bautista de dicha localidad (Escritura de 22.V.1770. A.N.P. Valentín de Torres Preciado, 1769-1770, fol. 498). Era hijo legítimo de Gabriel Palmer y de Teresa Calafat.

Mayordomo y factótum del Virrey, fue además desde 1768 Capitán de la primera Compañía del Regimiento de Dragones del valle de Carabayllo; cuando se creó el nuevo Regimiento de Dragones de Lima, por despacho de 23.IX.1773 se le dio el título de Capitán Comandante del tercer Escuadrón (B.N.P. Manuscritos, C 352).

En su prosperidad material no olvidó su tierra natal. Por escritura de 20.IV.1768 encargó la construcción de una capilla auxiliar del único templo parroquial de Calvia. La colocó bajo la advocación de la Virgen del Carmen. Con este fin remitió 2.000 pesos, parte de los cuales servirían para instituir asimismo una buena memoria y aniversario de misas (A.N.P. Valentín de Torres Preciado, 1767-1768, fol. 548v). En 22.V.1770 completó la piadosa fundación, instituyendo una capellanía dotada cóngruamente (A.N.P. Valentín de Torres Preciado, 1769-1770, fol. 495).

De su boyante economía es elocuente testimonio —aparte de sus adquisiciones de inmuebles en Lima: la Quinta del Prado y el Tambo del Sol— la carta-orden por valor de 14.000 pesos que extendió en 22.V.1770 a la disposición de su apoderado en Cádiz, José Antonio Almerá (que lo era también del Virrey Amat), a fin de que impusiera dicha cantidad en la Depositaría del Fondo Vitalicio creado por Cédula de 1.º.XI.1769, al 9% anual (A.N.P. Valentín de Torres Preciado, 1769-1770, fol. 498). Se le reconocería en efecto 18.974 reales de vellón de renta anual vitalicia sobre un capital de 210.823 reales (Eguiguren, *Las calles de Lima* (Lima, 1945), pág. 366).

Desconocemos las razones que pudieron asistir a doña Josefa de Zugasti y Foronda (esposa del Coronel Pedro Pascual Vázquez de Velasco y Quirós, Caballero de Alcántara, Gobernador de Potosí y primer Conde de San Antonio de Vista Alegre en 1771, a quien Amat favoreciera con el cargo de Administrador de las Temporalidades del Cuzco), para servir de testaferro de Palmer, pues se prestó a dar su nombre «confidencialmente» y «por motivos particulares» para encubrir varias operaciones, en las que se habilitaba económicamente a diversas personas, que recibían caudales

Ya se vee que la *Mica* era la [56] Patrona, «hablando del género Meretrico *(sic)*, que del otro honorífico no debemos tocar ni un punto», que arañaba a la que encontraba, y quedaba el Campo por suyo. Eso sacó de las Comedias, que sólo le agradaban por

que en realidad provenían de Palmer. La facultad para proceder a su exacción la confiere Palmer a doña Josefa en 17.IX. y 9.X.1776, en vísperas de embarcarse para España, entregándole al mismo tiempo los efectos para su cobranza. Ambas escrituras dejan resquicio para todo género de suposiciones (A. N. P. Valentín de Torres Preciado, 1776, fols. 392 y 429).

No menos sospechosos son otros documentos suscritos por Palmer en aquellas circunstancias: Bernardino Martínez de Otero, en Aymaraes, le debía 10.000 pesos (Escritura de 14.X.1776. A.N.P. Valentín de Torres Preciado, 1776, fol. 449); Santiago Jiménez le presta 3.000 pesos (Escritura de 19.X. Ibíd., fols. 273 y 457v), y Juan Dámaso de Salcedo 4.000 pesos, que en realidad pertenecían al Administrador General de la Aduana, Miguel de Arriaga (Cfr. *infra* nota 297), que deseaba mantener secreta tal operación concertada con Palmer (Escritura de 29.X. Ibíd., fol. 497); traspasa a Pedro José de Loyola y Rojas (Cfr. *supra* nota 80) la facultad de cobrar de Santiago de Leuro 2.000 pesos (Escritura de 30.X. Ibíd., fol. 500), y finalmente, «para cierta urgencia y habilitación de mi viaxe» recibe del Cura Párroco de Santa Ana, don José de Barbadillo y Frías, la cantidad de 4.000 pesos, valor que entregaría en España a Clemente Cantabrana y Ángel, con garantía hipotecaria del Tambo del Sol y de la casa huerta del Prado. Como Palmer no cumpliera con poner en manos de su destinatario en la Metrópoli la expresada suma, su esposa hubo de cancelar en Lima, en 1778, el principal e intereses (Escritura de 29.X. Ibíd., fol. 498). En 2.XI.1776 dicho Santiago Jiménez sale por fiador de Palmer, para que pudiese emprender viaje sin embarazo, junto con Martorell (Cfr. *supra* nota 110), ya que se había interpuesto una demanda por Juan Gelly, por cantidad de dinero (A.N.P. José de Aizcorbe, 1776-1777, fol. 362v).

Contrajo matrimonio con la limeña doña Manuela Valdés y Castro (hija legítima de don José Valdés y Castro y de doña María Antonia Dueñas), a la que prometió en arras la suma de 10.000 pesos, de que no otorgó en su momento el instrumento formal, «por justos motivos que me obligaron a mantener en secreto dicho casamiento»; «habiendo cesado éstos» y hallándose a punto de emprender viaje a España junto con el ex-Virrey Amat, confirmó dicha promesa en 12.X.1776 (A.N.P. Valentín de Torres Preciado, 1776, fol. 447). Por cierto que la ceremonia nupcial lleva fecha 7.IX.1779, empero la partida ha sido asentada entre una del 20.VII.1774 y otra del 20.VIII.1776, lo que deja vislumbrar alguna irregularidad (Parroquia de Santa Ana. Lima. Libro 5.º de Matrimonios (1770-1790), fol. 59).

En 11.X.1776 otorgó poder para testar a su esposa, la que quedaría por albacea en Lima; durante el viaje ejercería dichas funciones, en caso de fallecimiento, el Secretario José de Garmendia, y en la Metrópoli, su apoderado Almerá (A.N.P. Valentín de Torres Preciado, 1776, fol. 445).

Retornó de la Península a principios de 1781.

Del testamento de su mujer (otorgado en 18.XII.1799. A.N.P. Juan Pío de Espinosa, 1794-1799, fol. 937v) se echa de ver que tuvo la siguiente sucesión: 1) Jaime Palmer, nacido hacia 1784, que falleció niño; 2) María

la partida de ver la Chusca bien ataviada y lucida. ¡Qué de escándalos no cometió por ella! ¡Hasta una vida costó este amor! Acuérdate del pobre que vino de España en el Aquiles y que se quedó muerto quando le negó el desembarque, negado por los zelos que le había de causar su presencia. Y hay quien diga que el Veneno propinado al Escrutador, «si lo hubo, que yo no lo sé de cierto, aunque lo aseguren los Sabios», no fué tanto por las vozes que tenía de su succesor, quanto porque la *Choli* havía dádole quartel a ese bienquisto Caballero. Varios son los destierros que por ella se mencionan, y a lo menos el que siendo Caballerito caía en su burdelería, «que la tenía muy buena», si él llegaba a olerlo, se ponía a peligros y desaires. Yo no sé porqué en una ocasión se enfadó con ella y la hechó de las Tablas, tomando asunto para ello de la queja que dió *Maza*[149] de haberlo

---

del Carmen Palmer, que casó con don Pablo Matute y Melgarejo, fallecida sin dejar descendencia (v. su testamento en 6.IV.1799. A.N.P. Emeterio de Andrés Valenciano, 1799, fol. 766v), y 3) María Mercedes Palmer, que casó en la parroquia de Santa Ana, en 10.V.1797, con don Francisco Vallés, uno de los firmantes del acta del Cabildo de Lima del 15.VII.1821. Matute, antes de enlazar con la Palmer (por razones de edad de su cónyuge), había sido el hombre de confianza de su futuro suegro: el 22.IX.1769 suscribió una escritura, por la que reconocía que un préstamo de 29.000 pesos que aparecía formalmente otorgado por él a Diego Zuazo, provisto Corregidor de Parinacochas, correspondía en hecho de verdad a Palmer, que era quien efectivamente había facilitado dicha suma; lo mismo declara en 16 del mes siguiente, en que deja constancia que otro préstamo de 8.000 pesos proporcionado a Melchor Potau, Corregidor de Aymaraes, tenía idéntica procedencia (A.N.P. José de Aizcorbe, 1769-1771, fols. 378 y 406v).

Palmer extendió su testamento en 25.XII.1809 (A.N.P. Ignacio Ayllón Salazar, 1809, fol. 1719v).

En la época de Amat existió otro mallorquín, casi homónimo: Jaime Antonio Plomer, que testa en 1.º.VI.1771 (A.N.P. Fernando José de la Hermosa, 1770-1772, fol. 601v).

[149] Bartolomé Massa, asentista del Coliseo limeño.

Natural de Nove o Novi (Génova); casado con Teresa Camusso o Gamuzo, en primeras nupcias, conforme el testamento otorgado en 10.VI.1799 (A.N.P. Gervasio de Figueroa, 1799, fol. 286).

A fuer de buen italiano, era autor musical: en 1762 compuso la partitura para la comedia de Moreto «Primero es la honra» (Miró, «Una ópera del empresario de la Perricholi», en *El Comercio*, Lima, 21.XII.1969, Suplemento Dominical, pág. 26), y en 1767 le abonó el Cabildo 450 pesos por «la música que dispuso» para los festejos del matrimonio del Príncipe de Asturias (A.M.L. Libro 36 de Cabildos de Lima (1756-1781), fol. 150v. Acta del 7.V.1767).

En 9.XI.1768 traspasó a Andrés Soffia el arrendamiento celebrado para la gestión de la hospedería, llamada de la Campaña, en la calle de Concha,

chicoteado públicamente por la Cara en un ensayo. Llegó entonces a tal extremo el enojo, que ablándole después para su reposición el Sr. Protonotario [150] se irritó de tal suerte, que prorrumpió al llegar al Puentesito que sale de la Navona para la Plazuela de S. Cristóbal: [151] «No volverá a entrar más, y si me enfado, haré

---

propiedad del General Domingo José de Oyague (A.N.P. Pedro de Lumbreras, 1766-1773, fol. 172v).

Amat, en una de las tantas arbitrariedades que cometió, en 1770 ordenó cancelar el arrendamiento del Coliseo que tenía pactado el doctor José de Villaverde y Rocha, contraído por el lapso de nueve años a contar de Marzo de 1767, y transferirlo en favor de Massa. Villaverde siguió el obligado litigio por tamaño despojo, pero obtuvo del Superior Gobierno sentencia favorable sólo cuando ya Amat había dejado el mando. En efecto: por decreto de 26.X.1776 se mandó reponerle en el arrendamiento y en la propiedad de los enseres del teatro, celebrándose un nuevo contrato por los seis años que le faltaban al momento de privársele de su disfrute. V. el arrendamiento, por escritura de 15.VII.1777 (A.N.P. Juan Bautista Tenorio Palacios, 1776-1777, fol. 565). Para la gerencia del Coliseo, Villaverde ajustó compañía con la Perricholi en 30.VII.1777 (A.N.P. Salvador Jerónimo de Portalanza, 1776-1780, fol. 20), aportando ella el equivalente al 50% del capital, o sea 14.422 pesos (Escritura de 1.º.VIII.1777. Ibíd., fol. 27). De esta suma, en escritura de 22.VII, ella había otorgado recibo a Echarri de un préstamo de 6.234 pesos, pero el mismo Echarri declaró en ese día que la escritura precedente «es confidencial y no tiene derecho alguno para demandárselos ... porque en realidad no le ha entregado cantidad alguna ...» (A.N.P. Agustín Jerónimo de Portalanza, 1770-1777, fols. 994 y 994v).

[150] El Presbítero don José Morales de Aramburu y Montero del Águila, uno de los más impúdicos panegiristas del Virrey Amat, autor del encomio escrito en 1770, cuyo original se conserva en la Biblioteca Nacional del Perú, y dado a la publicidad en *Fénix* (Lima, 1947), núm. 5, págs. 292-347, y editor de una carta cursada por el Obispo de Panamá De los Ríos a Llano Zapata, también elogiosa para el gobernante, por las providencias dictadas en el desempeño de sus funciones (Lima, 1772).

Era efectivamente Protonotario Apostólico como lo hace constar en una adición, de su puño y letra, en la portada del 'Quaderno ...' existente en la Biblioteca Nacional del Perú, ya que el cargo se le otorgó con posterioridad a la fecha de la redacción del mismo, en 1771.

Satisfactoria semblanza suya proporciona el editor del 'Quaderno ...', lo que nos releva de repetirla aquí. Sólo añadiremos el dato desconocido de su poder para testar, en 10.XI.1789, y un codicilo, en 17 del mismo (A.N.P. Justo Mendoza y Toledo, 1789, fols 1212 y 1228v). Falleció el 20. Entre los enseres de su morada se inventarió un retrato del Virrey Amat.

Consta que obtuvo el curato de la Catedral por abierta recomendación de Amat (Sáenz-Rico, ob. cit., pág. 551), a quien había cuidado de exponer sus méritos en un petitorio de 1767 (Medina, *La Imprenta en Lima*, III, pág. 532).

[151] Navona, hoy Paseo de Aguas (Jirón Madera, tercera cuadra), por la arquería y caída de aguas construidas por Amat; Plazuela de San Cristóbal,

que salga al Tablado, que pida perdón al Público de su sobervia, hincada de rodillas, y que después, a patadas, la arroje de allí para siempre uno de los Verdugos».

Bisoño. — ¡Jesús, Taita, y qué lástima hubiera sido esta si lo executa, porque no había razón para que se deshonrrase hasta ese extremo una Muchacha que divierte con su canto sobradamente, y con su representado con bastante regularidad! Y si esto profería este *Gato montés de Oro* de su propria Dama, en quien tenía un Hijo, Manuelito o Veto, [152] a quien su Avuela, quando

---

nombre que alternaba con el tradicional de los Peines (cuadra segunda del mencionado Jirón), derivado de unas cascadas que formaba la acequia que conducía caudal al molino de Presa. Cfr. Harth-terré, «La calle 'Peines' », en *El Comercio* (Lima, 11 de Diciembre de 1972, pág. 2).

[152] Aunque olvidado por su progenitor a la hora de extender sus disposiciones testamentarias y rechazado por su puntual y moderno biógrafo (Sáenz-Rico, ob. cit., págs. 481, 485-486 y 537), no es posible dudar en esta materia tan delicada de la aseveración de la propia Micaela Villegas, ni tampoco de la declaración de su hijo. Ella, tanto en su poder para testar de 17.III.1819, como en el testamento extendido al día siguiente, confiesa haber concebido por hijo natural, antes de contraer enlace en 1795, con Echarri, a Manuel de Amat. Por su parte, éste en sus disposiciones de última voluntad se declara «hijo natural del Señor don Manuel de Amat y Junient ...» (V. el testamento cerrado, de 12.XII.1846, autenticado en 17 del mismo, y abierto en 21.V.1850, así como otro abierto, de 9.X.1847. A.N.P. Félix Sotomayor, 1851, fol. 952, y José de Selaya, 1846-1847, fol. 546, respectivamente).

Detalles concluyentes al objeto de determinar la fecha aproximada de nacimiento: en los autos sobre cumplimiento de esponsales, incoados a instancia de doña Mariana Vergara y Leyva, que se hallaba en estado de gravidez de resultas de sus relaciones con Manuel de Amat, éste declara en 11.V.1797 contar 27 años de edad (A.A.L. Expedientes sobre esponsales. Octubre de 1797, núm. 1), y en su partida de defunción, asentada en 21.V. 1850, se consigna que falleció de «más de ochenta años de edad».

Como es sabido, en 12.III.1798 casó con doña Margarita García Mancebo, en cuya oportunidad declara ser hijo de Juan (*sic*) de Amat y de Micaela Villegas (Parroquia de San Lázaro. Lima. Libro 5.º de Matrimonios (1790-1817), fol. 83v.). Noticias adicionales sobre este fruto de los amores del Virrey, en Eguiguren, *Las calles de Lima* (Lima, 1945), págs. 202 y ss., y 366 y ss.

En el juicio de residencia de Amat, en diligencia practicada en 17.VII. 1778, se inserta la siguiente pregunta: «Y si saben que Su Ex[a]. hera comúnmente notado de adjerencias ilícitas con una muger pública, con demostraciones que se hacían reparables. Digan cómo es cierto que de estas correspondencias nació un niño que hasta hoy se mantiene en edad de párbulo, conocido con el nombre de Manuel Amat, y notoriamente reputado por hijo de Su Ex[a]. Digan asimismo cómo es cierto que en el padrón general

sale al Sol, le dice: «Quítate de ahí, Niño, que eres Hijo de Cabeza grande», ¿qué tenían que aguardar de él las más gentes? Lo que me asombra es cómo volvió a la farsantería el 4 de No- [57] viembre de 75, después de dos años de despedida, en que no hizo mucha falta, porque la *Ynéz* [153] lo suple más que bien en el representado, y corrientemente hasta en la Música con tanto aplauso, hechando Coche la Víspera para ir al ensayo, cosa que desabrió a todo el Señorío, sin que con todo pudiese impedirlo.

Veterano. — No te asombre eso, Hijo, porque eso provino de que ya habían hecho las pases desde 17 de Sept. de 75 por medio del Tasador mayor de Lonja *Joseph Estacio,* que habiendo sido arrojado del Corral por Cartel público tiempo antes, ya privaba con él mediante el Oficio de tercero de esta Esfinge. Así le dió conveniencia poco después de Cobrador de reventas de Alcabala del Comercio, como había hecho antes a otro, por quitarlo del lado de ella, Oficial Real de una de las Caxas del Reyno. Lo que te ha de asombrar es el dicho de él, quando en dicho día salió la primera vez a las Tablas. Entonces, sin estar en su mano, le gritó de modo que le oyeron infinitos: «¡He *(sic),* no hay que turbarse, valor y hacerlo bien!», y después se puso a llevarle el compáz de su canto. ¡Qué te asombre también el meterse a repartir los papeles de las Cómicas, poniendo de su letra los nombres, como si le sobrase el tiempo en negocios de importancia, haciéndose así Autor de Comedias, y el meter en la Cárcel a la pobre *Ynesita,* por no haber querido admitir salir de segunda de la dicha *Perri,* des-

---

que se hizo de la feligresía y Parroquia de San Marcelo fue empadronado con el nombre de Manuel Amat, el mismo que se le dió en su casa al acto de empadronar la familia, y en lo que no supieren, remítanse al padrón original que hizo Don José de los Santos». (A.H.N. Consejos, 20.335. Cuaderno 13.)

En el mismo procedimiento, en uno de los recursos de doña María Mercedes Sánchez y Ruiz de Arjona, se lee este pasaje, réplica a la defensa de Amat, que hacía hincapié en la respetabilidad y circunspección del mandatario: «Pero para qué cansarnos si en Lima, como bulgarmente se dice todos se pican del ojo al oír estas exageraciones, porque todos saben que hay un testigo párbulo vivo de la incontinencia de esa mayor edad, de ese buen juicio, y de esa suprema autoridad» (Ibíd., 20.343. Autos de la citada Sánchez y Ruiz de Arjona, fol. 49v).

[153] Inés de Mayorga (cfr. Lohmann Villena, *El arte dramático en Lima durante el Virreinato* (Madrid, 1945), pág. 447).

pués de haber estado siendo primera tanto tiempo, sin decadencia de la Casa, que para una Muger, que aunque sea de las del Meretrizmo es pena muy onerosa, y por tanto atrasante,[154] enviando por ella hasta las Lomas de Lurín, donde se hallaba con un Niño muy decente e hijo de un hombre que le había cedido 8 mil pesos para la fábrica de Nazarenas, nada perdidos, sino entorpecidos, y que cobró con felicidad, a quien también prendió y envió para Chile, con destino de que viviese con su Esposa, cuya partida le vino a propósito para vengar a su Rufian *Proseneta*,[155] que había tenido con él ciertas vozes acerca del número asunto de salir o no salir de su subalterna! ¡Qué te admire, [58] por fin, el Decreto que puso para que *Maza* le pagase a su *Choli Perri* un año corrido, no desde que salió y empezó a trabajar, sino desde la noche que le impuso el precepto de su salida, a razón de 150 pesos, cuando no había precedido concierto de ellos, ni jamás se le habían dado antecedentemente sino es cuando más ciento, por cuyo motivo resistía tal demanda.

Bisoño. — Ya lo veo, Taita, y veo por eso que todos la aplaudían y lisonjeaban. Ella, después de esta entrada, fué una vez al Callao en día de concurrencia, y ella solo se llevó los cumplement, con antelación a todas las demás en embarque y banquete, que se lo dió el Oficial Real de turno con explendidez.[155a]

---

[154] Sinónimo de lleno de deudas.
[155] José Javier Estacio y Suárez. Natural del Callao. Corredor Mayor de Lonja desde 1768, por cuya intervención percibía el uno por ciento de toda tasación que practicaba; estaba también muy vinculado con las actividades teatrales (Lohmann Villena, ob. cit., *passim*). Por escritura de 1.º.X.1774 facilitó al asentista del Coliseo, José Villaverde, la suma de 4.000 pesos, al 4%, para que pudiera poner en marcha la temporada teatral (A.N.P. Andrés de Sandoval, 1773-1774, fol. 1.112). Por decreto del Virrey, de 6.VII.1775, recaído a la vista de una consulta del Administrador General de la Aduana, Miguel de Arriaga (cfr. *infra* nota 297), con el propósito de atajar las evasiones en el entero de la alcabala, se le nombró para que en calidad de Vista o Tasador Interventor de la Real Renta asistiese a todas las transacciones que se hubiesen de realizar fuera del recinto de la Aduana (A.M.L. Libro XXIII de Cédulas y Provisiones, fol. 308v). En 1780 continuaba desempeñando las funciones como Segundo Vista. Confirió poder para testar a su mujer en 1.º.XII.1786 (A.N.P. Valentín de Torres Preciado, 1786, fol. 1.313v).
[155a] Este funcionario fiscal, destacado en el presidio del Callao por aquel entonces, y que adoraba al santo por la peana, se llamaba Antonio José de Ibarra y Tena, y en rigor era Factor Juez Oficial de la Caja de Lima. Sus padres fueron Pedro de Ibarra y Fano, natural de Placencia (Guipúzcoa), y

Veterano. — Éste, Hijo, tenía obligación de hacerlo, por el manejo de tres millones que le ha dado de las Caxas, desposeyendo a los que les correspondía tenerlos, cuyas cuentas son reprobadas en el Real Tribunal de Cuentas, y él ha sostenido, por lo que ha tocado, que sube a algunos millares, pero en la residencia le hederá esto bien fétidamente. Los demás que executaban estas adulaciones, lo hacían por mero miedo a él, no de otro modo que eran obligados a hacer los Romanos, aun sus mismos Magistrados y hombres de bien, esa propria corte a la otra Cómica Cytheris, que adoraba Marco Antonio, quando percurrió todo el Paíz desde Brindes hasta Roma, en el Fausto desmedido de ir en un Carro tirado de Leones, llevándola a ella por detrás en una Litera descubierta y muy adornada.

Bisoño. — Pues casi Taita sucede aquí lo mismo quando las funciones de Miraflores [156] por la convalescencia del brutonazo del *Cabezón*, [157] pues entonces salió el [¿en?] Faetonte, que equivale a Carro, e iba siempre la *Perri* por detrás o a Forlón, o a Balansín, o a Caballo, vestida de hombre. [158] Él fué en 16 de

---

la limeña María de Tena y Prieto; era primo del Teniente Coronel don José González Gutiérrez, Caballero de Santiago y Conde de Fuente González. En confirmación de lo que sobre él se afirma en el *Drama*, consta que el Contador del Tribunal de Cuentas Juan Francisco Navarro le abrió expediente por malversación de los caudales que había manejado (A.G.I. Lima, 899). Falleció el 20.I.1783 (Parroquia del Sagrario. Lima. Libro 9.º de Defunciones (1769-1790), fol. 152v).

[156] El lugar donde transcurrieron estas escenas debía de ser bien conocido por el Marqués de Soto Florido, pues como capellán beneficiario de la capellanía fundada por su tía bisabuela doña Josefa de Espínola y Briones (en su testamento otorgado en 28.VII.1706. A.N.P. Francisco de Taboada, 1706-1707, fol. 184), trabó embargo en la causa ejecutiva que seguía contra Nicolasa del Carpio, sobre el rancho que ésta poseía en Miraflores, llamado «El Palacio», situado en la bajada al mar (Escritura de 14.X.1773. A.N.P. Francisco Luque, 1773, fol. 1.330). Esta vistosa quinta, con su huerta, cuando pertenecía al Brigadier Carlos de Hesles y Campero, la tomó en arrendamiento en 19.XII.1766, por dos años, el Conde de Santa Ana de las Torres, don Juan José de Ceballos Dávalos y Ribera (A.N.P. Valentín de Torres Preciado, 1766, fol. 786). Todavía hasta principios del siglo actual se conservaba un torreón que había integrado este importante refugio campestre. V. sobre esta propiedad el artículo de Harth-terré, «Tambo y palacio», en *El Comercio* (Lima, 5 de Mayo de 1958, núm. 64.040, pág. 2).

[157] Antonio de Amat y Rocabertí, sobrino del Virrey.

[158] El Alcalde de Lima don Ignacio Cabero y Vázquez de Acuña, en su declaración en el juicio de residencia de Amat, abona los detalles picarescos de estos paseos miraflorinos. En 26.I.1778, en respuesta a la Pregunta

Enero, en 31 de dicho, en 29. de Febrero, y en 8 de Marzo de este año, en su Faetontazo, dando el lado a su discípulo Alós,[159] que jamás se había visto aquí; y en todas estas vezes

---

6.ª, «Dixo, le parece que en esta parte no se portó Su Ex.ª con la maior regularidad, pues oyó decir que hallándose D.ⁿ Antonio de Amat, su sobrino, combaleciendo en Miraflores de cierta enfermedad que hauía padecido, alguna [que] otra bez fué Su Ex.ª a aquel pueblo, en ocasión que la Comedianta Micaela Villegas, Alias la Perricholi, concurría a él, con la que huuo de tener alguna Comunicación que no induxo la mejor sospecha ...» (A.H.N. Consejos, 20.332).

En el mismo juicio sale a relucir que el mandatario «... era comunmente notado de adjerencias ilícitas con una muger pública, con demostraciones que se hacían reparables ...» (Ibíd., 20.335, Cuaderno 13).

[159] Joaquín de Alós y Bru.

Nació en Barcelona hacia 1746; hijo de don Antonio de Alós, Marqués de Alós, Jefe del Regimiento de Batavia en que sirviera Amat antes de paᶜar a Chile. Sentó plaza en las milicias de Cataluña, y llegó a alcanzar la graduación de Capitán de Infantería del Regimiento de Aragón. En 4.V.1774 el Rey le nombró Corregidor de Oruro. En 26.VIII.1775 acababa de arribar de Cádiz (A.N.P. Francisco Luque, 1775, fol. 807v). En 18 del mes siguiente se hallaba próximo a continuar viaje a Chumbivilcas (Cuzco), de donde era Corregidor interino, pues el Virrey, toda vez que Oruro era una de las plazas «de peor condición», y seguramente por razones de paisanaje, le trasladó a estas otras funciones, valiéndose de él entre tanto como instructor de los Regimientos de Caballería miliciana de Chancay (Despacho de Amat, de 5.V.1776. A.G.I. Lima, 654). Posteriormente, el gobernante le autorizó para traspasar dicho interinato en 500.000 reales, en favor de don Jerónimo de Zugasti, sin embargo de constituir una operación prohibida por las normas legales (Informe del Cura del Obispado del Cuzco, doctor Francisco Martínez y Lacosta, § III, de 30.VIII.1781. A.G.I. Estado, 74).

En 16.IV.1777 se le nombró Corregidor de Chayanta, en donde se hizo odioso por sus extorsiones. Durante 28 meses sufrió carcelería en poder de los insurrectos bajo Túpac Amaro. En reparación de tales padecimientos, Carlos III lo premió con el ascenso a Mariscal de Campo, y posteriormente se le concedió el ingreso en la Orden de Santiago (Pérez Balsera, *Los Caballeros de Santiago* (Madrid, 1934), III, págs. 276-280). En 4.III.1786 fue nombrado Gobernador del Paraguay, y en 14.XI.1795 se le trasladó con el mismo cargo a Valparaíso. En situación de extrema pobreza falleció en Lima, bajo codicilo extendido en 21.XI.1823 (A.N.P. José María de la Rosa, 1822-1824, fol. 691). El inventario de su parva hacienda se practicó en 30.III.1827 (A.N.P. Manuel Suárez, 1826-1828, fol. 314).

V. también Medina, *Biblioteca Hispano-Chilena* (Santiago, 1899), III, pág. 11, y *Diccionario biográfico colonial de Chile* (Santiago, 1906), páginas 57-58.

Por cierto que en aquellos años existía en Lima un José de Alosilla, comerciante, que desarrollaba sus actividades en la capital del Virreinato y en el Cuzco (A.N.P. Francisco Luque, 1772, fol. 889, y Juan Bautista Tenorio Palacios, 1773-1774, fol. 538v).

iba *Mica:* cantaba, bailaba, se sentaba entre sus piernas, tomaba dulze en el plato y con el tenedor que él sobraba, pasándolo de su mano él *[59]* mismo al de ella, y en el último caminó a su lado hasta el Zerrito de la Arena,[160] con una Guitarra en la mano y parlando solos de trecho en trecho sobre «para lo que el acompañamiento se quedaba atráz» unos zelos que le había dado con un Mozuelo en unos días que se había quedado en aquel Pueblo divirtiendo al Sobrino zonso, los que ella le volvía pidiéndoselos sobre el sombrero que le ofreció a la *Mercedes,*[161] para que hechase allí en su presencia una Relación, arremedándola muy a la letra.

Veterano. — ¡Bien está, Hijo! Eso no es nada a vista de la superioridad que le daba en asiento y conversación respecto a las

---

[160] Pequeño montículo, subsistente todavía hasta el tercer decenio del siglo actual, que se elevaba al final de la Avenida Grau en Miraflores, próximo a los barrancos que caen sobre el mar. Los relatos de viajeros decimonónicos recuerdan este promontorio (v. p. ej. el de Pradier-Foderé).

[161] Esta era María Mercedes Sánchez y Ruiz de Arjona (citada nuevamente en la página 99), que en el juicio de residencia se apersonó demandando que Amat la dotase con 20.000 pesos como indemnización por un supuesto estupro y perjuicios ocasionados a su honor. La verdad es que en estas relaciones ilícitas sirvió de intermediario un negro esclavo del Virrey, llamado Francisco, que franqueaba a María Mercedes el acceso por la entrada privada de Palacio que caía a la plaza de la iglesia de los Desamparados. Cansado de ella, Amat la adjudicó posteriormente una mesada de 50 pesos.

Había nacido en Lima, en 1743; era hija de Francisco Sánchez de la Rúa y de Paula Ruiz de Arjona, mestiza, la cual testó en 14.X.1766 (A.N.P. Alejandro de Cueto, 1766-1768, fol. 234). Por haber conducido sus padres una abacería en la esquina de las calles del Huevo y de la Pregonería de San Marcelo, eran conocidas ella y su hermana Josefa como «las pulperitas». En el expediente se registran pormenores escabrosos de los trajines del Virrey en la Quinta del Rincón. Al resultar infructuosas las peticiones elevadas a su antiguo amante por intermedio de Gutiérrez (v. *infra* nota 326), acudió a que la patrocinase un letrado conocido por su enemistad hacia Amat, el doctor José Antonio García (v. *infra* nota 343). La demanda fue rechazada por carecer de fundamento y por calumniosa, pues la conducta de la recurrente era sobradamente conocida en Lima, quedando el Virrey absuelto de toda responsabilidad (A.H.N. Consejos, 20.335, Cuaderno 13, y 20.343). Copia de la demanda, sin el nombre de la recurrente, se transcribió bajo el título de «Una aventura amorosa del Virrey Amat», en la *Revista Chilena de Historia y Geografía* (Santiago, 1911), I, págs. 434-440.

V. también Sáenz-Rico, págs. 474-475.

Otra hermana, llamada Juana, testó en 22.II.1817 (A.N.P. José de Cárdenas, 1816-1821, fol. 222v).

Señoras que allí se hallaban, que a la verdad que eran de prosopopeya y distinción, llegando aun a hacerlas baylar juntas, que es hasta donde puede llegar el envilecimiento, pues una Cómica, por su oficio, se hace infame e indigna del Comercio de las Señoras, a menos que no sea para ajuariarlas o sombriarlas. También todo es nada a vista de lo que hacia con el *Muchachito*, que se presentaba allí bien vestidito y con una especie de banda roja que se asemejaba al S. Genaro de su Padre, pues ya pedía dulzes para ministrarle, y ya, conversando con él, le decía: «¡Anda hay *(sic)*, Cabrón, que no sabes manejar el Espadín, que te pongan faldellín!», a causa que el rapaz no había podido en varias tentativas que hizo desembaynarlo de su baina.

Bisoño. — No obstante, Taita, hubo buenas noches en Miraflores, sobre todo en 10 de Enero, «día en que salió el S. GUIRIOR de Sta. Fee para acá, que si lo saben se malogra», y en 12 y 13 de Febrero, en que hubo Pantominas, Entremeses, Sainetes y Carros, a cuenta, el primero, de *Guarapo*,[162] con buen teatro y ningún costo, porque todos se lo hicieron de valde, y el segundo, de los dos Mulatos *Fritas*[163] *y Cantero*, a quienes con

---

[162] Juan Gutiérrez, acerca de quien versa la nota 326.
[163] El mulato Fritas es en realidad Mariano Guzmán de Freitas. Natural de Lima, hijo de Pedro Guzmán y Freitas y de Luciana Rodríguez. Maestro albañil y cantero, en 10.VI.1762 remató los trabajos de su oficio, así como los de mampostería y demás obras de adobe del «Real Felipe»; el 13.VII.1764 obtuvo asimismo la contrata en un nuevo remate para hacerse cargo de todas las obras adicionales, que se realizarían ajustándose a las bases formuladas por el sobrestante Roca (A.N.P.M.H. Libro 0807. Libro de Remates, 1760-1778, fols. 5v, 13 y 14v). Ocupaba una casa perteneciente al Hospital de San Andrés, situada en la esquina de las calles de Siete Jeringas con la Pileta de San Bartolomé, por la que satisfacía un censo de 58 pesos (Escrituras de 23.III.1765, 23.I.1766, 17.XI.1772 y 29.XI.1773. A.N.P. Juan Bautista Tenorio Palacios, 1765-1766, fols. 52v y 365v; y Andrés de Sandoval, 1769-1772, fol. 576, y 1773-1774, fol. 533).

Fue uno de los Maestros de obra que a las órdenes del Capitán Roca, «Delineador Ayudante» del Virrey Amat, entendió en la erección de la iglesia de las Nazarenas (V. el acta de colocación de la primera piedra, en 15.VI.1766. A.N.P. Alejandro de Cueto, 1766-1768, fol. 138). En la época de Amat maestreó la mayoría de las obras importantes: reparación de los arcos del puente (por la que el Cabildo le adeudaba años más tarde 700 pesos), así como del Hospital de Bellavista; colocación de cimientos de una casa en la Maestranza de Fundición de Artillería; intervino en la obra del terraplén de la fortaleza del «Real Felipe», aparte de trabajos para

la de Huaca [164] de decirles el Sobrino, quando fueron a verlo: «Dicen que están Vdes. previniéndome un obsequio de fuegos y Comedia muy en secreto, lo que no debe ser así, para estar prevenido y combidar a los Ami- *[60]* gos». Y quando negaban, porque en efecto no habían pensado en tal cosa, redarguyéndoles: «¿Cómo no? ¡Quando lo sé de persona a quienes Vdes. se lo han comunicado!», los entró por el aro y les hizo gastar, «bien merecido por otra parte, por lo que se dirá en su lugar», [165] infieles pesos, como que el dinero solo en ellos tenía arbitrio para pedir, y no la súplica y el temor.

Veterano. — Todo eso, aunque Viejo, fuí yo, Hijo, a ver, y ví entre mucho Putañismo y ladronicio, como era natural, una otra cosa muy célebre, que fué el que quando la *Perri* llegó el primer día a Caballo, con Cabriolé colorado franjeado, y Sombrero de plumas, en compañía de *Estacio,* que jamás dexa su lado, [166] todos los que estaban alrededor del Teatro, que era infinita gente, arrojaron gritos de *Viva viva,* con golpes de manos, que me quedé zonzo por no saber a qué venía aquel improvisto aplauso. En fin, Hijo, muchos creyeron, y yo entre ellos, que el *Asno de Oro* cazaría con ella, según su manejo, «que fuera empresa linda», y que o no se irá de aquí nunca por vivir maridablemente, o que se la llevará para lucirla en la Corte, como la gran Bagilla que lleva, entre sus compañeros contemporáneos y hacerles ver que las Indias dan lo que ni en parayso *(sic)* había imaginado, pues les mostrará. «fuera de aquella», ochenta mil pesos en alhajas de Diamantes brillantes, pareciendo un Cupido

---

conventos y particulares. Poseía tres casas en Lima y un callejón con dos viviendas pequeñas, más 24 esclavos, uno de ellos Miguel el empedrador, aparte de recuas de borricos para el transporte de material.

Conocemos de él un poder para testar a su mujer, en 14.XI.1772 (A.N.P. Juan José Moreno, 1772-1773, fol. 245) y un minucioso testamento, en 2.X.1782 (A.N.P. Alejandro de Cueto, 1780-1783, fol. 378v). Murió en 4.X. 1782 (Parroquia del Sagrario. Lima. Libro 9.° de Defunciones (1769-1790), fol. 150v).

[164] Locución que no hemos podido documentar.
[165] Cfr. pág. 101.
[166] Esta intimidad de la Perricholi con Estacio se remontaba, por lo menos, al 22.X.1771, en que este último figura entre los testigos de una escritura otorgada por aquella (A.N.P. Santiago Martel, 1770-1772, folio 609v).

de Comedias quando se las pone, que son Abotonadura, puño de Bastón, Espadín, «esto yo no sé si lo ha pagado», [167] Ebillas, Cordón y Botón de Sombrero, Veneras de S. Juan y S. Genaro, con su trenza para sujetar la Banda, siendo así que quando vino sólo traxo su uniforme de Mariscal de Campo, mucho empeño y catorce Camizas de Bretaña contraecha, con vuelos de Cambrai labrado. [168]

---

[167] Sobre este engorroso asunto, aparte de lo que se dice más adelante en la página 96, hay información amplia en la obra de Sáenz-Rico, páginas 406, 574-577 y 623. Añadiremos noticias complementarias, procedentes de documentación inédita.

Estas joyas eran muy conocidas, por haber pertenecido al Conde de Superunda, por intermedio de cuyo Mayordomo las adquirió don Antonio de Navia y Bolaño, Conde del Valle de Oselle, al retirarse del Perú ese gobernante. Posteriormente, deseando venderlas, su propietario las entregó en consignación al joyero José León. Al tener conocimiento Amat de su existencia, las solicitó, y sin satisfacer su importe, se quedó con ellas. Se trataba de «unas alhajas de oro y diamantes vrillantes, compuestas de un juego completo de abotonadura de bestido entero, una guarnición de espadín y un puño de bastón de oro con las mismas piedras». El Conde del Valle de Oselle solicitaba su restitución, o en su defecto, el abono de 11.700 pesos en que valoraba los aderezos (A.H.N. Consejos, 20.336 y 20.337).

Verdad es que Amat, ya a finales de su gobierno, encargó de Londres un juego de hebillas y una botonadura (Sáenz-Rico, pág. 482, nota 22), pero la referencia del *Drama* al puño del bastón y al espadín hacen descartar que se trate de estas alhajas.

El Juez de la residencia condenó a Amat al abono de 6.500 pesos; su apoderado apeló al Consejo de Indias, en donde se confirmó la sentencia. En Madrid siguió la instancia, en nombre del Conde del Valle de Oselle, el conocido doctor José Antonio García, pero lo cierto es que hasta 1794 no había logrado aún ejecución del fallo. Recluido ya en el Oratorio de San Felipe de Neri, en 21.X. de dicho año confirió poder para activar la cobranza en Madrid (A.N.P. Pedro José de Angulo, 1792-1794, fol. 324v). Al año siguiente, al extender su testamento, recuerda dicho crédito y encarga que si se hiciese efectivo, se adquiriese con su importe cera para el culto del altar de Nuestra Señora de Loreto en la iglesia de San Pedro en Lima (V. testamentos de 27.II.1782 y de 12.XII.1795. A.N.P. Orencio de Azcarrunz, 1780-1782, fol. 444v, y Gervasio de Figueroa, 1795, fol. 661).

La acción de Amat parece responder a un propósito de hundir aún más al Conde, al cual había privado ya de la plaza de Maestre de Campo del presidio del Callao (v. Sáenz-Rico, págs. 252-258, y A.H.N. Consejos, 20.343, Cuaderno 10. La causa, cometida al Oidor Borda, en ibíd., 20.328 y 20.329).

[168] Del espíritu ahorrativo del Virrey Amat y de su vestuario, es testimonio ilustrativo una carta a su hermano, de 15.IV.1760 (Sáenz-Rico, págs. 119 y 597-598). Aún más expresiva es la comunicación personal dirigida en 9.III.1768, al Bailío Arriaga, en que le declara el monto de sus

Bisoño. — Eso del casamiento, Taita, yo también lo he oído, y se lo oí el día Jueves 18 de Marzo de este año a *Seor Bacho*, que fué el segundo que fué [169] a ver, «el primero fué el 9 de dicho, Martes de Pasqua», su Casa del Rincón, [170] dando motivo a ello el haber ido también su *Mica*, haber paseado con ella todo el Jardín y haberla *[61]* esperado a que acabase de coser un Zapato que se le rebentó, para lo que se sentó en el suelo sobre un pañuelo que le puso *Alositos*. [171]

Veterano. — Ya que has mentado esa Casa, Hijo, ¿qué te parece de ella en fábrica y adorno? ¿Has visto su repartimiento, su pintura, sus rejas de Fierro, sus Pilas empozadas, su Estanque navegable, su Jardín simétrico, su Gallinero immenso, su Truco lindo, sus Cocheras atrincheradas, su Caballeriza de dos caras, su cerca impenetrable, su Cosina pequeña y su Oratorio compendiado? Ciento y cincuenta mil pesos vale, quando menos, todo ello, «aunque mucho no se ha pagado aún», sin entrar el menage, que es todo nuevo y de cuenta, habiendo vendido todo lo viejo por la tazación que le hizo su Amigote el de Lonja, [172] sin haber regaládoles nada a sus succesores, pues aun la Litera que remitió, y que juzgábamos iba de obsequio, fué por señas de 400 pesos que dexó cargados en la cuenta. [173]

Para evitar el argumento invencible que le habían de hacer de que si el Mayordomo [174] había sacado tanto dinero, «el Tambo del Sol, [175] que compró de las Temporalidades, le costó treinta

---

ahorros después de catorce años como gobernante de Chile y del Perú, y que desde España había viajado con ocho baúles, en que venían los efectos de sus servidores (A.G.I. Lima, 639).

[169] Distracción o yerro: en 1776 los días indicados correspondieron en verdad al mes de Abril.

[170] V. nota 26.

[171] Joaquín de Alós y Bru, referido en la nota 159.

[172] José Javier Estacio, de quien trata la nota 155.

[173] Amat dejó el Palacio literalmente desmantelado, a juzgar por las costosas obras de reparación del local y el mobiliario que fue necesario adquirir apresuradamente, cuyas cuentas constan en un «Libro de los gastos ...», existente en el Archivo de la Nación del Perú. Superior Gobierno, Legajo 16, Cuaderno 406.

[174] Jaime Palmer; v. nota 148.

[175] Hospedería que llevaba este nombre, por ostentar como distintivo pintado un sol (Terralla y Landa, *Lima por dentro y fuera*, I, XLVII). El edificio contaba accesoriamente con un callejón de cuartos, denominado de los Alguaciles (que dio su nombre a la calle del costado, hoy Jirón

y dos mil», que tenía para gastar en tantas superfluidades en un sitio sin destino ni aun para Casa de juego por su retiro y soledad, era preciso que el Amo tuviese immenso; o por otro lado, el que como le consentía el que publicase sus rapiñas sin haberlo corregido, pues él no había tenido otro Oficio ni beneficio que rapar a los pretendientes, salió diciendo que aquel Palacio, «que yo lo llamaré Campo de Caza», sólo había costado quarenta mil brocas que le había dado, aunque para otro hubiera subido su costo a 60 mil, por no tener aquella economía que le asistía a *Jaimillo*, cuya economía era el botar y reedificar lo que, o le parecía errado o lo que le había de parecer mejor formado de otro modo.

Bisoño. — Todo lo ví, Taita, y todo lo observé con cuidado, a costa de un palo que me dió *Martín* sin saber a quién daba,

---

Paita). El frente de la construcción caía sobre el actual Malecón García Ribeyro.

Había pertenecido al Colegio de los jesuitas del Cuzco. En 3.IV.1771 esta propiedad fue rematada por la Junta de Subastas de los bienes de los jesuitas expatriados, adjudicándose a doña Catalina Larios, en 32.500 pesos, pagaderos en tres cuotas. Al ser apremiada la adquirente por la Dirección General de Temporalidades para el abono de la segunda cuota, se halló insolvente, por lo que propuso a don Manuel Lorenzo de León y Encalada que se subrogara en el dominio sobre la finca, traspasándole al efecto, en 16.XI.1772 todo derecho, compensando así una cantidad equivalente a la que ella debía al mencionado León y Encalada. Todo hace pensar que tal compensación era ficticia, y acaso toda la operación, pues León y Encalada (abuelo materno del famoso Manuel Lorenzo de Vidaurre), estaba muy comprometido con Palmer y con Salas, pues a este último lo garantizó hasta por la cantidad de 25.000 pesos, para responder en el juicio de residencia por el ejercicio de la asesoría del Virrey (A.N.P. Salvador Jerónimo de Portalanza, 1774-1777, fol. 214).

El 27.XI.1772 León y Encalada compareció ante notario, para «declarar por competente declaración» que el inmueble y sus anejos «...tocan y pertenecen ...» al Mayordomo Jaime Palmer, en razón de haberlos adquirido «... con propio dinero de éste que le ministró para lo referido ...». En efecto: de las escrituras compulsadas se echa de ver que aun la primera cuota abonada por doña Catalina Larios lo había sido siguiendo órdenes de Palmer (A.N.P. José de Aizcorbe, 1772-1773, fols. 73 y 348v).

El Virrey Amat, seguramente a instancia de su Mayordomo, interesó en despacho de 3.II.1775 la regia aprobación, dispensada por Real Orden de 28.XI.1777 (A.N.P.M.H. Libro 878, fol. 45).

En 1802 la repetida finca constaba de treinta puertas a la calle y treinta interiores. Palmer la donó a su hija María Mercedes, mujer de Francisco Vallés, con arreglo a la escritura extendida en 21.VIII de dicho año (A.N.P. Emeterio de Andrés Valenciano, 1802-1803, fol. 328).

que de nó le despido una de las Armas de S. Esteban [176] azia a buena parte. Mas entre lo que observé fué unas Serpientes pintadas *[62]* en todas las piezas, que ya eso me olía a cosa de Lucifer, y que a la verdad me llenaron de horror. Así hize la reflección de que lo mal ganado el Diablo breve se lo lleva, porque aquello sólo para él sirve, y para atormentar a las pobres Religiosas del Prado con su registro y vecindad. Pero Taita, ¿no me dirá Vd. cómo este *Avechucho* hizo tanto dinero, pues no sólo tuvo para lo que hemos dicho, sino que retiene aún bastantísimo, fuera del mucho que gastó en el Putaízmo, a cuyas Diosas, «que así las llamaba», las regalaba con abundancia, andando tras todas ellas a todas horas, «y eso aun después de Casado», que parecía que no tenía ni otro exercicio, interés o miras?

Veterano. — Yo te lo diré, Hijo, y brevemente. Todo lo que se vendía, que era quanto ocurría, se expendía por su mano en su pieza, que se llamaba la *Gran Cámara*. [177] Por ello tocaba

---

[176] Alusión a las piedras con que los judíos lapidaron al diácono Esteban.

[177] Aparte de lo que ya se ha consignado en la nota 73, estos cohechos debían de ser tan notorios, que ni aun los que por lo general deponen en términos benévolos en la sumaria secreta del juicio de residencia de Amat, se atreven a negar las trapacerías que ocurrían bajo su amparo. En la declaración formulada en 24.I.1778 por el santiaguista Juan Francisco de Micheo se lee que había oído rumores de que Palmer recibía gratificaciones por gestionar cargos (A.H.N. Consejos, 20.332, Cuaderno 1.º).

En aras de la verdad, es preciso dejar en claro que no era exclusivamente Palmer el que resultaba beneficiado con los sobornos que corrían en las oficinas palatinas. También el sobrino del Virrey, el Teniente Coronel de Dragones José de Amat y Rocabertí, participaba en estas dolosas componendas. Como Gobernador político y militar que fue desde 1766 de la Provincia de Tarma, confiere poder general al santiaguista Juan José de Avella Fuertes, para poder «repartir» en aquel distrito las mulas que se le consignaren para ser colocadas mediante ese método de adquisición coactiva (Escritura de 24.VII.1771. A.N.P. Salvador Jerónimo de Portalanza, 1768-1772, fol. 659). Otra escritura posterior es aún más comprometedora: en 22.VII.1773 José de Amat declara que se propone renunciar el cargo, en el mismo que subintra Avella Fuertes «por recíprocas conveniencias»; el traspaso —de eso se trataba— se ajustó en 79.000 pesos, que abonó Avella Fuertes (A.N.P. José de Aizcorbe, 1772-1773, fol. 606). Tuvo el buen tino de retirarse del Perú cuando todavía su tío detentaba el poder (Escritura de 29.X.1773. Ibid., fol. 873v). En 12.I.1774 liquidó las cuentas que tenía pendientes con Manuel González Cosio, que había desempeñado las funciones de Teniente General en la citada Provincia (A.N.P. Juan Bautista Tenorio Palacios, 1773-1774, fol. 395).

él su pré preciso, y a quien se lo pujaba más le daba la conveniencia, ofreciéndole en los pactos la Confirmación de la Plaza para de hay *(sic)* [a] un año y medio, si ella lo pedía. Quizás te parecerá poco para tanto como aparece en él esta ración de entremetedor que tenía la Tarifa, y en esse caso añadiré, para quitarte todo escrúpulo, que algunas y muchas veces se quedaba con bastante del principal de los ajustes, sin temor del *Castor de Oro* si lo pillaba en algún caso particular por algún raro accidente, pues o bien fuese su Hijo o bien su Barbitonzor, él lo dominaba y hacía lo que quería de su voluntad, a costa en algunas ocasiones de unos buenos trompis o patadas.

Bisoño. — Mire Vd. cómo Taita, «dándome por satisfecho antes del asunto que tratábamos», lo que se me ofrece in *pronto* es que es menester apartar de esas cosas que se vendían los Corregimientos, que S. M. no quiere que se provehan hasta la llegada de los Succesores, que son todos a excepción de doce que sólo se dexan a los Virreyes para que repartan entre los Nobles de mérito y criados de su estimación. [178]

Veterano. — Pues Hijo, ni aun eso se puede rebaxar porque para todo hay maula [179] menos para la leche, porque a esta, en echándole agua, ella misma lo publica con su color y nombre, que va diciendo le eche, le *[63]* eche. Sabráste que con esos se jugaba la manganeta de hacer renunciar a los actuales antes de que cumpliesen su Quinquenio, con amenazas y rigores, [180] a menos

---

Por su parte, el Secretario de Cámara Pedro Juan Sans no se quedaba atrás: en 1º.IV.1776 facilitaba a Ramón de Moya y Villarreal, provisto Corregidor de Omasuyos, la cantidad de 2.000 pesos, préstamo que encubre alguna operación lucrativa entre ambos (A.N.P. José de Aizcorbe, 1776-1777, fol. 135).

[178] Lohmann Villena, *El Corregidor de indios en el Perú bajo los Austrias* (Madrid, 1957), Libro Segundo, Capítulo II, págs. 115-134.

[179] Engaño.

[180] Como ejemplo, el caso ocurrido al doctor Gaspar Pérez Vuelta, nombrado por el Rey en 26.XII.1770 para servir el Corregimiento de Vilcashuamán. El Virrey Amat, arbitrariamente, le restó dos años del ejercicio de sus funciones. El agraviado otorgó poder a don Tomás Fernández de Paredes y Echarri, que en 2.XI.1776 se disponía a viajar a la Metrópoli (en el mismo barco que el ex-Virrey), en orden a que formulara las correspondientes representaciones para reparar el daño inferido (A.N.P. Gregorio González de Mendoza, 1775-1778, fol. 456).

V. también la denuncia de Juan Antonio Cobián y Valdés, corregidor de Cajamarca, a quien Amat nombró por sucesor en el cargo a José Costales

que no exhibiesen aquello mismo que había de dar el otro qualquiera que le había de succeder por dos años, lo que ninguno hacía, si no era bobo, pues a él no se le podía dexar por tiempo fixo, sino por aquel riezgoso de la venida de su Succesor. Así, muchos provistos llegaron aquí a los ocho días de dado a otro por los dos años su Gobierno, y tuvieron que aguantar todo ese espacio de paseantes de Ciudad, y gastando lo que no tenían, entre los quales son notables un sobrino Carnal de Ntro. Ilust. Prelado, un D. Narciso Heredia, [181] y un D. Francisco Villanueva, [182] cuya muger, que es una Señorita de Virtud, de Nobleza y

---

(que había puesto en manos del Virrey 12.000 pesos, y en las de Palmer, otros 2.000), en vez de permitirle continuar en el desempeño de sus funciones hasta que llegara el designado en España. Cobián y Valdés apreció los daños y perjuicios en la suma de 30.000 pesos (Sáenz-Rico, págs. 556, 567, 569 y 574).

[181] Narciso Heredia y Navarra, que en 1763 había sido provisto para servir en la Nueva España el Corregimiento de Salvatierra y Celaya (*Archivo General de Simancas, Títulos de Castilla* (Valladolid, 1954), pág. 210).

[182] Don Francisco de Villanueva y Ponce de León.

Coronel de Milicias; natural de Sevilla, Caballero santiaguista, e hijo del Teniente General don Sancho de Villanueva y Estrada, Caballero de Alcántara. Estuvo casado en primeras nupcias con D.ª María Catalina de Meneses, Marquesa de Selva Real. En 30.V.1766 fue nombrado Corregidor de Cajatambo, por un quinquenio (*Archivo General de Simancas, Títulos de Castilla*, pág. 535). Llano Zapata, en carta al Asesor Salas, datada en Cádiz en 20.II.1767, le anuncia que Villanueva había salido diez días antes con destino a Lima, por la vía de Buenos Aires, a bordo de la nave «Nuestra Señora del Rosario», y en otra posterior, de 10.IV., pone en su conocimiento que por intermedio del viajero le había remitido un ejemplar del tratado sobre Derecho de Gentes, de Pufendorff (Donoso, *Un letrado del siglo XVIII: el doctor José Perfecto de Salas*, págs. 278 y 284).

Como a Lima llegara viudo, en 3.IV.1768 contrajo matrimonio con la limeña doña Mariana de Oyague y Sarmiento, hija del Coronel de Caballería don Domingo José de Oyague y Beingolea, Caballero de Santiago, y de doña María Mariana de Sarmiento y Sotomayor (Parroquia del Sagrario. Lima, Libro 10.º de Matrimonios (1767-1786), fol. 88).

En 21.VI.1768 Amat libró el decreto por el que se concedía el pase al nombramiento (A.M.L. Libro XXIII de Cédulas y Provisiones, fol. 152v). En 5.VII. siguiente Luis Antonio Ballesteros otorga en su favor la fianza de estar a derecho y evacuar residencia en el ejercicio del Corregimiento de Cajatambo (A.N.P. Martín Pérez Dávalos, 1763-1771, fol. 104).

Enfermo y en cama, en 21.IV.1770 extendió testamento; entre otras disposiciones, declara que tenía en Madrid trece láminas «del célebre pintor Pedro de Voz flamenco» (A.N.P. Juan Bautista Tenorio Palacios, 1769-1770, fol. 538). Su consorte otorgó poder para testar en 20.VI.1781, del cual se desprende que Villanueva falleció en la Metrópoli (A.N.P. Santiago

atrazos, se le presentó antes de que proveyese el de su Marido, representándole que estaba para llegar y que siendo de tanta edad se le seguía un perjuicio muy riezgoso e irreparable, recibiendo por respuesta: «¡Vaya Señora, que hay que premiar a muchos, y lo escrito, escrito, para que Vd. no me mortifique!», resultando de ello el que dicho Caballero regresó para la Corte instantáneamente, de donde no sabemos si le alcanzará la vida para volver a exercitar ese u otro empleo.

Bisoño. — ¡Rara tiranía, Taita, y raro expediente para volver infructuosas las Ordenes sabias de Ntro. Invicto Monarca! ¡Jamás se le vió a este hombre rasgo de honor ni de sangre noble! Perjuicios y hostilidades eran su comidilla. Las Casas Matas, destierros y Cárceles, eran sus pasteles. Deposiciones de Oficio[s] y suspenciones de cargos, sus postres. Maestres de Campo destruídos, Contadores de Cruzada rayados, Contadores Mayores anulados, Avogados suspendidos,[183] Relatores excluídos,[184] Escribanos maltratados,[185] Caballeros ultrajados, Clérigos abatidos, Religio-

---

Martel, 1781, fol. 287v). Uno de sus hijos, Manuel, fue Caballero de Calatrava y Marqués de Albo. Corrobora estos datos un memorial de la viuda, cursado por el Virrey Marqués de Osorno, con despacho número 90, de 23.VI.1799 (A.G.I. Lima, 719).

[183] Entre otros, José Antonio García, acerca de quien ver:a la nota 343.
[184] Uno de ellos, Juan Antonio de Garay, de quien trata la nota 186.
[185] De los autos de la residencia de Amat se echa de ver que desterró a Chiloé a Salvador Jerónimo de Portalanza, por amancebamiento con una mujer casada de la parroquia de Santa Ana (Declaración del Párroco Barbadillo y Frías en la pesquisa secreta (Febrero de 1778). A.H.N. Consejos, 20.335). A Antonio José de Azcarrunz lo privó de su oficio en 1764 y lo encarceló, porque en el empeño de Amat de arruinar enteramente al Decano Bravo del Ribero, encartó a Azcarrunz por suponer que éste era el escribano de quien aquél se valía para certificar los instrumentos que esgrimía en su defensa contra el Virrey (Demanda de la viuda, Micaela Puga. Ibid. 20.340).
Por idénticas razones el notario Francisco Roldán sufrió carcelería desde Marzo hasta Octubre de 1762, denunciado por el doctor Álvarez de Ron (cfr. *infra* nota 315) de falsario, por haber certificado la firma de Bravo del Ribero en unos autos judiciales, en que en realidad no había tenido ninguna intervención el magistrado. La Audiencia absolvió a Roldán de toda responsabilidad (V. despacho de Amat, de 27.III.1762, y carta de Bravo del Ribero, de 20.III.1764. A.G.I. Lima, 791).
Parecidos vejámenes experimentaron los escribanos José de Aizcorbe, que en el juicio de residencia cifró su reparación en la cantidad de 6.500 pesos (A.H.N. Consejos, 20.343), y Juan de Vargas y Aliaga, preso en Noviembre de 1773 (A.N.P. Juan de Vargas y Aliaga, 1772-1778, fols. 140

sos postrados, contestad todos esta verdad: Decid ¿qué no habéis padecido, o en la Capitana R. por algún prezo entrado en vuestra Casa y no defendido de vuestro lustre, o en una Chacra retirado, o en un Po- *[64]* payán distante, o en alguna Villa obscura, sólo por haberos atribuído el haber hablado de su conducta y proceder?

Garai [186] llamado en 14 de Julio «por este motivo» en el año pasado, puesto delante de él, a vista de toda su escogida

---

y ss.), que suscribieron en 16.X.1776 el recurso de impugnación a la solicitud de Amat de afianzar su residencia con la simple palabra de honor (Ibid., 20.335).

Asimismo, Fernando José de la Hermosa hubo de padecer toda una serie de atropellos desde 1768, cuyo principal promotor fue el *Guarapo* del *Drama* (Juan Gutiérrez), conforme lo expone el mismo agraviado en un acta de notoriedad extendida en 10.X.1778 (A.N.P. Francisco Velázquez y Lezama, 1777-1778, fol. 224). La persecución culminó con el destierro a Valdivia.

[186] Juan Antonio de Garay.

Natural de Vitoria (Álava); comerciante; se encontraba en el Perú desde 1755. Antecedentes de él trae Sáenz-Rico (págs. 578-580). Estaba en Panamá, a punto de emprender viaje al Perú, en 20.III.1765 (A.N.P. Salvador Jerónimo de Portalanza, 1764-1769, fol. 424). Fue Mayordomo de la Cofradía de San Roque, establecida en la parroquia de San Sebastián.

Acerca del episodio cuyos protagonistas fueron el Virrey y Garay, en el juicio de residencia se halla una circunstanciada información. Entre los testigos de descargo declara el Marqués de Soto Florido, lo que corrobora su intervención en el *Drama,* por el paralelismo de los detalles. El cuaderno versa sobre la demanda interpuesta por Garay para obtener de Amat una reparación, ascendente a 30.000 pesos, en que valoraba los perjuicios causados por su extrañamiento de Lima (A.H.N. Consejos, 20.343, Pieza 2.ª).

En efecto. El Viernes 14.VII.1775, hacia las 4 de la tarde, reunidos los contertulios de Amat, y en presencia del escribano Andrés de Sandoval, cubierto con capa y gorra, ordenó el Virrey traer a Garay al salón. Una vez que éste se encontró en la sala, el Virrey, encolerizado y paseándose de un extremo al otro de la misma, ordenó al escribano:

—Léale, léale.

Sandoval se aproximó a Garay y comenzó a leerle el pliego de generales de ley, mientras Amat le increpaba de «hombre sedicioso, revoltoso, perjudicial al público y audaz en hablar del gobierno». A continuación se desarrolló un diálogo muy vivaz entre el Virrey y Garay, que se trascribe en los autos:

A.—¿Sabe que soy Virrey del Perú por Su Majestad?

G.—Sí, Excelentísimo señor, nadie lo ignora.

A.—¿Sabe que puedo castigar delincuentes, aunque estén protegidos de la toga?

G.—Las facultades de Vuestra Excelencia son superiores.

tertulia, con un Excribano salido de repente como por un Escotillón, y dos soldados con su *Alférez Fuerte* [187] por otro lado, ¿qué cargos no os hizo, qué mordaza no os presentó, qué Borrico no os dixo merecíais, qué muerte no os aparentó, y qué destierro, por fin como por piedad, no os Decretó, todo en un instante, sin Autos, sin Confesión, sin testigos ni testimonios, que en verdad sufrísteis, ya en Yguarí, ya en Chambará y ya en Guacho, lugares proprios para consumir el espíritu y la razón? [188]

Señoras que os vísteis en la Plaza y el Puente en vuestros Coches y Calezas, sin Cocheros, por habéro[s]los llevado a la Cárcel,

---

A.—¡Diga en qué casa vive! ¡Con quiénes trata en ella! ¡Quiénes son los que asisten a las tertulias nocturnas!
G.—Vivo en casa del señor Pedro de Echeverz ...
(El Virrey, interrumpiendo al declarante, se volvió al escribano, indicándole: «Ponga, ponga, el Oidor Pedro de Echeverz». Y luego descompuesto y pataleando, preguntó a Garay).
A.—¿Y a qué hora entra y sale donde Bravo del Ribero? ¿Sabe en las penas que incurre el que habla del Gobierno, que son la de muerte, un verdugo, un borrico y una mordaza?
A continuación, dirigiéndose al escribano le dictó: «Y por cuanto es cierto y verdadero lo que lleva referido en virtud del juramento que tiene hecho [que no lo hubo, según previene Garay], Su Excelencia por un efecto de su bondad, vino en condonarle las penas antecedentes, con la condición que dentro del término de ocho días, contados desde mañana Sábado, desampare la ciudad, el Reyno, y sus dominios, y caso que así no suceda, Don Juan Gutiérrez, que está presente, velará su persona y la pondrá en un calabozo, interin salga embarcación para la isla de Juan Fernández».
El destierro se redujo a cuatro meses escasos.
Entre los 21 declarantes en la probanza de Garay figura, como queda dicho, el Marqués de Soto Florido, que manifestó conocer a las partes y que de Garay se había valido como intermediario para la adquisición de esclavos para su hacienda «La Molina». La sentencia pronunciada por el Juez de residencia, Jacot, en 26.VI.1778, redujo a mil pesos el importe de la reparación debida por el Virrey.
Parece que la escena corrió por Lima, y decenios después Vidaurre (*ob. cit.*, pág. 16, nota), adobándola con ribetes sensacionalistas, la recoge también.
Garay, sumido en estado de extrema indigencia, testó en 22.VII.1799 (A.N.P. Silvestre de Mendoza, 1789-1803, fol. 608v).
[187] De los autos formados por la demanda de Juan Antonio Garay, colacionados en la nota precedente, se desprende que este esbirro era el Alférez Juan Gutiérrez, que en otros lugares del texto aparece encubierto bajo el apodo de *Guarapo* (v. nota 326).
[188] Ihuari y Huacho son lugares en la provincia de Chancay (Departamento de Lima); Chambará es un distrito en la provincia de Concepción (Departamento de Junín).

sin más delito que haberles vosotras mismas mandado que se parasen en tales lugares, para lo que no había puesto ninguna antecedente prohibición ese *Escuerzo de Oro?:* ¡qué no tuvísteis que sufrir con la sorpresa incivil de semejante determinación! [189]

Caballeros, por fin, de distinguido Carácter y puestos recomendables, ¡qué no temíais presenciaros *(sic)* para algún imbento delante de esta *Zorra de Oro,* para no experimentar el desaire de recibiros en pie y con el mal expediente de su rostro, y habla de Capón, entarabillada por lo postizo de toda la Caxa de sus dientes! No habiendo merecido jamás alguno, aun entrando sus muy allegados, el combite de su Mesa, ni aun en los días más festivos y de su mayor celebración, sino quando más como estos últimos el que le assistiesen, «y en estos entraban Sacerdotes de graduación, tales como el gran Logotheta, [190] y el Prior sin Suprior», [191] parados alrededor de ella y recibiendo por favor un bocado de su mano, clavado en algún tenedor, que comían gustosos, retirándose azia un lado para no faltarle al respeto, al modo que lo executan los Esclavos, quando sus Amos les hacen en alguna ocasión iguales demonstraciones para mostrarles lo complacido[s] que se hallan con su servicio. [192]

---

[189] Cfr. el 'Quaderno...' de Morales de Aramburu, en *Fénix* (Lima, 1947), núm. 5, págs. 301 y 312.

[190] Dado el carácter áulico y las funciones que en la Iglesia griega incumbían al Superintendente del Patriarca, entre ellas sostener la bandeja cuando el Patriarca hacía la repartición del pan bendito entre los fieles, puede suponerse que el gran Logotheta sea el P. Morales de Aramburu, que se calificaba a sí mismo de Cura *de facto* del Virrey, como Rector del Sagrario, dentro de cuyo distrito caía Palacio (V. el asiento de inhumación del Virrey Jáuregui, en Santo Domingo, en 1.º.V.1784. Parroquia del Sagrario. Lima. Libro 9.º de Defunciones (1769-1790), fol. 165a). V. nota 150, con referencia biográfica de Morales de Aramburu.

[191] Este debe de ser el benedictino P. José de Arredondo, Prior del Convento de Montserrat, que por el escaso número de religiosos, regía la casa sin ayuda de otro. Murió en su Convento catalán de Montserrat, en 26.II.1798.

[192] El reverso de la medalla, en el 'Quaderno...' de Morales de Aramburu, en *Fénix* (Lima, 1947), núm. 5, págs. 305-306.

Acerca de la poca urbanidad de Amat, de su escasa obsequiosidad y el contraste con Guirior, un informe del Visitador Areche es sumamente expresivo. En 1.º.II.1783 escribía al Oidor Márquez de la Plata: «[Guirior] ... sucedió a un Virrey odiado en el Reyno y en esta Capital por el modo áspero con que trataba a toda clase de personas. Su subcesor, sea por temperamento, o por política, había seguido el rumbo contrario. Su Palacio era

Veterano. — Tú te has *[65]* olvidado, Hijo, en todo lo famoso que has dicho, de aquel Oficial de Marina, llamado por una Carta que tuvo de la Exma. Sra. [193] unos meses antes que se supiese de cierto su venida, la qual la hubo el *Asno* por medio de un lindo entrante y saliente, sin atajarse ni detenerse, a quien aquél se la fió amigablemente para que él solo la viese. ¡Qué no le dixo! ¡Qué no le raspeó! ¡Qué no lo aturdió con el cuento y cantinela acostumbrada de su malicia, de que le estaba sublevando el Pueblo! [194]

También se te pasó el hostilice que causaba con su asistencia, Ab Aurora usque ad tenebras, en aquellos Balcones que sacó afuera después de haber destruído los demás de la sera *(sic)*, para que nada le sirviese de parapeto a su curiosidad, diciéndose por ello aquel Motete que oirías, que tánto lo ridiculizaba por el paralelo tan cumplido: «Los únicòs que salen y viven en el Balcón, ¿quiénes son?, *Amat* y *Chacón*», [195] hostilice que principalmente caía sobre los Religiosos, a quienes demarcaba en llegando a pasar por aquella garganta tan indispensable para transitar el Puente abaxo, y acusaba después a sus Prelados como

---

la tertulia de toda la ciudad. Su mesa delicada y abundante franca a todos los vecinos y forasteros. Su mano y su sombrero buscaban a los sugetos para saludarlos con el título de amigos ...» (A.G.I. Lima, 780).

[193] La esposa de Guirior, doña María Ventura de Guirior. El Oidor Pedro de Echeverz y Zubiza (aludido en la nota 186) y su consorte hicieron donación a la Virreina, en 3.X.1776, de una casa situada en Surco (A.N.P. José de Aizcorbe, 1776, fol. 316v).

[194] Comp. la versión que trae Vidaurre (*ob. cit.*, pág. 16, nota). La verdad es que ya desde el 3.X.1775 tenía conocimiento Amat de la Orden regia de 10.II. anterior, «que acabo de recibir», en que se le releva del mando y se designaba para sucederle al Virrey de la Nueva Granada (Despacho de Amat número 1.156, de esa fecha. A.G.I. Lima, 653).

[195] El Licenciado Manuel Chacón Infante de Lara.

Abogado de la Audiencia de Lima y Asesor de su Cabildo en la época del Conde de Superunda. Fue uno de los más obsecuentes panegiristas de Amat, como lo acredita el folleto en que vierte su adulación en cuatro anagramas en señal de «rendido afecto», que glosaría otro pedestre poetastro (Medina, *La Imprenta en Lima*, II, pág. 16, núm. 1.294, y Vargas Ugarte, *Impresos Peruanos*, III, núm. 2.006. V. asimismo *Revista Histórica* (Lima, 1918), VI, pág. 287).

Chacón nació en Lima, hacia 1723, hijo de un trajinante que debía de extender sus andanzas hasta el Tucumán, José Chacón Infante de Lara, y de Rosa Viniegra y Acevedo (V. el testamento de este José Chacón, en 29.VI.1725. A.N.P. Diego Márquez de Guzmán, 1719-1727, fol. 843v).

precisos transgresores de alguno de los votos Monásticos. ¡Qué tal malicia! ¡Qué tal testimonio! ¡Qué tal concepto! Y por eso desterrados algunos por sus Prelados y amonestados otros a cesatione huius transitus.

Bisoño. — Es así Taita: Vd. dice muy bien. que se me habían ido en blanco pasages tan lindos, pero a fin que ahora no se me escapará el traer a la memoria los destierros que hizo en todas las Religiones de sujetos de ella, por asuntos que decían le tañían en el canto de la ropa. Vnos a Matogroso,[196] otros a Pisco, otros a Valdivia, estos a España y aquellos a Truxillo,[197] sin dolerse jamás de su acción, ni dexarse doblegar de los ruegos de los interlocutores. ¡Qué rigor no usó con los Expatriados de la Compañía, después que hizo la sorpresa! S. M., cuyas resoluciones son siempre rectas y que todo Vasallo venera y no escudriña, como que los secretos de los Reyes son Sacramentos que se deben negar aun a los pensamientos, quando decretó su Expatriación previno por regla general el que [66] a los Individuos se les hiciese el más benigno acogimiento y que se les diese todo lo necesario para su transporte, pues el modo suave de executar aquel orden no se oponía en nada a su efecto, sino antes demostraba la unión que había en su corazón de atender al mismo tiempo a la Ley de sus destinos y al precepto de la Caridad. Mas él, que cumplió exactamente con la substancia de la operación, la quebrantó en el modo de tal suerte, que para él ya no fueron próximos aquellos Ministros que destinó la providencia para este fin, sino como unos criminales destinados al suplicio, peormente tratados por *Juan* el *Capitán* de *Granaderos*[198] que lo eran los Christianos por los Verdugos en tiempo de los Tiranos Dioclesiano y Maximino. ¡Qué empeños con él no necesitaba una Madre, una Hermana, una Parienta, para veer a su Hijo, Hermano, o Deudo,

---

[196] El jesuita arbitrariamente desterrado desde el Callao, por acusársele de intromisión en asuntos políticos, a dicha región, en 1765 (donde permaneció confinado hasta su extrañamiento), no fue el P. Victorio, sino el P. Victoriano Cuenca (*Memoria de Amat,* edición Fuentes (Lima, 1859), IV, pág. 426, y Vargas Ugarte, *Historia de la Compañía de Jesús en el Perú* (Burgos, 1965), IV, págs. 158-159).

[197] Se refiere al P. Juan de Marimón, aludido más adelante (págs. 67-68) (Cfr. *infra* nota 206).

[198] Juan Roca, a quien se contrae la nota 128, *supra.*

darle el último vale, y aun ministrarle el polvo, el vestido y aun el Pan de todos los días, para que no comiesen aquel tan malo que les provehía ese buen viejo, [199] que es capaz de dar su pellejo a fondo perdido! ¡Qué salida la primera para embarcarse, tan terrible! Hasta el día parece que se escogió de intento: «fué el 28 de Octubre de 67, funesto por la commemoración del Temblor de 46», para hazerla más expectable y sombría! [200] ¡Qué escacés en aquel Navío de sitios para tantos sujetos venerables por sus órdenes, y qué forzados a encollarse [201] en una Lona al ayre! Sólo en lo que anduvo franco fué en permitir robos a tutiplén, [202] en todas las Casas ocupadas de estos Jesuítas. No es creíble las Alhajas que sabía «se supone que tocó bastante

---

[199] No creemos equivocarnos al identificar a este «viejo» con el que fuera designado por el Virrey como Procurador de los prisioneros, a saber, don Alonso Carrió de la Bandera, en quien concurría la circunstancia de su senectud, pues nacido en 1706, contaba más de sesenta años cuando se le confió la tarea reseñada en el *Drama*. Poco después fue encargado de acompañar en «El Peruano» a la primera expedición de jesuitas expatriados (Cfr. «Diario de un jesuíta desterrado, desde su salida de Lima...», en Vargas Ugarte, *Biblioteca Histórica Peruana. Relaciones de Viajes* (Lima, 1947), V, págs. 140 y 142).

Reconocido como autor indubitable de *El Lazarillo de Ciegos Caminantes*, no cabe en esta nota su reseña biográfica ni su participación en dicha obra, temas dilucidados por Vargas Ugarte, Bataillon y, definitivamente, por Real Díaz. Macera, al dar a la publicidad un trabajo inédito de Carrió de la Bandera, colaciona toda la bibliografía pertinente (Cfr. *Reforma del Perú* (Lima, 1968).

Por haberse encargado de la administración de los servicios postales del Virreinato, hasta entonces regidos por los Carvajal y Vargas en su calidad de Correos Mayores, tan allegados al Marqués de Soto Florido, se explica la inquina de este último, por si no fuera motivo suficiente el hecho de haber desempeñado un papel tan ingrato en el extrañamiento de los jesuitas, que gozaban también de la particular predilección de Soto Florido.

Carrió de la Bandera otorgó poder para testar en 17.I.1783 (A.N.P. Santiago Martel, 1783, fol. 19), y falleció dos días después (Parroquia del Sagrario. Lima. Libro 9.º de Defunciones (1767-1790), fol. 152v).

[200] Comp. Vargas Ugarte, *Jesuitas peruanos...*, Capítulo III, págs. 40 y ss., e *Historia de la Compañía de Jesús en el Perú* (Burgos, 1965), IV, págs. 171-172, 178-179 y 181-182.

V. también el Cuaderno con relación de los efectos de vestir que se proporcionaron a los jesuitas para su travesía (A.N.P. Temporalidades. Administrativo. 1768).

[201] Encoyarse, es decir, acogerse en un coy (trozo de lona que, sujeto por los cuatro extremos, sirve de yacija a bordo).

[202] Locución ya empleada en la página 50.

por permitidor» se extraviaban de ellas y de sus Haziendas, cómo se han vendido éstas, [203] y quiénes las han comprado. Era materia larga de explanarse, habiendo dado para todo bao el *Seor Director General,* [204] que es pieza cumplida para este manejo y todo otro en que aya cero vezes cero, [205] queriendo yo por tanto hallarme donde él se pierda.

Mas sobre todo, Taita, si le he de decir a Vd. verdad, entre los destierros Moniacunos ninguno me ha dado más golpe que el de su Confesor, [206] quan- *[67]* do su delito, que dicen se

---

[203] Los cuadros estadísticos que se reproducen en la *Relación de Gobierno* del Virrey Amat (Sevilla, 1947), págs. 135, 138, 141 y 144) no dejan lugar a dudas de la exactitud de lo aseverado en el texto acerca del despilfarro y baratería de las propiedades de los jesuitas expulsados.

[204] Cristóbal Francisco Rodríguez Frade y Sierra.

Natural de Ledesma (Salamanca). Cuando contrajo enlace en Lima, hacia 1758, con doña Paula de Almoguera, «por justos motivos» que tuvo por conveniente aducir en aquellas circunstancias, decidió hacerse pasar bajo el nombre de Francisco Barrientos (en lugar de los auténticos nombres y apellidos), y así corrieron las diligencias matrimoniales (Cfr. su poder para testar, en 18.XII.1788. A. N. P. Francisco Velázquez y Lezama, 1788-1795, fol. 56).

En *El Lazarillo de Ciegos Caminantes* (Primera Parte, Capítulo IX), aparece interviniendo en la recuperación de una cantidad de dinero cuando todavía se hallaba en Buenos Aires, de paso al Perú. Desde 1762 fue Juez Oficial de la Caja de Lima, como sustituto meritorio del Factor (*Archivo Histórico del Ministerio de Hacienda. Reales Cédulas, Reales Órdenes,* ... (Lima, 1947), págs. 163 y 573). Aunque provengan de una fuente interesada, las informaciones que suministra un jesuita sobre las tortuosas actividades de Rodríguez no pueden menos que provocar indignación: en 1764, siendo ya Factor, practicó solapadas pesquisas sobre la economía interna de las haciendas de la Compañía, indagaciones que bien pronto cuidó de delatar a la Corona (Comp. *Memoria de Amat* (edición Fuentes), IV, página 410, y «Diario de un jesuita desterrado ...» [citado en la nota 199, *supra*], págs. 121, 130 y 132-133). En 31.X.1767, Amat, satisfecho de la diligencia y celo desplegados en el apresto y embarque de la expedición de los jesuitas exiliados, le nombró Director General de las Temporalidades (B.N.P. Manuscritos, C 3606), oficina que bien pronto cobró apreciable volumen de personal (Sáenz-Rico, pág. 382). Realizó excavaciones en el Colegio de San Pablo con ánimo de descubrir supuestos caudales escondidos por los jesuitas. Como las búsquedas resultaran infructuosas, el Virrey, chasqueado, ordenó la confiscación de los bienes de Rodríguez. Parece que logró rehabilitarse, pues hasta finales del gobierno de Guirior siguió desempeñando el cargo para el que fuera nombrado en 1767.

[205] Expresión que vuelve a utilizarse en la página 84.

[206] El P. Juan de Marimón, Lector de Prima de Teología y Definidor de la Provincia franciscana, confesor de Amat. Cfr. Mendiburu, *Diccionario Histórico-Biográfico del Perú* (Lima, 1885), V, pág. 167.

reduxo a haber hablado en el Sagrado Concilio, «comó Consultor nombrado por el mismo *Escarabajo de Oro*, en consorcio del de Monserrate, [207] por lo perteneciente a la regalía, sin haber habido exemplar de ello», con fervor, desgreño y descomedimiento, no le tocaba punirlo sino al proprio respetoso Congreso a quien faltó, y cuya pena hubiera sido respecto a no haber faltado ni a la verdad de la Religión, ni a la sustancia de la disciplina, ni a los fueros de la Corona, en las doctrinas controvertibles que impugnó contra un Cruxifero, una reprehensión bien seria quando más, con apercibimiento de que en adelante, para no pasar a cosa más grave, usase de mejor estilo, de más umilde modo y otra reverente circunspección en semejantes reencuentros. [208]

Veterano. — Tienes razón, Hijo, de que te choque este castigo hecho en un P. de tantas Campanillas y tan cercano a su persona por su ministerio y parentezco. [209] Pero sube un poco más arriba la consideración. Acuérdate del Decreto que largó para ello, y que anda impreso en mil libros, donde hay bastante detracción contra el paciente y contra otras personas de buen nombre y fama. [210] En él un laico, haziéndose Juez, «que no puede serlo a presencia de un Consistorio de Mitrados, congregados para este destino», de Doctrinas buenas o malas, falsas o verdaderas, ordena que respecto de que el P. Consultor estaba imbuído de una errada y perversa moral, que por tanto debía ser separado de las Casas de los Seculares para que no conta-

---

[207] El benedictino P. José de Arredondo, Prior de la iglesia y convento de Montserrat, citado en la nota 191, *supra*.

[208] Sobre este debate, que alcanzó contornos de extremada virulencia, v. la *Memoria* de Amat (Sevilla, 1947), págs. 81-82; Vargas Ugarte, *Concilios Limenses* (Lima, 1954), III, págs. 169-177, e *Historia de la Iglesia en el Perú* (Burgos, 1961), IV, págs. 221-225, y el estudio fundamental de Macera, «El probabilismo en el Perú durante el siglo xviii», en *Nueva Coránica* (Lima, 1963), I, págs. 167 y ss. Desde luego es indispensable tener a la vista los textos impresos en aquellos agitados momentos: el de Juan Lope del Rodo (= Pedro Vallejo), *Idea Sucinta del Probabilismo* (Lima, 1772), y el del P. José Miguel Durán, *Réplica Apologética* ... (Lima, 1773).

[209] Sáenz-Rico, pág. 336, nota 33.

[210] Al disponerse por decreto de Amat, de 29.II.1772 (reproducido en la *Réplica Apologética* ... del P. José Miguel Durán) la prohibición absoluta de toda propaganda adversa al rigorismo, el Marqués de Soto Florido debió de interpretar que el precepto le alcanzaba.

minase su innocencia con sus errores, y que debía por último hacérzele estudiar todo lo que era conducente a su Instituto de que se hallaba totalmente desproveído. Sus Prelados proverían *(sic)* a todo esto, remitiéndolo cien leguas de la Capital a casa donde se le ministrasen todos estos deberes. ¡Qué tal, Hijo! Si esto dice de su Confesor, paizano y pariente, ¿qué hubiera expresado de otro que hubiera tenido la desgracia de caer en sus uñas, no siendo nada de aquello, sino antes su aborrecido enemigo y censu- *[68]* rador? Él, con todo, antes de los dos años, cuyo tiempo pasó en Truxillo con su Cáthedra, volvió a su presencia, y enseñando, confesando y predicando, quiso hacerlo Provincial de su orden. Mas, para que no me preguntes qué lo irritó tanto contra este P., qué lo induxo a cometer tal disparate, te lo voy a revelar sin demora. No fué, ni lo creas aunque vieses esos papelones escritos por D. *Pedro Ballejo* baxo la anagramma de *Juan Lope del Rodo,* [211] todo traducción de Concina, y el otro del Padresito Procurador, [212] todo mordaz contra el Público en su dedicación y todo vestido en su cuerpo con carnes agenas; no creas, digo, que fué por sacar airoso al Ilust. de la Concepción [213] que le pidió contra él, aun siendo de su Orden, por decir

---

[211] Juan Lope del Rodo es anagrama imperfecto del Licenciado Pedro Vallejo, que falleció en 31.V.1782 (Parroquia del Sagrario. Lima. Libro 9.º de Defunciones (1769-1790), fol. 147v). El libro se titulaba *Idea sucinta del probabilismo, q. contiene la historia abreviada de su origen, progresos y decadencia: El Examen critico de las razones que lo establecen, y un resumen de los argumentos que lo impugnan, por* — (Lima, 1772). En la Dedicatoria, se alude a Amat como «... un Héroe...».

Como ha puesto de manifiesto Macera, el tratado de Vallejo no es exclusivamente un resumen de Concina, sino que también entró a saco en las Provinciales de Pascal (v. el artículo citado en la nota 208, pág. 185, nota 15).

La animadversión del Marqués de Soto Florido a Vallejo debe de tener su explicación en el hecho de que éste era un tránsfuga de la Compañía de Jesús.

[212] El P. José Miguel Durán, Lector de Teología en el Convento de la Buenamuerte, autor de la *Réplica Apologética y satisfactoria al Defensorio del M.R.P. Juan de Marimón* ... (Lima, 1773). En la Dedicatoria a Amat arremete el Provincial P. González Laguna contra los adversarios de sus ideas. Por su parte, el propio P. Durán, en el Prólogo *(in fine)* se burla de sus impugnadores en términos muy sarcásticos.

[213] El Obispo Pedro Ángel de Espiñeira, franciscano, uno de los teólogos más exaltados en el Concilio. Demostró su oposición a las doctrinas profesadas por los jesuitas en el Dictamen expuesto en dicha asamblea

lo había ofendido a él principalmente en sumisión, defendiendo el Probabilizmo contra su dictamen, que era el que se proscribiese en el Sínodo, aun siendo punto pendiente, como dixo otro Sabio Prelado, [214] en declinatoria ante Su Santidad, sino cree que fué por vengarse él mismo de una reprimenda que le había hecho el dicho P. Confesor, por escrito, acerca del escándalo que estaba dando con su adorable *Choli*, motivo por que lo tenía ya apartado del Confesionario, y sólo le permitía los privilegios públicos, deseando oportunidad de negarle aun éstos, con visos de causa, la que le ofreció el negocio del Concilio, y que agarró de pronto, aun pizando las prerrogativas de sus Padres.

Bisoño. — Ai *(sic)* van piedras y llueven chusos, decía el otro, Taita, quando tras un estrago se seguía otro de mayor enormidad. ¡Pobre Padre, y qué bien padeció por intentar cumplir con su obligación, y desgraciados Prelados los del Sínodo, que no tuvieron el consuelo de tener un Patrón que los venerase, sino antes un Dominador que los ultrajase, como necesitaban para el manejo de tan alto negocio!

Veterano. — ¡Sí, Hijo, desgraciados! Ese Concilio, que a la verdad hubiera sido el Concilio de los Siglos según le oí decir a un Maestrazo, por la unión, Santidad y Sabiduría de sus Padres, por la rectitud, necesidad y moderación de sus Decretos, y por la estrictés, energía y pro- [69] fundidad de sus Consultores, [215] dexó de serlo por el *Javalí de Oro*, a quien hechó a perder alterando la paz que reinaba, quitando la libertad que exigía, y amedrentando los espíritus que se presensiaban. Él pedía certificaciones al instante que alguno del Consistorio se deslizaba, «lapsu lingue», en decir una palabrita por otra, que aunque equivaliese a la misma, disonase según el uso de los Tribunales. Él se hacía que se le pasasen los puntos, «como también a los Sres. Ministros y Fiscal que llevaba», resueltos en las juntas secretas, antes de que se le diese el placet en las públicas, para notar, quitar o descuartizar lo que no fuese de su agrado. Él

---

conciliar en 26.II.1772, y la reiteró en la *Oración* pronunciada en 8.XI. del mismo año, ambas piezas impresas en Lima de inmediato.
[214] El Obispo de Santiago, Manuel de Alday y Aspée.
[215] El propio Marqués de Soto Florido, entre los Procuradores.

atizó el fuego de una presentación contra todo el Clero en General, pero dirigida a uno en particular que tenía entre ojos por la amistad que conservaba con quien más aborrecía,[216] siendo así que ni pertenecía a aquel Tribunal, ni tenía visos de justicia, ni se procedía en ella con permiso especial de la parte cuyo nombre se tomó para seguirla. Él, por último, asistiendo siempre a las Congregaciones donde se leían los pareceres de los Theólogos y Canonistas, dignos de ser dados a la Prenza para que lograse el Orbe literario veer tratadas en su origen las discertaciones que en ellos se contuvieran, con pureza, erudición y disernimiento, imponía miedo para que no adelantasen con sencillez muchas cosas necesarias de que se abstenían a vista de que solía prohibir el que se siguiesen leyendo algunos papeles que le movían a tedio, más por su Autor que por el pretesto que manifestaba. Así él se tiró a acabar antes que él lo acabase a Capazos.

Bisoño. — No hubiera sido mucho, Taita, que para él no había nada de fuero ni de respeto. Los que más han gozado de estos timbres en esta Ciudad, como en toda otra, porque así debe ser, han sido las Togas, y con ello, a ellas y sus Dueños bien los ha ultrajado desde el día 12 de Octubre que pizó la tierra en el Callao, pues pasó por entre ellos sin acatarlos, y como un General que enfila por entre prisioneros de Guerra de baxa esfera. Después dió contra todos ellos y logró, con sus informes, reprimendas para *[70]* unos, comparendo para otros, y jubilaciones para el que más odiaba, sin más título que haber sido buen amigo de su antecesor.[217] Aun no contento con eso, dió contra todos los Criollos pretendientes a ellas, manifestando que no eran para el caso por sus relaciones y astucias, puñalada de que difícilmente se hubieran curado en el otro Ministerio, según la impresión que hizo en el S. Bailío.[218]

---

[216] El Oidor Pedro Bravo del Ribero.

[217] El Oidor Bravo del Ribero, en efecto, había sido el hombre de confianza y consejero del Virrey Manso de Velasco (Lohmann Villena, *Las Relaciones de los Virreyes del Perú* (Sevilla, 1959), pág. 130.

[218] El Bailío Frey Julián de Arriaga, al frente de las Secretarías de Marina e Indias durante 21 años, hasta su muerte el 26.II.1776. La noticia de su fallecimiento era conocida ya en Lima a la fecha de la redacción del

Veterano. — Mira Hijo: todo ese despavilamiento que hizo de Garnachas a su entrada, fué para entrar en esta Audiencia a su Asesor, según la promeza que le hizo en S.Tiago el 6 de Julio de 61, que fué el día en que lo habló para este destino y en el que recibió la Carta de 14 de Mayo del Sr. Manzo, en que le decía que en ese mismo había abierto en el Real Acuerdo el Pliego de providencia, según orden libre que había recibido de S. M. el 19 de Marzo. [219]

Bisoño. — Pues buena se la pegó, Taita, porque aunque logró lo primero, en orden a lo segundo se quedó a chicha fresca. [220] Non mamabis in aeternum, es menester decirle al fin de su Excegética, para que acabe de rabiar en su destierro, que así lo llama quando le dá la hydrophobia de que adolece.

Veterano. — No solo no mamó, Hijo, como tú dices, sino que recibió este desaire segunda vez, quando el que vino en el Decanato [221] lo renunció, pues entonces se redoblaron los Informes a su favor, como que los dictaba él mismo, y el *Escarabajo de Oro* no hacía más que firmarlos.

Drama, pues Amat, en despacho de 13.VII. del mismo año comunica que acaba de imponerse de la novedad (A.G.I. Lima, 654). La enigmática referencia a «el otro Ministerio», alude al de José de Gálvez, promovido a la Secretaría del Despacho Universal. Arriaga, hombre opaco, contaba con la confianza ilimitada de Carlos III, y en la misma medida en que dispensaba su aprecio por Amat, profesaba una cerrada prevención contra los criollos (Sáenz-Rico, págs. 70, 188 y 611).

[219] La exactitud de estas fechas está abonada por Sáenz-Rico, pág. 131.

[220] Locución chabacana que reaparece en la página 100.

[221] El Oidor don José de Tagle y Bracho, que ocupaba una curul desde su nombramiento por Cédula de 18.VII.1741. Al cesar en el decanato Bravo del Ribero ascendió a ocupar esa plaza, pero sobrevino un estrepitoso choque, al ser separado del cargo a tenor del Real rescripto de 19.V.1764, en que se le ordenaba pasar a la Metrópoli, recogiéndose así las acusaciones que contra él había vertido Amat, en su despacho de 13.I.1762 (colacionado en la nota 226), que además había ordenado apresar y luego expulsar del puesto de Pagador General perpetuo y Comisario de Guerra y Marina del Callao, a un hermano de dicho magistrado, don Tadeo de Tagle y Bracho, Marqués de Torre Tagle (V. los autos seguidos por éste contra el Virrey. A.H.N. Consejos, 20.336).

En lugar de Tagle entró ocho días más tarde el limeño doctor don Gaspar de Urquizu e Ibáñez; distinguía a este magistrado su animadversión hacia Bravo del Ribero, «a quien embaraza quantas probidencias puede» (Comunicación del Arzobispo Barroeta, de 31.III.1758. A.G.I. Lima, 1568).

Bisoño. — Castigos del Cielo, Taita, eran esos. No hagas mal y esperes bien. Encendió el horno y no comió el pan. Fué el Perro del Hortelano, que ni come ni dexa comer. En fin, hizo el daño y no logró el intento. El 4. de Marzo de 64 llegó aquí esta infausta noticia, [222] y en 12 años y meses que han corrido, jamás se ha visto a este Caballero en función pública, [223] pero tampoco jamás se le ha visto en su Casa el semblante triste, macilento y caído, sino antes risueño, robusto y subido. En su manejo nada se ha alterado; todo ha seguido como si no hubiera recibido tal contratiempo. Las mismas correspondencias con los de afuera y con aquéllos de esta que no tuvieron el temor de reti- [71] rársele, por no incurrir en el desagrado de su Enemigo. ¡Raro manejo! ¡Rara fortaleza! ¡Rara presencia de espíritu! Allí metido con sus Pavos Reales y demás animales exquisitos, según se lo sensuraba su Ribal, le ha hecho un fuego fuerte que ya lo lleva vencido. Ya, como dicen, venció en el supremo Consejo, [224] y también habrálo logrado ante S. M., y tendremos el gusto de volverlo a ver, con el vestido Senatorial, después de tanto paréntesis que ha tenido, llendo *(sic)* a tomar la campanilla de aquellas salas para su mejor orden y armonía. ¡Qué aclamaciones de Pueblo no ha de recibir en ese día, que ya espera con anhelo para acreditar los sentimientos que tuvo en el fracaso, y que no echó afuera de rezelo y temor! ¡Qué bien lo pondrá en la Residencia, pues añaden que después de mandarle volver todos sus honores, sueldos y sobresueldos, le dexan su derecho a salvo contra quien

---

[222] La destitución de Bravo del Ribero, de cuyo cumplimiento en 29.III.1764 dieron cuenta el Virrey y la Audiencia, en despachos de 1.º y 9.IV. Nutrida documentación sobre la pugna entre el Virrey y Bravo del Ribero, en A.G.I. Lima, 791.

[223] En despacho número 934, de 27.I.1774, reiterado por el que lleva el número 1.004, de 20.VII, se quejaba Amat del «... extraño y reparable retiro del Oidor Pedro Brabo de aquellas concurrencias que se forman los días y años de S.M., a que asisten todos los cuerpos y personas distinguidas a cumplimentar al Virrey ...» (A.G.I. Lima, 653).

[224] La noticia de la reivindicación de Bravo del Ribero debió de llegar a Lima cuando ya estaban escritas —¿e impresas también?— estas páginas: dictada la Real Cédula de 29.V.1776, en que se le declaró por ministro intachable y apto para ser repuesto en su plaza, acto que se verificó el 22.X. En 9.XI se le abonaron los devengados en 12 años, 5 meses y 22 días que había estado jubilado (A.N.P.M.H. Libro 0909. Libro de salarios, situados y extraordinarios..., fol. 25).

le hubiese ocasionado tantos perjuicios! [225] Sobre todo, Taita, como darlo al Decano por libre de todo lo que le acomuló el *Chueco* en 15 de Enero de 62, tres meses después de haber llegado a ésta, en que no hay tiempo ni aun para recibir los parabienes del Reyno, quanto menos para hacer causas de tanta gravedad y pezo, es lo mismo que darlo a él por mentiroso, testimoniero, falso, calumniante y enemigo injusticiero. [226] ¡Yo no sé cómo no abre quatro estados de hombre y se empoza vivo para que salgan por sus narizes dos Caños de pedir perdón, o dos vertientes de restituciones de fama y honor, sin los quales el pasage a la vida eterna es terrible y de mucha confución por el lugar que esperan, «id est gehenna, ubi est stredor dentium, [227] aunque aquí ayan sido postizos», aquellos que así perecen!

Veterano. — ¡Qué bueno, Hijo, ha estado todo eso! No sabía que eras apasionado de este Señor que tiene el arte de saber manejar gentes, o como dixo un día *Manuel Rabel Cui,* [228] que tiene un Diablo insinuador que a todo el que trata, a breve o largo tiempo, lo hace suyo y lo embeleza. ¡Ya iba con él ganándose al *Tigre de Oro,* aun después de tan ma- [72] los principios, y si no hay *Orejas de Asno* y acaece otro incidente maldito, lo

---

[225] Estas circunstanciadas noticias revelan la intimidad del Marqués de Soto Florido con Bravo del Ribero y los preparativos para iniciar la campaña contra el Virrey, que se iba a traducir en el pleito verdaderamente interminable, cuyas alternativas, a lo largo de más de medio siglo, pueden compulsarse en la obra de Sáenz-Rico, págs. 563 y 580-587. La demanda interpuesta por Bravo del Ribero reclamaba resarcimiento de daños y perjuicios por valor de 120.550 pesos.

[226] El autor debe de referirse al despacho de Amat, de 13.I.1762 (A.G.I. Lima, 791), en que censura en los términos más vehementes a los Oidores, tildándolos de «sugetos por la maior parte abandonados al capricho y a sus propios intereses, y más con la nota de agavillados y unidos con tal escándalo, que la voz del Decano [Bravo del Ribero] es el único órgano por el que se esplica el maior número ...» (Cfr. *supra,* APÉNDICE II). (Publicado en la *Revista de la Biblioteca Nacional* (Buenos Aires, 1942), VII, núm. 24, págs. 345-350, y fragmentos, en Sáenz-Rico, págs. 174-176).

Son los mismos conceptos, casi idénticas palabras, que se leen en la carta que el 15.V.1796 dirigió don Tadeo José Bravo del Ribero al abogado madrileño Simón de Viegas, requiriendo su dictamen sobre la causa que seguía contra la testamentaría de Amat (B.N.P. Impreso de 24 fs. ¿Madrid, 1796? D 217).

[227] San Mateo, XIII, 42 y 50.
[228] V. la nota 67.

consigue, lo pone debaxo y se componen las cosas bonitamente! Pero desde este segundo choque, todo fué en peor, y tomaron las discordias más feo semblante.

Bisoño. —Ya me acuerdo, Taita, que lo que dió origen para esas amistades iniciadas fué la Cátedra de Prima de Medicina del año de 65 que quería el *Asno de Oro* para *Champa*,[229] y que no hubiera conseguido sin valerse del Sr. Jubilado, «por estar previsto para ella al que le venía por su talento, juicio, crédito, antigüedad y pericia»,[230] quien entró en ello por soldar sus negocios, y también porque no acabase, si se experimentaba la pérdida, con medio Lima, según estaba ya de embriagado en el triunfo. Después de ella ya lo visitaba de noche, y ya al *Asno* le agradaba su conversación, porque al son que tocaba, le baylaba. Le mentía, cuyo oficio le tenía de profeción, y aun se le había hecho hábito, y el otro le mentía al par y aun más

---

[229] El doctor don Isidro José de Ortega y Pimentel, el arquiatra aludido en las notas 113 y 142.
Limeño; Catedrático de Método en la Universidad de San Marcos; Examinador y Conjuez del Protomedicato y Médico de Cámara y Familia del Virrey Amat (desde 1763); posteriormente fue Catedrático de Prima de Medicina, y en 1765 se le promovió al cargo de Protomédico General del Virreinato, que confirmó el Monarca en 31.VII.1766, a la vista del correspondiente expediente administrativo (A.G.I. Lima, 830).
Describió la *Fúnebre Pompa ... a la justa memoria del Illmo. Señor D. Juan de Castañeda Velázquez ...* (Lima, 1763), que encargara celebrar su sobrino don Joaquín de Lamo y Zúñiga, Conde de Castañeda y de los Lamos, gran privado de Amat (¿Por aquí se introdujo entre los favoritos del gobernante?). En 1764 pronunció una *Oración conminatoria* contra el intrusismo de los subalternos de la Medicina, que se imprimió (Valdizán, *Apuntes para la bibliografía médica peruana* (Lima, 1928), pág. 172). En 1771 se le nombró también médico del Convictorio Carolino («Documentos inéditos relativos a la Universidad de San Marcos», en *Boletín Bibliográfico de la Universidad de San Marcos* (Lima, 1944), XIV, pág. 18). Falleció en 1.º.X.1783.
[230] V. los autos seguidos por el doctor Juan José de Aguirre para que se le restituyese en la posesión de su Cátedra de Prima de Medicina y del Protomedicato que le era anejo, que le correspondía en la vacante del doctor Bueno de la Rosa, y que le había usurpado Ortega y Pimentel (A.H.N. Consejos, 20.337, Pieza 122). Reclamaba reparación de los daños (cuya cuantía dejó librada a la discreción del Consejo de Indias), porque Ortega y Pimentel, discípulo del recurrente, había obtenido los cargos cuestionados únicamente merced al patrocinio que le dispensaba el Virrey. La sentencia del Consejo de Indias absolvió a Amat de toda responsabilidad (Sáenz-Rico, pág. 568).

arriba. Le finguía *(sic)* cuentos imposibles, como lo hacía de continuo, y el otro le envainaba algo más sófero, que le hacía decir *cuerno en ello.* Le mentía historias falsas del Visir, del Gran Señor, «a quien siempre tenía en la memoria por su autoridad de vida y muerte, sin Leyes, testigos ni Autos, diciendo a toda hora que así hubiera estado contento él en su Gobierno, y qué infelices en ese caso de muchas Cabezas, cuya partida a los postres y plus Cafee de él, la ha repetido con más muestras de dolor», y el otro le doblaba la parada con los hechos de Mostafá noveno, que lo dexaba patifrío. Quando le hablaba en serio acerca del Reyno, su estado, su docilidad y el modo de conducirlo, entonces lo dexaba pasmado con sus dictámenes, noticias, arbitrios y subtilezas. *Orejas de Asno,* que sabía todo esto, ya andaba sacudiéndolas y buscando trampas con qué despedirlo. Él lo logró a poco tiempo, y yo nunca supe quál fué la que le armó su malicia.

Veterano. — Yo te la diré, Hijo, que la sé como el A. B. C. de la Cartilla. Vino en ese tiempo, por el negocio de un *Blasito* [232]

---

[232] Blas de Quirós y Vozmediano.

Nació en Huancarqui (Valle de Majes); hijo legítimo del Capitán Francisco de Quirós y Vozmediano y de Feliciana Palomino de Murga. Todos los indicios corroboran la descripción que de él nos ha dejado Mendiburu, en el artículo que le dedica en el *Diccionario:* «notable por su energía, y odioso por sus avances y su vehemencia». Para datos adicionales, véase el artículo de Morales, «Francisco de Paula Quirós», en *Boletín del Museo Bolivariano* (Lima, 1929), I, núm. 9-10, págs. 358-359. Vicuña Mackenna recoge «una tradición reciente, pero profundamente misteriosa» sobre los orígenes de Quirós (*La revolución de la Independencia del Perú* (Lima, 1860), págs. 221-222).

Fue el protagonista de un bullado proceso, cuya irregular sustanciación originó un escándalo, en el que se vieron envueltos el propio Amat, el Asesor Salas y tres magistrados. Parece que por lo bajo hay que reconocer la mano del omnipotente Bravo del Ribero. La documentación es muy nutrida y expondremos sólo los hechos en cuanto digan relación con esta guerra sorda entre Amat y su camarilla contra el Decano, que se resistía a ceder posiciones, y de la que lo único que resulta en limpio es el proceder caprichoso del Virrey, acaso bajo la influencia perniciosa de Salas.

Quirós era doctor en Derecho por la Universidad del Cuzco, Abogado de la Audiencia de Lima y Colegial en el de San Martín. Durante tres años había mantenido «amistad y frecuente entrada» en casa de doña Casimira Rodríguez. De resultas de estas relaciones, vinieron al mundo tres vástagos. Según ella, Quirós la dio palabra de casamiento, que se formalizaría en momento en que su situación social no se viera perjudicada por

a quien favorecía el Decano para tirar piedras por ma- *[73]* no agena, aquella multa del Supremo Consejo a los Ministros que entendieron en él y al *Chueco* que le remitió, su pastoral bien sazonada. Metióle fuego con ella *Orejas de Asno* a *Asno de Oro*

---

la regularización de tales relaciones, que entre tanto se llevaron en régimen de esponsales. Posteriormente, Quirós se retractó.

En estas circunstancias, la damnificada compareció en 31.X.1761 ante el Virrey Amat, y en un memorial reclamó que el prometiente cumpliera la obligación contraída y reconociera los hijos habidos, asignándole una pensión alimentaria. Quirós arguyó que estando de por medio unos esponsales, la causa debía ventilarse por el fuero eclesiástico. Designado defensor de oficio el doctor Antonio José Álvarez de Ron, por ser la demandante insolvente, éste declinó «por motivos de particulares sentimientos» que existían entre él y la parte contraria.

Entendió en la causa, como Juez comisionado por el Virrey, el Oidor Gaspar de Urquizu, que en 1.º.X.1762 sentenció a Quirós a cumplir su palabra de matrimonio. El 6 del mismo mes apeló Quirós ante la Audiencia, y no obstante que el recurso fue elevado a la Sala que justamente presidía el Decano Bravo del Ribero, «declarado protector» de Quirós (cfr. el *Memorial ajustado*, pág. 38v), y ceñirse a ley el reclamo, «... no sólo se le impidió por varios decretos con que se pidieron los autos, sino que se mandaron devolver al Juez ...». Tales irregularidades le hicieron entender «que no tenía que esperar mejor fortuna en su causa, y habiéndosele propuesto por la persona que le oprime que haga un compromiso sugetándose a estar y pasar por lo que resolviere el doctor Francisco [Martínez] Tamayo ... ha comprendido experimentalmente que si se resiste en esta parte se le han de hacer en este negocio y en cualquier otro todas las hostilidades que caben en el poder del personage que protege a la dha. doña Casimira ...». Para evitar estos contratiempos, que el propio Quirós calificaba como «su última ruina», hubo de suscribir un compromiso, pero el 10.IV.1763 se apresuró a extender la correspondiente protesta, en la que hizo constar que se le había compelido, dejando a salvo su derecho de usar con libertad las acciones competentes. Una de las condiciones que se le impusieron era que se rompieran los autos, para hacer desaparecer las injusticias perpetradas contra el recurrente (A.N.P. Agustín Jerónimo de Portalanza, 1761-1763, reg. 1762-1763, fol. 121).

En dicha transacción, suscrita el mismo 10.IV.1763, junto con la Rodríguez, se confería facultad al mencionado doctor Martínez Tamayo para resolver y determinar la controversia con arreglo a lo que le pareciera conforme a justicia, en uso de atribuciones de juez árbitro y amigable componedor. El 8.VII. pronunció Martínez Tamayo su laudo, por el que determinaba que Quirós debía de satisfacer a la demandante 3.000 pesos en el plazo de tres años y fijar una pensión alimentaria para los hijos habidos de las relaciones.

Quirós, sin perjuicio de iniciar el pago de la sanción económica, no demoró en recurrir al Consejo de Indias. En 5.IV.1764 confirió poder a dos procuradores en la Corte para entablar las gestiones del caso «en el assumpto que les preuiene por sus Cartas misibas e instrucciones» (A.N.P. Antonio José de Azcarrunz, 1752-1764, fol. 882v).

para que lo despidiese y lo logró, como logró el que informase contra él al principio, según la palabra dada en Chile, *sicut te dixi* antes, y ya olvidada, o tibia, encendiéndolo con aquella Dieta [233] que botó por entonces el Protopalangana *tunc* de las punteagudas et *nunc* de las redondas, suspensa propter crimina, buena para eso, y pésima porque arrojaba desvergüenzas a Cara

---

Por instrumento suscrito en 9.VI.1764 Quirós se comprometió a abonar al Promotor Fiscal del Arzobispado, doctor Juan José Negrón, 1.440 pesos durante el término de cinco años, pero con gran sorpresa nos enteramos, por una hoja adosada al frente del precedente documento en 7.VII.1765, que dicha cantidad correspondía a la Rodríguez; para mayor confusión, unos cuantos folios más adelante se asienta otra escritura, a los tres días de la primera, en que se explica que el pago de dicha cantidad se realizaría tan pronto la beneficiaria se desistiera de la causa interpuesta (A.N.P. Agustín Jerónimo de Portalanza, 1764-1769, fols. 93, 93 bis y 101).

La secuela del proceso fue dilatadísima. Mientras tanto, se tramitaba ante el Consejo de Indias el recurso que terminaría en un varapalo al Virrey y a los magistrados. En auto de 19.XI.1765 declaró la Sala de Justicia nulo todo lo actuado, que se amonestara a Amat por haberse avocado el conocimiento de la causa, y se impusieran sanciones pecuniarias al Oidor Urquizu, al Alcalde del Crimen Juan José de la Puente Ibáñez, Marqués de Corpa, al Fiscal del Crimen Diego Holgado de Guzmán, y al Asesor Salas. Los tres magistrados resultaron multados con 2.000 pesos, y Salas, con 1.000. Cabe anotar que Urquizu y De la Puente Ibáñez eran los dos limeños y primos hermanos.

Recurrieron los multados, pero ante una reclamación del vehemente Quirós, seguramente instigado por Bravo del Ribero, que de alguna manera buscaba vengarse de Salas y de Urquizu, a quien consideraba un usurpador en el Decanato, en 11.XI.1767 se libró una nueva orden para que se procediera al cobro de las cantidades mencionadas. Volvieron a suplicar los repetidos magistrados en una extensa exposición o *Memorial ajustado* (seguramente impreso en Madrid, en Setiembre de 1771, del cual existe un ejemplar en la Biblioteca Nacional del Perú (79 folios. Manuscritos C 214. Otras piezas relativas a esta causa, bajo la signatura C 210. V. también Donoso, *Un letrado del siglo XVIII: el doctor José Perfecto de Salas*, págs. 239-240).

En 1773 se volvió a agitar el asunto en un nuevo memorial, por parte de Urquizu y su primo (Medina, *Biblioteca Hispanoamericana*, V, págs. 83-84 y 101, y VII, pág. 128).

Quirós debió de ser amigo del Marqués de Soto Florido, pues éste le extendió poder para cobrar en Arequipa, donde aquél residía, un crédito en favor del otorgante (Documento de 22.IV.1788. A.N.P. Teodoro Ayllón Salazar, 1784-1789, fol. 622v).

Quirós, en el juicio de residencia contra Amat, demandó una indemnización de 189.000 pesos (A.H.N. Consejos, 20.339).

En el Archivo General de Indias (Lima, 836) obra un expediente actuado en 1768 acerca de la irregular conducta de Quirós.

[233] V. el empleo de este término en las páginas 30 y 92.

descubierta en plaza tendida. Suspendiéronse desde ese día las treguas, y hasta ahora todo ha sido guerra declarada. Bastaba que se le dixese al *Leopardo de Oro* que el Decano estaba metido por tal sujeto en tal negocio, para que su peso se pasase a la otra balanza. ¡Qué de daños no ha causado tan gran oposición! El más bobo le decía: «Mi justicia se entorpece, mi pretención se baraja, «aunque fuese una gran falsedad, como lo era siempre», por el empeño del Sr. Jubilado», y al instante, sin más averiguar ni imponerse en Autos, se decretaba lo que su astucia exigía, y quedaba la contraparte haullando *(sic)* y sin recurso. Aquellos testigos que ofreció en la prueba el *Asno de Oro* y que en lugar de decir contra el Decano dixeron a su favor o negaron la noticia de los hechos, estimulados de la Residencia del Juez de Vivos y Difuntos en la vida eterna, ¡qué no padecieron después de desaires, de daños y de roncas! Y de éstos fueron los más, a excepción de sus Confesores ad ostentationem, [234] de su Caballerisito, [235] de su Médico, [236] de su Cura y su hermano, [237] de su Olofernes, *et aliis ejusdem furfuris*, de los quales han muerto ya hasta cinco.

Bisoño. — Ya me acuerdo de todo eso, Taita, y aun hago memoria que *Chepe Cárdenas* [238] me dixo en una ocasión que le pregunté qué había en la Universidad, al ver tanto Carruage en su Plazuela, que era un grado de Bachiller del hijo de *Orejas de Asno*, en que defendía por question, hecha de su mismo P.,

---

[234] El P. Marimón, ya citado en las notas 197 y 206.

[235] Don Manuel Antonio de Espejo y Santibáñez, Caballerizo Mayor y Comandante de la Brigada de Artillería, cuñado del Marqués de Castellón, don Juan Manuel de Buendía y Soto, sobrino a su vez del Asesor del Virrey desde 1775, don Luis de Santa Cruz y Centeno.

[236] El ya mencionado doctor Isidro José de Ortega y Pimentel.

[237] Don José Morales de Aramburu, el autor del 'Quaderno ...' tantas veces colacionado en estas notas, y su hermano don Félix Morales de Aramburu, Maestre de Campo de las Milicias de Infantería, que falleció el 8.IX.1778 (Parroquia del Sagrario. Lima. Libro 9.º de Defunciones (1769-1790), fol. 111).

[238] José de Cárdenas y Bretadillo, nacido en Lima en 1693, Bedel Mayor de la Universidad desde 1717 hasta su muerte en 3.X.1781 (Eguiguren, *Diccionario Histórico* ..., III, págs. 75-76). Testó en 23.IX.1781 (A.N.P. Pedro José de Angulo, 1781-1783, fol. 197v). Acerca de las atribuciones de este funcionario, v. las *Constituciones*, Título X.

lo adverso que se había mandado en el negocio Blasítico, [239] o lo que es más cla- *[74]* ro, que defendía lo contrario que había mandado el Supremo Consejo en su Real Cédula sobre ese punto; cosa que él sólo podía atreverse a executar por su despotismo y porque no habría quién se atreviese a escribirlo allá, pues en tal caso, él tenía que temer un gran trabajo por su desvergonzado arrojo, y a la Academia con su Rect. una gran reprehensión, y quizás multa, por haber admitido tal acerción y no haber resistido como se debía un tan gran disparate. Él lloraba en Vaticinio esta desgracia, y yo, como es mi Amigo, procuré consolarlo en quanto pude.

Veterano. — Qué mucho, Hijo, que *Orejas de Asno* hiciese eso en la Universidad, si en el mismo Real Acuerdo hizo que sus dos Hijos *Juditas* [240] y *Manuelito* [241] se recibiesen de Avogados vestidos de plantezcos y con sus Espadines ceñidos. Nadie resistió este atentado, y si después de ellos alguno de los Caballeros distinguidos Avogados de la Ciudad hubiera querido entrar, no digo allí, sino solo en alguna de las dos Salas de la Audiencia, con el dicho Espadín puesto, a hablar sobre algún negocio proprio, no se le hubiera consentido ni por el Cielo ni por la tierra.

Bisoño. — Mucho fué, Taita, que no se le antojase el que su Muger mi Sra. D. *Josefa* [242] y sus dos hijitas ña *Merceditas* [243] y

---

[239] Entre los ejercicios realizados por Manuel de Salas y Corbalán para optar al grado de Bachiller consta que sustentó una atrevida conclusión, a todas luces inspirada por su progenitor. A partir de la premisa contenida en el Libro I, Título VIII de la *Instituta* de Justiniano («De his, qui sui vel alieni iuris sunt»), dedujo una conclusión temeraria y audaz. Entre los testigos de la colación del grado, que tuvo lugar el Sábado 3.VII.1773 figura efectivamente el Bedel Cárdenas (V. el expediente, publicado en la *Revista del Archivo Nacional del Perú* (Lima, 1958), XXII, págs. 282-284).

[240] Judas José de Salas y Corbalán, nacido hacia 1751, que tras de residir en Lima, donde en 14.I.1772 fue designado apoderado por su futuro cuñado José Antonio de Rojas (A.N.P. Orencio de Azcarrunz, 1772-1773, fol. 15), desempeñaría en 1775 el cargo de Alcalde de Santiago de Chile y en 1778 el de Buenos Aires. Murió en Sanlúcar (España), en 1781.

[241] Manuel Silverio Antonio de Salas y Corbalán, nacido en Santiago en 1754.

[242] Doña María Josefa de Corbalán y Chirinos, esposa del Asesor General de Amat, con quien había casado en 8.I.1750.

[243] María Nicolasa de las Mercedes de Salas y Corbalán, nacida en Santiago de Chile en 1750, que posteriormente contraería enlace con José

ña *Borgitas* [244] no se recibiesen también en faldellines, o solo en fustanes, que lo consigue. Pues yo me acuerdo que esos Avogados, Procuradores y Excribanos pretendieron en aquel Gobierno ir a actuar en cuerpo, con el título de que eran ya Capitanes, Oficiales, o Soldados, y no se les permitió de ningún modo, mandando a su expediente, que se siguió con empeño y por todos sus resortes, que observasen su Golilla para el despacho, y en saliendo de él anduviesen como Proteos [o] en otra figura si les acomodaba, imponiéndoles penas pecuniarias a los que faltasen a lo mandado, aunque pareciesen allí en los corredores solamente del modo que lo pretendían, o envueltos en sus Capotes, hasta después, que se les permite entrar de negro, sin Espadines y con Capitas, a exemplo de Sevilla.

Veterano. — Así, Hijo, se gobernaba todo en aquel ti- [75] empo. Aun para quitar las vidas no se solían guardar formalidades.

Bisoño. — ¡Bien breves fueron, Taita, las que se observaron con los Rudas y Pulidos! [245] ¡Jamás, hasta entonces, se había casi declarado causa de immunidad Eclesiástica, y en término de 24 horas se sustanció, se sentenció ésta, y se confirmó en apelación! ¡Sentencia a la verdad bien dada, pero executada el 13 de Agosto de 72 con mucha vanagloria! La Ciudad amedrentada pedía aquélla, y la piedad cristiana ahuyentaba esta, pero estaba de Dios que este *Monstruo de Oro* había de hechar a perder en sí lo más justo, para que en él no se contase tal propriedad, porque en efecto lo más santo y laudable no tiene todo aprecio quando se actúa, «por exemplo la limosna», por vanidad y ostentación. ¡El *Orejas de Asno,* que fué el Juez solo, qué deseos no tenía de encontrar entre los cómplices, «al contrario de *Asno de Oro,* que su gusto hubiera sido el que todos hubiesen sido Criollos, lo que le salió vano, pues uno que hubo enredado salió innocente, y en lugar de castigo, salió aquel día en triunfo batiendo la Bandera como Alférez que era, y dándosele para después la Tenencia»,

---

Antonio de Rojas (citado en la nota 240), que alcanzó descollante actuación en las luchas separatistas en Chile.

[244] Francisca de Borja del Pilar de Salas y Corbalán, nacida en Santiago de Chile en 1755, que casaría en Mendoza, en 1779, con don Ramón Martínez de Rozas.

[245] V. *supra* nota 40.

a los Europeos ruines: el *Alférez Fuerte* [246] y el *Condestable Bernardo,* [247] quien ya murió apaleado por sus intrigas, como fué azotado *Jayme* por sus lascivias y enfarolado *Roca* por sus altivezes!

Veterano. — Pero en fin Hijo, este suplicio con todos sus defectos estuvo saludable a la consternación en que se hallaba la Ciudad, ¡pero la carnicería del Callao, en el 15. de Enero de 72, esa es monstruosidad que no cabe en un Christiano Corazón! [248] El delito de estos infelices, «fuera de su destino, que es culpa inevitable», fué pedir su sueldo entero a exemplo de los anteriores que así, aunque contra ordenanza, se les había dado. No había amotinación en ellos, sino representaciones. Mas la *Esfinge de Oro,* barajando estas y suponiendo aquellas, parte la madrugada de este infelice día con un Verdugo y toda su Guardia de a Caballo. Llega al Puerto, se embarca a Bordo del Septentrión, y llama a Rue- [76] da a toda la tripulación, la diezma, la quinta, y parte de ésta se abalea y parte se azota, según que cada uno sacaba en un Buletín su muerte o su estropeo. Este es el cargo, este el descargo, esta la sentencia, y esta la execución. Todo se practica en un punto, y no hay distancia del estallido al estrago, sino la que dá en unos la sorpresa al suplicio, y en otros la confusión al escape.

Bisoño. — ¡Qué víctimas, Taita, fueron estas tan inocentes! Entonces le oí decir a *Seor Laureano* [249] que en un Corrillo de

---

[246] Juan Gutiérrez, en otros pasajes del texto denominado por el sobrenombre de *Guarapo.* V. pág. 64.

[247] V. *supra* nota 41.

[248] Comp. la *Memoria* (Sevilla, 1947), págs. 797-802, y Sáenz-Rico, pág. 283.

[249] El Teniente Coronel del Regimiento de Naturales Pedro Laureano de los Reyes Machari Chumbi, natural de Colán (Piura), que llegó al rango de Coronel de las Milicias de Naturales. En el testamento que otorgó en 19.IV.1801, «hachacoso y ciego», se titula muy ufano «Señor de la Medalla» (aludiendo a la que Carlos III le confirió con su efigie, cfr. Sáenz-Rico, pág. 258). Parece que había sabido reunir un cuantioso patrimonio (A.N.P. José Narciso Lagos, 1795-1802, fol. 470v). V. también Konetzke, *Colección de Documentos para la Formación Social de Hispanoamérica,* III, pág. 427, y Sáenz-Rico, pág. 224. Se consideraba descendiente de Huayna Cápac, y en tal creencia demandó que se le confirmaran los privilegios concedidos a sus antecesores (V. el memorial datado en Madrid, 13.XII.1776. A.G.I. Indiferente General, 1613).

gentes de Mar había oído él que si la Marinería se aya *(sic)* con delito y malicia el caso que iba a suceder, corta el solo Cable en que estaba el Navío, luego que en él entró el *Chueco,* y parte con él, «habiéndole puesto antes unas Esposas en las manos, por las muchas que él mismo se puso en las piernas», a Berbería, donde lo entrega todo, después de haber pactado sus libertades, a excepción de la de él, que su esclavitud había de ser de por vida, para que pagase con sus padeceres tántos como había causado a los del Perú, y llorase al son de una Cadena lo que brevemente en una decapitación, que pudiera haberle hecho sobre la marcha, no lo purgaría a satisfacción de lo que necesitan sus crímenes. Ello, Taita, bien pudo haber sucedido, o el que le hubieran asestado un Cañonazo quando iba en la Barca a Bordo, y qualquiera de las dos cosas hubiera dexado a la Ciudad en gran regozijo. En fin, él executó esta barbarie, y lo que más admira fué ya el verlo mientras se actuaba la Sentencia parlar, riendo con unas Mugeres en el Corredor del Guardia-mayor, donde se mantuvo, y ya sentarse a comer en su mesa, en el Palacio, y proferir, al acabar, que jamás le habían sabido sus manjares más sabrosamente que en aquel día. Yo casi, Taita, me hallo en la función, pues si tengo Mula hubiera ido, acompañando a *Patricio* Buytuerto, que se fué con su amo en el S. Lorenzo, donde no hubo nada, porque su Capitán Gonzales [250] abonó a la Gente, y lo sentí después, por no haber visto con mi ojo, «que ojo que ve no envejece», lo que jamás se volverá a ver.

Veterano. — Pues alé- [77] grate, Hijo, de no haber ido, que yo me hallé allí por haber ido acompañando a Prudencio Ranfañot, [251] que escapó, y hasta ahora siento semejante viage. Hay cosas que aunque no se vean se cuentan en la vejez como si se hubierán visto, porque con sólo su relación dexan una fuerte impresión en la memoria, que no las borran las dilaciones de los tiempos. Entre éstas, las principales son las que causan más horror. ¡Qué horror no me daría a mí, «y qué horror no le causara

---

[250] El Capitán de Fragata Felipe González de Haedo, de distinguida actuación en el reconocimiento de Chiloé y de la isla de Pascua en 1770 (v. Lohmann Villena, *Historia Marítima del Perú* (Lima, 1973), IV, páginas 182-185).

[251] Esto parece una facecia, pues el ranfañote es un dulce, cuyos ingredientes son queso, pan frío, coquitos, nueces, pasas, chancaca y vino dulce.

al más indolente el escucharlo», el oír a la media hora del sorteo el primer Cañonazo de agonía, y seguir este de quarto en quarto, quando más, hasta el último de su número! ¡Qué confusión no tuve al considerar que a unos hombres Cristianos, y que sin remordimiento se puede decir de la vida airada, sólo se les diese de su Sentencia a su suplicio tan poco término! ¡Qué desconsuelo no sentí al saber que su confesión era perturbada de un eco doloroso que cada qual percibía que arrojaban aquellos otros a quienes les había tocado las suertes de azotes, si menos temible, más tormentosa, «aunque alguno finó después de sus resultas», y que se los sacaba la crueldad con que se los tiraban, pues eran a dos manos con las puntas de unos Cables embriados, estando ellos bien atados a una Pieza, para que no se escapase alguno con sus naturales movimientos y precisadas contorsiones! ¡Qué lástima no me dió el ver tendidos después en la Playa nueve cuerpos muertos, llenos de heridas, unos boca arriba, otros boca abaxo, y más de otros tantos vivientes estropeados, derramando sangre de sus llagas y tendiendo las manos azia el Cielo y a los Espectadores, ser conducidos a golpes de unos impíos Galeotes, con prisiones muy pezadas, hasta el Presidio! Vn espectáculo tan horrible me excitó la especie del Temblor de 28, en que con la salida del Mar así estarían los vivos y los difuntos. ¡Ha! Si la calidad de estos infortunados, «te añado ahora, Hijo», no hubiera sido de baxa esfera, o hubieran tenido bienes de fortuna, tanto los vivos muertos, quanto los deudos de los muertos vivos, para comparecer ante el *[78]* Juicio fiel de Ntro. Invicto Monarca, pidiendo satisfacción de esta ofenza hecha al Criador, a S. M. y a sus personas, ¡ha!, qué bien la hubiera dado su brazo piadoso, justo y Católico, como la acaba de hacer en otra Provincia, sólo por el amago de una igual injuria, ultrage y oprobio con el Gobernador que la regía, hecho en un individuo, a Dios, a la Ley y al Próximo, cuyo Rescripto, que dirigió a estos Reynos para prueba de su alta justicia, está haciendo veer la satisfacción en que vive de la lealtad con que le servimos los Vasallos de este su nuevo Mundo, sin alterarse con las violencias, opresiones y crueldades que suelen cometer de continuo sus Virreyes y Ministros contra sus Reales intenciones, testimonio que estimará la Nación más que los excelsos timbres con que puede honrársele, por venir de una mano diestra en la distribución de sus dones y por pura liberalidad de su alto conocimiento.

Bisoño. — ¡Qué bien me ha sabido todo esto, Taita! ¡Qué patético ha estado! ¡Qué bien pintado! Este negocio no le dexará al *Vta de Oro* de hacer cosquillas a la hora de herbir la Olla, negocio de que se hubiera desembarazado con primor si envía en su lugar al Sr. Auditor de Guerra,[252] pues éste lo hubiera compuesto dando tiempo al tiempo, con consultas sobre consultas, como lo hizo en la Casa del Cercado que le tocó quando el extrañamiento,[253] donde nada, con lo menudo de ellas, se perdió, siendo la excepción de todas las otras. Pero son cerca de las once, Taita. Váyase Vd. Hasta mañana, que se vá Vd. descriando mucho.

Veterano. — Dices bien, Hijo, a Dios, y temprano, que es día de concluír.

FIN DE LA SEGUNDA NOCHE

[79] TERCERA NOCHE.

Bisoño. — Eso sí, Taita, hoy no hay palmeta ganada, porque el cuydado nos ha trahído al mismo tiempo a nuestra escuela. Sentémonos, que hay mucho que tratar y nos puede faltar la noche. Pero Taita, ¿por dónde empezaremos a hablar de este

---

[252] Lo era a la sazón el Decano doctor Gaspar de Urquizu e Ibáñez (v. *supra* nota 221), que ocupaba una curul desde 1744. El Visitador Areche lo calificaría como magistrado «de regulares letras», pero con mucha parentela en Lima, de donde era oriundo. Fue Asistente Real al Concilio de 1772. Era primo hermano del Alcalde de Corte doctor Juan José de la Puente e Ibáñez, Marqués de Corpa. No concluyó su período el Virrey sin romper también con este magistrado, porque se suscitó una contienda, en torno de la tenencia de la llave del Real Acuerdo, que Urquizu reclamaba, pretensión que Amat rechazó, alegando que era él quien debía transmitirla a su sucesor. Urquizu calificó la decisión del Virrey de ofensiva (Sobre este incidente v. los despachos números 1178 y 1181, de Amat, de 25 y 29.XI. 1775. A.G.I. Lima, 653).

[253] Cfr. Sáenz-Rico, pág. 352.

Nerón, que así lo llaman, «conviniéndole también lo Calígula, lo Domiciano, lo Caracalla, lo Eleogábalo y lo Diablo, para decirlo todo junto», por su orgullo insoportable y su corazón tan desnaturalizado?

Veterano. — ¡Por dónde, Hijo, hemos de empezar mejor que por hay *(sic)* proprio! Llámanlo *Nerón* porque se le asemejó en su tiranía, en su venganza, en su indolencia y hasta en los días en que empezó y acabó de reinar. Dicen que tomó el mando áquel monstruo, «citando no sé a qué Eusebio en su Chronicón», el 13 de Octubre, y que lo dexó con la muerte que fué obligado a darse el 6 de Junio, y vee ahí que precisamente en el 13 de aquel mismo mes este otro monstruo amaneció en el Callao, y en el proprio 6 de este otro recibió el Correo de la llegada de su Succesor a Payta, [254] que fué, «idem por idem», que degollarlo. Sólo se nota la diferencia en que salimos multados respecto a los Romanos, que Domicio no llegó a los 14 años siete meses y veintiún días, sino que tuvo un año menos de todo este término que *Manuel* tocó, para mayor castigo de nuestras culpas.

Bisoño. — ¡Qué bien dice Vd., Taita, de que fué lo mismo para él el morir que el saber el arribo feliz de su benigno Succesor, que ya llaman un Vespaciano, un Trajano, un Antonino, un Marco Aurelio o un Constantino! Como él no creía esta prosperidad, sino antes lo contrario, que tocaría el último momento de su vida antes de arribar a aquel primer puerto por ese lado de nuestro continente, le immutó la noticia; la hacía repreguntar diversas veces, «lo que hacía el *Cabezón*, [255] diciéndole al Borriquero Chileno que vino de ex- [80] preso, «¿con que es posible que llegó bueno, gordo, enjuto, y capaz de llegar hasta esta?»; le sacó una cara peor que nunca, con la que salió a la Procesión del Corpus, y le hizo brotar la cólera hasta vengarse con el primero que encontró.

Veterano. — Ese fué, Hijo, el Niño que él había botado antes a Chile por *Inés* y que había ya vuelto a sus comercios, [256] con

---

[254] Cfr. *supra* nota 16.

[255] El *Cabezón*, como ya se ha advertido varias veces, es el sobrino del Virrey, Antonio de Amat y Rocabertí; el Borriquero chileno es el emisario que condujo a Lima la nueva de la llegada de Guirior a Paita.

[256] V. este episodio referido *supra*, página 57.

lizencia de su Muger, a quien puso en el Presidio mandándolo prender aquella noche en las Comedias, donde lo tuvo un mes y algo más. En fin, jamás él perdió la esperanza de no seguir con el palo.

Bisoño. — Por ese motivo, Taita, no quizo dexar el Palacio hasta el 11. de Julio, seis días antes que entrase en él el Sr. GUIRIOR, y en el mismo en que hizo su entrada su Embajador,[257] a quien recibió en pié y de mala guiza, y a quien obligó a venir a las tres de la tarde, hora en que la gente se disponía a irlo a veer, para victorear su dicha. Yo me hallé en la Plaza a esa hora, vílo, tiré el canto de mi Capa acia arriba, en señal de gusto, y en el mismo instante que entró por la puerta grande de a Caballos, ví también salir mesas, pipas, camas y demás utensilios de Casa,[258] y en el otro instante que salió ví por último arrancar a la *Salamanqueja de Oro,* en su Forlón con Mulas, que llorando fué a recibir la bendición de Su Ilma., para ir por la Calle de la Pescadería a tomar posesión de su rincón,[259] donde al tercer día reventó en cámaras el entripado de su rabia y furor. Así, Taita, no hubo tiempo para blanquear lo interior de sus Viviendas, «y las que se blanquearon estaban fuertes que eran un contento», y andaban a la carrera para poner siquiera un Espaldar, Taburetes y Cama, excusándose en orden a eso con reponer, quando lo instaban: «Tiempo sobra, que a fin que yo lo dexo todo, lo tengo», lo que era verdad si se entendía vendido, y a buen precio, pues por una Cortina vieja de bayeta ponía en la nómina 20 reales, y yo no sé cómo no puso su miseria 20 pesos.

Veterano. — Esa tarde, Hijo, del Embajador, que tú viste y yo no, por estar con un pie hinchado de la sacadura de un pi-
[81] que, fué buena, pero la de la entrada del mismo Sr. GUIRIOR fué mejor. Yo tuve forma de introducirme adentro del

---

[257] El Embajador de Guirior, don Miguel Navarro, que era su Criado Mayor, hizo en efecto la entrada pública en la tarde del Jueves 11 de Julio, y fue acogido con repique durante tres días, e iluminación general de la ciudad (A.M.L. Libro 36.º de Cabildos (1756-1781), fol. 253. Acta del 12.VII.1776).
[258] V. *supra* pág. 61, nota 173.
[259] La Quinta del Rincón (v. *supra* nota 26).

Salón donde le entregó el Bastón.[260] ¡Qué turbación en él quando este acto! ¡Qué poco caso le hacían todos antes de él! ¡Qué sinsabor mostró quando, baxando a la Capilla con el principal, para que le cantasen el Te Deum, oyó el viva del Pueblo! ¡Qué aburrido no subió entonces en su Cochaso y mandó tirar con priza! ¡Qué demudado no se puso quando se empacaron las Mulas en la esquina de las Manteras, y no querían caminar! ¡*Mata*[261] gritó, y *Guarapo*,[262] que iba delante, en lugar de embainar a los animales, quería hacerlo con los Cocheros que se habían apeado para sacarlas a mano del mal paso! Todo esto ví porque yo no hice sino seguirle sus gestos, sus acciones, sus vozes y sus veredas.

Bisoño. — ¡Mucho fué, Taita, que Vd. no se fuese con él al pié, hasta verlo apear en su Patio.

Veterano. — Tuve ese ánimo, Hijo, pero tiró por la Barranca[263] y no quize ir por tanto polvo.

Bisoño. — Ya lo entiendo a Vd., Taita: hubiera él ido por la Calle derecha, y entonces sí que Vd. lo hubiera seguido, porque entonces según mi pensamiento hubiera pasado por la Vniversidad, ese embeleso de Vd.,[264] y era Vd. capaz de haberle dicho alguna cosa sobre su destrucción.

Veterano. — ¡Raro disparate, Hijo, has proferido! ¿Yo era capaz de haber cometido tal yerro? Yo lloro y yo sollozo por ella, pero como no supongo nada, jamás en público profiero palabra que mire a su respecto.

Bisoño. — ¡Pues en fin, Taita, ya estamos en ella! ¿Qué dize Vd., ahora que estamos solos, que a mí también se me ha pegado esta pasión?

---

[260] Verdad o ficción, esto revela que el autor del *Drama* tuvo acceso a los salones palatinos en cuanto Guirior asumió el mando.
[261] Antonio de Mata, uno de los Tenientes de Asamblea enviados desde España para servir de instructores de las milicias de Lima (A.N.P.M.H. Libro 0909. Libro de salarios, situados... 1770-1774, fol. 309).
[262] Juan Gutiérrez, Alférez de la guardia de Amat. V. nota 326.
[263] Paraje urbano que entonces se denominaba así, que comprendía las calles de Viterbo, Barranquita, Carrozas y Martinete (actual Jirón Amazonas).
[264] Huelga subrayar esta expresión, muy elocuente en punto al entrañable afecto que profesaba el Marqués de Soto Florido hacia la Universidad.

Veterano. — ¿Qué he de decir, Hijo, de nuevo, sobre lo que te parlé quando la *Dramática* del *Orejas de Asno*? Pero diré lo que entonces callé, por tener él las riendas de este Gobierno. ¡Callé el que todo se compone, lo de aquella Casa, volviendo a su antiguo ser! ¡Vuelva la Golilla de los Rectores y Catedráticos y despídanse los Uniformes, Espadines y Charratelas! ¡Vuélvanse las rentas íntegras a sus Maestros, [265] y quítensele al Rector [266] y Bibliotecario, [267] que es cosa escandalo- *[82]* sa que en ninguna Universidad tengan salario sus Cabezas y que en ésta, que seguía esa regla tan plausible, se quiera invertir su honor, y quizás, si te he de decir verdad, este será el primer móvil para que desde el primer instante no se hagan los recursos que pide la materia, sino el que se hagan tarde, perezosamente y con frialdad! ¡Que se heche de allí al *ñato*, [268] «a ese ñato que ha logrado un añito y

---

[265] Según Areche, Amat suspendió la mitad de la retribución de los Catedráticos, hasta que entrara en vigor la reforma implantada por él (Informe de Areche al Oidor Márquez de la Plata, de 1.º.II.1783. A.G.I. Lima, 780). Por otra parte, en las nuevas Constituciones (promulgadas por Amat en 2.V.1771), la 10.ª dispone la nivelación a mil pesos del haber de todas las Cátedras, y la 31.ª asigna la partida de mil pesos por cada grado para beneficio de la Univerisdad, no para propinas de los Catedráticos, como era costumbre, y que (por ejemplo) había permitido distribuir por Pascuas de 1765, 1766 y 1767, 74.226 pesos entre los miembros del claustro.

[266] Hasta 1771 los Rectores habían servido el cargo exclusivamente por el honor de ocupar tal dignidad; a la sazón, el Rector Joaquín Bouso Varela percibía una remuneración de 1.800 pesos, «para que pueda dedicarse mejor al desempeño de su empleo» (Constitución 2 de las promulgadas por Amat en 1771). V. también el Libro XIV de Claustros (publicado por Valcárcel, en *Revista del Archivo Central* (Lima, 1966), I, núm. 1-2, págs. 45-46).

[267] Cristóbal de Montaño, a quien se consagra la nota siguiente. Según la Constitución 31.ª de las nuevas, el Bibliotecario disfrutaba de una remuneración de 800 pesos; la designación, «por esta primera vez, correrá a cargo del Gobierno» (Constitución 31). El texto del nombramiento de Montaño, en *Colección de las Aplicaciones*, I, págs. 148-150.

[268] El doctor Cristóbal de Montaño, uno de los paniaguados de Amat que peor librados salen de las páginas del *Drama*. ¿Había un resentimiento entre él y el Marqués de Soto Florido por cuestiones de vida interna universitaria?

Montaño nació en Portugalete (Vizcaya), hijo de Cristóbal de Montaño y de María Ventura de Zavalla (Cfr. el poder para testar de su hermano Manuel Justo de Montaño, en 28.I.1761. A.N.P. Santiago C. de la Cueva, 1753-1762, fol. 327v). Pasó al Perú a la sombra de su tío, el Inquisidor Mateo de Amuzquíbar, hacia 1750. En 26.VI.1753 fue Colegial de San Felipe, en cuyo rectorado sucedería en 1763 al propio Marqués de Soto Florido. Por Decreto de 10.V.1764 el Virrey Amat dispuso que continuara al frente del plantel, en vista de ser «persona de conocida literatura y espedición en los negocios de su cargo» (*Gazeta de Lima*, número 11 (14-III.-14.V.1764). Por escritura de 29.XII.1764 confiere poder para tomar posesión de un mayorazgo vacante por muerte de su tío Manuel de Montaño, en Vizcaya (A.N.P. Santiago C. de la Cueva, 1763-1771, fol. 83v).

Fue Abogado de la Audiencia de Lima; Consultor del Santo Oficio, y Rector de la Universidad de San Marcos desde 1793 hasta 1796. Falleció el 21.IV.1800.

A la muerte de Lorenzo Riso de Castro, y a propuesta del Alcalde don Manuel Román de Aulestia, Marqués de Montealegre de Aulestia (en sesión del Cabildo de 19.XII.1763), en forma unánime fue elegido Asesor propietario del número del Municipio, confirmándole el Virrey por decreto de 4.I.1767 (A.M.L. Libro 36.º de Cabildos de Lima (1756-1781), fol. 110v).

Por otro decreto del mismo Amat, Montaño y Valdivieso y Torrejón (cfr. nota 108) fueron removidos de sus cargos, y en votación secreta se les subrogó por otros dos paniaguados del Asesor Salas, los abogados Juan Antonio de Arcaya y Juan José Vidal (Sesión del 19.IX.1769. Ibíd., fol. 167).

En la sesión del 10.XII.1770 el Alcalde don Nicolás Manrique de Lara lo propuso para ocupar la plaza de Procurador General de la ciudad, vacante por muerte de don Isidro Tello de Espinosa. Vista su idoneidad, y por hallarse adornado de las notas de literatura y suficiencia, se eligió por unanimidad a Montaño, que de inmediato juró el cargo (Ibíd., fol. 173), en el cual lo confirmó el Virrey por Decreto de 20.XII.1770 (Libro XXIII de Cédulas y Provisiones, fol. 236v).

Mostró diligencia y celo en el desempeño de sus funciones: entre otras manifestaciones consta que en 11.I.1773, en vista del deterioro en que se hallaban los libros de actas del Ayuntamiento, pidió que se trascribieran de nuevo; el 4.II.1773 la Corporación anota complacida sus desvelos en la buena administración de las rentas municipales, puestos en evidencia con la actualización de las mismas y la puntualidad en la cobranza, y en 31.VIII.1773 informa acerca de una reorganización en la distribución de los riegos de las haciendas del valle del Rímac (Libro 36.º de Cabildos, cit., fols. 194, 195v y 203v).

La deferencia que le dispensaba el Virrey, así como un informe elogioso sobre su actuación que arrancó del Cabildo en 25.II.1773, le animaron a interesar de la Corona que se declarase perpetuo el goce del cargo de Procurador. El Consejo de las Indias denegó la pretensión, pues tuvo en cuenta que por su naturaleza y por disposición de las leyes dicho oficio debía ser materia de elección anual, como los restantes puestos edilicios, con la calidad de tener que acudir al Virrey para su posterior aprobación, sin que ni éste ni los propios Cabildos estuviesen facultados para extender por más de un año dichas funciones, permitiéndose en todo caso una prorrogación por otro período, previa unanimidad de votos. Como de la misma instancia del interesado se desprendía, éste llevaba ocupando el cargo desde 1770, y por tanto, se instruyó al Virrey para que aplicara las disposiciones que se impartían, que fueron materia de la Cédula de 24.III.1774 (Original al Cabildo de Lima, en el Libro XXVIII de Cédulas y Provisiones, fol. 193; copia autenticada, al fol. 264. Otra copia, en la Biblioteca Nacional del Perú. Manuscritos C 2278. Se transcribe también en el Libro 36.º de Cabildos, fol. 218, y en el XXIII de Cédulas y Provisiones, al fol. 297).

quatro meses de gusto para el Cocabí»,[269] que vive en la Sala de las votaciones y lecciones secretas, y sus immediatas, donde se decía Misa quando se sacaban los puntos para ella, con el título de guardador de Libros![270] ¡Raro estelionato el de esta determi-

---

Tanto la irregularidad en la transmisión de la orden al Cabildo, como su cumplimiento, engendraron una larga polémica, que indudablemente debió de traslucirse a los medios allegados a las autoridades edilicias.

Por lo que toca al primer aspecto, consta por un acta sentada el 25.VIII. 1774 que habiéndose hallado la Corporación en Palacio en el besamanos convocado con motivo del cumpleaños de la Princesa, citó a reunión el mismo Procurador General, para abrir un pliego real en el cual se desairaba la pretensión de Montaño. Esta sesión fue informal, pues ni se realizó en el salón del Cabildo, ni de ella dio fe el escribano de la Corporación.

En cuanto al segundo punto, en la sesión del 29.X.1774 se promovió debate acerca de si Montaño debía cesar de inmediato en el ejercicio de sus funciones, o podía concluirlas aquel año. Ahora salieron a relucir todas las tachas que en su día nadie se atrevió a exteriorizar. Se arguyó que a Montaño le afectaba la incapacidad legal para servir el puesto en razón de no ser oriundo de Lima; que «por motivos de odio y venganza» había abierto expediente contra el Mayordomo de la Corporación, don Félix José de Colmenares, acusándolo de la sustracción de crecidas cantidades, cuando en realidad era acreedor a la suma de 33.203 pesos, y por último, que había incurrido en dispendios y en malversación. Por lo que atañe a la designación misma, se formaron autos ante el Gobierno, que no se pronunció hasta que en el Real Acuerdo de 24.I.1775 se ordenó proceder a la elección ordinaria, que al practicarse en 1.º.II. resultó favorable al doctor Álvarez de Ron, otro paniaguado del régimen de Amat (v. nota 315). (V. Libro 36.º de Cabildos (1756-1781), fols. 214v, 215v, 223, 224v-227 y 228v.)

Por gozar de la absoluta confianza de Amat, éste, con acuerdo de los Oidores, lo designó por conjuez para atender el despacho de la Sala del Crimen, en vista de la incapacidad del Alcalde del Crimen, José Antonio de Villalta, paralítico. Se tuvo en cuenta ser «persona de literatura y talentos». Desde que Amat asumió el gobierno, sirvió de Agente a sus Asesores Generales (Salas, y desde 1775, Santa Cruz y Centeno), «con cuyo motivo y el de haberle nombrado mi Asesor interino por lo que respecta a indios y puesto a su cargo varias comisiones particulares, le he manejado íntimamente», el Virrey le propone para asumir la plaza vacante por el fallecimiento acaecido el 1.º.V.1775 del mencionado Alcalde del Crimen (Despacho número 1132, de 10.VI.1775. A.G.I. Lima, 653).

En el litigio incoado por los Colegiales de San Felipe contra el Virrey Amat, salió en defensa del Virrey, así como en otros procesos (A.H.N. Consejos, 20.335. V. también Sáenz-Rico, págs. 228, 392, 554, 575, 579, 617 y 621).

[269] Cocaví = provisión de camino (González Holguín).

[270] De la información a nuestro alcance, se deduce que la Universidad solicitó la biblioteca que anteriormente había pertenecido al Colegio de San Pablo, por instancia de 25.I.1768. Amat, con despacho de 4.III.1768

nación! ¡Vivir en la Casa de las Ciencias, en una Casa de Cadena, en una Casa del honor, un Secularón alto, delgado, feo, con un hombro más alsado que otro, altivillo, ignorantillo, con Caballos, con faroles, con Coches, con Calezas, con entradas y salidas a

---

trasladó la iniciativa al Monarca. El Rey, en 25.X.1769, por intermedio del Conde de Aranda, contestó favorablemente, con lo que se procedió a incorporar el fondo de 50.000 volúmenes a la biblioteca de San Marcos. A fin de instalarla en forma apropiada, el Virrey, por decreto de 14.IX.1769 mandó realizar un reconocimiento técnico por intermedio del Catedrático de Matemáticas, que debería analizar las posibilidades que ofrecía el gabinete destinado tradicionalmente para las votaciones y lecciones secretas, incluyendo su pieza contigua, que servía de depósito para los refrescos, a fin de recubrir sus paredes con anaqueles.

Tan encomiable proyecto tuvo una realización desastrosa: se gastaron 8.000 pesos, destruyéndose el General mayor, en cuyo ámbito se acomodó dicho caudal de libros, y los actos académicos hubieron de trasladarse a la capilla, incómoda e insuficiente.

En Junio de 1771 Amat impuso el nombramiento del nuevo Rector, Bouso Varela (que desempeñaría el cargo el período más prolongado en los anales sanmarquinos: siete años), y reformó las seculares Constituciones. De entre ellas, desde la 29 a la 33, se trataba del régimen de la biblioteca, creándose el cargo de bibliotecario. Por decreto de 14.XI.1770 se proveyó para el cargo al doctor Cristóbal Montaño, con una dotación de 800 pesos, que además tendría a su cargo un cursillo de Historia Literaria, con media hora de clase a la semana. Esto fue todo lo que se hizo para poner en práctica el nuevo sistema.

Montaño se instaló a vivir en la sala que llamaban de los exámenes secretos, y arrastrado por su indolencia, no confeccionó un inventario ni catalogó los libros, limitándose a preparar «un fárrago en donde estaban por Abecedario los libros ... de tan poca fee ... que acaso se encontrarían más libros de los conthenidos en dho. fárrago ...».

La única realidad de este plan de acción fue la cobranza del haber asignado al Bibliotecario, cuyo monto se dedujo de la retribución fijada a los Catedráticos, durante cuyas vacantes estaban destinadas a cubrir las necesidades del claustro. En 7.VII.1777 el Virrey Guirior dispuso que la Universidad debía readquirir el goce de su General público y secreto, y que en consecuencia el Escribano Mayor del Gobierno pasase a recoger las llaves de las puertas del General, que tenía en su poder Montaño, y que, clausurándolo, las entregara al Rector para que procediera a reponer a la institución en el uso tradicional de su sala de actos solemnes. Asimismo, se notificó a Montaño para que a la mayor brevedad desocupara la sala secreta que utilizaba como vivienda, y se trasladara a otro lugar. Esta nueva operación demandó un egreso adicional de 2.000 pesos.

El 2.XII.1778 el ex-Rector Bouso Varela manifestó que el Escribano le había entregado en efecto las tres llaves de la biblioteca, pero sin inventario de los volúmenes de la misma, y luego «trasladamos jornaleramente los libros a las tres aulas en que hoy se hallan, encomendada su custodia a la probadísima fidelidad, honradez y amor a la escuela del Bedel Mayor José

deshoras de la noche de todo género de personas, qué otra cosa quiere decir sino que tiró a profanar todo lo más elevado de su instituto que exigía y se cumplía muy religiosamente, el que siempre estuviese cerrada para el respeto y veneración, y que sólo se abriese en las horas de curso, grados o funciones!

Bisoño. — Yo paso por hay *(sic)*, Taita, a más de las doce de la noche, y aún no se ha cerrado la puerta del todo... Pero siga Vd., que va bueno y me va gustando a la perfe.

Veterano. — Sigo, Hijo, y sigo sin saber cómo, lleno de fervor, porque en llegándome a mi Me.[271] no me conosco, y saco la espada con precipitación. ¡Que se quite esa Librería de la gran

---

de Cárdenas ...». Por su parte, el nuevo Rector (Alvarado y Perales) añadió: «Es doloroso que para colocar una biblioteca que no vale 6.000 pesos se deshiciese la suntuosa sillería, tribunas, y adorno del General mayor, y se gastase en ello cantidad bien crecida, y que para reponerse a su antiguo estado se haya hecho otro crecido consumo, por cuyo motivo en muchos años no se ha cumplido con el auto de Setiembre de 1743 repartiendo a los maestros y doctores por Pascua de Navidad un equivalente de las propinas ...». Para concluir este trasiego de la librería de un lugar a otro, en Enero de 1781 se designó una nutrida comisión para recibir los libros y practicar su inventario, uno de cuyos integrantes era el Marqués de Soto Florido (Cfr. Eguiguren, *Diccionario Histórico-Cronológico* ..., III, págs. 644-648, y Libro XIV de Claustros, en *Revista del Archivo Central* (Lima, 1966), I, núm. 1-2, págs. 83-84 y 86-108, y en *Colección Documental de la Independencia del Perú* (Lima, 1971), XIX, Vol. 1.º, págs. 94-108.

La idea de alojar la biblioteca en la sala que servía para los exámenes y juntas secretas, en razón de ser utilizada en muy contadas ocasiones, fue lanzada por Llano Zapata, en 30.IV.1758, en la carta que cursara al Obispo de Charcas Marcellano y Agramont (*Memorias Histórico-Físicas*... (Lima, 1904), pág. 616).

En la pregunta sexta del interrogatorio de los Colegiales de San Felipe en el litigio promovido por la supresión de ese plantel, se explica que como consecuencia del aborrecimiento que profesaba el Asesor Salas a la Universidad, y abusando de su prepotencia, pasó un día a ella y sin más decreto que su orden verbal, hizo descolgar los retratos de los catedráticos que había en el General y proceder a desmantelarlo, con el pretexto de que en ese recinto se iba a instalar la librería de los jesuitas. Cuando el Bedel Cárdenas hizo ostensible su aflicción al comprobar el menosprecio con que Salas «hacía votar al suelo» tales lienzos, el Asesor se mofó de él; Cárdenas le repuso que «era como el gato que reconocía el sitio donde había nacido». Este mismo Cárdenas añadió en su declaración que vio a Salas, junto con Juan Roca y Montaño, haber acudido en dos oportunidades a presenciar con fruición la destrucción del General, arrasándose la sillería, tribunas y cuadros (A.H.N. Consejos, 20.342; pieza 157).

[271] Alma Mater del claustro sanmarquino.

Aula del Vniverso, que se ponga mientras se le hace lugar, «que no es malo que esté allí, aunque al cabo de tiempo se la venga a comer la polilla, sin haber servido», en qualquier parte y que se restituya, ni más ni menos como estaba antes! Que el costo de todo esto lo haga de pronto la Escuela, y que después, en la Residencia del *Alacran de Oro,* lo demande con empeño y razón.

Bisoño. — ¡Qué excelente discurre Vd., Taita! Mas, hable Vd. sobre lo formal, que es lo que yo oí el otro día a un sujetazo, es a saber el cómo [83] se atrevió el Diablazo del *Asno de Oro* a hazer cesar unas constituciones aprobadas, confirmadas por S. M., y lo que es más, mandadas el que no se puedan anular por los Virreyes, queriendo reservarse a sí mismo, «y dicen que hay Leyes que así lo previenen», semejante facultad. [272]

Veterano. — ¡Qué te he de decir, Hijo, sobre ello, sino que para su despotismo lo mismo era mandar eso, habiendo esas prohibiciones, que ordenar el que no hubiese *Juan de la Coba,* «esos atabales que salían delante del paseo del Pendón, reverenciados por haber sido la misma música que resonó quando se aplaudió el triunfo de la Conquista», donde no había más que un estilo de uso y antigüedad. [273] Esta la despreciaba, y aquellas, «esto es las Leyes», las volvía impotentes. Pero aun algo más te añadiré yo que había para que las Ordenanzas de la Vniversidad, «y lo

---

[272] El atropello de Amat a las seculares Constituciones de la Universidad, que se remontaban a 1581, fue flagrante, al extremo de que las nuevas pautas no se redactaron con conocimiento del Claustro, sino por la anómala vía de la Junta de Temporalidades. Al fin y a la postre el trastorno fue mayúsculo: se interrumpieron las clases, se suspendió la colación de grados y las cátedras, declaradas vacantes, quedaron sin cubrirse, por haberse arrogado el Gobierno la exclusividad de proveerlas, a tenor de la Constitución 18 de las dictadas en 1771. En resolución: la Universidad entró en una etapa de crisis, bajo el aciago rectorado de Bouso Varela, que se extendió hasta 1778, en que bajo el gobierno de Guirior se puso en práctica un nuevo plan de estudios y se revocaron todas las modificaciones introducidas por Amat (V. el Libro XIV de Claustros, colacionado en la nota 270, y Valcárcel, *Reforma de San Marcos en la época de Amat* (Lima, 1955), especialmente págs. 16-26).

[273] El Virrey Amat intentó extinguir esta bochornosa mojiganga, aunque el propósito se frustró, como lo comprobaron con sentimiento sus incondicionales Morales de Aramburu (v. Sáenz-Rico, pág. 396) y Gregorio de Cangas (*La Causa de la Emancipación del Perú* (Lima, 1960), pág. 290), así como Vidaurre (*Plan del Perú,* págs. 105-106).

llamo mas no en lo civil, sino en lo Canónico», no debían abrogarse absolutamente: Esto era el juramento que tenía hecho cada Doct. de observarlas en el todo. Este persevera aún, porque no se le ha relaxado por quien tiene autoridad legítima para ello. No hay alguno que no esté ignorante, «que es quanto se puede decir», de las hechas para la nueva planta. Claustro alguno se ha hecho en que se diga que quedan ya anuladas, sin fuerza ni vigor, las de la *Antiquite,* y en su lugar y en toda su extención se subrogan las de la *Dernier.* [274] Esto es, Hijo, hacer veer más a las claras que se vee un Carbón puesto al Sol quando está en el Cenit, que el *Chueco* era hombre que no reparaba en materias reservadas a su ministerio por la potestad suprema, que quiere retenerlas como la mejor joya engastada en lo más fino de su Soberanía.

Bisoño. — Pues Taita, este último ataque que Vd. ha dado por lo que mira a la Vniversidad, es transcendente a los dos Colegios de S. Felipe y S. Martín que destruyó «in totum», [275] porque

---

[274] V. la nota 272.

[275] Entre la nutrida documentación relativa al juicio de residencia iniciado contra el Virrey Amat, se incluye el expediente seguido en 1778 contra el Asesor Salas por los Colegiales del de San Felipe, para que se reparara un daño cifrado en la suma de 100.000 pesos (A.H.N. Consejos, 20.342, pieza 157). El interrogatorio se trascribe por Donoso, *Un letrado del siglo XVIII: el doctor José Perfecto de Salas,* págs. 762-764.

Los Colegiales, huéspedes, numerarios y supernumerarios reclamaban la restauración del plantel a la forma en que se hallaba al tiempo en que sus individuos sufrieron el despojo de las becas de que disfrutaban, clausurándose el local, que a poco fue demolido.

En la demanda comienza exponiéndose que la extinción se realizó quebrantando las normas constitutivas, que determinaban que su fundación y dotación eran de resorte exclusivo del Monarca, que había despachado especialmente una Cédula, con consulta del Consejo de Indias, para que no se introdujera novedad alguna. Sin embargo, Amat y Salas hicieron caso omiso de la orden y procedieron a la supresión, amparándose en un dictamen favorable de los magistrados Urquizu y Domingo de Orrantia.

En el mismo escrito se explica también que la inquina de Salas contra el Colegio databa de 1743, en que siendo Colegial se opuso a una cátedra de Instituta en San Marcos, que ganó otro Colegial, Domingo Martínez de Aldunate. Desde entonces, su despecho se orientó a aniquilar la institución. Fue Salas el que, al efecto, indujo al Virrey a que la Junta de Temporalidades (compuesta por Amat, el Oidor Orrantia, el Fiscal del Crimen Ruedas y el Protector de indios, Conde de Villanueva del Soto), se abocara al conocimiento de este asunto, cuando el Colegio, por ser de fundación real,

nadie sabe que tuviese órdenes para ello, «que en teniendo órdenes particulares para esas cosas reservadas, no podrá Vd. negar que podía hacer- *[84]* lo como Delegado de su Augusto Rey», y es cierto, por otro lado, que tenían también sus Constituciones confirmadas, y sus juramentos respectivos.

Veterano. — ¿Qué duda, Hijo, puede tener eso? S. Felipe lo destruyó, ese Colegio mayor que servía para tránsito a él del otro menor; ese Colegio donde había viejos de 60 años, con cargos de honor y Títulos y Mayorazgos, esperando para sus enlazes la oportunidad de los tiempos. [276] El fin que lo llevó a ello fué hecharles mano a sus rentas para acrecentar los fondos del otro, [277] que meditaba subirlo a las Nubes.

Bisoño. — ¡Qué lástima, Taita, me daba antes quando pasaba por él, el veer en lugar de aquellas Becas venerables, que servían para la defenza de los desvalidos y consuelo de los acongojados, el veer digo, en lugar de ellas las Casaquitas de los de Asamblea que se subrogaron, inútiles para todo, menos para cofrades de la holgasanería; pero al presente ha llegado este dolor al último, viendo en el suelo toda su fábrica, para el destino de hacer quartel para los Soldados de a Caballo! [278] ¡Qué tal cange! Lo

---

estaba exento de la jurisdicción de la Junta, formada para entender exclusivamente en las propiedades que habían pertenecido a los jesuítas.

Es sugestivo anotar que el texto del interrogatorio, en las preguntas 4.ª, 5.ª y 6.ª, contiene conceptos y detalles sobre los atropellos al Colegio, que traen de inmediato a la memoria los pasajes del *Drama* que versan sobre el particular.

[276] Como el propio Marqués de Soto Florido vestía a la sazón la beca de Colegial, fácil es imaginar cuánto le escoció la medida de extinguir el plantel educativo con el cual tan íntimamente ligado se hallaba.

[277] El Convictorio Carolino. Por Real Orden comunicada por el Conde de Aranda, de 25.X.1768, se encarga particularmente la reforma del Colegio de San Felipe, que atravesaba un deplorable estado, según noticias llegadas a conocimiento de Carlos III. La transferencia de las becas y rentas del Colegio de San Felipe al Convictorio se dispuso por Auto de 7.VII.1770, en *Colección de las Aplicaciones* ... (Lima, 1772), I, núm. VI, págs. 73-82.

[278] Confirma estos detalles la denuncia formulada por los Colegiales de San Felipe contra el Virrey, en que le acusan de haber precipitado la demolición del edificio ya en las postrimerías de su gobierno, una vez que hubo recibido la noticia de la llegada de Guirior a Paita, no obstante que el auto de extinción del plantel se había librado en 7.VII.1770. Aunque el Teniente Coronel de Ingenieros Mariano Pusterla le hizo notar a Amat que en el angustioso plazo que quedaba no era posible derribar toda la fábrica, se

más agraciado en esto es el que se supuso el que ellos mismos querían esta habitación para expender en ella, «usando del cero veces cero», [279] la masilla que tenían junta, que siendo crecida no sabían cómo limarla y tener parte en su repartición.

Veterano. — Era muy lindo, Hijo, este *Zapaso de Oro* en el discurrir los modos de apropiarse lo que no le pertenecía. Hechaba una mentirasa, y venga y vaya el dengue.

Bisoño. — ¡Zape, Taita, y en su sombra! ¡Qué fatal también fué para S. Martín, fundado, «dicen», en tiempo del Sr. D. Felipe segundo, por el Virrey D. Martín Henrríquez, Marqués de Alcañises, o en el año de 1582! [280] Aun antes de arrasarlo del todo, el *Asno* [de] *Oro* le dió en el año de 66 una herida mortal, haciendo sacar presos de sus Claustros a dos Colegiales por queja que dió contra ellos, «¡miren quién: un Catalán!», al paso que falsa a ese mismo denigrativa a los pacientes y a todo su gremio. Éste, que en otros tiempos «y aquí entra la mayor prueba del terror que todos tenían a esta *Sierpe de Oro*, pues llegaba hasta esta juventud engreída», [85] defendía tercamente en sus compañeros sus Fueros, como saben aquellos que saben la antigualla de las gavillas con las que hacían frente hasta a los Virreyes, que como siempre los habían querido, aflojaban sus Órdenes al instante, mayormente al considerar en ellos lo acendrado de sus noblezas, cuyos Padres afuera, que eran los primeros Republicanos, las representaban con ardor; [281] estos mismos, en esta ocación, dexaron sacar las víctimas, quedándose hechos unos Corderos, y llorando cuando más el primer vilipendio de su explendor.

Veterano. — Los Palanganas, nuestros mayores, Hijo, quando había esas altercaciones en los Claustros, allá se iban por los techos a acompañar a los Niños y a seguir sus ímpetus y puerilidades, que desvanecidas a poco, como polvo y aire, servían de

---

empeñó el Virrey en llevarlo a efecto. Entre tanto el edificio había servido para alojar parte de la caballería (A.H.N. Consejos, 20.335).

[279] Locución ya empleada en la página 66.

[280] Cfr. Cobo, *Historia de Lima*, Libro III, Capítulo XXII.

[281] Tan desconocidos son este atropello a los fueros universitarios que se perpetrara por mandato del Virrey Amat, como las curiosas noticias sobre algaradas estudiantiles y pandillas de alborotadores, en las que el Marqués de Soto Florido parece reverdecer recuerdos juveniles.

alentarlos al estudio, para satisfacer con él a su Patrón, Prelados y Padres. Este primer golpe que le dió el *Dragón de Oro* y que sacó lágrimas aun a los que jamáz habían cruzado su púrpura, aunque fué grande, no fué tanto como el que le dió el 20 de Enero de 71, según te tengo expresado antes, quando lo extinguió del todo, dando la casa para la habitación de los Niños Huérfanos. [282] Pásalo entonces a la otra Casa que fué el Noviciado de los Jesuítas, con el nombre de Convictorio Carolino, nombre que a mudársele era el único que podía agradar, a causa de obsequiar aun en esto la tierna memoria, «tanto se le ama y reverencia por acá», del Monarca que felizmente nos gobierna. Quitólo de un lugar cónmodo, desde donde hasta la Vniversidad con quien tiene un enlaze indisoluble, solo había de distancia tres quadras y su Plazuela, estando plantado en el cogollo de la Ciudad, y desterrólo al extremo de ella, casi a los Arrabales de unas *(sic)* de sus portadas, que llaman Guadalupe, distante ocho quadras «fuera de la misma Plazuela, que es bastante larga» de aquella escuela. Por eso les es bien molesto el venir a ella quando les precisa tener alguna función pública, [283] probas *(sic)* que no pertenecen a su Aula, reservada para los negocios de primer orden, sino a sus propri- [86] os interiores, en sus Capillas o Generales, como las tenían en el destruído, y que en este nuevo, con todas esas proporciones, no se verifican por la dificultad que hay en la distancia para la asistencia de las Religiones.

Bisoño. — ¡Todo eso, Taita, por malo que sea, pudiera pasar, pero el trage, el trage no lo trago! ¡Qué útil el antiguo! ¡Qué dañoso el moderno! Aquél era igual en todos, compuesto de unas pocas varas de paño muzgo, en figura de Campana, con dos aberturas a los lados, en tajo Diagonal, y una arriba para que entrase la Cabeza, que venía a quedar al pecho, cerrada con unos broches de fierro, que llamaban Opa, y otras de paño colorado, que ser-

---

[282] *Colección de las Aplicaciones* ... (Lima, 1772), I, núm. VII, págs. 83-89. Auto de 7.VII.1770 en cuya virtud el local del Colegio de San Martín se destina a hospicio de niños expósitos.

[283] Casi textualmente reaparecen estas observaciones en el informe elevado por el Rector doctor José Ignacio de Alvarado y Perales, en 20.IX.1780, al Virrey Jáuregui (Libro XIV de Claustros, colacionado en la nota 270, pág. 50).

vían para cruzar en los hombros, con una Corona bordada de Oro, y con una especie de pavellón, que venía a quedar atráz, en el lado izquierdo, en señal de la media Capa que dió S. Martín a Christo vestido de pobre, que titulaban Beca, con iten más sus mangas y cuello negro de paño o de Terciopelo, y su Bonete pequeño para la Cabeza, que llevaban con una birreta negra de seda o lana, que detuviese unos pocos mechones que tenían por todo Cabello. Este vestido, igual en los ricos y pobres, y siempre durable, por más viejo que estuviese, y aun entonces más apreciable, porque significaba la antigüedad tan apetecible, se ponía en un momento, se ponía baxo de un trage interior bueno o malo, nuevo o raído, y se ponía para ir a comparecer en todo género de publicidades, donde era bien recibido por la compostura y moderación que tenían de continuo los que lo cargaban. ¡Pero vamos al de ahora! [284] Él es desigual, porque unos están de Peluca y otros de Abates, siendo aquellos más estimados entre sus patios que éstos, como entre los Conventos de Monjas más la de velo negro, que la de blanco. Mas todos necesitan, desde el buen Zapato hasta el chiquito Sombrero, el que todo esté a la trinca, y que todo sea o fino paño, o fondo menudo, o linda melania, o buen razo lizo; todo esto es negro: [285] así todo es podrido, y así todo dura muy poco, o como cuchara de pan (según dicen) en caldo o ma- [87] zamorra. El día que salen, ¡qué tiempo no gastan, los unos en peinarse y ajustarse corbatines y bolzas, y los otros en el Solideo, cuellos y bastones, quedando aquéllos llenos de ganado en los días siguientes con el cebo, y éstos adoloridos en los brazos con el juego del bordoncillo atrás y adelante! Los Espadines, en los primeros, ya se sabe que alguna vez servirán para reñir sus pendencias que antes se acababan con puñetes. Ahora los llaman marciales, porque andan y entran con

---

[284] Lo que sigue, casi literalmente, puede leerse también en el informe elevado en 20.IX.1780 al Virrey Jáuregui, acerca de los inconvenientes que acusaban las Constituciones introducidas nueve años atrás por Amat (v. el Libro XIV de Claustros, alegado en la nota 270, págs. 50-51, y Morales de Aramburu, 'Quaderno ...', en *Fénix* (Lima, 1947), núm. 5, págs. 303-304).

[285] Cfr. Constitución XI del Título IV de las Constituciones para el gobierno del Colegio de San Carlos (*Colección de las Aplicaciones* ..., I, pág. 191): «Los Colegiales vestirán uniforme negro de lana o seda, y jamás de terciopelo fondo u otra tela costosa, de las que se reputan por gala, y sobre la izquierda de la cazaca traherán las armas del Rey ...».

impavidez en qualquier concurso, porque se menean al caminar por las Calles, o porque doblan el cuerpo llevando una mano a las espaldas y la otra colgada al pecho, si no hay palito que batir a un costado y otro, o compañero con quien ir entrelazado por los brazos derecho e izquierdo. ¡Esto es, Taita, lo que me mata, y no tengo los años que Vd. ni su manejo!

Veterano. — Pero Hijo, en tanto como has acertado, te dexas en el tintero lo principal, porque ante todo debías haber dicho, «y con eso lo concluías todo», el que un trage que necesita de botarse para recibir Órdenes y para leer una Canongía, pues no hay tu amo para que con él se actúen estas cosas, ni tampoco cabía el que pudiese hacerse en lo posible, quando la Iglesia quiere para ellas un vestuario talar, siendo lo uno y lo otro permitido en lo antiguo,[286] tánto que los que con él se ordenaban, no tomaban los hábitos del Clero hasta que o tomaban un Curato u otro igual destino, un trage digo, de esa naturaleza, bien merece el desprecio y debe ser pospuesto al otro, en que se veían semejantes prerogativas.

Bisoño. — ¡Siempre, Taita, me casca Vd. en la Cabeza con sus bocaditos! ¡Ahora veremos si en orden a lo que estudian también tiene Vd. algo más sabroso que lo que yo digo! Yo digo, con *Sebastián Reaño,* que estudian cosas buenas, porque estudian Problemas y Theoremas, ya de la Arithmética, en que entran multiplicaciones, fracciones y progreciones; ya de la Algebra, en que se mezclan quantidades, equaciones y valores; ya de la Geometría, en que se habla de [88] Líneas, Círculos, Angulos, Triángulos, y ya de los principios de la Cosmographia, Geographia, Hidrogaphia *(sic),* Geostica, y Hydrostatica, en que se deslindan Globos y Grados, Longitudes y Latitudes, Orizontes y Meridionales, Eclipticas y Polos, Zeniths y Sodiacos, Tropicos y Solticios *(sic),* Zonas tórridas y Graciales *(sic),* gravedades y levidades, distancias y proporciones, líquidos y equilibrios, y otras cosas de este tamaño, que me han costado el retenerlas más de ocho días seguidos de quebrarme la mollera.

---

[286] Cfr. la nota 76, en que se recuerda que uno de los Colegiales, el doctor Francisco Martínez Tamayo, hizo uso de esta prerrogativa.

Veterano. — ¡Pues ahora verás, Hijo, si tengo que decir, o nó, algo bueno sobre lo que tú has sostenido! Yo digo, y lo digo de boca de mi Patrón, que todo ese estudio es aire, polvo y tintera. [287] Él se olvida luego que la memoria lo suelta y no queda otra cosa sino el desengaño. Su materia prima, y lo demás de la antigualla, que lo trahen bien los cursos Tomistas, ya que es preciso que abandonen a los Jesuíticos, es los que los volvían lancetas en el defenderse, y leznas en el argüir. La Lógica y demás partes de la Filosofía que estudian ahora, es madeja enredada que no es capaz tan fácilmente de ponerse en concierto y peinarse. La Teología es una Doctrina Christiana que sabemos los Palanganas sin los testos, «que a ellos después se le olvidan», de Escritura, tradición, Concilios y PP. Ella les fuera especial, si les cayera sobre la Escolástica, pero se les hace infructuosa por hallar al espíritu sin este riego.

Bisoño. — ¡Paciencia, Taita, que Vd. siempre queda arriba! Esa especie de principios de Mathemáticas que estudian los Chicos ahora en su Colegio, [288] eran muy del agrado del *Asno de Oro*, que iba por entenderlas, quando en mi concepto aun ignoraba sus bases y Súmulas. [289] Él quiso entablarlas en la Vniversidad, y aun logró que uno u otro tuviese conclusiones de Cuentas de Mercaderes y de adivinanzas de Niños.

Veterano. — ¡Y qué bien salió en ellas, Hijo, pues uno de ellos, que fué *Manuel Ruda* paró en hacerlas del robo de la Perales y en que por eso le apretasen la Nuez en compañía de *Pulido*. [290]

---

[287] ¿Tontera?
[288] V. el decreto expedido por Amat, en 21.II.1766, relativo a la enseñanza de las Matemáticas, asignatura que por falta de alumnos no se impartía en la Universidad, y que desde entonces tuvo a su cargo el catedrático doctor Cosme Bueno. El mandato virreinal se imprimió aquel mismo año (El respectivo expediente, en A.G.I. Lima, 828).
[289] Sobre la afición a las matemáticas de Amat, v. Sáenz-Rico, págs. 30 y 100.
[290] Cfr. *Certamen o Conclusiones Matemáticas, defendidas en esta Real Universidad de San Marcos, en presencia del Exc^mo. Señor Virrey ... por D. Manuel Martínez de la Ruda, Ayudante de la Compañía de Artilleros y Brigada del Callao; D. Pedro Ruiz, y D. Diego Machado, Cadetes de la Tropa ... el 11 de Junio de 1768* ... (Medina, *La Imprenta en Lima*, III, pág. 11, número 1278, y Vargas Ugarte, *Impresos Peruanos*, II, pág. 47, número 1983). Amat remitió varios ejemplares a la Corte madrileña (A.G.I. Lima, 848).

Desde aquel tiempo ya todos iban gritando que eran Mathemáticos y querían que se les cre- [89] yese sobre su palabra, no menos que entendían también el Griego, siendo así que todos eran como el Abad Juan Baptista Joseph Vvillart de Grecovrt, [291] que pretendía esto mismo sin entender una palabra, aun contándose el latín.

Bisoño. — ¡De eso hay mucho, Taita! ¿Con que, en fin, la pérdida de S. Martín no tiene compensativo en el Carolino? ¡Raro trabajo! Pero mayor es el que sus patios y viviendas viniesen a parar en Aduana, fundada el año de 73 quando lo estaban victoreando del S. Genaro, no habiendo surtido efecto el destino para Expósitos. ¡Así pagaba aquel *Escarabajo de Oro* los favores y beneficios! ¡Aduana! ¡Lástima tengo de que sea necesario hablar de ella, porque es preciso que de una vez ese hombre no quede para Zapatero! ¡Aduana! [292] Entablada está por él y del modo

---

[291] El Abate Jean Baptiste Willart de Grécourt (1683-1743), en cuyos relatos y composiciones poéticas de índole satírica (con frecuencia subidos de color), campaba una libérrima inventiva.

[292] El Marqués de Soto Florido poseía en su biblioteca un ejemplar del *Reglamento para el gobierno de la Aduana de esta Ciudad y método de la recaudación y administración de los Reales Derechos de Almojarifazgo y Alcabala del Reyno del Perú* ... (Lima, 1773).

Las medidas puestas en práctica por iniciativa de Amat en punto a la implantación de la aduana y cobranza de los derechos de ese ramo, sumamente lesivas para los comerciantes y los gremios, suscitaron un descomunal revuelo, toda vez que el recargo de los aranceles adquirió magnitud onerosa por extremo (cfr. el Capítulo 29.º de la Tercera Parte de su *Memoria* (Sevilla, 1947), págs. 579-602).

El coro de protestas lo encabezó el Consulado de Lima. La tirantez con el Virrey se puso de manifiesto ya en la Junta General, celebrada el 23.IX. 1772. En ella, el Prior hizo saber la existencia de un extenso informe, suscrito por el Contador del Tribunal de Cuentas, Juan Francisco Navarro, elevado al Virrey, cuyo contenido se estimó «denigratibo» de la conducta, tanto de los comerciantes locales, como de los que se dedicaban al giro de la importación, pues a todos alcanzaba la sospecha de evasión de los derechos fiscales; por otra parte, en cuanto a los 32 gremios constituidos en la ciudad, aparecían sindicados de eludir el pago de la alcabala de reventa.

El 3.XII.1773 se reunieron nuevamente los armadores, para tomar conocimiento del mencionado *Reglamento,* promulgado por el Virrey el 2.X. anterior, pero que acababa de salir de las prensas, y en el que se contemplaban las medidas relativas a la organización de la aduana y los tributos que debían satisfacerse. Con profunda consternación la Junta se impuso de que las flamantes disposiciones regulaban no sólo el procedimiento de la percepción de dichos impuestos, con arreglo a las Reales Órdenes de 1769 (que se habían hecho extensivas al Virreinato peruano), sino que excedién-

que fué tan tirano. Es necesario que quede aborrecido 'usque in sempiternum' y su nombre más odiado que el de Dionicio en Sicilia. ¡Aduana! Con sólo ella, aunque por todas las demás partes hubiera sido perfecto, es decir suave, benigno, político, complasivo

---

dose de las facultades que se delegaban en el Virrey, éste en la práctica derogaba los privilegios que la Corona había dispensado a los comerciantes limeños, en cuya virtud no venían obligados a abrir los fardos para su fiscalización, y lo que era todavía más gravoso, se decuplicaba la tasa del almojarifazgo (de 0.50 al 5%), aparte de introducirse otras innovaciones, igualmente perjudiciales, tales como la exigencia del Administrador General de la Aduana, Arriaga, relativa al pago al contado de lo adeudado por el mismo derecho y el de la alcabala, así como la exacción de dos reales pretendida por el Alcaide, por derechos de arrumaje de cada pieza manipulada (A.N.P.M.H. Libro 0907. Libro 20 de Juntas del Tribunal del Consulado de Lima (1770-1788), fols. 25, 27, 45, 66, 101, 132 y 355. A.N.P. Consulado (Administrativo). Legajo 10, Cuaderno 119. Id. Aduanas, Legajo 17 (1773-1775), núm. 3392. Id. Cabildo. Gremios. Legajo 3 (1768-1782). Autos seguidos por los tiradores de oro, hasta entonces exentos, reclamando de la extorsión que les significaba el nuevo padrón (1776). A.G.I. Lima, 709. Cuadernos 1.º y 2.º formados por el gremio de limpioneros y cigarreros (1773).

El aforo para el pago de la alcabala de reventas despertó asimismo una protesta unánime, y se elevaron vehementes reclamaciones al Virrey. El asunto no era para menos: los 32 gremios, que admitían un giro anual de transacciones del orden de 2.280.764 pesos, por cuyo monto tributaban 27.780 pesos, veían crecer su cuota en 43.348 pesos, fijándoseles por tanto un total de 71.128 pesos. Esta valuación había sido determinada por la Junta del Cabezón de la Alcabala con un criterio de equidad, pues regulado el 4% sobre ese monto, la contribución hubiera ascendido a 91.230 pesos. A estar a una exposición del Administrador General, Miguel de Arriaga, en algunos renglones el incremento era de magnitud muy superior: los referidos limpioneros y cigarreros subían de 1.000 a 1.900; los zapateros, de 100 a 550, y por primera vez eran enrolados en el cómputo siete Gremios, entre ellos los alfareros, con 300, y los chocolateros, con 150. El golpe fuerte se acusa en los fundos rústicos del valle de Lima, que pasaban de tributar en junto 2.995 pesos, a 11.045. Se explica, pues, la irritación de un terrateniente como el Marqués de Soto Florido (Cfr. el informe, de 11.XI.1775, de Arriaga, con un cuadro estadístico, en A.N.P. Cabildos. Legajo 5 (1774-1778), Cuaderno 3196; el cuadro es el mismo que aparece publicado en la *Memoria* de Amat (Sevilla, 1947), págs. 600-601. V. además en A.N.P. Consulado (Administrativo). Legajo 10. Cuadernos 125, 127 y 135, y finalmente, el despacho número 1152 de Amat, de 22.IX.1775. A.G.I. Lima, 653).

La Corona, al juzgar que el Virrey del Perú había procedido excediéndose de sus facultades al imponer ese arancel, por Real Despacho de 26.VII.1776 derogó el 4.5% adicional al almojarifazgo, restableciéndolo a su tasa primitiva. Finalmente, Guirior, en 13.IV.1778 hizo publicar las disposiciones regias, derogatorias de las innovaciones del Virrey Amat.

Para bibliografía moderna, remitimos a la nota 58 de la Primera Parte del Estudio que prologa la presente reedición del *Drama*.

y lo restante, todo lo hubiera hechado a perder; o tomando la reflección de otro modo, sin ella, hecho todo lo que ha obrado de ruin y perjudicial, hubiera sido sólo malo simplemente, pero con ella, aunque hubiese faltado lo otro, se ha hecho malo en superlativo grado. Aun en lo material de la Casa, la cosa infunde horror. Cerróse la puerta antigua y abrióse una, «adónde, ¡Ha (sic) Santo Cielo!»: En medio de la Capilla que era del Sacramento, cuyo lado siniestro [que] era su Presviterio, sirve de Quartel de los soldados, y su diestro, que era su ámbito, de la media Naranja para abaxo, de Portería. [293] Allí entran las ropas de los Comerciantes, se abren, se tazan, y se ensucian, se les cobran Derechos crecidos y se ultrajan sus dueños.

Veterano. — Todo eso, Hijo, fuera sufrible y respetado si eso lo hubiera hecho con facultades de S. M.

Bisoño. — Entonces, Taita, «y perdone Vd. que le ataje», en él no había qué sensurar, porque había cumplido con las Órdenes del Soberano, las que acá son veneradas, que todos se rinden a ellas por difíciles que parescan, y só- *[90]* lo hubieran sentido en las de la sujeta materia, a haberlas habido, el que con ellas y su institución vendrían tiempos en que no tendrían qué ofrecerle en los empeños de su Corona, 'gratis et amore', como lo han practicado varias vezes, a causa de que tal impuesto les había de sorber poco a poco hasta sus principales.

Veterano. — Si tuvieras, Hijo, más paciencia, hubieras oydo una explicación más clara de lo que has expresado, pero pase así, y vamos siguiendo este Occéano de trabajos. El Consulado, ese Tribunal que sólo sabe desempeñar con gloria sus deveres, le ha batido el Cobre al *Catalán* sobre su Aduanizmo tan fuerte, que según dicen, ya lo llevan vencido en el Cliterio de los Sres. Fiscales del Consejo, y aun en la consulta de sus Sres. Ministros. [294] Aquí en su resorte todo lo perdieron; jamás sacaron la más mínima raja. Pedían que no hubiese apertura; [295] que no se procediese a

---

[293] Cfr. *Memoria* de Amat (Sevilla, 1947), págs. 595-596.
[294] En un recurso de Amat a Guirior, de 15.X.1776, el mandatario caído, receloso de la conducta del Consulado, escribe: «Bien público es y notorio el desagrado que con escandalosa bociferación ha declarado contra mí el gremio de comerciantes ...» (A.H.N. Consejos, 20.335).
[295] Cfr. el Artículo V del Capítulo Primero de las Ordenanzas de la

cobrar los derechos de Alcabala y Almojarifazgo por tacacion *(sic)*; que no creciese el Derecho a nueve por 100 del quatro y medio en que estaba, por estar pagado el Portazgo a la salida de Cádiz; que se les oyese antes de las últimas resoluciones; que nada se innovase hasta que S. M. diese su determinación; que a lo menos no fuesen comprehendidos los quatro Navíos que habían venido en ese año, ni los que habían de venir en el siguiente, por no estar promulgada la Ley ni a su llegada ni a su salida; que hubiese despacho pronto en aquella Oficina; que recibiesen buen tratamiento los Interesados; que bastasen las fianzas que éstos diesen de sujetos conocidos para poder sacar sus efectos; que, en fin, no se impusiesen gabelas por los Oficiales del nuevo establecimiento que no prevenían sus Ordenanzas, [296] y a todo se Decretaba o 'póngase con los Autos de la materia', o 'no ha lugar', o 'Informe el Administrador General y el Contador', [297] o 'no se le reciba más escrito al Tribunal sobre el asunto'. En esta Virtud,

---

Aduana de Lima, en que se contienen las principales medidas impugnadas por el Consulado.

[296] V. los sesudos recursos y memoriales que, uno tras otro, elevó el Consulado, desde Diciembre de 1772 hasta Agosto del año siguiente, entre los que descuella el primero de la serie, titulado «Informe sobre el plan formado por el Contador Navarro en que contradice el Tribunal lo injusto y gravoso de él al Comercio" (A.N.P.M.H. Libro 0935. Libro donde se copian los informes y consultas que se hacen por el Tribunal del Consulado ... (1768-1773), fols. 245v-338. V. también en la nota siguiente, en la semblanza de Navarro, la apostilla de un chirigotero).

[297] Miguel de Arriaga y Gurbista (cuyo haber ascendía a 4.000 pesos anuales) y Juan Francisco Navarro y Moreno (retribuido con un sueldo de 2.500 pesos, como Contador principal), respectivamente.

Acerca del primero, complementaremos las noticias, escuetas, que suministra Mendiburu en su *Diccionario*. Este funcionario, incorruptible y draconiano, que asumió la ingrata tarea de aplicar las nuevas escalas en el pago de los derechos de aduana y formular un empadronamiento más ajustado para el abono de la alcabala, había nacido en Lezama (Vizcaya). Aludido en términos chocarreros más adelante (pág. 96), en 1752 contrajo matrimonio con doña María Josefa Huidobro y Echeverría (A.A.L. Expedientes matrimoniales. Julio de 1752, número 10), enlace que se celebró en secreto, «por consultar al interés particular de sus negocios» (Carta de recibo de dote, en 7.XII.1771. A.N.P. Francisco J. de Cueto, 1771-1783, fol. 13). En 4.V.1768 Rafael de Almerá, el hombre de confianza de Amat, le confirió poder (Testimonio en: A.N.P Luis Victoria Medrano, 1776-1780, fol. 672).

Fue el primer Administrador General de la Aduana, designado para el cargo en 1770, que retuvo hasta 1780, por lo menos; en 1776 acumuló a

todo se abría y se hechaba en el suelo, todo se tazaba y caramente todo se cobraba, y de pronto y en fin, se subió el Derecho y se exigía. Con este acrecentamiento o imposición se *[91]* vino a hacer un testa coronada a quienes les pertenece estas regalías, y

---

dichas funciones las de Administrador asimismo de la Alcabala y del Almojarifazgo. Por escritura de 29.X.1776 consta que un préstamo facilitado a Palmer, por la cantidad de 4.000 pesos, que aparecía otorgado por Juan Dámaso de Salcedo, en realidad provenía del peculio de Arriaga, que confidencialmente había proporcionado dicha habilitación (A.N.P. Valentín de Torres Preciado, 1776, fol. 497). En 13.XII.1783, Arriaga, junto con los demás garantes del Virrey Amat en el juicio de residencia, confiere poder a tres procuradores en Madrid para gestionar la liquidación del proceso, y que las resultas del mismo se entendiesen y ejecutasen en los bienes que el exmandatario poseía en España, porque los que con esta finalidad había dejado en Lima, «se hallan consumidos», y que en consecuencia, se les cancelase la fianza depositada en 3.XI.1776 (A.N.P. Luis Victoria Medrano, 1781-1786, fol. 561).

Hermano suyo fue el infortunado Corregidor de Tinta, Coronel José Antonio de Arriaga, ex Gobernador de Tucumán y una de las primeras víctimas, el 10.XI.1780, en Tungasuca, de la insurrección de Túpac Amaro (V. escrituras de 17.VIII.1779 y 11.V.1781. A.N.P. Luis Victoria Medrano, 1776-1780, fol. 761, y 1781-1786, fol. 73). Para habilitarlo al ir a asumir el cargo, le proporcionó 39.089 pesos y como a su fallecimiento Miguel de Arriaga quedara como derechohabiente a la cantidad de 150.792 pesos que su hermano tenía «repartidos» entre los indios del distrito de Tinta, que no pudo hacer efectivos, reclamó tales sumas de los bienes del finado (V. el poder para testar a su mujer, en 12.XII.1789. A.N.P. Valentín de Torres Preciado, 1789, fol. 901v, y el testamento en su conformidad, en 29.VII.1790. Ibíd., 1790, fol. 659). Falleció en 8.VII.1790. La viuda, agobiada por la pobreza en que quedó, solicitó una pensión de gracia, arguyendo que de resultas de la mencionada habilitación a su cuñado Antonio había perdido todo el patrimonio conyugal. El Virrey Gil de Taboada, en despacho número 19, de 20.XI.1792, apoyó la instancia (A.G.I. Lima, 703).

Navarro y Moreno había nacido en Olite (Navarra); fue uno de los artífices de la reforma tributaria emprendida por Amat. En una nota que añadió un chusco a la transcripción de un informe del Consulado, en que se rebatían las afirmaciones de Navarro, se lee: «Perdone Dios el alma del Contador Navarro, que tanto hizo escriuir a este Real Tribunal estos informes del establecimiento de la Aduana» (A.N.P.M.H. Libro 0935. Libro donde se copian los informes y consultas del Tribunal del Consulado (1768-1773), fol. 293). La enemiga entre el Consulado y Navarro databa de antiguo, como que ya en 1762 la corporación limeña le había abierto expediente en orden al pago de los derechos adeudados por la carga del navío «El Conde» (A.G.I. Lima, 814, 826 y 1552).

En 12.V.1763 el Rey le nombró Corregidor de Chayanta. En 19.X.1764, de partida para asumir sus funciones, otorgó poder en Lima (A.N.P. Orencio de Azcarrunz, 1764-1768, fol. 174). Desempeñó el cargo hasta Mayo de 1769. En Chayanta fomentó la explotación de las minas, y contrajo intereses

no a un Gobernador de su proprio nombre. El fraude que aparentó y que fué el coco con que trajo a los Ministros a la apertura que deseaba, pues todos los que formaban la Junta, con el Fiscal, que eran siete, «a excepcion del Director y del Tonto de D. *Juan Francisco*,[298] a quien de Contador de la Razón lo elevó viendo que en esta de la Razón era eximio, y que aun lo excedía el proprio, a Contador Mayor, quitándole su lugar a un pobre Criollo, que había muchos años que su P. se la había adquirido»,[299] se oponían a ella.[300] ¡Oh! Y qué bien, Hijo, se lo deshizo

---

en las de Huancarani, en donde invirtió considerables sumas de dinero (V. el testimonio de los autos sobre la comisión dada por el Virrey para que Navarro pudiese hacerse pago de sus créditos. B.N.P. Manuscritos, C 2539; y el poder conferido a su esposa, doña Martina Navarro, en 6.XI.1773. A.N.P. Orencio de Azcarrunz, 1772-1773, fol. 496v).

Amat, en 8.I.1771, por enfermedad del titular y con carácter de interino, le nombró Contador ordenador y de los Libros de la Razón del Tribunal de Cuentas, en tanto aquél, José de Azofra, se hallase inhabilitado. Tomó posesión de su plaza al día subsiguiente. Por Real Orden de 4.XII.1771 se declaró que no estaba obligado a satisfacer el descuento de la media anata, por ser mero substituto (*Memoria* de Amat (Sevilla, 1947), pág. 548). Por Real Cédula de 2.VII.1774 se le promovió a Contador Mayor del mismo Tribunal, cargo que ocupó desde el 11.V.1775 (A.N.P.M.H. Libro 0909. Libro de salarios, situados y extraordinarios ... (1770-1778), fol. 302). Parece que fue de los ingratos con el mandatario que lo había encumbrado.

En 1778 elevó un informe al Visitador Areche relativo a la administración del presidio del Callao (A.G.I. Lima, 899, Expediente 42). El mismo Visitador le trasladó, a pesar de hallarse Navarro «quasi moribundo», a prestar servicios en el nuevo Tribunal creado en el Virreinato de Buenos Aires, «sin apelación» (Sáenz-Rico, ob. cit., págs. 211 y 620). Próximo a emprender viaje a su destino, otorgó poder para testar a su mencionada consorte, en 27.III.1779 (A.N.P. José de Aizcorbe, 1779, fol. 758v).

En su investidura de Contador Mayor de la Contaduría del Ejército y Real Hacienda del nuevo Virreinato, y desde Huancavelica, Potosí, Tucumán y el mismo Buenos Aires, elevó sendos informes al Visitador Areche, de valor excepcional por la precisión y abundancia de las noticias. Han sido publicados por Acevedo, en «El viaje del Contador Navarro entre Lima y Buenos Aires», en *Revista de Historia Americana y Argentina* (Mendoza, 1960-1961), III, núm. 5-6, págs. 257-330.

[298] Arriaga y Navarro, acerca de quienes versa la nota precedente.

[299] José Leonardo Hurtado y Sandoval (cfr. Sáenz-Rico, ob. cit., páginas 572-574).

Promovió dos recursos contra el Virrey Amat: el primero, porque siendo Contador supernumerario el gobernante le suspendió la opción que tenía a la plaza de titular, postergándolo en beneficio de Navarro, y el segundo, por habérsele negado la licencia que interesó para dar a las prensas un *Modelo práctico para dirección de los Oficiales Reales* (A.G.I. Lima, 867 y 878). Falleció en Lima en 30.VIII. 1786.

[300] *Memoria de Gobierno* (Sevilla, 1947), págs. 585-591.

el Tribunal en sus consultas, ya haciéndole veer que no los había en lo absoluto, ya mostrando que a ser fraudes el no traher géneros preciosos en los Caxones que llaman arpillados, sino en los Fardos, eso era a favor del REY y en perjuicio del Interesado, y ya representando que acaso que fuese al contrario, eso sería en tan corta entidad, que no era creíble que por ella la piedad de S. M. quisiese gravar a los Vasallos al descubrimiento íntegro de una cargazón, quando sus Leyes y Reales Cédulas tenían prevenidos la prohibición de tal gravamen, sino quando más el que se abriese en individuo aquella *Numero* pieza que señalase el Denunciador, si así procediese, pero nó si sólo vaga e indeterminadamente. No te admires, Hijo, de todas estas noticias, porque yo las he adquirido en buen Caño y las he oído en repetidas ocasiones.

Bisoño. — Sí, Taita, yo no me admiro, pues todo eso es tan público que aun yo, que no voy a más tertulia que a la de *Joseph Terrones* [301] no lo ignoro, antes sé, fuera de eso, el que se dice el que después de todo el Erario Real pierde dinero cobrando sus Derechos por tazación y no por peso; que en este modo antiguo no hay fraudes y que sí caben en el nuevo, y que, por último, la apertura destruye con su aforo las Fábricas españolas y favorece a las estrangeras.

Veterano. — La pérdida, Hijo, del Erario, ya la dixo en una consulta el bueno de [92] D. *Juan Francisco,* [302] cantando en ella

---

[301] El Presbítero Licenciado José Valeriano González Terrones (como se firmaba, aunque en las escrituras se le identificaba exclusivamente por el segundo apellido). Nació en Lima, como hijo legítimo de Benito González Terrones y de Jacinta González Monterroso; Capellán del convento de las Descalzas, donde tres hermanas suyas vi⸱tieron el hábito; residía en la vecina calle de la Penitencia. En 10.VI.1775 reconoce una deuda contraída en 5.VIII.1774, por un monto de 1.750 pesos, en favor de Juan Pérez Bulnes, por la venta de cien mulas. En garantía ofreció las rentas de una capellanía impuesta sobre la hacienda «La Venturosa» (A.N.P. Juan José Moreno, 1770-1776, reg. 1775, fol. 384). Otorgó dos testamentos: en 8.XI.1764 (A.N.P. Gregorio González de Mendoza, 1764-1765, fol. 465v), y en 23.III.1777 (A.N.P. José de Angulo, 1771-1777, fol. 725). Falleció el 24.III.1777, y fue inhumado en el cenobio del cual había sido Capellán (Parroquia de Santa Ana. Lima. Libro 3.º de Defunciones (1772-1792), fol. 37). El inventario de sus bienes se practicó en 6.V.1777 (A.N.P. Mariano Antonio Calero, 1774-1777, fol. 694).

[302] El repetido Juan Francisco Navarro y Moreno.

la Palinodia de la apertura, pero la dixo a bulto, y por tanto, muy baxamente. El Consulado la mostró palmarmente, haciendo cotejo de lo que hubieran dado los Navíos de un año por pezo, con el pezo que logró que se siguiese tomando, aun sin destino para el recobro de los Derechos, con lo que dieron efectivamente por tazación, según el certifico del Contador, en lo que no hay remedio.

Bisoño. — ¡Qué cosa tan Mathemática, Taita! Lo bueno era que después de tantos perjuicios como atrajo al Comercio esta nueva planta, los Operarios de aquel Aduanizmo, «también por su Cabeza se podía llamar Arriaganizmo», recebían a los interesados, siendo así que todos eran de *abería* o de *banqueros,* con orgullo y alteración. [303] ¡Qué medios para [no] ir a aquella Zahurda de Plutón, por no experimentar los malos modos, 'de vuelva de aquí [a] un mes, que hay mucho que despachar', sin dar asiento al más encopetado, aunque a sus cliéntulos o a los terceros de sus malucas, se les atendía con piedad y prontitud! Así, éstos vendían quando los otros aún tenían sus ropas en sus Almagacenes húmedos, que llevaban después que los de adentro y fuera estaban surtidos, para ensotanarlas [304] y que la polilla se introduxese por el lado de la aperición.

Veterano. — ¡Qué peores se hubieran puesto, Hijo, esos Almagacenes, si el Rio que salió el 25 de Junio de 74 por Sto. Tomás, vajando en estragos hasta las 12 quadras que hay a Sta. Rosa,

---

[303] Un testimonio ajeno ratifica estas exclamaciones del Marqués de Soto Florido. Mariano de Loredo, en su «Verdadera situación del Reyno del Perú desde el año de 1777 ...» (A.G.I. Lima, 1448), confirma que la Aduana «... no es el Telonio de la contribución, sí del martirio ... no se puede, sin escándalo, relacionar lo que sufren los comerciantes, traficantes y toda especie de gentes, por el modo áspero y litigioso que entabló la menos destreza de su actual Administrador, clamor general que perpetuará su memoria en los habitantes de esta región ...»; reprocha a Arriaga su «celo mal entendido» y asevera de él «... que yerra del entendimiento más que de la voluntad ...» y se duele de que el abono de los impuestos esté rodeado de un «... trámite litigioso, moroso, quimérico y presunción de malicia contra todos generalmente, [que] haze a este Juez entablar precauziones ridículas contra males imaginarios, que exasperan a los contribuyentes ...». Guirior hubo de tomar cartas en este problema, según da cuenta en su despacho número 145, de 20.III.1777 (A.G.I. Lima, 655).

[304] Esto es, depositarlas en sótanos.

donde volvió a su madre, sale por S. Pedro Nolasco, distante sólo de ellos quadra y media, y dominados en más de seis varas de altitud! Eso hubiera sido, «principalmente siendo a media noche», añadir leña al Monte. El riezgo aún persevera, y las precauciones jamás se han tomado.

Bisoño. — ¡Ya me acuerdo, Taita, de todo eso! Pero vamos con dieta [305] en largar proposiciones. Antes dixo Vd. que el Consulado todo lo perdió en los Decretos del *Asno de Oro*, y yo sé, y me consta, porque he sacado algunas, que el negocio de guías la ganó, pues ya no llevan los quatro rs. que emtablaron por cada una, cosicosa que en un año le valió al Di- [93] rector quarenta y dos mil y quinientos pesos, pues se sabe que en él firmó más de ochenta y cinco mil de ellas.

Veterano. — ¡Quitá allá, Hijo, con tu argumentillo ridículo de conferencias! ¡Eso no lo ganó donde la *Panthera de Oro* solo, sino en el Real Acuerdo, y eso porque la Ordenanza acerca de ellas estaba clarísima! ¡No lo hubiera estado, a ver si lo hubiera conseguido, como no consiguió el cuento de arrumages, otra gabelilla que impuso el Alcaide de la Aduana, que era dos reales por cada pieza que entraba a su custodia, y que importa doce o trece mil pezillos al año; como no consiguió el que le diesen la certificación de las tazaciones, para poder cobrar, «ellos no la daban para que por ellas y por la razón del peso que tenían en su mano, no les averiguasen las pérdidas del Real haber, como está dicho antes», el derecho que les corresponde según Ordenanzas, y como, en fin, no consiguió el que les entregasen los lienzos pintados que retubieron en su poder, quando afianzó su importe para el caso que el REY no conviniese en su consumo, cosa que el Sr. Fiscal y los Sres. Ministros querían, arrimándose a la piedad y al ningún detrimento con ella que podía seguirse a S. M., pero que él no quizo, conformándose con el solo parecer del Sr. Vice-Decano, [306]

---

[305] Sobre la acepción de este término, v. páginas 30 y 73.

[306] El doctor don Antonio Hermenegildo de Querejazu y Mollinedo, limeño, Oidor de la Audiencia de su patria desde 1746 (V. Lohmann Villena, *Los Ministros de la Audiencia de Lima en el reinado de los Borbones* (Sevilla, 1974), págs. 110-111). El Visitador Areche lo retrata como «rico por herencia, pero su voto es desinteresado y de mucha conciencia...» (Informe de 20.II.1778. A.G.I. Lima, 1.082).

que fué la única excepción de todos, por el zelo que mostraba en todo lo que era dar gusto al *Asno de Oro!*

Bisoño. — Concluyóme Vd., Taita, pero veamos si así lo haze Vd. también acerca de otra arguicion que voy a ponerle acerca de que tuvo facultad para entablar la Aduana. Porque, sépase Vd. que le hoy *(sic)* decir a *Minoyuyo*, [307] que es de plumilla, que tuvo una Cédula, con fecha de 29 de Junio de 69, y una Real Orden de 4 del mismo mes del año de 72, [308] para entablarla.

Veterano. — Erró, Hijo, porque en ellas no se dice con expreso pronunciamiento, «como se necesitaba», tal cosa; lo que le manda en ellas es que separe el ramo de Alcabalas, instituído el año de 1596 en tiempo del Sr. D. Felipe II y del Virrey D. García Hurtado de Mendoza, Marqués de Cañete, de las manos de los Oficiales Reales que *[94]* lo cobraban, y que nombre un sujeto que

---

[307] Francisco Humac Mino Yulli, Escribano Real y Público de naturales del Corregimiento del Cercado, que sucedió en el oficio y en el de auxiliar del Juzgado del mismo Corregimiento, a Marcos Velázquez (Escritura de 21.IV.1770. A.N.P. Santiago Martel, 1770-1772, fol. 69v). Natural de Lambayeque; hijo legítimo de Francisco Bonifacio Mino Yulli y de Francisca Estrada Callapoma. En primeras nupcias estuvo casado con Manuela Quispe Paico, y al enviudar tomó estado, en 22.XI.1763, con María Manuel de Alba (Parroquia del Sagrario. Lima. Libro 9.º de Matrimonios (1736-1767), fol. 320). Otros datos sobre él suministra Harth-terré, en «Un quipocamayo del siglo XVIII» y «Un escribano quipucamayok», en *El Comercio* (Lima), números 64.028, del 28.IV.1958, pág. 2, y 73.670, del 4.VI.1973, pág. 2.

Fue, además, Procurador de los indios, que le confirieron poder para litigar en su nombre, al igual que las comunidades.

Testó en 18.VI.1775 (A.N.P. Francisco Humac Mino Yulli, 1774-1777, fol. 534, certificando el acto el escribano Juan José Moreno).

No se nos alcanza cómo pudiera estar Mino Yulli enterado de tales disposiciones, pues las funciones de su cargo en nada decían relación con la Secretaría del Virreinato o de la Cámara del Virrey. La insólita referencia a este Escribano parece deberse a que el Marqués de Soto Florido tuviera presente su nombre por aquellos días en que precisamente redactaba el *Drama*, pues el 10 y 14 de Setiembre compareció ante Mino Yulli para firmar dos escrituras (A.N.P. Francisco Humac Mino Yulli, 1774-1777, fols. 664 y 664v). No estará por demás añadir que su hermana doña María Rosa había suscrito también ante Mino Yulli el traspaso de un esclavo, en 13.XII.1775 (Ibíd., fol. 210).

[308] Ambas fechas están trascordadas: la de 1769 es del 4 de Junio, y la de 1772, del 29. Cfr. *Reglamento para el gobierno de la Aduana de esta ciudad, y método de la recaudación y administración de los Reales Derechos de Almojarifazgo y Alcabala del Reyno del Perú* ... (Lima, 1773).

lo haga, teniendo presente lo que produxo en el último quinquenio, y haciendo unas Ordenanzas por las de Guatemala y México, en lo adaptable, las que remita para su confirmación o reprobación. No hay otra cosa, Hijo, ni ha tenido más, y quien te dixere lo contrario te engaña. Si eso basta para decir que tuvo orden, yo soy un Bolonio y no merezco asiento en estas gradas.

Bisoño. — No, Taita, estoy con Vd. y dóime por más que concluído también en esto. ¡Maldita sea, pues, la Secta del Aduanizmo, y aborrecido sea su Autor! ¡Qué lengua tan cáustica quisiera tener para resondrarlo [309] ahora! ¡Envidia le tengo a la del Clérigo de los Anteojos, que quando se sube al Parnaso, dice de quien lo baña lo que parece era sólo a propósito para él, pues todo lo merece su maldad en ese género! [310] Contra el REY antes que contra los Vasallos procedió en esta execución, porque el principio de todo buen Gobierno consiste en franquear el Comercio, que quanto más se hace floreciente, tanto más será el abanze de su Erario, y jamás podrá florecer bien si se le sobrecarga a los que lo componen de nuevas gabelas y pechos. Quando la Cabeza está muy crecida, «reflección es ésta, Taita, que heché a la memoria del Librito Telemaquillo que Vd. me prestó», y los miembros gravemente extenuados, no hay proporción en el Cuerpo. [311] Lo Hidrocéphalo de aquella consume lo Ético de éstos, o no pudiendo avenirse mucho tiempo lo aventajado de su extención con lo chupado de sus estrecheses, se rompe a falta de socorro el conducto que formaba entre los dos el medio de la vitalidad; mas al contrario, estando bien nutrido el esto[ma]go de los Vasallos con los alimentos de la equidad y de la razón, donde se forma el quilo de sus riquezas, el vientre superior, que es la cavidad animal o la Cabeza, «que todo lo es Nuestro Rey y Señor», siempre se halla con bastantes espíritus y con sobrados, sanos y bien filtrados vapores para los desempeños de sus funciones. Aún hay algo más: que si en algún caso caiese ésta en alguna pobreza del jugo

---

[309] Metátesis; peruanismo por deshonrar. Comp. 'desondra', 'desondrar', 'desondraron' y 'desondrado' (Poema del Cid, vv. 681, 2907, 2952, 3166 y 3257).

[310] ¿El Licenciado Manuel de Adrianzén? Cfr. *infra*, nota 345.

[311] Fénelon, *Las aventuras de Telémaco*, Libro XXII, en donde el Mentor explica al hijo de Ulises los inconvenientes que impiden la prosperidad de un Estado.

nutritivo, los *[95]* otros, en vista de fieles miembros, que esperan de ella su vida, su quietud y subsistencia, hallándose con tesoros, socorrieran a su Suprema Emperatriz sus urgencias con abundancias, con todas sus fuerzas, con lealtad, como que es «del proprio modo que en el viviente» la primera, y aun la única parte príncipe de la operación de la República, la fuente de su movimiento para mantenerla en paz y defenderla en guerra, fundamento de su vitalidad para gobernarla con amor, y raíz de su Vegetación para enriquecerla con sus gracias.

Veterano. — ¡Juego, Hijo, y cómo te han adelantado los Librillos dorados que llevaste de el Estantillo! ¡Qué Metáfora tambien *(sic)* seguida y verdadera es la que has largado! ¡Oxalá, y encontraras otra para hablar sobre el *Cabezón*, [312] «mira que *Cabezón* aquí no quiere significar a su Sobrino», ese Cabezón que destruye todos los Oficios y sobre que nadie ha dicho una palabra, «excepto el Consulado, que es de tezón en la defenza de sus perjuicios», ni en particular, ni en el común de Gremios, [313] ni en el Regimiento a quien le tocaba, como a P. de la República! Mas, ¿cómo lo había de hacer, si quando ardía esta llama tenía por su Procurador al *ñato*, [314] que era Agente del Gobierno, y Europeo, «que es cosa linda», puesto por el *Asno* para sujetarlo todo, quien intentó perpetuarse, pidiendo confirmación en el Consejo, donde le dieron con la de cleves de ser Oficio consegil, que debía mudarse annualmente, resultando de ello que vino Cédula para que así se cumpliese, lo que costó Dios y ayuda, y decirle aquello de ir por lana y salir trasquilado.

Bisoño. — Sí, Taita, pero todos discurrieron que el que le succedió tomase eso y otras muchas cosas, con empeño y valor según su genio belicoso, mas salió el juicio vano, y él no *Ron-pió* [315] el

---

[312] I. e. lista o padrón de contribuyentes.
[313] Cfr. *supra* la nota 292, y la alusión que se recoge en la nota 2.
[314] El doctor Cristóbal de Montaño. Cfr. *supra*, nota 268.
[315] El doctor don Antonio José Álvarez de Ron y Zúñiga.
A las semblanzas que traen Mendiburu, en su *Diccionario*, así como Eguiguren en el suyo, y aparte de las noticias consignadas en la *Memoria del Conde de Superunda* (Ed. Fuentes, págs. 15-16, 290 y 299) y en Sáenz-Rico (pág. 151), agregaremos informaciones que además de perfilar la personalidad de Álvarez de Ron, contribuirán a esclarecer la causa de esta insidiosa alusión del *Drama*.

silencio, por más que lo cuchifleaban, como que no era pleito donde esperaba alguna raja. Salió ese y entró otro, Mozito eladi-

---

Nació en Lima en 1736; a la edad de doce años ingresó en el Seminario de Santo Toribio. Tuvo en él como profesor de Gramática, Lógica, Súmulas e Instituta, sucesivamente, al doctor José Perfecto de Salas, lo que explica su posterior patrocinio. En 1739, cumplidos los requisitos académicos, obtuvo los grados de Licenciado y Doctor en Cánones, y el mismo año se recibió de abogado (Maticorena, «Documentos para la historia de la Universidad de San Marcos», en *Boletín Bibliográfico de la Universidad Mayor de San Marcos* (Lima, 1949), XIX, págs. 138-140).

En 25.IX.1744 ocupó plaza de Colegial en el de San Felipe, donde estrecharía aún más su amistad con Salas, asimismo Colegial desde el año anterior. Hizo oposiciones a la Cátedra de Instituta de la Universidad de San Marcos, pero el Virrey Manso de Velasco ordenó incoarle un proceso y encerrarlo en la prisión del Callao. Álvarez de Ron recurrió ante el Soberano, y alcanzó la Real Cédula de 6.V.1757, por la que se declaraba nulo todo lo actuado por el Virrey y expedito su derecho para ocupar la cátedra, que efectivamente desempeñó desde 1758 hasta 1765 (V. el respectivo expediente, en A.G.I. Lima, 893).

Este triunfo lo envalentonó: en un pleito seguido ante la Audiencia en 1758-1759 recusó al todopoderoso Decano Bravo del Ribero (V. el expediente en A.G.I. Lima, 518). Un despacho de la Audiencia, de 2.III.1757, pone al descubierto los verdaderos motivos que impulsaban a Álvarez de Ron en esta maniobra, calificándosele como "... uno de aquellos sujetos poco contentos de su suerte, porque la más elevada no corresponde al concepto que tienen de sí ... (A.G.I. Lima, 424).

Cuando llegó el momento del cese en el mando del Conde de Superunda, esparció la voz de que ofrecía gratuitamente sus servicios como letrado para acoger a todos los que tuviesen alguna reclamación que formular contra el Virrey, y en el frenesí de su «intrepidez y animosidad», con el beneplácito del Arzobispo Barroeta, promovió quejas y recursos contra el gobernante, por cuyos fueros tuvo que salir su ex-Asesor, el Rector de la Universidad doctor Antonio Boza y Garcés, que preparó dos escritos de defensa (A.G.I. Lima, 787).

En 1765 pasó a dictar la asignatura en la Universidad de San Marcos que había también detentado su padre, es a saber, la de Decreto de Graciano. Desempeñó la cátedra hasta 1775; en 1773 había obtenido la de Prima de Leyes, primero como interino hasta 1779, y en calidad de titular hasta su fallecimiento.

Muy pagado de su alcurnia, se conservan dos informaciones que mandó practicar: una de limpieza de su ascendencia materna (1703) y de legitimidad de su progenitor, y otra de filiación, actuadas en 1758 y 1765 (A.N.P. Valentín de Torres Preciado, 1764-1765, fols. 411-422, y 1766, fols. 795-832). Vivía en la esquina de las calles de la Pescadería y Rastro de San Francisco.

Por destitución del doctor Montaño (v. nota 268), en la sesión del Cabildo del 1.º.II.1775 resultó elegido por tres votos Procurador General de la ciudad, frente a los dos que obtuvo el Marqués de Casa Concha. Juró el cargo, que desempeñó todo ese año (Libro 36.º de Cabildos de Lima (1756-

to,[316] y ha practicado el proprio secreto. No obstante, algunos Gremios han salido en su nombre propio con fuertes representaciones.

[96] *Veterano.* — No me repliques eso, Hijo, porque tengo dicho que nadie salió. Nadie salió antes del parto, como debían haberlo hecho para que no se produgese, sino se abortase, y sólo salieron después que ya estaba faxado y mamando el Niño. Lo cierto es que esta Alcabala de reventas, que se llama nuevo Cabezón, dexará el Reyno del todo perdido. A todos los Gremios, «aun entrando aquellos que abastecen los víveres, que son siempre muy privilegiados»,[317] se les ha subido tres tercias partes más, «y esto es lo que menos» sobre lo que pagaban, habiendo alguno

---

1781), fols. 228v y 264). Volvió a desempeñar el cargo en 1777, y posteriormente fue Regidor perpetuo de Lima.

Casado con doña Teresa de Ayesta e Itulaín, extendió testamentos en 4.II. y 7.IV.1785, a que añadió un codicilo en 27 de este último mes (A.N.P. Pedro de Lumbreras, 1785, fol. 48, y Valentín de Torres Preciado, 1785, fols. 291 y 305). Falleció en 29.IV.1785 (Parroquia del Sagrario. Lima. Libro 9.º de Defunciones (1769-1790), fol. 150, segunda foliación).

[316] En la sesión celebrada por el Cabildo limeño el 8.I.1776 se eligió Procurador General a don Francisco Arias de Saavedra, disponiéndose que Álvarez de Ron le hiciese entrega de los expedientes que tuviese en trámite y todos los papeles de la Procuraduría. En la reunión edilicia de 18 del mismo mes se declara que para desempeñar las referidas funciones no era indispensable ser abogado, pues cualquier capitular estaba facultado para asumirlas (Libro 36.º de Cabildos de Lima (1756-1781), fols. 245v y 248), aunque no era este el caso, pues Arias de Saavedra había cursado Derecho en la Universidad de San Marcos, donde recibió la investidura doctoral y obtuvo el grado de Abogado.

Sobre Arias de Saavedra, nacido en Lima en 1744 y descendiente por ambas ramas (Arias de Saavedra y Santa Cruz) de familias de rancia raigambre en la ciudad, v. Medina, *La Imprenta en Lima,* III, págs. 230-231, y Mendiburu, el artículo que le consagra en su *Diccionario* (Saavedra). Colegial de San Felipe desde 1763; por Real Despacho de 1.º.V.1817 fue agraciado con el título de Conde de Casa Saavedra. Otorgó poder para testar, en 8.V.1823, a su esposa doña Petronila Bravo de Castilla y Zabala (A.N.P. José María de la Rosa, 1822-1824, fol. 474v).

Es muy revelador que en el juicio de residencia de Amat, Arias de Saavedra depusiera en términos favorables al Virrey en el pleito seguido por el doctor Aguirre contra el gobernante por haber preferido a Ortega Pimentel en la Cátedra de Prima de Medicina (A.H.N. Consejos, 20.337. Pieza 122).

El Virrey Gil de Taboada, en despacho número 94, de 20.VIII.1791, recomendó a Arias de Saavedra, en aquel año Alcalde ordinario de Lima, para ocupar una plaza de Oidor (A.G.I. Lima, 699).

[317] Cfr. los artículos VII y VIII del Capítulo II del *Reglamento.*

a quien se le ha alzado catorze vezes más, pues estando su quota en cien pesos solamente, ha trepado hoy a mil y quinientos. [318]

Bisoño. — ¡Raro proyecto, Taita, para arruinar los Oficios! Yo vendré a quitar mi Herrería por él, y me iré a comer a los Dezcalzos. El proyecto, según creo, fué de D. *Juan Francisco,* [319] el que le valió privanza, puesto, y entrada de correvelí cerca del *Asno de Oro.*

Veterano. — Créolo, Hijo, firmemente, pero asimismo ten entendido que le vale la detestación de su nombre y el odio de todo el Público, y algún día vendrá en que reciba, «como *Mi-*

---

[318] Comp. el estado reproducido en la *Memoria de Gobierno* de Amat (Sevilla, 1947), págs. 600-601, ya colacionado en la nota 292.

Como resultado de la aplicación de las nuevas tasas de la alcabala, que entraron en vigor desde 1775, para los efectos del país ésta se recargaba en un 2 % (del 4 al 6 %). Dentro de este incremento estaban comprendidos los productos de las haciendas y chácaras de los valles inmediatos a la capital del Virreinato. Los propietarios de las mismas (entre los cuales estaba incluido el Marqués de Soto Florido, dueño de «La Molina»), no perdieron el tiempo en hacer oír sus quejas. La verdad es que consiguieron neutralizar las medidas de Amat mediante sucesivos recursos, y fueron vanos los empeños de Arriaga por hacer efectivo el padrón de contribuyentes formulado con arreglo al arancel recargado. Los hacendados se aprovecharon de que los componentes de la Audiencia (excepto uno) eran o naturales de Lima (el Decano Urquizu e Ibáñez, Querejazu, Mansilla y el Marqués de Corpa, primo hermano del primero y todos propietarios de bienes rústicos) o criollos (el Conde de Sierrabella y Echeverz); solamente uno (Carrión) no lo era, pero estaba muy enfermo y por último, estaba casado con una hermana del Oidor destituido Tagle. Así lograron una solución dilatoria (Despacho del Visitador Areche, de 20.II.1778. A.G.I. Lima, 1082).

Cuando Guirior asumió el gobierno, la oposición se sintió robustecida, porque los afectados por la elevación del impuesto, que además de los citados magistrados y personas de viso de Lima, eran los contertulios del Virrey, lograron convencerle de la necesidad de derogar las tasas implantadas por Amat, con el consejo de Arriaga. Aunque todavía no había alcanzado la designación como Asesor, ya el Marqués de Soto Florido figuraba entre los sindicados como estrechamente allegados al nuevo Virrey (Informe del Visitador Areche al Oidor Márquez de la Plata, de 1.º.II.1783. A.G.I. Lima, 780).

V. para todo esto Palacio Atard, *Areche y Guirior. Observaciones sobre el fracaso de una Visita al Perú* (Sevilla, 1946), págs. 26-28, y Céspedes del Castillo, *Lima y Buenos Aires. Repercusiones económicas y políticas de la creación del Virreinato del Plata* (Sevilla, 1947), pág. 56.

[319] El Contador del Tribunal de Cuentas Juan Francisco Navarro, cuya semblanza ha sido materia de la nota 297.

guelito [320] con su cara de culo de Criatura, que fué el que lo llevó a su conclusión», la pena que suelen tener por lo común estas gentes Zisañeras de los Reynos, que talan, como acontece en los frutos, todo el buen grano de la concordia. La Plaza la tuvo en España en titilaciones para volvérsela a su dueño, quien entró en una que hubo de renuncia, para componerlo todo, siendo este otro de los grandes Zarpasos que ha recibido el *Zisaña de Oro*, pero la privanza con éste la perdió desde antes que dexase el palo, por no sé qué Carta que le escribieron contra él de España, que le vino a propósito para no dexar más Amigo que los Aduaneros, los Nieveros y Caracheros.

Bisoño. — Con que, según eso, Taita, estos quedarán de sus Apoderados y fiadores en la Residencia, donde saldrán cargos sobre cargos, hasta ser necesario que le quiten los ochenta mil pesos que importan las alhajas que se pone en el cuerpo quando sale de *Cupido* de fiestas Rles. [321]

[97] *Veterano*. — Esos ofrecerá él, Hijo, pero los Interesados se los rechazarán, por esto, por aquello y por eso otro. [322] Juzgará

---

[320] El Administrador General Miguel de Arriaga, a quien se contrae la nota 297.

[321] V. otra alusión a este asunto en la página 60.

[322] En el Estudio Preliminar (págs. 71-73), han quedado consignadas noticias sobre las dificultades que hubo de afrontar Amat para encontrar fiadores que respaldaran el juicio de residencia. El pánico cundió entre quienes eventualmente pudieran ser solicitados por el Virrey para garantizarle. He aquí las propias palabras del desconsolado mandatario: «Bien notoria es la gravísima dificultad que se experimenta en iguales ocurrencias, no tanto porque los bien o mal fundados recelos del lasto puedan intimidar las personas que son pretendidas para el efecto, quanto porque los resentidos que inevitablemente contra un Governador justicieron empeñan sus esfuerzos a fin de retraer a los que bien intencionados se allanarían a complacer al Gefe absuelto del oficio ...» (Recurso de Amat a Guirior, de 28.IX.1776. (A.H.N. Consejos, 20.335). Comp. también pasajes de cartas del Oidor Bravo del Ribero al Obispo de Arequipa, Abad e Illana, de 18.X. y 25.XI.1776, colacionados por Vargas Ugarte, *Historia General del Perú* (Barcelona, 1966), IV, pág. 329).

En despacho de 3.XI.1776 Guirior decía: «... he visto sufrir a mi antecesor don Manuel de Amat, contra quien han ocurrido en tanta multitud de demandantes de fianzas ... porque a vista de tantas peticiones, sin examinar su naturaleza y circunstancias, sólo se ha hecho mérito de ellas para la censura y consiguientemente no ha habido quién quiera salir por su fiador ...» (A.G.I. Lima, 654).

el *Asno de Oro* que la Residencia de aquí ha de ser lo mismo que la expontánea que dió en Chile, [323] donde mandó a su salida, con fecha de 10 de Septiembre de 61, que todo agraviado compareciese ante los dos Sres. Ministros que nombró, [324] quienes los desagraviarían, aun sin darle parte de sus nombres, y sin necesidad de cobrarle en su persona, sino sólo en virtud de su sentencia ocurrir a las Caxas Reales, en las que había dexado su último sueldo para ese destino, embuste que formó *Orejas de Asno* sabiendo que ninguno había de salir, «como no salió», respecto de quedarse mandando en aquel Reyno, lo que le costó bastante trabajo, según el miedo que tenía de su conciencia, y que él repitió aquí el año pasado, «enseñadito de lo bien que le salió la otra», escribiendo a los Corregidores, con fecha de 4 de Septiembre, «lástima fué que no fuese con la de 10 de dicho, para que se volviese célebre en bufonadas», el que hagan que declaren los Indios de su Provincia si no les ha hecho justicia, «como aya sido contra sus Curas, es muy cierto»; si los ha agraviado en sus Minas y Haziendas, «no chupándoles sus frutos, es muy falso», y si los ha tenido trabajando en sus obras. [325] «¡Falso también, y si no, traslado a *Guarapo*!» [326]

---

[323] Sobre este amañado proceso de depuración, v. Sáenz-Rico, páginas 134-144.

Se imprimió por entonces una *Relación de los autos de residencia que expontáneamente dió el Excmo. Señor Don Manuel de Amat ... Presidente, Governador y Capitán General del Reyno de Chile, luego que de aquel cargo fué promovido al Virreinato del Perú* ... (Lima, 1761; un folleto de trece páginas). Existe ejemplar en el Archivo General de Indias.

[324] Los Oidores José de Traslaviña y Juan de Balmaceda.

[325] Sobre este recurso a que apeló Amat para proveerse de declaraciones obsecuentes mientras ejercía el mando, y llevarlas luego consigo a la Metrópoli para utilizarlas en su defensa, v. Sáenz-Rico, págs. 492-504.

[326] *Guarapo* era el apodo (seguramente expresivo de aficiones dipsomaníacas) de Juan Gutiérrez. «Favorecido de Su Ex.ª» (Exclamación del escribano Fernando José de la Hermosa, de 10.X.1778. A.N.P. Francisco Velázquez y Lezama, 1777-1778, fol. 224), por el acta del Cabildo limeño de 17.X.1776 venimos en conocimiento que al tenerse noticia de que Gutiérrez, «a cuya dirección y cargo ha corrido la obra pública de la Nabona», para la cual en tres meses se habían colectado más de cien mil pesos, se disponía a viajar a la Península junto con Amat, se resolvió conminarle para que rindiera cuentas de inmediato (Libro 36.º de Cabildos (1756-1781), fol. 257v).

Era Alférez de la Guardia personal de Amat y Ayudante Mayor de la Brigada de Artillería. V. también las notas 187, 246 y 262.

Bisoño. — Eso era en la Novona *(sic)*, [327] Taita, donde los atracaba, y peonaban por dos reales de comida, y él cargaba por entero el jornal a esa obra toda fachenda, donde hay muchas piedras de Zerro (éste se quiere también presentar en el sindicato, por lo mucho que le ha quitado, y ya recibe parabienes públicos) a la vista, y ningunas enterradas para fundamento. Así, un poco de agua que bañaba un lado del prospecto de la Alameda, [328] cayó quándo menos se penzaba. Ella queda sin acabar, y la pobre Sra. *Galbán*, [329] dueño del Molino, ahullando porque se lo

---

[327] Cfr. la relación de vistas y planos del Paseo de Aguas, conservados entre los papeles procedentes del Virrey Amat, que trae Sáenz-Rico, pág. 643, núm. 79, pág. 653, núm. 124, y pág. 654, números 126, 128 y 130.

[328] V. *Memoria de Gobierno* de Amat (Sevilla, 1947), págs. 169-170.

[329] La limeña doña Jacoba Galván y Cuéllar, viuda de Adrián del Portillo, que testó en 2.X.1781 (A.N.P. Pedro de Lumbreras, 1780-1781, fol. 440v).

Consta efectivamente que aquella finca, situada en la esquina del Paseo de Aguas y de la calle de Copacabana, propiedad de doña Jacoba Galván, que la ocupaba junto con su hijo el Presbítero Licenciado Pedro Nolasco del Portillo, experimentó en 1770 un anegamiento, de cuyas resultas vino a arruinarse el molino de harinas y parte de la fábrica de la morada. Esas aguas, provenientes de una acequia que discurría hacia los corrales de San Lázaro, fueron posteriormente canalizadas, cuando adquirió el predio Micaela Villegas.

Por cierto que la Galván dedujo la correspondiente reclamación contra el Virrey, valorando los daños y perjuicios en la suma de 86.000 pesos, arguyendo que «... el río de la Alameda, que en otro tiempo tubo su cauce recto, jamás hizo en su casa la menor lesión; hoy que corre oblíquamente, descarga el impulso de su corriente contra el muro de la casa» (A.H.N. Consejos, 20.336. Cuaderno 41). Este percance la había «reducido a una pobreza miserable, muerto su marido don Adrián del Portillo, y consumidas las escaseses de su herencia...».

La historia posterior de este predio, hasta que entró en poder de otro personaje zaherido en el *Drama*, la Perricholi, es la siguiente.

La ruina del molino y el considerable deterioro de la vivienda, redujeron a la Galván y a su hijo al extremo de suma indigencia. Los censualistas no sólo trabaron embargo sobre el inmueble, para hacerse pago de 19.000 pesos de principal, más 8.000 pesos de réditos vencidos, sino que lo pregonaron para rematarlo en concurso de acreedores. Cuando estaba a punto de realizarse esta ejecución, hallándose la Galván en cama, Micaela Villegas «usando de su piadoso corazón» se ofreció a hacerse cargo de todos los créditos que hubiesen en favor de los censualistas, sin que por ello adquiriese derecho alguno a repetir contra los acongojados propietarios.

«... en remuneración de los oficios caritativos y de christiandad ...» ejercitados por la Perricholi, la Galván y su hijo resolvieron hacer donación graciosa del predio en favor de su benefactora, excluyéndose los enseres, así como también una pequeña área de terreno frontera al inmueble, que se

destruyó, cosa clara a la vista y que él negaba, hasta desterrar a la Piedra a los Alarifes que de su orden fueron con él a verlo, [380] y que así lo declararon.

---

extendía entre las dos acequias, en donde los donantes construirían una modesta finca para acogerse, a cuya edificación la Perricholi aportaría el 50 % del costo (Escritura de 13.IX.1781. Atestiguan el abogado Antonio Bedoya (cuarenta años más tarde albacea de la Perricholi) y Fermín Vicente de Echarri (su marido desde 1795). A.N.P. Gervasio de Figueroa, 1780-1781, fol. 481).

Complementan esta donación otros actos de dominio que practicara la Perricholi en 27.X.1781 y 4.V.1782 (A.N.P. Gervasio de Figueroa, 1780-1781, fol. 526, y José de Aizcorbe, 1782, fol. 194).

Queda pues sobradamente demostrado que el Paseo de Aguas no se construyó para embellecer el ambiente urbano inmediato a la residencia de la Perricholi, toda vez que ésta ocupó el inmueble en cuestión con posterioridad a 1781.

En los años en que ilusoriamente se supone que debía de haber vivido en las inmediaciones del Paseo de Aguas, en realidad ocupaba una casita «en la calle derecha de San Francisco de Paula el Viejo, en la cuadra que precede a la esquina que llaman del Huevo», excluyendo una cochera con puerta a la calle, que no se consideraba dentro del arrendamiento. La locación se ajustó por dos años, a partir del 1.º.IV.1773, por la cantidad de 120 pesos al año (Escritura de 24.III.1773. A.N.P. Valentín de Torres Preciado, 1773, fol. 92).

Para embellecer la fábrica del inmueble que disfrutaba desde el año anterior, en 1782 Micaela Villegas dispuso la construcción de un balcón saliente en la planta baja, y otro, corrido, en la superior. A juicio de las autoridades, este aditamento impedía la perspectiva hacia la Alameda. El Procurador General de la ciudad, Álvarez de Ron (v. nota 315), promovió el respectivo recurso, al cual replicó la Perricholi alegando que acometía la obra por estar «en la firme inteligencia de que tengo livertad pª. lebantar mis Edificios hasta el Cielo ...». Comprobado por los peritos que la disposición de los balcones no quebrantaba la armonía estética del conjunto, se autorizó en 12.XII.1782 su ejecución (A.N.P. Cabildos. Legajo 7 (1782-1783), expediente sin número. Harth-terré lo aprovechó para su artículo «Un balcón para Doña Micaela Villegas», en El Comercio (Lima, 13.VII.1959, núm. 64.829, pág. 2). Estos balcones deben de ser los que aparecen en todos los grabados del siglo pasado con vista de la casa de la Perricholi.

La suerte posterior del inmueble, escrita a baᶜe de la titulación del mismo, ha sido materia del artículo de Juan Ríos, «La verdad histórica acerca de la casa de la Perricholi», en La Prensa (Lima, 20.I.1935, número 16.698, pág. 4). V. también los autos seguidos en 1811, con intervención de la Perricholi, sobre usurpación de parte de su propiedad (A.N.P. Real Audiencia. Causas Civiles. Legajo 103, Cuaderno número 1.090).

Actualmente se conservan doce azulejos del patio de la finca. V. la información en El Comercio (Lima, 6 de Marzo de 1971), núm. 72.572, pág. 3.

[330] Los peritos Isidro Lucio y Ventura Coco (Sáenz-Rico, pág. 195).

El público, que en las tres mesas de 70. 72 y 75,[331] «en cuya [98] última salieron aquellos Combites de su mano, nada adelanta a lo magnífico, y aquella otra voz, residirlas,[332] hablando en el de las Sras.,[333] que aquel es de los hombres tan lindos para dar a ver su brutalidad tan elevada a ciencia», ofreció más de ciento setenta y dos mil pesos, queda como un Esqueleto de laguna, y sólo *Guarapo* aprovechado, fuera de lo que ha mamado el mismo *Asno de Oro*. En la Calzada también «que llamó él después paseo militar» *Guarapo* tuvo su ingreso, porque los Camaroneros, que costearon esto, daban en plata lo que les correspondía por sus semanas, que él reponía de los Forzados que tomaba, o no reponía del todo. Los Truqueros y Cancheros costeaban la Alameda, y todo se ahorraba con item más la entrada de la leña de la poda. Los Hazendados se aporrateaban *(sic)* para los Caminos, y en el que se hizo en la Piedraliza fué el guante muy crecido.

Veterano. — ¡Aquí te atajo, Hijo, porque no eres capaz de decir lo que yo tengo en el buche sobre eso último que tocaste después; que todo lo otro está perfectimo *(sic)*, y hubiera estado lo que te falta de la obra de sus Jardines, costeada con los materiales del Callao! ¿Puede haberse hecho mayor disparate que arrasar esa Piedraliza del todo?[334] ¡Hacer un pasage de uno o dos coches por en medio de ella, como al principio, corriente y

---

[331] Cfr. Sáenz-Rico, págs. 426-427. Las colectas tuvieron lugar en 22.IV.1770, 14.VI.1772, y en 1775.

[332] En efecto: en la residencia se le inculpó al Virrey que estando prohibido por la *Recopilación de Leyes de Indias* (IV, XV, 1) imponer derramas o contribuciones sin autorización específica del Soberano, había exigido dinero para estas obras públicas (Cargo 4.º). Sin embargo, el Juez Jacot lo absolvió (V. el fallo pronunciado en 11.VII.1778, confirmado por el Consejo de Indias, en 29.IX.1782, en Donoso, *Un letrado del siglo XVIII: el doctor José Perfecto de Salas*, págs. 766 y 770).

[333] Cfr. las invitaciones a las «discretas y hermosas señoras» y a los «nobles y advertidos caballeros» de Lima, para colaborar en la cuestación organizada para el Domingo 22.IV.1770 en la Plazuela de los Desamparados, para cubrir los gastos de la construcción del Paseo de Aguas, «maravilla del mundo», circuladas en esquelas impresas (Medina, *La Imprenta en Lima*, III, pág. 15, núm. 1.291, y pág. 16, núm. 1.292; y Vargas Ugarte, *Impresos Peruanos*, X, pág. 54, números 2.001 y 2.002).

[334] Cfr. *Expresiones de reconocimiento y gratitud que al Excmo. Señor D. Manuel de Amat y Junient ... tributa el Vecindario del Valle de Lurigancho, y por su representación, uno, el más obligado y reverente Servidor de Su Excelencia, en acción de gracias por la apertura y singular aderezo*

útil! ¡Pero quitarle al Rio, a ese loco descadenado y furioso en un todo, esa mordaza o Dique que le había puesto la naturaleza, no cabe en un racional! Ya después que así se executó empezó a introducirse acia el camino real, y fué menester gastar diez y seis mil pesos, a cuenta de una derrama que se le hechó al Barrio de S. Lázaro, en un murallón que lo sujetase. Éste, como era obra suya, «todas sin cimientos», [335] empezó a caer ahora dos años, y en llevándoselo del todo se entrará hospite in salutato y sin que nadie le diga una palabra, porque ya no hay Martín Porras que se la diga en todo el Arrabal del Puente, y se lo suerbe en un abrir y cerrar los ojos.

Bisoño. — ¡Oh! Si vamos por hay *(sic)*, Taita, tan cierto es eso como vuela a toda la Ciudad con su Tren fabricado entre los muros de la Ciudad, acia la Portada de los Barbones,[336] donde [99] se guardan tres mil quintales de pólvora, que han criado Salamanquejas como hay pulgas en los muladares, pues qualesquiera accidente que encienda un grano, hará el estrago que los timoratos han temido. Su Plaza de Toros firme, donde se hizo hacer una Galería Real que en un mes de obra gastó *Roca*[337] catorce mil pesos, y que jamás pizó antes de la cinco de la tarde,[338] y eso por haber recibido llave de Oro y por ver a

---

del famoso Camino de la Piedra liza ... (Lima, 1767). Canción en octavas, en 17 fols.
V. también la *Memoria de Gobierno* (Sevilla, 1947), págs. 167-168.

[335] Comp. con la venenosa alusión a los muros del Paseo de Aguas, desprovistos de cimentación (página 97).

[336] *Memoria de Gobierno* (Sevilla, 1947), pág. 744, y Rodríguez Casado-Pérez Embid, *Construcciones militares del Virrey Amat* (Sevilla, 1949), págs. 170-171.
El siniestro previsto sobrevino el 31.I.1792: hubo que lamentar cinco operarios muertos, la pérdida de toda la pólvora y la ruina del edificio (Despacho número 170, del Virrey Gil de Taboada, de 20.II.1792. A.G.I. Lima, 703).

[337] Juan Roca, a quien se refiere la nota 128.

[338] En los romances taurinos del Ciego de la Merced queda confirmación del retraso con que Amat concurría a la Plaza de toros: en la primera tarde, el Domingo de Carnaval 9.II.1766 ocupa su palco cuando ya el noveno toro ha muerto; al día siguiente, también después del arrastre del noveno cornúpeta, y sólo en la tercera corrida, el Martes 11 alcanza a ver lidiarse el octavo bicho. Cfr. Vargas Ugarte, *Clásicos Peruanos* (Lima, 1948), II, *Obras de Fray Francisco del Castillo*, págs. 111, 120 y 128.
V. también Miró Quesada, *Veinte temas peruanos* (Lima, 1967), pág. 385.

Mica,[339] *Mercedes*,[340] *Ignacia* y otras Viejas y nuevas con su anteojito excelente, ha sido muy buena para que cada año se maten ciento sesenta Toros, y carezcan las tierras de esos Bueyes para ararlas.[341] Su Casa de Gallos es más que preciosa para que la gente libre y esclava, con alguna otra de la mozonada blanca, apueste lo que roba en las Casas, de cubiertos, y en las Calles, de Capas y Sombreros.[342]

Todo eso, Taita, le saldrá en la Residencia para veer Toros y Cañas, ya con los Indios del Cercado, por haberles quitado su Campana que les costó su dinero, que estaba bendita y dedicada al servicio de llamarlos a los Santos Oficios y Doctrina Christiana, tan sonora que la oían en la Plaza mayor, y corrían a su voz, no faltando con ella ni a sus deberes piadosos ni a sus contratos lícitos, para ponerla en el uso profano del Relox del Puente, donde ella misma se ha vengado con no dexarse oír, y oxalá no sea con hechar abaxo el Arco con su pezo; ya con *García* el Avogado,[343] que vendrá de Chile a hacer veer la persecución de

---

[339] Micaela Villegas.
[340] María Mercedes Sánchez y Ruiz de Arjona, «la pulperita», mencionada en la nota 161.
[341] Comp. Morales de Aramburu, 'Quaderno...', en *Fénix* (Lima, 1947), núm. 5, págs. 312 y 324.
[342] Comp. Morales de Aramburu, loc. cit., pág. 326.
Aparte de los datos contenidos en el artículo que Mendiburu dedica a Juan Bautista Garrial en su *Diccionario*, así como en sus *Apuntes históricos* (Lima, 1902), pág. 94, y los que se consignan en la *Memoria de Gobierno* del mismo Amat (Sevilla, 1947), pág. 171, v. una escritura del propio Garrial, de 7.III.1767, en que cede el producto del coliseo, situado en la plazuela de Santa Catalina, a Jacinto de los Santos, hasta un monto de 2.640 pesos, que le adeudaba, exceptuando las jugadas de los Jueves, que el contratista se reservaba para su subsistencia (A.N.P. Juan José Moreno, 1765-1767, fol. 374).
Garrial era catalán, e hijo de Francisco Galigalo y de María Ángela Pérez. V. sus testamentos, de 14.II.1774, 18.V.1781 y 11.VI.1783 (A.N.P. Santiago Martel, 1773-1774, fol. 362; Mariano Antonio Calero, 1779-1781, fol. 369, y Francisco Luque, 1783, fol. 503, respectivamente). Falleció en 24.VII.1783, desempeñándose siempre como arrendatario del coliseo, que pertenecía al Fisco.
[343] El doctor José Antonio García (aludido ya anteriormente, en la página 63), era piurano. Abogado de la Audiencia de Lima y Relator interino de ella durante nueve años, fue procesado bajo la acusación de díscolo, perturbador de mozos intonsos, de genio abominable y de otros «graves excesos». La acusación se formuló con la asesoría de Salas. Resultó condenado a prisión en Chiloé, adonde lo remitió el Virrey bajo partida de registro,

nueve años que ha sufrido en prisiones por mano de Estrangeros, en Cárceles entre facinerosos, en Presidios entre Casasmatas, y en destierros insufribles, calificados los delitos de «forca el Catalán, y después dá la Sentencia, y otros eiusdem malitie», de incopetentes *(sic)* e insubstanciales por Real Executorial, para tanta crueldad y tiranía, y ya, fuera de los dañados que nominalmente hemos nombrado en nuestras noches, la 'turba multa' de depuestos, de arrestados, de desterrados y engañados.

Veterano. — ¡Maldita sea, Hijo, esta Residencia, «ya no puedo más», para la que todo *[100]* se dexa! Todos discurren que han de sacar de ella rajas de 80 de 60 de 50 de 40 miles pesos, hasta baxar a quatro o seis, y tengo por cierto que todos se han de quedar a chicha fresca. [844] Sucederá con ella a Lima lo que le sucedió a la África con la que dió Mario Prisco, su Procónsul. Este allí, «como *Amat* acá», dexó y destruyó aquella Provincia, y quando sus Moradores ofendidos le abrieron su juicio delante de Trajano, uno de los mayores Emperadores Romanos, y que recibió la pena mayor entre ellos, que era el destierro, su plata, que era la que más querían los postulantes, le quedó intacta, y con ella, se-

---

en 27.X.1770, al cargo del Gobernador de aquella plaza, Carlos Béranger. Con ánimo de coaccionar a sus juzgadores, se llevó consigo los procesos y papeles que tenía a su cargo en la relatoría (A.G.I. Lima, 860). En Chiloé, durante cinco años y tres meses padeció bajo los rigores del clima inhóspito, sufriendo en castillos, infiernillos y cárceles. Al terminar su gobierno Amat, García interpuso demanda en que solicitaba reparación por los daños inferidos a su persona y fama, que valoraba en la cantidad de 60.000 pesos. Vivía en la calle de la Aduana.

Para proseguir su instancia, se trasladó a la Metrópoli. En 2.III.1779, a punto de dirigirse a España por la ruta de Buenos Aires, confirió poder general, entre otros, a Juan Antonio Garay, otro de los afectados por las medidas punitivas de Amat (V. nota 186), y en 6 del mismo mes extiende poder para testar (A.N.P. Valentín de Torres Preciado, 1779, fols. 82v y 123v).

En la Península, donde se le conocía como «el trabiezo abogado de Lima», fue también apoderado de Túpac Amaro y del Conde del Valle de Oselle (Sáenz-Rico, págs. 546, 556, 561, 566, 567, 568, 571-573, 590, 593, 622 y 667). Hacia 1794 vivía retirado en Murcia (A.N.P. Pedro José de Angulo, 1792-1794, fol. 324v. Escritura de 21.X.1794).

Los autos seguidos contra el Virrey, en su residencia, obran en A.H.N. Consejos, 20.342, Piezas 1.ª, 2.ª, 3.ª y 5.ª. Testimonio de la demanda, en B.N.P.. Manuscritos, C 290.

[844] Proloquio que ya se empleó en la página 70.

gún dice el Poeta Satírico Juvenal, en su Sátira primera, gozó del Cielo irritado contra él, regalándose opíparamente, mientras que la dicha Provincia, que había ganado el proceso, quedó gimiendo y despojada. Yo sé los Versecillos en latín, que aunque no los entiendas, suenan bien, y que yo he aprendido porque me los explicó el Lizenciado *Adriancen*, [345] con quien me he amistado estrechamente, y a cuya Musa tienes envidia. Dicen así: Damnatus inani — judicio «quid enim salvis infamia nun mis! Exul ab octava. Marius bibit et fruitur Diis-iratis, at tu Victrix Provincia ploras. [346] ¿Qué tal? ¿No los he referido como si desde mi niñez hubiera aprendido esta lengua? ¡Pues vamos ahora al Mario Prisco de las Indias! Él se irá, se irá detestado, lleno de procesos y colmado de causas, pero se irá finalmente. Seguiránlo ellas a la Corte; recibirá el desagrado, «que es peor que el destierro de Roma», de nuestro Christiano Trajano el Sr. D. CARLOS, mas

---

[345] El Licenciado Manuel de Adrianzén (del flamenco Adriaensens). Presbítero, natural de Piura, hijo legítimo de Juan de Adrianzén y de Catalina Díaz del Pedregal. El 2.I.1766 tomó en arrendamiento una casa en la calle del Corazón de Jesús, contrato que rescindió en 8.I.1768 (A.N.P. Francisco Luque, 1766, fol. 2, y Valentín de Torres Preciado, 1767-1768, fol. 898), aunque en 5.III.1771 vivía nuevamente en la misma calle (A.N.P. Luis Victoria Medrano, 1769-1775, fol. 103). En 8.VIII.1775 arrienda en su casa, en la calle de los Plateros de San Agustín, una tienda con su altillo, por ocho años, a un maestro de dicho oficio (A.N.P. Salvador Jerónimo de Portalanza, 1774-1777, fol. 258v).

Hermano suyo fue el Capitán de la Sala de Armas de Lima, Miguel de Adrianzén, que en 1762 fue el primero en proyectar la construcción de una plaza de toros en el paraje nombrado «El Hacho», conforme las actas de las sesiones del Cabildo de Lima de 10.XI. y 1.º.XII. de dicho año (Libro 36.º de Cabildos de Lima (1756-1781), fols. 98 y 101. El expediente respectivo, en B.P.M. Manuscritos, 2.424, núm. 3). Se asoció para esta iniciativa con uno de los sobrinos del Virrey, don Antonio de Amat y Rocabertí, probablemente para alcanzar la autorización del gobierno con mayor facilidad (Calmell, *Historia Taurina del Perú* (Lima, 1936), págs. 83-84). Otorgó poder para testar en 23.X.1770 (A.N.P. Francisco Roldán, 1766-1773, fol. 438).

Hubo también un Joaquín de Adrianzén y Palacios, que contrae obligación en 15.XI.1774 (A.N.P. José de Aizcorbe, 1774-1775, fol. 358v).

[346] Consta que el Marqués de Soto Florido contaba en su biblioteca con un volumen titulado *Declaración magistral sobre la cláusula de Juvenal*, aparte de las obras de este satírico. El pasaje tan estropeado en latín, corresponde en castellano a: «El desterrado Mario goza y bebe / Desde la octava hora / Sin temor a los dioses, y entre tanto / Tú gimes ¡Oh provincia vencedora!»

él con su impavidez ocultará esta pena exorbitante, y hará alarde de que antes ha recibido de sus manos en gratitudes mil de favores, y se quedará holgando con sus robos, rapiñas e injusticias, durante que los perseguidos y maltratados vivirán pobres y destrozados usque in diem obiti sui.

Bisoño. — Me ha armado tanto esto Taita, que ya parece que lo estoy viendo embarcar, «y hemos de ir sin falta», por el Puente que hizo para este único efecto, a costa de Ocho mil pesos del patrimonio de S. M., con 26 vs. de largo [y] 6 y media de an- *[101]* cho, y con ocho pares de ruedas, teniendo quatro y tres quartas de alto las primeras que entran al agua, y las seis restantes, en proporción diminuente, lleno de risa interior, y en lo exterior de sobervia insoportable. [347]

Veterano. — ¡Oh, Hijo, ese gasto no es nada en comparación de los tantos infructuosos que ha hecho en aquella Plaza del Real Phelipe, [348] para que a ellos y a los útiles se los suerba el Mar, quando menos se piense! Es verdad que allí la halló plantada, pero ¿no debió una vez que el sitio lo conoció por malo, según publicaba a toda garganta, destruírla y pasarla más adentro, como ha destruído tantas otras oficinas acabadas? Ella aún estaba tan imperfecta, que se podía decir que sólo estaba diseñada; luego pudo abandonarla y formar desde sus cordeles otra que no tuviese los embarazos que le notó desde su primer golpe de vista. Pudo haberlo hecho, y no haber gastado más de lo que ha impendido entre su circuito. Cinco millones le dexó su antecesor, «él no le dexa al suyo sino seiscientos mil pesos», en las Reales Caxas, y todos se han consumido allí. Ya hemos apuntado que *Fritas,* [349] el *Cantero,* un *Herrero,* y el *Granadero Roca* [350] han ganado en ellos lo que no cabe en nuestras sumas, siendo así que el peonage no costaba más que dos reales por Cabeza, por ser siempre los

---

[347] Se trataba de un embarcadero constituido por un plano inclinado y una pasarela sobre ruedas, con barandilla, que empalmaba con la proa de una embarcación de remos (V. el dibujo de este ingenio, reseñado en Sáenz-Rico, pág. 424 y 657, núm. 144).

[348] V. los trabajos realizados durante el régimen de Amat, en la monografía de Rodríguez Casado-Pérez Embid, *Construcciones militares del Virrey Amat* (Sevilla, 1949), págs. 111-126, y Sáenz-Rico, págs. 243-251.

[349] V. la nota 163.

[350] Juan Roca, de quien quedó la nota 128.

forzados y los fagineros de turno. Hizo contramuros, Ramplas, Casasmatas, Caballero, Torreones y Glacis, y aunque decía que eran firmes, sólidos, fuertes, fortificados e inpenetrables, todos dicen que están falsos, fofos, flojos, abiertos y desamparados, de modo que no las baxasen en este tiempo, ni los Arietes en el antiguo, sino unas Barretas son capaces de deshacerlo todo en un momento, no siendo mucha esta ponderata, a vista de que sólo la lluvia ha abierto rajas por todas partes. Quando añade que todo lo que él ha hecho está en regla y según lo más perfecto de la Arquitectura militar, se ríen los prácticos, «en los principios bien se rió el Sr. *Sini*», [351] y los que han leído las obras de Ramelli, de Cataneo, de Estebino, Ingeniero del Principe de Orange, del Caballero de Villa, del Conde Pagan, y *[102]* del Mariscal de Vauban, [352] que son los que mejor han descripto cómo deben ser, ya las obras immobles tales como «fuera de todas las de arriba» las Cortinas, los Bastiones, los reparos, los Fosos, las contraescarpas, las Estradas encubiertas, las medias lunas, los rebellines, las obras coronadas, las explanadas, los Parapetos, los Radios a los Polígonos interiores y exteriores, los Tenallones, &c., y ya las partes mobles y adlaticias, quales son Banquetas, Cordones, Molinetes, Caballos de friza, Manteletes, Gaviones, &c., se ríen, vuelvo a decir, o porque lo que hay está hecho a la frangollada, o porque no lo hay en substancia y en verdad.

---

[351] El Teniente Coronel de Artillería Ingeniero Antonio Zini. Pasó al Perú con arreglo a la Real Orden de 25.IX.1765, con derecho a un haber de 150 pesos mensuales. En 3.III.1774 extiende un poder general para diversas gestiones (A.N.P. Andrés de Sandoval, 1773-1774, fol. 725). Guirior, que lo pondera con entusiasmo en su *Memoria de Gobierno* (§§ 192 y 193), por Decreto de 26.VIII.1776 lo promovió al cargo de Comandante de la Artillería, atribuyéndole facultades de ejercer fuero privativo para los de su arma, excluyéndolos del general existente para el resto de las fuerzas armadas.

De origen catalán (había nacido en Pujadas en 1710), comenzó su carrera militar en 1727. Contaba con una nutrida hoja de servicios, contenida en un Informe sobre los Oficiales del Ejército del Virreinato, anejo al despacho número 182 de Amat, de 10.VII.1769 (A.G.I. Lima, 651). Esas noticias se complementan con el memorial del mismo Zini, cursado por el Virrey con despacho número 1007, de 5.VIII.1773 (A.G.I. Lima, 653).

[352] Girolamo Cataneo, *Dell'arte militare* (Brescia, 1571) u *Opera nuova de fortificare* (Brescia, 1564); Arnold de la Ville, *Nouvelle manière de fortifier* ... (Paris, 1689); Blaise François de Pagan, *Les fortifications* ... (Paris, 1645), y Mariscal Sébastien Le Prestre de Vauban.

Bisoño. — ¡Cómo me admira, Taita, tánto como Vd. retiene de lo que oye o lee! ¡No hay como beber ese brebage de la Anacardina que Vd. tomó! Mas, algo hay en la Plaza para defenza que dicen que es especial. Yo creo que lo hoy *(sic)* llamar metralla.

Veterano. — Sí, metralla se llama, Hijo, eso, que son unos Zurronsillos de Cuero en que se contienen clavitos, astillas y puntas. Esto, que ha costado cosa de seis mil o más pesos, es lo único que no debía haber, porque ahora sirve para la polilla y Pericotes de los Almagazenes, y quando se necesita, se hace con promptitud. ¡Era destino que todo lo errase!

Bisoño. — En las Casasmatas, Taita, suplico a Vd. que no erró, pues servían para sus presos de odio, y sirvieron también para guardar la carga crecida del Navío francés que vino aquí el 18 de Abril y se fué el 7 del mismo mes en el año de 73. [353] ¿Si no las hubiera habido, dónde aquéllos y ésta se hubieran acomodado mejor, para que nadie los viese y las tocase?

Veterano. — Que bien las tocó, Hijo, el *Orejas de Asno*; «el *Asno de Oro* tocó el Oro que se juntó de lo que se vendió de ellas, que fué todo o casi todo», cuya salida del Puerto, «porque

---

[353] Sobre esta arribada maliciosa del navío «Saint-Jean-Baptiste», que estuvo al ancla en el Callao desde Abril de 1770 hasta el mismo mes de 1773, v. la *Memoria de Gobierno* (Sevilla, 1947), págs. 211-216, y Sáenz-Rico, págs. 287-293, así como tres despachos de Amat: número 305, de 20.IV.1770, 444, de 15.VIII.1771, y 451 de 2.X.1771 (A.G.I. Lima, 652).

Para poder reanudar su travesía con rumbo al puerto de destino, Lorient, el Fisco habilitó a la nave con la suma de 40.173 pesos, valor de los pertrechos facilitados, cuya entrega estuvo al cargo del Oficial Real Antonio José de Ibarra, Oficial de turno en el Callao. Aparte, el Capitán Guillaume Labé y el escribano de la embarcación, Pierre Monneron, contrajeron deuda adicional por la cantidad de 14.000 pesos por otros avíos que le proporcionó el Capitán del velero «El Aquiles», Jaime Fourrat, el cual se haría pago de esa suma con una carta libranza expedida en Cádiz por los armadores del «Saint-Jean-Baptiste», Quentín Hermanos y Compañía (Escritura de 29.III.1773. A.N.P. Juan Bautista Tenorio Palacios, 1773-1774, fol. 42).

V. asimismo la nota consignada en 18.II.1773 por el Oficial Ibarra al «Estado ... de los gastos impendidos ...», que especifica las cantidades abonadas al Capitán Labé. A.G.I. Lima, 645 (A).

V. también el expediente conservado en A.G.I. Lima, 883, y la detallada información que proporciona el Conde de Castañeda y de los Lamos en su «Epitome Chronológico...» (B.R.A.H. Colección Mata Linares, vol. XLIII), fols. 263-270v.

las remitió a Chile para que allí se expendiesen», se transbordó de Navío a Navío, sin que nadie lo sintiese. Él ya se vee que merecía esta recompensa, porque les hizo dar la defenza en los Autos que les formaron los Señores Gaulos, «que bien florearon con la *Perri [103]* y ella se vee en ellos hasta ahora», de que ese Mar era una cosa común a toda Nación, y que la division Alexandrina era zumba, que no valía nada contra la regla del 'primo ocupanti conceditur', sin que sirviese de embarazo el enfado del Sr. Fiscal [354] que era entonces, por este desacato contra la Corona, pues sacó a todos los Interesados en brazos y libres de este delito de Lesa Magestad.

Bisoño. — Así Taita como embarcó esas ropas para Chile, embarcó también, quando se fué, sus tres millones en Cajones que decían Caxones de Tabacos por el Rey, [355] con los que ha comprado Haziendas, y intenta monopodiar el Trigo a dos pesos, que será el mayor perjuicio contra la Ciudad. Él se fué por el orden que le vino en Febrero de 75 al *Catalán* para que lo hechase, [356] dexando afianzada su Residencia abiertamente, lo que él logró fuese sólo en cincuenta mil pesos, [357] y eso protestando estar a las

---

[354] Don Antonio Porlier y Sopranís, oriundo de La Laguna (Tenerife). Había estudiado en Alcalá y Salamanca; en 1757 pasó a servir una magistratura en la Audiencia de los Charcas, donde en 1765 casó con doña María Teresa Sáenz de Aztegüieta. Desde 7.IX.1766 ocupaba la Fiscalía en la Audiencia de Lima. A punto de embarcarse con rumbo a la Metrópoli, promovido a Fiscal del Consejo de las Indias, testó en Lima en 27.I.1775 (A.N.P. Andrés de Sandoval, 1775, fol. 66). Amat lo desplazó del conocimiento de varios asuntos, encargándolos al Fiscal del Crimen, Jerónimo Manuel de Ruedas (A.G.I. Lima, 879 y 880).

[355] Comp. la nota 45.

[356] En despachos de Amat, números 1091 y 1103, de 5.II. y 23.III.1775, éste manifiesta que en acatamiento de la Orden de 4.VIII. anterior su Asesor Salas se restituiría a su plaza de Oidor en Santiago, utilizando el primer navío que largase para Valparaíso, como en efecto se embarcó el 21.III. En atención a la idoneidad, juicio y probidad que concurrían en la persona del doctor Luis de Santa Cruz y Centeno, en 13.III. fue designado para servir la Asesoría General. Santa Cruz y Centeno, Caballero de Calatrava, estaba proveído Oidor de Charcas (A.G.I. Lima, 653).

[357] En 8.III.1775 Manuel Lorenzo de León y Encalada y Juan Antonio Molina extendieron sendas escrituras, depositando cada uno fianza hasta la cantidad de 25.000 pesos para responder de las resultas del juicio de residencia por el cargo de Asesor General, para el que fuera escogido por Amat en 9.IX.1761 (A.N.P. Salvador Jerónimo de Portalanza, 1774-1777, fols. 214 y 215).

sentencias difinitivas y en que hubiese procedido con espontaneidad.

Veterano. — El *Asno de Oro,* Hijo, no debía, si hubiera sido puro, como lo fué en la África su Procónsul Victorino en tiempo del Emperador Marco Aurelio, haber esperado tan justificada resolución como tomó el Soberano contra él, sino haber hecho lo que hizo aquél con su Asesor, «que era, en lo rapiñador, muy parecido a *Orejas de Asno*», que fué remitirlo a la Italia, para apartar de allí una Lepra tan infecta y perjudicial a aquellos Vasallos.

Bisoño. — ¡Cómo, Taita, lo había de haber hecho, si él lo hacía ganar también, y el *Asno de Oro* tenía sed insaciable de este metal, como tenía hambre de mortificar igualmente en nuevas imposiciones, siendo capaz de responder su impiedad, a los que pidiesen su rebaxa, lo que Niger, Emperador, contra Severo lexítimo, «que yo a vezes sé largar también mis historietas», respondió a los de Palestina en igual trance: «Andad y sabed para en adelante que en lugar de rebaxaros lo que pagáis, quisiera añadiros aun sobre el aire que respiráis»!

Veterano. — ¡Pues gracias a Dios, Hijo, que ya acabó, que ya no lo ha de hacer, y que lo que ha hecho en ese género se ha de remediar! Él acabó, Hi- [104] jo, y yo no lo creo, y quando lo creo, me acuerdo de nuestro compañero *Telesforo,* que estando tullido como está, siempre que ablábamos de su vida tan penosa, me decía: «Pues mira, así la llevo muy contento, como yo »sobreviva un sólo día al Gobierno de este tirano del *Asno de Oro* »que tanto se detesta», que es lo que dice Plinio profería Cornelio, hombre sabio, contra Domiciano, al verle lleno de dolamas y oprimido de una cruel gota, 'cur me putas'», cata aquí sus palabritas latinas, que estudié ayer: «Hos tantos labores tandiu sustinere, ut scilicet isti latroni vel uno die superfim».

Bisoño. — ¡Qué penitencia, Taita, no necesita hacer este hombre, ese *Asno,* que tomaba las armas todo fuera de sí y a quien gobernaba el furor antes que la razón. 'Arma amens capio', «que yo también agarro mis pedacitos de Virgilio, a exemplo de Vd.», 'nec sat rationis in armis', para que lo perdonase el Reyno.

Veterano. — Antes de hacerla, Hijo, era menester en él, porque si no jamás la hará, el que viese en un retrato airado de Ntro. Rey y Señor, en lugar de aquellas palabras que se esculpen en las Monedas de hoy, 'Carolus Tercius Dei gratia Hispan. & Ind. Rex', estas otras dirigidas únicamente a su iniquidad: 'Carolus III. quippe hunc *Amat* populum, non eum *Amat* Ma- »gistratum qui illius haud *Amat* incolas', como quien dixera en »Castellano: 'Carlos III, porque ama a este Pueblo, no ama a »aquel Magistrado que no ama a los habitadores de él'. Entonces sí que, hincado de rodillas, pidiera perdón, confesando antes con estas palabras de Isócrates sus delitos: «Tirannus fui, quia cum »suma licentia, voluptates & libidines meas explevi, ejectisque »aut interfectis civibus & prudentissimis reliquum Vulgus de- »glutivi'. Fuí un Tirano, «vé hai *(sic)* en nuestra lengua este »bocadito», Confiésolo, y confieso el que lo fuí a rienda suelta, »pues que con un sumo desenfrenamiento he saciado mis deleites »y liviandades, «gracias a mis Caldos encamaronados [358] y a mis »Panaceas», desterrado a los Sabios de mi lado a ageno suelo, »muerto a muchos Ciudadanos con mis desaires y sentencias, y »sorbídome, por último, la substancia de todo el Reyno. Falté »por mi malevolencia a aquellos tres princi- *[105]* pios que esta- »blece Plutarco en la comparación que forma de Niceas y Cras- »so, [359] que observados me hubieran hecho apartar del escollo »de los errores, porque si el que gobierna, según afirma malis »nequaquam locum dare debet, no debe dar ocasión para que so- »brevengan males, yo la dí, haciendo sobre todo Aduana; neque »funcciones publicas indignis, ni encomendar cargos a los per- »versos, yo los dí a los Aduanistas y a tantos otros de otra esfera; »neque fidem habere infidelibus, ni dar fee a los que hablan »imposturas, yo la dí a los que me lisongeaban según mi humor.

---

[358] Chupe, sopa popular con camarones, a la que se atribuyen virtudes reconstituyentes y nutritivas en alto grado.

[359] El Marqués de Soto Florido tenía en su biblioteca la obra de Plutarco.

El pasaje, tomado de la comparación entre Nicias y Marco Crasso, reza textualmente: «Non debet tamen is, qui versatur in civitate sensum habente virtutis & pollentior est opibus, dare locum malis, nec magistratum privatis, nec fidem suspectis, quod quidem admisit Nicias ...» (Cfr. Plutarchi ... *Vitæ comparatæ* ... (Venecia, MDLXXII), fol. 273).

»Pequé en todo, mi Rey, «debía decir por último», perdón pido,
»confesando que si fuí Lobo en el Perú, ya aquí vengo a tu pre-
»sencia como Oveja. Yo mismo me impongo algún castigo, para
»no ser exemplar de malintencionados, y quiero imponérmelo
»siguiendo esa Metáfora con Suetonio, quando este hablaba con
»el buen Pastor Tiberio, cuyas partidas mejoráis que se me tras-
»quile quitándome el Vellocino de mi plata, y no descortesán-
»dome hasta quitarme el cuero del honor. Boni pastoris est ton-
»dere pecus, non deglubere, [360] que siendo eso lo que quieren
»los dañados ante todo, bien me condonarán lo restante, como
»buenos Christianos. Que se haga, fiat, fiat, oiría antes de levantar del suelo, y todo el Pueblo gritaría: «Está bien, para que esa
vida enmiende tantos dislates en tanta vejés».

Bisoño. — Que bien se ha canzado Vd. Taita, en referir lo que él debía executar en orden a pedir misericordia y satisfacer, porque nunca ha estado más orgulloso, o más insolente, contra el Criollizmo que desde que se fué a su Rincón en Serpentado (*sic*), y aun desde que llegó aquel proprio de la arribada de su Succesor, que causó más alegría que en Roma con todas sus Hecatumbas la noticia de la muerte de Maximino, a quien tánto se asemejaba por lo repentino en descargar el golpe quando menos se imaginaba. Ha largado desde entonces el freno de su boca de Verdulera, de tal suerte que no hay de nuesto (*sic*) con que no nos oprima: Que son unos *Panfus,* que Cochinos los halló y Cochinos los dexa, son sus menores expresiones; y uno que lo supo, dixo muy bien, y sin duda que debía ser Cochinero. Sí, Cochinos cebados nos halló *[106]* en la Colca [361] de las corontas [362] de Oro, y Cochinos galgos nos dexa en la pampa de la Peogería, y él, que vino *Puerco flaco* de riquezas, se va *Puerco gordo* de ellas, cuya manteca largará, quando menos pienze, en la prenza de los juicios. Pero Taita, se acabó esto, porque han dado las once, a menos que no extendamos nuestra Conversata a otra noche.

---

[360] San Juan, 10, 1-16.
[361] Granero o troje donde se almacena el maíz.
[362] La panoja del maíz, cuando ha sido desgranada.

Veterano. — ¡No Hijo, no se extiende ni un punto de lo pactado! Quando mucho, quedará la cosa abierta por si acaso alguno que nos aya oído quisiere adición en género de cuentos. Tú que te quedas sabrás de eso y me avisarás, que yo me voy a dar de cenar a Sinforosito y a [a]costarlo, para que se levante temprano y vaya a la Escuela, que ya mañana se acaba el asueto del Sr. GUIRIOR. A Dios, a Dios.

Bisoño. — Su Divina Magestad, Taita, le dé a Vd. buenas noches, que yo también de aquí a un rato me iré a tender a la Bartola en mi Cama. ¡Jesús, y qué canzado me han dexado estas cosas del *Chueco*, con su cuerpo de Pulpero mataperros, «y por eso da perros muertos», [363] con el título de que dan mal exemplo quando se ennudan con las perras, [364] a la juventud, habiendo cuidado muy poco de ella, y de que sirven sus cuerpos para fortalecer la raíz de los Sauces y que encopen lucidamente, quando todo el Mundo sabe que fué porque le rompieron un Capotón bordado una noche que salió a deshoras a saber, no el Sí ni el nó de una trama, [365] sino el efecto de su execución.

* Eso solo, Sr. Palanganita, les había a Vds. faltado en sus noches, que ciertamente está excelente, le dixe yo entonces tirándole un canto del Sombrero. Él, haciendo el papel de que le cogía de nuevo mi estación allí, gritó como sorprendido: «¡Jesús me valga y me favoresca! ¿Qué, Señor, Vd. nos ha escuchado lo que yo y mi Compañero hemos parlado en esta noche y las dos antecedentes? Porque si ha sido así, me voy a soterrar baxo de quatro estados». «¡Dexa bufonadas, muchacho!», le repuse por último; toma ese socorrillo por lo bien que lo han trabajado,

---

[363] Locución sinónima de estafa o engaño, que emplea ya Tirso de Molina, en «El burlador de Sevilla», Jornada II, esc. VI, en una confidencia de Don Juan y el Marqués de la Mota.
[364] Cfr. Morales de Aramburu, 'Quaderno...' en *Fénix* (Lima, 1947), núm. 5, págs. 340-341.
[365] El apologista Morales de Aramburu, si es que se refiere a este mismo percance, lo expone en forma distinta (loc. cit., pág. 342).
* En estos dos párrafos finales se simula la intempestiva aparición —ya insinuada en la página 33— de un indiscreto oyente, que ha escuchado oculto las conversaciones entre los Palanganas, y epiloga el relato de los sucesos con unas reflexiones de tinte filosófico.

y díle a tu Taita, N., que admito pro *Coronide* de la Obra las fabelillas que pro- *[107]* metió, pero que éstas no voy a que me las refiera a su Casa hasta que se vaya el *Chueco*, y vete, que es tarde. Despidióse dándome agredecimientos *(sic)* por la ofrenda que recibió, y prometióme que por la mañana le avisaría a su Maestro mi resolución.

Quedé entonces solo, y resolviendo en confuso todo lo que les había oído, en mi espíritu, y todo lo dēmás que yo me sabía para mi Saco, levanté los ojos al Cielo y adoré rendido las Sentencias de su providencia. El Sobervio, abatido; el humilde, exaltado, vee ai *(sic)*, decía yo en mi transporte, verificado a la letra en estos dos Gobernadores, siendo aquel que acaba infamado por aquélla hasta el Abizmo, y elevado este que empieza por ésta hasta las Nubes. Iba a seguir en este discurso, y acordándome que el Público a vezes siente las larguezas, aunque se vea escaso, tuve a bien el suspenderlo, y después de prometerle cumplir la promeza de la adición sabida, en caso que sepa que esto se aplaude, le doy por despedida el *Vale eternamente* de siempre.

FIN

ÍNDICE ONOMÁSTICO
DE LOS PERSONAJES MENCIONADOS EN EL *DRAMA* °

Adrianzen, Licenciado Manuel de: 100.
Alós, Joaquín de: 58 y 61.
Álvarez de Ron, Antonio José: 95.
Amat y Junyent, Manuel de: 4, 16, 19, 33, 41, 45, 47, 65, 100 y y 104.
  Alacrán de oro: 82.
  Asno de oro: 4, 5, 6, 7, 33, 34, 35, 40, 46, 48, 50, 54, 55, 60, 65, 72, 73, 83, 84, 88, 92, 93, 95, 96, 97, 98, 102, 103 y 104.
  Buho de oro: 55.
  Cabezón: 95.
  Cancerbero de Oro: 34.
  Castor de oro: 62.
  Catalán: 9, 11, 12, 13, 27, 29, 52, 90, 99 y 103.
  Cizaña de oro: 96.
  Chueco: 8, 19, 20, 28, 29, 32, 33, 71, 73, 76, 83, 106 y 107.
  Dragón de oro: 85.
  Escarabajo de oro: 67, 70 y 89.
  Escuerzo de oro: 64.
  Esfinge de oro: 75.
  Gato montés de oro: 56.
  Jabalí de oro: 34 y 69.
  León de oro: 34 y 48.
  Leopardo de oro: 34, 40 y 73.
  Manuel: 79.
  Mario Prisco de las Indias: 100.
  Monstruo de oro: 75.
  Nerón: 79.
  Orejón: 7.
  Oso de oro: 42.
  Pantera de oro: 93.
  Puerco flaco: 106.
  Salamanqueja de oro: 80.
  Sapazo de oro: 84.
  Serpiente de metal de oro: 53.
  Serpiente de oro: 34.
  Sierpe de oro: 84.
  Tigre de oro: 34, 37, 55 y 71.
  Uta de oro: 78.
  Víbora de oro: 49.
  Zorra de oro: 64.
Amat y Rocabertí, Antonio de: *Cabezón:* 39, 48, 52, 58, 79 y 95.
°Amat y Rocabertí, José de: 62.
Amat y Villegas, Manuel de: 56 y 59.
°Arias de Saavedra, Francisco: 95.
°Arredondo, P. José de: 64.
°Arriaga, Bailío Julián de: 70.
°Arriaga, Miguel de: 90 y 96.
°Avalos y Chauca, José Joaquín de: 16 y 17.
Avechucho (V. Palmer, Jaime).

Bacho, Seor: 60.
Borriquero chileno: 79.
°Bouso Varela, Joaquín: 81.
°Bravo del Ribero, Pedro José: 70.
Buytuerto, Patricio: 76.

° Los nombres precedidos de un asterisco son aquellos que en el texto aparecen solamente aludidos.
Conste que la numeración se refiere a los folios del original, y no a la paginación de la presente edición.

Cabezón (V. AMAT).
CAMUSSO, Juan Andrés: 55.
CANTERO: 59 y 101.
CÁRDENAS, José de: 73.
*CARRIÓ DE LA BANDERA, Alonso: 66.
CASTILLEJO, Conde del (Fermín Francisco de Carvajal y Vargas): 42.
CASTRO, Antonio José de: 16.
CID: 24.
CISTERNAS, Hilario: 48.
Coba, Juan de la: 83.
CONCINA, Daniel: 21 y 68.
CORBALÁN DE SALAS, María Josefa: 74.
*CUENCA, P. Victoriano: 65.
CUY-ASIO: 34.

CHACÓN, Manuel: 65.
Champa: 54 y 72.
Chepe, el orejón: 13.

ENRIQUE IV DE FRANCIA: 53.
ERBAO (V. HERBAO).
ESCRUTADOR: 56.
Esfinge (V. VILLEGAS, Micaela).
*ESPEJO Y SANTIBÁÑEZ, Manuel Antonio: 73.
ESTACIO, José Javier: 57 y 60.

FEIJÓO, Benito Jerónimo: 17.
FERNÁNDEZ, Feliciano: 33.
FRITAS (V. GUZMÁN DE FREITAS, Mariano).
FUERTE, Alférez (V. GUTIÉRREZ, Juan).

GALVÁN, Jacoba: 97.
GARAY, Juan Antonio: 64.
GARCÍA, José Antonio: 63 y 99.
GONZÁLEZ DE HAEDO, Felipe: 76.
GONZÁLEZ DEL PIÉLAGO, Fernando: 37.
Guarapo (V. GUTIÉRREZ, Juan).
GUIRIOR, Manuel de: 59, 90, 91 y 106.
GUTIÉRREZ, Juan: 54, 55, 59, 64, 75, 81, 97 y 98.
*GUTIÉRREZ, Miguel: 40.
GUZMÁN DE FREITAS, Mariano: 59 y 101.

HERBAO, Francisco: 30.
HEREDIA, Narciso: 63.
HERRERO: 101.

IGNACIA: 99.
Inés (V. MAYORGA, Inés de).

Jaime (V. PALMER, Jaime).
Juan (V. GUTIÉRREZ, Juan).
Juanico (V. GUTIÉRREZ, Juan).

*LASO DE LA VEGA HIJAR Y MENDOZA, García José: 36.
*LOYOLA Y ROJAS, Pedro José de: 36.
Lunarejo: 54.

MANSO DE VELASCO, José Antonio: 49 y 70.
*MARIMÓN, Fray Juan de: 66 y 67.
MARTA: 12, 54 y 55.
MARTÍN: 61.
MARTÍNEZ DE LA RUDA, José Manuel: 22, 75 y 88.
*MARTÍNEZ TAMAYO, Francisco: 36.
MARTORELL, José: 44 y 48.
MASSA, Bartolomé: 56 y 58.
MATA: 81.
MATES: 4.
MAYORGA, Inés de: 57 y 80.
MERCEDES (V. SÁNCHEZ Y RUIZ DE ARJONA, María Mercedes).
MINO YULLI, Francisco Humac: 93.
MONCADA: 24.
*MONTAÑO, Cristóbal de: 81, 82, 83 y 95.
*MORALES DE ARAMBURU, José: 56.
Motsu: 55.

NAVARRO, Juan Francisco: 90, 91, 92 y 96.
*NAVARRO, Miguel: 80.
*NAVIA Y BOLAÑO, Antonio: 60.
NUNCIBAY: 24.

Ñato (V. MONTAÑO, Cristóbal de).

Ojotes: 39 y 52.
Orejas de asno (V. SALAS, José Perfecto de).
*ORTEGA PIMENTEL, Isidro José de: (V. *Champa*).
ORREGO: 24.

Palmer, Jaime: 14, 55, 61, 62 y 75.
°Peña Zamorano, Domingo: 36.
Perales, María: 88.
Perricholi (V. Villegas, Micaela).
Piélago Calderón, Fernando del (V. González del Piélago, Fernando).
°Porlier, Antonio: 103.
Porras, San Martín de: 98.
Pulido, Juan Francisco: 22, 25, 75 y 88.

°Querejazu y Mollinedo, Antonio Hermenegildo de: 91.
Quirós, Blas de: 72 y 73.

Rabel Cui, Manuel: 71.
Ramiro, Juan: 17.
Ranfañot, Prudencio: 77.
Ravaillac, Francisco: 53.
Reaño, Sebastián: 87.
Reyes, Pedro Laureano de los: 76.
Roca, Juan: 50, 66, 75, 99 y 101.
Rodo, Juan Lope del (V. Vallejo, Pedro).
Rodríguez, Cristóbal Francisco: 66.
Ruda (V. Martínez de la Ruda, José Manuel).

Sacos: 4.
Salas, José Perfecto de.
 Orejas de asno: 4, 5, 6, 8, 11, 12, 16, 18, 20, 22, 24, 25, 26, 33, 37, 38, 41, 48, 70, 72, 73, 74, 75, 81, 97, 102 y 103.
Salas y Corbalán, Francisca de Borja: 74.

Salas y Corbalán, Judas José de: 6, 16, 17, 24, 25, 26 y 74.
Salas y Corbalán, Manuel Silverio Antonio: 73 y 74.
Salas y Corbalán, María de las Mercedes: 74.
Sánchez y Ruiz de Arjona, María Mercedes: 59 y 99.
Santito: 45 y 48.
Sinforosito: 10.

°Tagle y Bracho, José de: 70.
Taita Roque: 13.
Telesforo: 104.
Terrones, José: 91.

Urquizu e Ibáñez, Gaspar de: 70 y 78.

°Valdivieso y Torrejón, Miguel de: 44.
Valero, Juan Bernardo: 23 y 75.
°Valle de Oselle, Conde del (V. Navia Bolaño, Antonio).
Vallejo, Pedro: 51 y 68.
Villanueva y Ponce de León, Francisco de: 63.
°Villanueva del Soto, Conde de (V. Laso de la Vega Hijar y Mendoza, García José).
Villegas, Micaela: 54, 55, 56, 57, 58, 60, 68, 99 y 102.

Willart de Grécourt, Jean Baptiste: 89.

Zinni, Antonio: 101.

NORTH CAROLINA STUDIES IN THE ROMANCE LANGUAGES AND LITERATURES

I.S.B.N. Prefix 0-88438

Recent Titles

CHARLES NODIER: HIS LIFE AND WORKS, by Sarah Fore Bell. 1971. (No. 95). -895-6.

RACINE AND SENECA, by Ronald W. Tobin. 1971. (No. 96). -896-4.

LOPE DE VEGA. "EL PEREGRINO EN SU PATRIA," edición de Myron A. Peyton. 1971. (No. 97), -897-2.

CRITICAL REACTIONS AND THE CHRISTIAN ELEMENT IN THE POETRY OF PIERRE DE RONSARD, by Mark S. Whitney. 1971. (No. 98). -898-0.

THE REV. JOHN BOWLE. THE GENESIS OF CERVANTEAN CRITICISM, by Ralph Merritt Cox. 1971. (No. 99). -899-9.

THE FOUR INTERPOLATED STORIES IN THE "ROMAN COMIQUE": THEIR SOURCES AND UNIFYING FUNCTION, by Frederick Alfed De Armas. 1971. (No. 100). -900-6.

LE CHASTOIEMENT D'UN PERE A SON FILS, A CRITICAL EDITION, edited by Edward D. Montgomery, Jr. 1971. (No. 101). -901-4.

LE ROMMANT DE "GUY DE WARWIK" ET DE "HEROLT D'ARDENNE," edited by D. J. Conlon. 1971. (No. 102). -902-2.

THE OLD PORTUGUESE "VIDA DE SAM BERNARDO," EDITED FROM ALCOBAÇA MANUSCRIPT ccxci/200, WITH INTRODUCTION, LINGUISTIC STUDY, NOTES, TABLE OF PROPER NAMES, AND GLOSSARY, by Lawrence A. Sharpe. 1971. (No. 103). -903-0.

A CRITICAL AND ANNOTATED EDITION OF LOPE DE VEGA'S "LAS ALMENAS DE TORO," by Thomas E. Case. 1971. (No. 104). -904-9.

LOPE DE VEGA'S "LO QUE PASA EN UNA TARDE," A CRITICAL, ANNOTATED EDITION OF THE AUTOGRAPH MANUSCRIPT, by Richard Angelo Picerno. 1971. (No. 105). -905-7.

OBJECTIVE METHODS FOR TESTING AUTHENTICITY AND THE STUDY OF TEN DOUBTFUL "COMEDIAS" ATTRIBUTED TO LOPE DE VEGA, by Fred M. Clark. 1971. (No. 106). -906-5.

THE ITALIAN VERB. A MORPHOLOGICAL STUDY, by Frede Jensen. 1971. (No. 107). -907-3.

A CRITICAL EDITION OF THE OLD PROVENÇAL EPIC "DAUREL ET BETON," WITH NOTES AND PROLEGOMENA, by Arthur S. Kimmel. 1971. (No. 108). -908-1.

FRANCISCO RODRIGUES LOBO: DIALOGUE AND COURTLY LORE IN RENAISSANCE PORTUGAL, by Richard A. Preto-Rodas. 1971. (No. 109). 909-X.

RAIMOND VIDAL: POETRY AND PROSE, edited by W. H. W. Field. 1971. (No. 110). -910-3.

RELIGIOUS ELEMENTS IN THE SECULAR LYRICS OF THE TROUBADOURS, by Raymond Gay-Crosier. 1971. (No. 111). -911-1.

THE SIGNIFICANCE OF DIDEROT'S "ESSAI SUR LE MERITE ET LA VERTU," by Gordon B. Walters. 1971. (No. 112). -912-X.

PROPER NAMES IN THE LYRICS OF THE TROUBADOURS, by Frank M. Chambers. 1971. (No. 113). -913-8.

STUDIES IN HONOR OF MARIO A. PEI, edited by John Fisher and Paul A. Gaeng. 1971. (No. 114). -914-6.

DON MANUEL CAÑETE, CRONISTA LITERARIO DEL ROMANTICISMO Y DEL POSROMANTICISMO EN ESPAÑA, por Donald Allen Randolph. 1972. (No. 115). -915-4.

THE TEACHINGS OF SAINT LOUIS. A CRITICAL TEXT, by David O'Connell. 1972. (No. 116). -916-2.

HIGHER, HIDDEN ORDER: DESIGN AND MEANING IN THE ODES OF MALHERBE, by David Lee Rubin. 1972. (No. 117). -917-0.

JEAN DE LE MOTE "LE PARFAIT DU PAON," édition critique par Richard J. Carey. 1972. (No. 118). -918-9.

CAMUS' HELLENIC SOURCES, by Paul Archambault. 1972. (No. 119). -919-7.

Recent Titles

FROM VULGAR LATIN TO OLD PROVENÇAL, by Frede Jensen. 1972. (No. 120). *-920-0*.

GOLDEN AGE DRAMA IN SPAIN: GENERAL CONSIDERATION AND UNUSUAL FEATURES, by Sturgis E. Leavitt. 1972. (No. 121). *-921-9*.

THE LEGEND OF THE "SIETE INFANTES DE LARA" (*Refundición toledana de la crónica de 1344* versión), study and edition by Thomas A. Lathrop. 1972. (No. 122). *-922-7*.

STRUCTURE AND IDEOLOGY IN BOIARDO'S "ORLANDO INNAMORATO," by Andrea di Tommaso. 1972. (No. 123). *-923-5*.

STUDIES IN HONOR OF ALFRED G. ENGSTROM, edited by Robert T. Cargo and Emmanuel J. Mickel, Jr. 1972. (No. 124). *-924-3*.

A CRITICAL EDITION WITH INTRODUCTION AND NOTES OF GIL VICENTE'S "FLORESTA DE ENGANOS," by Constantine Christopher Stathatos. 1972. (No. 125). *-925-1*.

LI ROMANS DE WITASSE LE MOINE. *Roman du treizième siècle*. Édité d'après le manuscrit, fonds français 1553, de la Bibliothèque Nationale, Paris, par Denis Joseph Conlon. 1972. (No. 126). *-926-X*.

EL CRONISTA PEDRO DE ESCAVIAS. *Una vida del Siglo XV*, por Juan Bautista Avalle-Arce. 1972. (No. 127). *-927-8*.

AN EDITION OF THE FIRST ITALIAN TRANSLATION OF THE "CELESTINA," by Kathleen V. Kish. 1973. (No. 128). *-928-6*.

MOLIÈRE MOCKED. THREE CONTEMPORARY HOSTILE COMEDIES: *Zélinde, Le portrait du peintre, Elomire Hypocondre*, by Frederick Wright Vogler. 1973. (No. 129). *-929-4*.

C.-A. SAINTE-BEUVE. *Chateaubriand et son groupe littéraire sous l'empire*. Index alphabétique et analytique établi par Lorin A. Uffenbeck. 1973. (No. 130). *-930-8*.

THE ORIGINS OF THE BAROQUE CONCEPT OF "PEREGRINATIO," by Juergen Hahn. 1973. (No. 131). *-931-6*.

THE "AUTO SACRAMENTAL" AND THE PARABLE IN SPANISH GOLDEN AGE LITERATURE, by Donald Thaddeus Dietz. 1973. (No. 132). *-932-4*.

FRANCISCO DE OSUNA AND THE SPIRIT OF THE LETTER, by Laura Calvert. 1973. (No. 133). *-933-2*.

ITINERARIO DI AMORE: DIALETTICA DI AMORE E MORTE NELLA VITA NUOVA, by Margherita de Bonfils Templer. 1973. (No. 134). *-934-0*.

L'IMAGINATION POETIQUE CHEZ DU BARTAS: ELEMENTS DE SENSIBILITE BAROQUE DANS LA "CREATION DU MONDE," by Bruno Braunrot. 1973. (No. 135). *-934-0*.

ARTUS DESIRE: PRIEST AND PAMPHLETEER OF THE SIXTEENTH CENTURY, by Frank S. Giese. 1973. (No. 136). *-936-7*.

JARDIN DE NOBLES DONZELLAS, FRAY MARTIN DE CORDOBA, by Harriet Goldberg. 1974. (No. 137). *-937-5*.

Symposia

LOS NARRADORES HISPANOAMERICANOS DE HOY, edited by Juan Bautista Avalle-Arce. 1973. (No. 1). *-951-0*.

When ordering please cite the *ISBN Prefix* plus the last four digits for each title.

Send orders to:

> University of North Carolina Press
> Chapel Hill
> North Carolina 27514
> U. S. A.

The Department of Romance Studies Digital Arts and Collaboration Lab at the University of North Carolina at Chapel Hill is proud to support the digitization of the North Carolina Studies in the Romance Languages and Literatures series.

www.ingramcontent.com/pod-product-compliance
Lightning Source LLC
Chambersburg PA
CBHW030610230426
43661CB00053B/1928